权威·前沿·原创

皮书系列为
"十二五"国家重点图书出版规划项目

中国社会科学院创新工程学术出版资助项目

旅游绿皮书
GREEN BOOK OF
CHINA'S TOURISM No. 13

2014~2015年
中国旅游发展分析与预测

CHINA'S TOURISM DEVELOPMENT: ANALYSIS AND
FORECAST (2014-2015)

顾　　问／高培勇
学术顾问／张广瑞　刘德谦
主　　编／宋　瑞
副 主 编／金　准　李为人　吴金梅

社会科学文献出版社
SOCIAL SCIENCES ACADEMIC PRESS (CHINA)

图书在版编目（CIP）数据

2014~2015年中国旅游发展分析与预测/宋瑞主编. —北京：社会科学文献出版社，2015.1
（旅游绿皮书）
ISBN 978-7-5097-7035-1

Ⅰ.①2… Ⅱ.①宋… Ⅲ.①旅游业发展-研究报告-中国-2014~2015 Ⅳ.①F592.3

中国版本图书馆 CIP 数据核字（2014）第 312354 号

旅游绿皮书
2014~2015年中国旅游发展分析与预测

| 顾　　问 / 高培勇
| 学术顾问 / 张广瑞　刘德谦
| 主　　编 / 宋　瑞
| 副 主 编 / 金　准　李为人　吴金梅

| 出 版 人 / 谢寿光
| 项目统筹 / 邓泳红
| 责任编辑 / 周映希

| 出　　版 / 社会科学文献出版社·皮书出版分社（010）59367127
| 地址：北京市北三环中路甲29号院华龙大厦　邮编：100029
| 网址：www.ssap.com.cn
| 发　　行 / 市场营销中心（010）59367081　59367090
| 读者服务中心（010）59367028
| 印　　装 / 北京季蜂印刷有限公司

| 规　　格 / 开　本：787mm×1092mm　1/16
| 印　张：26.5　字　数：486千字
| 版　　次 / 2015年1月第1版　2015年1月第1次印刷
| 书　　号 / ISBN 978-7-5097-7035-1
| 定　　价 / 98.00元

皮书序列号 / B-2002-013

本书如有破损、缺页、装订错误，请与本社读者服务中心联系更换

▲ 版权所有 翻印必究

中国社会科学院旅游研究中心
《旅游绿皮书》编委会

顾　　问　高培勇
学术顾问　张广瑞　刘德谦
主　　编　宋　瑞
副 主 编　金　准　李为人　吴金梅
编　　委（以姓氏音序排列）
　　　　　　戴学锋　冯宗苏　金　准　李明德　李为人
　　　　　　刘德谦　马聪玲　宋　瑞　王诚庆　魏小安
　　　　　　吴金梅　夏杰长　张广瑞　赵　鑫

本书编撰人员名单

主报告一
  撰稿人 中国社会科学院旅游研究中心
  执笔人 宋 瑞

主报告二
  撰稿人 中国社会科学院旅游研究中心
  执笔人 曾博伟 高天明 金 准 杨彦锋 高舜礼
      宋 瑞 窦 群 杨丽琼 秦 宇 李 橙
      宋子千

专题报告撰稿人（以专题报告出现先后为序）
  张广瑞 金 准 魏小安 胡瑞娟 李 志 匡 林
  赵 鑫 廖 斌 吴金梅 刘德谦 周 鲲 杨劲松
  蒋依依 曾博伟 刘 锋 戴 斌 胡抚生 张金山
  李 阳 张凌云 杨彦锋 李书娟 王莺莺 郝康理
  黄 萍 章小平 王 强 马 军 厉新建 宋彦亭
  姜彩芬 窦 群 秦 宇 王璐瑶 戈双剑 唐继宗
  李为人 黄福才 郭安禧

总 纂
  宋 瑞 李为人 吴金梅 金 准

编辑部
  曾 莉 周可人

主要编撰者简介

宋　瑞　产业经济学博士，中国社会科学院旅游研究中心主任，中国社会科学院财经战略研究院副研究员、硕士生导师，长期从事旅游可持续发展、旅游政策、休闲基础理论与公共政策等方面的研究。

金　准　管理学博士，中国社会科学院旅游研究中心秘书长，中国社会科学院财经战略研究院副研究员，长期从事旅游与休闲相关研究工作，主要关注旅游政策、城市旅游等方面的问题。

李为人　管理学博士，中国社会科学院旅游研究中心教育培训部部长，中国社会科学院研究生院税务硕士教育中心副主任，长期从事国际旅游、博彩旅游、旅游行政管理等方面的研究。

吴金梅　管理学博士，中国社会科学院旅游研究中心副主任，中国社会科学院研究生院MBA特邀导师，长期从事旅游产业发展、旅游投资、旅游房地产等领域的研究与实践。

摘 要

《2014~2015年中国旅游发展分析与预测》（即《旅游绿皮书 No.13》），是中国社会科学院旅游研究中心组织编撰的年度报告，由两篇主报告、一篇特稿和20余篇专题报告组成。全书从政策、产业、市场、研究等角度勾画出2014年中国旅游发展的全貌，剖析热点焦点，预测未来发展。

2014年，中国旅游经历了深刻变革：新的纲领性文件得以颁布，行政审批进一步精简，综合改革全面推进；民众出游呈现新的特征，需求旺盛且呈多元化发展；旅游再次成为投资热土，新的龙头企业正在涌现，同业跨业之间形成新的竞合格局，平台化战略成为竞争趋势；旅游再次成为舆论热点，百姓对旅游的新期盼成为旅游业者奋斗的新目标；智慧旅游走向实践创新，国家公园成为讨论热点，贸易赤字引发新的争论，遗产保护面临新的任务。展望未来，在"科学旅游观"的引领下，中国旅游将以法治化和社会化为两大保障，处理好事业与产业、政府与市场、部门与综合、外延与内涵、中国与世界等五大关系，步入"以理性引导繁荣，以内涵带动外延"的新阶段。

专题报告中，由中国社会科学院旅游研究中心团队完成的中国旅游消费价格指数、中国公民旅游关注度、智慧旅游、自驾车旅游等调查报告，基于第一手调查数据对相关问题进行了深入分析。旅游业界资深研究者围绕旅游综合改革、旅游投资、旅游行业协会、智慧旅游、旅游房产、主题乐园、在线旅游、跨区域遗产的旅游开发、边境旅游等问题进行了前沿分析和权威解读。作为绿皮书的传统优势板块，国内旅游、入境旅游、出境旅游、港澳台旅游等专题报告则为读者了解相关市场发展提供科学分析。

目 录

序 ··· 宋　瑞 / 001

GⅠ　总报告

G.1　2014~2015年中国旅游发展：新环境、新常态与
　　　新阶段 ························ 中国社会科学院旅游研究中心 / 001

G.2　2014年中国旅游发展十大热点
　　　································ 中国社会科学院旅游研究中心 / 023

GⅡ　年度特稿

G.3　邻邦旅游：认识、经验与战略选择 ················· 张广瑞 / 043

GⅢ　年度主题

世界与中国：旅游的定位与比较

G.4　世界与中国：旅游业的定位与比较 ················· 金　准 / 058

G.5　战略转折：中国旅游世界化与世界旅游中国化 ······ 魏小安 / 073

G.6　中国国家旅游形象的构建、提升与实践
　　　································ 胡瑞娟　李　志　匡　林 / 091

GⅣ 专题报告

中心成果

G.7 2014年中国旅游消费价格指数（TPI）报告
　　　　　　　　　　　　　　　中国社会科学院旅游研究中心 / 102

G.8 2014年中国公民旅游关注度报告
　　　　　　　　　　　　　　　中国社会科学院旅游研究中心 / 114

G.9 2014"智慧旅游年"：旅游业的结构性变化与智慧景区的
　　发展趋势　　　　　　　　　中国社会科学院旅游研究中心 / 133

G.10 2014年中国自驾车旅游发展报告
　　　　　　　　　　　　　　　中国社会科学院旅游研究中心 / 141

三大市场

G.11 2013~2014年中国国内旅游的发展分析与前瞻 ………… 刘德谦 / 154

G.12 2013~2014年中国入境旅游发展分析与展望 ………… 周　鲲 / 176

G.13 2013~2014年中国出境旅游发展分析与展望
　　　　　　　　　　　　　　　　　　　　　　杨劲松　蒋依依 / 188

改革创新

G.14 对旅游综合改革有关问题的思考 ………… 曾博伟 / 198

G.15 新时期中国旅游投资创新发展 ………… 刘　锋 / 209

G.16 旅游行业协会改革的分析与展望 ………… 戴　斌　胡抚生 / 224

G.17 关于建设中国边境旅游自由贸易区的初步研究 ………… 张金山 / 231

行业热点

G.18 从典型案例看中国旅游地产发展新趋势 ………… 吴金梅　李　阳 / 241

G.19 中国主题乐园的发展历程、现状与趋势 ………… 张凌云 / 253

G.20 中国在线旅游的发展 ………… 杨彦锋　李书娟　王莺莺 / 268

G.21 互联网时代智慧旅游建设的创新与实践：以四川为例
　　　　　　　　　　　　　　　　　　　　　　郝康理　黄　萍 / 279

G.22 智慧景区的运营与管理
　　——以中国九寨沟风景名胜区为例
　　　　　　　　　　　　　　　　　　章小平　王　强　马　军 / 292

探索讨论

G.23 中国旅游企业海外上市：分析与展望 …………………… 赵　鑫 / 305
G.24 如何看待中国企业跨国旅游投资
　　　　　　　　　　　　　　　　厉新建　宋彦亭　姜彩芬 / 317
G.25 大运河、丝绸之路申遗成功与提升中国旅游国际竞争力分析
　　　　　　　　　　　　　　　　　　　　　　　　窦　群 / 330
G.26 试论我国饭店产品质量信号的演化与创新
　　　　　　　　　　　　　　　　　　　　　秦　宇　王璐瑶 / 340

港澳台旅游

G.27 2013~2015年香港旅游业发展分析与展望 …………… 戈双剑 / 350
G.28 2014~2015年澳门旅游业发展分析与展望
　　　　　　　　　　　　　　　　　　　　　唐继宗　李为人 / 361
G.29 2013~2015年台湾旅游业发展分析与展望
　　　　　　　　　　　　　　　　　　　　　黄福才　郭安禧 / 371

Abstract ……………………………………………………………… / 388
Contents ……………………………………………………………… / 389

皮书数据库阅读**使用指南**

序

呈现在您面前的这本《旅游绿皮书》，是它的系列出版物的第13本。

回顾过往，《旅游绿皮书》的编撰是与中国社会科学院旅游研究中心的发展相伴相生的。自1999年11月成立以来，中心在创始人张广瑞老师的带领下，形成了"独立、开放，专注、深入，严谨、严实"的学术传统，而《旅游绿皮书》无疑是这一传统的最好体现。

作为中国社会科学院专门从事旅游研究的学术机构，中心在编撰此书过程中，一方面，秉承独立之精神，自由之思想，学术之理性，求真务实，研精思远，以期通过自己的研究，忠实记录中国旅游的发展轨迹和我们的所思所想、所忧所冀，不哗众取宠，不媚俗唯上；另一方面，保持开放之胸怀，包容之秉性，交流之心态，海纳百川，融会贯通，以期搭建研究的平台，全面反映中国旅游的前沿问题和学界的不同观察、不同解读，不自顾自说，不画地为牢。正是因了独立、开放的传统，《旅游绿皮书》不仅成为中国社会科学院旅游研究中心的学术结晶，更是中国旅游学界的集体成果。

作为国内最早成立的专门从事旅游研究的学术机构，中心在编撰此书乃至从事所有研究过程中，始终坚守深究而不求多的学术传统。根据中国社会科学院的学术定位并考虑到人力、精力等现实条件，中心多年来坚持突出研究主线，聚焦研究重点，围绕国家旅游战略、重大旅游政策、产业核心问题、社会关注焦点等进行深入剖析、持续跟踪，不面面俱到，不浅尝辄止。正是因了专注、深入的传统，在长达14年的时间里，《旅游绿皮书》对国内旅游、出境旅游、入境旅游等三大市场以及港澳台旅游、国家战略与旅游发展、旅游政策变迁、旅游业态演化等进行了连续的系统研究。

作为以服务社会、政府、业界为己任的学术机构，中心在编撰此书过程中，也始终坚持严谨、平实的学术传统。一方面，严格遵守社会科学文献出版社皮书系列的学术规范，做到数据可靠、论证严谨、引注规范；另一方面，在内容上关注影响行业发展和百姓旅游的现实问题，在文字上力求通俗易懂，让普通读者"看得懂""愿意看"。尤其是近几年，在经费不多的情况下，我们连续组织多个

系列调查，试图通过大量一手数据，揭示并解答业界、政府尤其是百姓关心的焦点话题。

当然，任何的传承都是与创新相伴生的。在凸显皮书原创性、权威性、年度性、数据性、思想性的基础上，《旅游绿皮书》也在内容和形式上不断尝试创新。十年前，我们开拓性地在皮书中采取了关键词导读的做法；五年前，我们创新性地确立了年度主题并据此组织系列文章；2013年开始，我们围绕"世界与中国"这一主题连续三年分别从"对视与融合""定位与比较""路径与经验"等层面进行系统研究。除此之外，从篇章布局的调整、具体选题的斟酌，到作者队伍的扩大，我们一直不断尝试用新的方式为您提供更好的作品。

14年前，中国社会科学院旅游研究中心创始人张广瑞老师、原副主任刘德谦老师、特约研究员魏小安老师共同开创了《旅游绿皮书》的编撰工作。14年后，历史的接力棒传到了我和我年轻的伙伴们手上。我们倍感责任与荣耀，也满怀感恩与希冀。14年来，张老师和刘老师殚精竭虑，他们付出的不只是智慧，更有对这套书无法割舍的深厚感情，永远记得每年我们三个人讨论选题时的兴奋与鼓舞，也记得和刘老师隔着布满密密麻麻修改字迹的一大摞书稿对坐的温暖与踏实。14年来，以原副主任李明德老师为代表的编委们，以不同方式予以帮助和激励，李老师的妙语连珠和拨云见日每每令人赞叹不已。14年来，以魏小安、张凌云、高舜礼、戴斌、窦群、刘锋、曾博伟、黄福才、厉新建、秦宇等为代表的学界翘楚辛勤撰稿，无论多忙，从不推辞。14年来，海内外两百多位作者奉献了他们的真知灼见，而我们能给予的，却只有极其微薄的稿酬。14年来，无以计数的读者关注、购买、阅读、转引了《旅游绿皮书》，虽然我们不可能知道你们每一个人，但正是你们的殷殷目光让我们不敢懈怠、无法放弃地坚守，并将继续坚守下去。14年来，社会科学文献出版社的诸多编辑也从合作伙伴变成了亲密挚友，此书无不渗透着他们的心血。感谢那个巾帼英才众多的团队。

当然，《旅游绿皮书》得以连续出版13本，一个极为重要的因素乃是中国社会科学院和中国社会科学院财经战略研究院的鼎力支持。坦率地说，在涵盖哲学社会科学所有主要门类的中国社会科学院，旅游只是相对较小的一个学科，更谈不上显学。将一个"小学科"的皮书列入"中国社会科学院创新工程"，的确是对我们长期努力的鼓励，而财经战略研究院院长、副院长亲任本书顾问和编委，更是给了我们笃定前行的动力。

总之，呈现在您面前的这本《旅游绿皮书》，或许不甚完美，但它的确承载了各方人士的心血与感情。作为编者，我们诚恳地希望它如同之前的12本一样，为您观察和思考中国的旅游发展提供一份全景透析。

是为序，亦为谢。

宋瑞

2014年11月8日黎明

总报告

General Reports

G.1
2014~2015年中国旅游发展：新环境、新常态与新阶段

中国社会科学院旅游研究中心*

摘　要： 2014年，中国旅游发展经历了深刻变革：新的纲领性文件得以颁布，行政审批进一步精简，综合改革全面推进；民众出游呈现新的特征，需求旺盛且呈多元化发展，各种消费亮点精彩纷呈；旅游再次成为投资热土，新的龙头企业正在涌现，同业、跨业之间形成新的竞合格局，平台化战略成为竞争趋势；百姓对旅游的新期盼成为旅游业者奋斗的新目标。展望未来，在"科学旅游观"的引领下，中国旅游将以法治化和社会化为两大保障，处理好事业与产业、政府与市场、部门与综合、外延与内涵、中国与世界等五大关系，步入"以理性引导繁荣，以内涵带动外延"的崭新发展阶段。

关键词： 中国旅游　新格局　新阶段

---

* 执笔人宋瑞。宋瑞，中国社会科学院旅游研究中心主任、中国社会科学院财经战略研究院副研究员，研究重点为旅游政策、旅游可持续发展、休闲基础理论与公共政策。

一 背景：国际国内环境呈现新变化

（一）国际：经济发展总体乏力，全球旅游保持增长

1. 世界经济：发展总体乏力，增长不甚平衡

2014年，世界经济复苏总体乏力，地区分化日益明显。联合国贸易与发展会议（UNCTAD）2014年9月发布的《2014年贸易与发展报告》指出，全球经济并未走出四年来的萧条状态。预计2014年全球经济增速在2.5%~3%，其中发达国家的增长率从2013年的1.3%提高到1.8%，发展中国家延续前几年的表现，增长率在4.5%~5%，而一些转型经济体则在上年不甚景气的基础上进一步减速到1%。

2. 全球旅游：增长好于预期，带动经济复苏

在全球经济不景气的大背景下，旅游业成为推动经济增长的领跑者。世界旅游组织（UNWTO）2014年10月底的报告指出，2014年前8个月，国际旅游接待人次增长5%。旅游需求尤其是来自北半球的旅游需求依然保持旺盛的增长态势。2014年1~8月，全球过夜国际游客达7.81亿人次，较2013年同期增长3600万。就地区而言，增长最快的依次是美洲（8%）、亚太（5%）、欧洲（4%）。世界旅游组织预测，2014年全年，国际旅游接待人次的增长率将达到4%~4.5%，略高于该组织对2010~2020年长期预测中每年3.8%的增长率。总体来看，全球旅游继续保持着好于预期的发展速度，为发达经济体和新兴经济体的经济增长均做出了贡献，尤其是在欧洲目的地，国际旅游增长率将达到新世纪以来平均增长率的两倍，旅游成为其经济复苏的重要引擎之一。

（二）国内：改革新纪元，经济新常态，消费新政策，区域新带动

1. 改革新纪元：总体目标，六大领域

2014年是中国新一届领导层履职次年，也被视为全面深化改革元年。为了落实党的十八届三中全会确定的16个方面、336项改革，在全面深化改革领导小组的带领下，着重推进了价格、财税、金融、行政、土地、户籍等六大领域的改革。这些改革举措将对中国旅游发展产生明显、深刻而长远的影响。

2. 经济新常态：战略转变，双轨驱动

2014年，在对中国进入经济增长速度换挡期、结构调整阵痛期、前期刺激政策消化期三期叠加做出科学判断的基础上，新一代领导人坦然而自信地宣布，中国经济已进入"新常态"。在适应"新常态"的思路下，经济增长速度从以往10%左右的高速向7.5%左右的中高速转换；宏观调控从以往倾向于需求端入手的"大投资""宽货币"的总量宽松、粗放刺激的战略转向通过促改革和调结构消化前期政策，发掘经济的长期增长潜力上来。让中国的经济发展向深化改革要动力，向结构调整要助力，向市场开放要活力，向民生改善要潜力，成为新时期的总体经济战略。

在适应经济"新常态"的总体指导下，以"促改革、调结构、惠民生"为目标，激发企业创新活力、改善企业经营环境，同时提高居民消费能力、促进民生大众消费成为带动经济发展的两个重要驱动力。细数2014年1月1号至10月底召开的历次国务院会议可以看到，减轻企业负担、促进居民消费成为明显主线。

3. 消费新政策：持续推进，分类引导

内需不足，特别是消费不足是制约当前中国经济持续健康发展的瓶颈。2013年出台了29项促进消费政策，2014年至今也已出台了近20项。在各种消费新政中，旅游、文化、体育等领域备受重视。例如，2014年政府工作报告提出，"要扩大服务消费，支持社会力量兴办各类服务机构，重点发展养老、健康、旅游、文化等服务，落实带薪休假制度"。2014年8月9日，在国务院正式发布的《关于促进旅游业改革发展的若干意见》中则系统地从拓展旅游发展空间、优化旅游发展环境、完善旅游发展政策等方面提出了20条要求，以期"让广大游客游得放心、游得舒心、游得开心"。2014年10月29日，国务院总理李克强主持召开国务院常务会议，部署推进消费扩大和升级，促进经济提质增效，并明确了如下六个重点领域：扩大包括互联网、物联网等在内的信息消费、促进绿色消费、稳定住房消费、升级旅游休闲消费、提升教育文体消费、鼓励养老健康家政消费。比较此轮消费新政，与过去的明显区别是，更加注重政策的持续性，将激发后期消费增速作为重点，对于住房、汽车等大宗消费，只是强调"稳定"，而物联网、旅游等则成为本次刺激消费的重点，同时通过增加收入、健全社保体系、改善消费环境等让老百姓"能消费""敢消费""愿消费"。

4. 区域新带动：国家新区，旅游活力

2014年以来，我国掀起申报国家级新区的热潮。随着10月14日国务院正式发布《关于同意设立四川天府新区的批复》，天府新区成为全国第11个、2014

年以来第 5 个获批的国家级新区。我国自 1992 年 10 月设立第一个国家级新区——上海浦东新区以来，到 2012 年 10 月之前的 20 年之内，一共批复了 6 个国家级新区，但是 2014 年仅到 10 月份就已批复了 5 个。此外，还有十几个城市新区明确提出打造国家级新区的目标。

在国家级新区建设过程中，要切实实现"产城融合"，依靠产业发展支持城市的建设，同时拉动周边中小城市发展，防止新城泛滥、出现"空城"。在此过程中，旅游发挥着重要作用。实际上，众多的国家级新区都涉及旅游发展。例如，陕西西咸新区将以丝绸之路经济带为重要带动，青岛西海岸新区将建设影视文化产业区，大连金普新区依托金石滩国家旅游度假区和金渤海岸区，重点发展休闲旅游、运动健身、国际会展、文化创意产业等。作为世界最大的朝阳产业，旅游业因其在产业、就业、生态、文化、形象等方面的综合效应，必将在新型城镇化进程中扮演重要的角色。给新型城镇化注入旅游的活力，将成为近中期发展的热点。

二 分析：中国旅游发展呈现新常态

面对国际国内发展环境的新变化，2014 年，中国旅游高潮迭起，精彩纷呈。《关于促进旅游业改革发展的若干意见》（国发〔2014〕31 号，简称 31 号文）的发布吹响了旅游业以改革促发展的新号角，而旅游行政管理职能的转变，旅游综合改革的全面推进，同样昭示了"更好发挥政府作用"的方向和决心。旅游需求普遍化、多元化发展特征更加明显，国民旅游和入境旅游冷热不均，国民旅游新的消费亮点不断涌现，这些都彰显了市场的动力和潜力。新一轮的旅游投资热潮风起云涌，携程、万达等新的龙头企业异军突起，正在谋划新的产业帝国蓝图，各种横向、纵向以及网格式的竞争与合作推陈出新，同业、跨业联盟不断涌现，平台化战略成为新的竞争策略，这些均显示了产业的生机和活力。舆论对旅游事件的关注、争论，百姓对美好旅游体验的期待，无不揭示了社会的关切和期盼；智慧旅游在各地的实践创新，国家公园在理论上的辨析探讨，日益高企的贸易赤字所引发的争论以及对大运河、丝绸之路等跨界遗产保护问题的思考，也都昭示了旅游发展新的热点和焦点。

（一）引领：发展新政策，职能新转变，综改新举措

1. 发展新政策：系统部署，细化分工

2014 年 8 月 9 日，国务院正式发布《关于促进旅游业改革发展的若干意见》

（简称31号文）。这是继2009年《关于加快发展旅游业的意见》（简称41号文）和2013年的《国民旅游休闲纲要》《中华人民共和国旅游法》之后，国家出台的又一个促进旅游发展的纲领性文件。31号文件从树立科学旅游观、增强旅游发展动力、拓展旅游发展空间、优化旅游发展环境、完善旅游发展政策等五个方面，对各项工作提出了要求，并明确了职责分工和完成时间。此后，经国务院同意，国务院旅游工作部际联席会议（简称联席会议）制度得以建立。联席会议由国家旅游局、中央宣传部、外交部等28个部门组成。这一系统性的战略部署和具体化的任务分工，不仅为旅游领域深化改革和创新发展确定了新任务，而且构建了新机制，不仅明确了新目标，也制定了路线图和时间表。在地方层面，全国31个省区市均提出要把旅游业打造为支柱产业，其中24个提出要建设战略性支柱产业。为统筹旅游业发展，北京、海南、云南、江西、广西、西藏还成立了省级旅游发展委员会。

2. 职称新转变：简政放权，创新服务

旅游发展中，政府职能转变是近年来备受关注的问题。十八届三中全会提出，要"让市场在资源配置中起决定性作用和更好发挥政府作用"。纵观目前的旅游发展，资本、劳动力、技术、管理等要素资源已基本实现了按照市场规律进行配置，十八届三中全会以来，农村集体土地等要素的配置也逐步朝着市场化的方向迈进。总体而言，旅游发展资源配置的市场化程度已相对较高。而就如何"更好发挥政府作用"来看，目前仍在探索之中。实际上，旅游部门行政审批权本就不多，随着进一步的简政放权，到2014年，国家旅游局只保留了3项行政审批事项。

在政府职能转变和旅游业发展对旅游部门要求越来越高的背景下，行政审批事项的取消和下放并不意味着旅游部门将无所作为，而是要求旅游部门适应新的形势，转变工作思路，创新工作方式，从过去的重审批轻监管向重事中事后监管转变，从过去的以行政管理为主向管理与服务并重转变。总之，旅游管理部门正在以转变职能为契机，积极探索市场经济条件下推动旅游业发展的工作抓手，推动自身的改革和旅游业的发展。

3. 综改新举措：政策配套，地方试点

旅游是一个综合的社会经济现象，即使仅从产业角度而言，其综合性特征也极为突出。近年来，围绕旅游发展，财政、金融、土地等核心领域也推出了一系列新政策。在财税金融方面，31号文指出，"国家支持服务业、中小企业、新农村建设、扶贫开发、节能减排等专项资金，要将符合条件的旅游企业和项目纳入

支持范围"。同时提出，要政府引导，推动设立旅游产业基金。实际上，此前北京市就已通过财政投入1.5亿元与海航旅游业等合作设立北京旅游产业发展促进基金。其他相关举措还包括：支持符合条件的旅游企业上市，通过企业债、公司债、中小企业私募债等债务融资工具，发展旅游项目资产证券化产品；加大对小型、微型旅游企业和乡村旅游的信贷支持；将在海南实施的境外游客购物离境退税政策扩展到全国符合条件的地区；研究新增进境口岸免税店的可行性等。在土地方面，31号文提出要"改革完善旅游用地管理制度，推动土地差别化管理与引导旅游供给结构调整相结合"，"编制和调整土地利用总体规划、城乡规划和海洋功能区规划时，要充分考虑相关旅游项目、设施的空间布局和建设用地要求"，"年度土地供应要适当增加旅游业发展用地"。实际上，此前安徽、广西等地也已经对符合单独选址条件的旅游项目在用地安排给予优先考虑，云南则在国家下达省里年度新增建设用地指标中每年预留1万亩用于重大旅游项目建设。31号文还提出，"在符合规划和用途管制的前提下，鼓励农村集体经济组织依法以集体经营性建设用地使用权入股、联营等形式与其他单位、个人共同开办旅游企业"。这些都是十八届三中全会决定在旅游领域的具体化。

我国旅游综合改革首先是以地方试点的方式启动的。2010年启动试点以来，截至2014年上半年，全国共有9个国家级旅游综合改革试点市（县），包括1个省级旅游综合改革试点城市（北京）、5个首批旅游综合改革试点城市（成都、秦皇岛、舟山、张家界及桂林）、3个旅游综合改革试点市（县）（峨眉山市、桐乡市、延庆县）。各地结合自身情况探索了一些新的做法。例如北京市率先实现旅游发展体制改革创新，在"十二五"开局之年将旅游局升格为旅游发展委员会并纳入政府组成部门；率先探索统筹资源的旅游化实现方式；形成旅游综合改革试点阶梯政策；搭建规划、政策、金融、科技"四位一体"产业支持体系，建立了全国第一家旅游资源交易平台；加大"六要素"资源融合改革力度，以公共服务体系建设推动旅游管理融合综合改革。成都建立了"五个一"统筹推进机制，将旅游纳入政府年度目标考核，并与督查室、目标办、改革办联合督办；设立并推进"旅游综合功能区"建设；加大金融支持旅游发展力度，各金融机构将旅游业列为重点支持行业；搭建市场导向的投融资平台，成立"功能区平台公司"，组建文化旅游公司；强化产业资金保障和项目用地保障，制定《成都市旅游产业用地改革试点方案》等。桂林市推进"旅游产业用地改革试点"，成立旅游用地改革试点工作领导小组，出台《桂林旅游产业用地改革试点总体方案》和《桂林旅游产业用地改革试点若干政策》；积极推进旅游体制机制改革,筹备成立旅游发展委;推进旅游景区改革,整合资源统筹管理;在东盟10国免签、51国入境72小时免签、购物退税、筹建本土航空公司等方面获得实质进展。

(二)市场:出游新趋势,消费新亮点

1. 出游新趋势:多元发展,内外不均

目前我国旅游已进入空前普遍化和多元化的时代。从消费群体看,出游群体越来越广泛,旅游从少数群体转向普通大众,社会各个阶层都参与到旅游活动中。从消费频次看,出游频次越来越频繁,旅游已经从偶然性活动变成必需性、经常性消费。从消费心态看,出游期望越来越高,人们对旅游消费和旅游体验的质量要求也日益提高。从旅游活动的方式、层级、空间和时间上,则更加分散和多元。以2014年"十一"黄金周为例,北京、上海、广州、深圳等地许多家庭选择城市周边游,出行时间多为假期中段,选择错峰出行;传统旅游景区游客持续增长的同时,新兴旅游景点日益火爆;长线游不再一枝独秀,短线游、县城周边游成为假日旅游的重头戏;以家庭和朋友为单位的自助游明显增多,自驾游、高铁游、水上游等成为新的热点;在团队游衰减、自由行增加的同时,小团队、半自由行和定制化等出游方式也日渐走热。

在国民旅游热度不减、快速增长、多元发展的同时,入境旅游的形势却不容乐观,入境旅游与国民旅游冷热不均现象更加突出。2013年我国入境旅游人次(包含一日游游客人次和过夜游客人次)小幅下降,2014年上半年延续了2013年的下降趋势,自7月开始触底企稳,8月外国人、香港同胞、澳门同胞和台湾同胞四大市场单月入境旅游人数同比上升,为2011年10月以来首次全线上升。预计2014年全年我国入境旅游降幅将收窄,入境旅游人次将出现1%左右的小幅下滑。入境旅游的持续走低,既与世界经济复苏低于预期、国际旅游市场竞争加剧等外部因素有关,也受人民币升值、物价提升、雾霾严重、安全事件等宏观因素影响,更与旅游产品相对老化、营销手段亟待升级等内在因素有密切关联。在出境旅游方面,根据中国旅游研究院的预测,2014年我国出境旅游将继续保持高速增长态势,出境旅游规模将达1.14亿人次,同比增长16%,出境旅游花费将达1400亿美元,同比增长18%,中国作为世界第一大出境旅游客源市场与第一大出境旅游消费国的地位进一步巩固。在市场规模不断扩大的同时,出境旅游消费的平民化与多元化趋势也日益明显。

2. 消费新亮点：各美其美，精彩纷呈

伴随着国民旅游普遍化、多元化的发展，2014年旅游消费亮点众多，各美其美，精彩纷呈。传统的景区景点观光等依然备受欢迎，中医药旅游、养生保健游、体育健身游、户外探险游、工业遗产游、会展奖励旅游、研学旅行与修学旅游等也蓬勃发展，自驾车游、房车游、邮轮游艇旅游、低空飞行等更是热闹非凡。

2014年被誉为我国邮轮旅游"井喷式"发展之年。据不完全统计，中国乘坐邮轮出境旅游的人数从2005年的几千人次增加到2013年的57万人次，2014年有望突破70万人次。与此同时，在国家实行"低空开放"政策后，已有少数省市开始启动低空旅游市场。例如，天津旅游集团推出了滨海精品游、滨海全景游等多种产品供游客选择，游客乘坐直升机从塘沽机场起飞，可俯瞰整个滨海新区。在修学旅游方面，苏州推出的以寒山寺等为载体的宗教专题旅游，以吴门书画为载体的书法绘画吴文化系列游，以古典园林为载体的世界园林遗产游，以评弹昆曲为载体的传统戏曲游，以苏绣、丝绸为特色的工艺美术实践游，以苏州特色餐饮为卖点的姑苏美食游，以大中小学校和特色教育机构为载体的古今修学旅游等大受欢迎。

（三）产业：投资新热潮，行业新龙头，竞合新格局，竞争新策略

1. 投资新热潮：资本市场极度活跃

2014年，旅游成为各路资本逐鹿的主战场。据不完全统计，截至10月底，全国较为大型的并购和融资项目多达近120项。新一轮的旅游投资热潮呈现如下特征。

其一，兼并收购日渐成风。2014年，以携程、万达、京东、众信等为代表的知名企业围绕旅行和旅游服务的诸多环节完成了横向和纵向的兼并收购。以携程为例，2014年斥资2309万美元收购途风旅游；斥资2亿美元投资同程网，成为仅次于同程管理层团队的第二大股东；投资5000万元人民币控股德国开元旅游集团；完成对世纪明德的战略投资；出资5亿元人民币投资华远国旅，成为华远国旅的最大股东；先后向易到用车、一嗨租车等进行战略注资。万达于2014年先后收购并控股9家旅行社。京东收购今夜酒店特价、邮轮海旅行网团队，形成京东的"大旅游"格局。其他类似的同业并购还包括：艺龙宣布投资住哲酒店管理系统，阿里巴巴集团投资酒店信息服务商石基信息，众信旅游收购竹园国旅70%股权，世界邦旅行网完成对社交旅游网站途客圈的全资收购，面包旅行全资收购在路上旅业旗下的北京山水假日旅行社，等等。

其二，在线旅游受到热捧。近年来风生水起的在线旅游成为各类风险投资、天使投资竞相介入的重要领域。据不完全统计，2014年在线旅游获得的投资多达50余项，涉及资金约30多亿元人民币。

其三，内外市场双向发展。2014年旅游资本市场出现了一个可喜的现象，即内外市场双向发展。一方面，境外资本看重中国旅游的市场规模和巨大潜力，竞相进入。全球第二大的旅游搜索公司天巡（Skyscanner）宣布收购中国旅游比价平台初创公司游比比，世界知名旅游企业Priceline先后多次在公开市场购入大量携程股票。另一方面，中国企业也加快了海外融资的步伐。继2013年11月1日去哪儿网正式在美国纽约证券交易所纳斯达克上市之后，2014年5月，途牛网登陆美国纳斯达克。中国企业在海外并购和投资方面也崭露头角。万达集团并购英国圣汐游艇公司，在伦敦核心区投资建设超五星级万达酒店；海航集团完成了对西班牙NH酒店集团的股份增持，成为第一大股东；绿地集团宣布与洲际酒店集团联手，在洛杉矶市中心兴建商务酒店"绿地英迪格"；开元集团在德国法兰克福收购的金郁金香酒店进入整合阶段；安邦保险收购了纽约地标之一的华尔道夫饭店。

其四，大型项目层出不穷。据不完全统计，2013年全国旅游直接投资达5144亿元，同比增长26.6%，其中投资100亿元以上的项目达127个。2014年，各类大型旅游项目更是如火如荼，旅游项目建设进入"百亿时代"：继在全国开发了80多个万达广场后，万达先后又在哈尔滨等近10个城市建设万达城或万达文化旅游城，投资额均在200亿元以上；总投资达500亿元的青岛影视产业园项目核心部分全面开工；中金国联投资200亿元打造池州九华幸福新世界文化旅游度假项目；投资120亿元的南宁龙象谷文化旅游生态城于2014年下半年开工；泰禾集团在福州斥资200亿元建影视旅游度假综合体；浙江嘉兴200亿元打造温泉文化旅游项目；兰州与美国阳光世纪集团签订合作协议，计划投资100亿元打造文化、旅游主题公园；占地120公顷、总投资超过200亿元的北京环球主题公园项目正式获得国家发改委批准等。新一轮的旅游项目建设中，旅游地产尤其是其中的主题公园建设热潮值得关注，而大量旅游项目投资所累积的风险也应引起重视。

2. 行业新龙头：新型集团异军突起

改革开放以来，中国旅游企业的集团化走过了一条艰难探索与曲折发展的道路。20世纪90年代中后期，在各级政府的推动下，曾掀起过旅游企业集团化的热潮。进入21世纪，随着经济全球化进程的加快和中国"入世"，更多旅游企业朝着集团化的方向发展，其中尤以饭店业最为突出。近年来，万达、携程等非

传统旅游行业、非国有企业集团的形成与发展，昭示着中国旅游企业的集团化进入了一个新的历史阶段。

以中介代理服务起家的携程，正试图在产业链上游、中游和下游的相关行业实行多元化，打造旅行服务"全产业链"。除了传统上的机票预订、酒店预订、旅游度假和商旅管理等业务板块之外，2014年携程加紧了在租车、旅行社等行业的布局，与皇家加勒比邮轮公司签约购入精致世纪号邮轮，并宣布打造"全球最大中文邮轮预订平台"。以商业地产起步的万达，近年来在文化产业、旅游地产方面更是开疆拓土，正在构建一个包括旅行社、万达城、电商平台、文化演艺等在内的全链条产品。其发展目标是2020年成为世界第一大旅游企业。

3. 竞合新格局：同业、跨业联盟涌现

旅游行业竞争的日益激烈，催生了各种同业和跨业的联盟，形成了竞争与合作并存的新格局。

在同业联盟方面，呈现两个特征：一是上下游、线上和线下企业之间的合作有所加强；二是以往竞争对手之间，也加强了联盟合作。就前者而言，2014年同程先后与快的打车、易到用车等合作，完善旅游"最后一公里"服务；携程与全球70家廉价航空公司展开合作，成为国内最大的廉航机票代理平台；去哪儿网与海航旅游、香港航空等合作，构建多元化产品数据库，同时集中发挥资源、渠道、研发、营销等方面的集合效应，在周边游、邮轮游艇、航空酒店、旅游金融等领域开展全方位合作。就后者而言，国旅总社与众信旅游战略结盟，推出品牌"悦品汇"，双方联合研发一系列中高端旅游产品，并在产品资源、航空资源、地接资源等领域实施联合采购，同时借助双方的市场渠道和销售平台，联合进行推广活动。

在跨业联盟方面，同程在轰轰烈烈的"一元门票"活动中，大规模引进跨界战略合作伙伴，将一部分门票赠送给京东、大众点评、滴滴打车、招商银行等战略合作伙伴。凯撒旅游携手宝马MINI推出拉力赛主题旅游产品，携手瑞士银行推出财富之旅，携手中央美院艺术导师以及意大利双年展的艺术机构推出环球艺术之旅。奔驰联手HHtravel打造"奔驰旅游"品牌，争抢高端市场。

4. 竞争新策略：平台化发展渐成趋势

除了与其他企业建立或紧或松的联盟合作关系之外，越来越多的旅游企业，尤其是以开放性为核心特征的在线旅游企业实施了平台化发展的竞争策略。携程率先全面推出"平台化"战略，向业界开放其旅游B2C服务体系，提供包括产品代理、技术支持、营销推广、客户服务等在内的一站式旅游电子商务开放平台，改变了传统上业务以自研、自营、在线直销为主的发展模式。2014年，携程先后发布了"携程酒店平台2.0版"、帮助国内中小企业实现自助化差旅管理的"企业差旅自助平台"以及首个可实现全球邮轮即时舱位显示和预订的最大"中文邮轮预订平台"。其他在线旅游企业的平台化竞争趋势也在2014年日趋突出。例如，途牛旅游网推出分销平台，打通旅游行业供应商、分销商、消费者间的上下游环节，实现供需信息的交互和对称服务；去哪儿网宣布推出云开放平台，面向全行业开放其数据、接口、资源、供应链、旅客及资本，覆盖全部业务；阿里巴巴集团将旗下航旅事业部升级为航旅事业群，"淘宝旅行"升级为全新独立品牌"去啊"，以无线、服务、创新、平台作为四大战略，提供机票销售、酒店客栈预订、度假产品销售、签证等服务。

（四）社会：舆论新焦点，旅游新关注，出行新期待

1. 舆论新焦点：行业形象总体欠佳，媒体接二连三曝光

在旅游日益成为普通百姓日常生活重要组成部分的今天，关于旅游的话题几乎始终是社会舆论的关注焦点。值得注意的是，在旅游消费热、旅游投资热的同时，社会舆论和大众媒体对旅游的关注和报道，却往往集中于其负面形象。例如，中国社会科学院发布的《社会心态蓝皮书：中国社会心态研究报告（2014）》中指出，在商业行业中最不受信任的是旅游业和广告业，分别为48.0分和42.6分，属于"高度不信任"，拉低了整个商业机构社会信任乃至总体社会信任水平。其中，旅游业在各行各业社会信任普遍提升的大背景下还降低了0.2分，是商业机构中社会信任水平唯一不增反降的行业。

近年来，几乎每到旅游旺季，各大媒体无不连篇累牍地"揭黑""曝料"。以中央电视台为例，2014年初对港澳游零负团费、携程机票"低买高卖"现象等进行了曝光，"五一"又集中揭露非法"北京一日游"以及灵隐寺和九寨沟等地存在的额外收费、更改路线、安排购物等问题，"十一"黄金周前后，《经济半小时》制作了《聚焦"十一"长假旅游陷阱》特别节目，围绕旅游中的消费诱导、高价宰客、缺斤短两、以次充好等现象，对海南三亚、云南香格里拉和大理等地进行了连续报道。此外，媒体对国人不文明旅游行为、旅游开发中的环境破坏、旅游经营中的利益纠葛等问题的曝光也不鲜见。

2. 旅游新关注：假日管理职能调整，带薪休假众望所系

近十年来，假日问题成为社会关注的热点。2014年9月中旬国务院宣布成立旅游工作部际联席会议，撤销原有的全国假日旅游部际协调会议，将其职能并

入部际联席会议。此消息一出,被诸多媒体错误地解读为"'假日办'撤销",一石激起千层浪,再次引发对假日问题的广泛讨论。

涉及全国13亿多人口的假期究竟该怎么放,对这一问题做出真正科学、可行的回答,已经成为社会民众的热切期盼。按照世界各国的通行做法,带薪假期一般包括带薪公共假日(paid public holidays)(即我国的"法定节假日")和带薪年休假(paid annual leave)两部分。目前大多数发达国家都制定了详细的法律来保障劳动者的带薪假期权益,各国尤其重视劳动者可自由支配的带薪年休假。我国有关带薪假期的法律法规也已初成体系,带薪公共假日(即"法定节假日")的数量在全球处于中等偏上水平,但带薪年休假数量相对较少,更为重要的是,其落实情况不如人意。回顾以往有关带薪假期的改革和讨论,均主要关注"法定节假日",尤其是"黄金周"问题,关注天数、具体日期等技术层面的问题,而缺乏系统研究和总体安排。因此,借鉴国际经验,加强对带薪假期的系统研究和总体安排,通过完善顶层设计、加强舆论宣传和执法监督等方式全面落实带薪年休假制度,才能从根本上解决"黄金周"的各种乱象。

实际上,此前,山东省、陕西省西安市等地方政府在这方面已经采取了较为有力和有效的措施。例如,山东省早在2009年就制定了《关于组织实施机关事业单位工作人员带薪年休假若干问题的意见》,2011年又在《山东省国民休闲发展纲要》中予以强调,2014年省人力资源和社会保障厅等四部门联合发出通知,要求进一步落实企业职工带薪年休假制度,对用人单位不安排职工休年休假又不依照规定支付未休年休假工资报酬的,由县级以上地方人民政府人力资源和社会保障部门按照规定予以处罚,省人社厅还在人事综合管理信息系统中增加了带薪年休假计划和台账管理功能。陕西省西安市也颁布了《关于进一步落实职工带薪年休假制度的实施意见》,对职工带薪年休假的适用范围、休假期限和休假计划等内容做出了详细规定,要求各单位将落实职工带薪年休假作为劳动合同的必备条款之一,同时建立健全年休假计划备案制度、全年休假执行情况报告和备案制度、全年休假执行考核制度,为破解"纸上福利"加速助力。

3. 出行新期待:破除传统顽疾,完善公共服务

2014年,旅游行业的旧顽疾与对目的地公共服务的新期待,成为人们出游时的普遍关注点。根据中国旅游研究院所做的"全国游客满意度调查",2014年游客的不满意之处既源于假日期间涨价、景区和交通拥堵、行程信息不透明、旅游强制购物、自费景点和项目、服务缩水等问题,也涉及目的地整体环境、公共服务、商业接待设施、空气质量等因素。随着散客化、自由化趋势的加强,旅游者越来越多地与本地居民共享地铁、火车、公交等公共设施和社会治安等公共服务，越来越多地深入到胡同、酒吧、戏楼、商场、餐馆、文化区等日常生活消费场所，越来越多地关注银行刷卡的便利性、步行道的可达性、互联网的覆盖度和交通标识的方便性。

（五）热点：发展新智慧，治理新命题，贸易新赤字，保护新任务

1. 发展新智慧：智慧旅游创新不断

2014年是国家旅游局确定的"智慧旅游年"。围绕这一主题，各种形式的研讨会、座谈会、论坛、峰会举办了不少，各地也有了一些创新性做法。让出游变得更便捷，让旅行变得更愉悦，让旅游变得更智慧，不仅成为游客的美好心愿，也成为政府、业界的努力方向。例如，四川全省通过建设108国道四川段智慧旅游示范带和大九寨环线区域智慧旅游示范区，建设四类信息库、八大应用系统、两个保障体系，集成了交通、测绘、公安、气象等部门的资源和信息，直接对全省各旅游目的地城市、重要交通节点和所有景区进行调度、协调。此外，四川还形成了"1+3+3"的智慧旅游服务体系，即"一个中心，三个应用，三个配套营销"，为游客提供基于多媒体旅游数据中心的智慧旅游公共服务。"一个中心"为多媒体旅游数据中心；"三个应用"分别为APP结合传统地图的"旅图"应用、基于社交平台腾讯微信的"四川旅游"公众账号应用、基于专业酒店渠道打造的"智慧旅游查询屏"应用；"三个配套营销"分别是每月免费赠送游客10万份的"旅图"、为加入的每个景区随其门票免费赠送游客的景区手机导游指南"微卡"、智慧旅游查询屏的景区视频联播。河北省秦皇岛向市民发放"智慧旅游无卡通"，市民可通过网上报名、审核、支付，最后刷身份证进入景区。包括九寨沟在内的不少景区建成集售检票创新升级、电子商务交易推广、网络营销落地等多功能于一体的智慧旅游系统，通过提前预约、分时段入园等手段，引导和分流游客。总之，越来越多的旅游目的地和景区，凭借互联网、移动物联网以及与之相关的各种新技术，以更加智慧的目的地管理理念、更加智慧的旅游服务方式更好地满足游客需求。

2. 治理新命题：国家公园值得研究

十八届三中全会提出"建立国家公园体制"，这预示着我国旅游资源治理体系中的一次重大变革。2014年以来，环保、林业、住建等多个部门，云南、贵州、浙江等多个地方争相申请开展试点工作，贵州还提出了全省建设"国家公园省"的目标。国家发改委、国家财经委等部门也纷纷组织调研、座谈，商讨

中国建设国家公园体系的总体思路和具体方案。中国究竟应该建成什么样的国家公园，怎么去建，在实现生态治理能力和治理体系现代化的过程中，国家公园应发挥何种作用，在相关政策正式出台之前，围绕国家公园的各种讨论还会持续一段时期。

3. 贸易新赤字：旅游逆差引发争议

2009年，我国旅游服务贸易首次出现逆差，规模超过20亿美元。根据中国旅游研究院提供的数据，到2014年这一数字将突破1000亿美元。由此，我国已成为世界上旅游服务贸易逆差最大的国家。高达1000亿美元的旅游贸易逆差，引发各方争论。总体而言，大部分人认为旅游贸易逆差的形成，是旅游发展到一定阶段的一个常态，体现了我国国力的增强，在某种程度上，是对全球旅游贸易特别是与中国旅游贸易伙伴之间发展的一种再平衡，短期内是可以接受的。从长远而言，也给我们促进入境旅游发展、改善国内消费环境带来了压力。当然也有极少数学者认为，我国出境旅游超前发展，造成内需的大量"漏出"，而中国旅游发展基金面临到期，因此为了旅游业有足够的发展资金，建议开征出境旅游消费税。

日益高企的旅游贸易逆差，对我国促进出入境旅游平衡发展的确是一种不断增加的压力，对改善国内消费环境也是一种日益严峻的挑战。只是这种压力和挑战，始终要从我国全面深化改革和走向世界的全局来把握。实际上，国民跨境消费与跨境支付发展，推动了人民币"走出去"。从区域看，人民币结算发展最迅速区域在很大程度上与我国主要出境旅游目的地重合，包括内地同港澳台地区及韩日、东南亚、澳大利亚等区域。人民币在尚未完全放开情况下走向国际市场，跨境消费发挥了很重要的作用。

4. 保护新任务：跨界遗产如何管理

2014年6月，在卡塔尔举办的联合国教科文组织第38届世界遗产委员会会议审议通过我国大运河项目和我国同哈萨克斯坦、吉尔吉斯斯坦跨国联合申报的丝绸之路项目列入《世界遗产名录》。大运河系列遗产，涉及遗产共计58处，分布在我国2个直辖市、6个省的25个地级市；丝绸之路作为跨国系列文化遗产，经过的路线长约8700公里，包括各类遗迹33处，其中中国段22处，分布在河南、陕西、甘肃、新疆四省区。这两项世界遗产，范围之大，涉及主体之多，在我国乃至全球世界遗产保护史上都是一个新的挑战和任务。其保护和开发的难度显然比以往任何一个都要大，难题都更多，涉及利益分配问题更加复杂。不同地区、不同国家如何相互配合，需要更多政策、技术和智慧。

三 展望：中国旅游即将步入新阶段

历经数十年发展，中国旅游从国民经济中微不足道的组成部分发展成为社会经济中不可忽视的重点领域，从世界旅游舞台上的无名小卒发展成为全球旅游不可忽视的主要角色。中国旅游的发展理念、发展方式、产业体系、行业形态、企业主体、消费群体、国际地位、全球影响也都发生了深刻的变革。中国不仅形成了世界最大的国内旅游市场、最大的出境旅游消费群体和第四大的入境接待规模，更加重要的是，也正在探索出一条适合中国国情的旅游发展道路。如果说，过去三十多年，中国旅游呈现出世界少有的繁荣景象，实现了史无前例的快速发展，那么未来，中国旅游业即将步入"以理性引导繁荣，以内涵带动外延"的崭新发展阶段。

（一）引领：科学旅游观

31号文提出的"科学旅游观"，不仅在我国旅游发展史上，恐怕在全球旅游发展史上，都是一个重要标志。而科学旅游观的具体实现，需要从如下五个方面予以细化和落实。

1. 科学的旅游发展观

科学的旅游发展观是科学旅游观的首要前提，其决策主体是国家。旅游发展观主要包括两个层面的问题：一是为什么发展，二是怎么去发展。前者涉及目标定位，后者涉及发展方式。就目标定位而言，一个国家将旅游发展置于什么样的目标和背景之下，如何看待旅游发展的意义和功能，怎么衡量旅游发展的结果和影响，不仅取决于其对旅游的认识，也取决于所处的社会经济条件。今日之中国，社会环境、经济结构、城乡关系、生态条件、国际影响已与改革之初大不相同。经济、政治、文化、社会和生态建设"五位一体"以及新型工业化、信息化、城镇化和农业现代化"四化同步"成为旅游发展的大背景。在此背景下，国家发展旅游的目的超越了创造外汇收入、刺激国内需求、带动经济发展的经济功能，而更加强调其实现社会和谐、平衡区域发展、满足民生需求、促进文化发展、保护生态环境乃至提升国家形象的非经济功能。因此，在功能定位、发展目标、绩效评估等方面，要摒弃过去单纯以经济指标来衡量发展的做法，高度重视旅游在民生、环保以及国家战略等层面的作用；要摒弃过去只看到经济成本而忽视社会成本和生态成本的做法，以经济、社会和生态的综合最优来衡量发展结

果。就发展方式而言，是指"生产要素的分配、投入、组合和使用的方式"，包括数量增加、结构变化、质量改善等不同途径。一个国家旅游发展方式既取决于整体经济发展方式，也是后者转变的重要推动和关键领域。过去30多年，中国旅游业的快速发展主要是以资源、土地、人力以及资本等生产要素大量投入和低成本使用为前提，以规模扩张、数量剧增为内容。当前，"转型升级、提质增效"成为其进一步发展的必然要求。因此，在政策引导、激励机制、配套措施等方面，要通过鼓励开发方式、业态类型、商业模式、服务方式等的创新，降低旅游发展对要素投入的依赖和消耗。

2. 科学的旅游治理观

科学的旅游治理观是科学旅游观的实现媒介，其推动主体是旅游行政管理机构和相关部门。旅游治理观主要包括两个层面的问题：一是哪些主体参与治理；二是不同主体间的关系如何处理。前者涉及治理主体，后者涉及治理结构和治理方式。综合性是旅游的突出特征，旅游治理体系应包含旅游行政管理机构、其他政府部门、各类社会组织、不同类型企业、当地社区、游客等各个主体。就治理结构和治理方式而言，上述主体之间的关系正处于结构性调整阶段。《旅游法》的出台以及新一轮简政放权的推进，使得行政手段越来越让位于法律手段、市场手段和社会手段。当然这并不意味着旅游行政管理机构和相关部门的作为空间变小。恰恰相反，"使市场在资源配置中起决定性作用和更好地发挥政府作用"意味着旅游行政管理机构的责任更大，需要其具备更大的勇气、更宽的胸怀和更高的智慧来调动、协调所有治理主体，建立更加符合未来发展需要的治理结构和治理模式，实现对旅游事务的协调。

3. 科学的旅游经营观

科学的旅游经营观是科学旅游观的重要体现，其执行主体是旅游企业和接待主体。一方面，旅游经营和所有其他商业经营一样，需要遵循市场规律，以用户需求、商业逻辑、资本理性为指引，紧紧抓住游客尤其是主流群体的消费心理，通过产品、服务、营销等方面的系统努力，超越对手，超越自己，赢得市场的认可。因此，经营者的产品开发、服务供给、项目设置、设施建设都应围绕游客的需求而展开，应符合市场的发展规律。另一方面，旅游经营往往与自然环境和当地社区紧密联系在一起，有的依赖于风景优美的自然生态，有的根植于独具特色的人文环境，有的直接处于当地老百姓的生产和生活环境之中。因此，旅游经营者在满足顾客需求、实现自身盈利的同时，对其所处的自然环境和当地社区都毋庸置疑地负有责任。经营者的产品开发、服务供给、项目设置、设施建设应考虑到对自然环境和当地社区的影响,设法实现生态保护和社区受益,这是旅游经营与其他一般商业经营的重要区别。忽视对生态环境的影响,将当地居民排除在外的旅游发展,既不符合全球旅游发展的普遍伦理,也难以获得长期持续发展的坚实基础。

4. 科学的旅游服务观

科学的旅游服务观是科学旅游观的重要体现,其执行主体是所有和旅游活动有关的服务主体。作为现代服务业的组成部分,旅游业的核心是服务。在旅游服务体系中,公共服务和商业服务具有同等重要的作用,在发展中国家,由于公共服务发展相对滞后,而应获得更多的重视。旅游商业服务的成熟在于从福特主义的标准化、生产线式供给转向后福特主义的消费者导向、差异化经营和大规模定制。旅游公共服务的健全在于政府从"管治型"向"服务型"的转变以及各领域的协调配合、无缝衔接。不管是商业服务还是公共服务,均应从游客角度出发,重视对其旅游活动各阶段、各环节、各层次需求的满足。

5. 科学的旅游消费观

科学的旅游消费观是科学旅游观的重要体现,其实践主体是所有旅游者。旅游,是人们解决了温饱问题之后出现的必然需求,是依赖于自然和文化资源的消费行为,是体现精神品位和个人素养的社会行为。旅游消费的成熟、理智、科学,体现在既不过分追求奢华炫耀,也不一味贪图便宜;体现在掌握价格规律,面对各种产品服务,有自己的分辨能力和理性选择;体现在了解自身内在需求而不盲目跟风;体现在知晓自身权益,并有愿望和能力通过恰当的方式加以维护;体现在明白旅游活动可能会给生态环境、当地社会带来负面影响,并尽力通过自身努力将负面影响降到最低;体现在知道旅游消费往往是在公共空间里发生的,应考虑到他人的感受和利益。科学的旅游消费观是成熟游客的重要表现,而拥有大批成熟游客又是一个国家旅游发展成熟的重要表现。

总之,科学旅游观是我国未来旅游发展的重要指引,而科学旅游观的形成与践行则需要国家、旅游行政管理机构、相关部门、旅游经营和服务主体以及所有旅游者的共同努力。

(二)保障:实现法治化和社会化

1. 法治化:从强调立法到突出执法

党的十五大明确提出"依法治国"。2014年10月召开的党的十八届四中全会,更是为法治中国的建设绘就了新的蓝图,不仅提出了建设中国特色社会主义法治体系、建设社会主义法治国家的总目标,而且明确了全面推进依法治国的重

大任务，包括：立法工作和宪法的实施与监督、依法行政与法治政府建设、公正司法与提高司法公信力、培育法治文化与建设法治社会、法治职业和人才队伍的保障等五个重要方面。2014年12月7日，国家旅游局印发了《关于贯彻党的十八届四中全会精神全面推进依法兴旅、依法治旅的意见》，围绕扎实推进旅游行业的依法行政、继续完善旅游法规制度体系、全面提高旅游执法水平、强化旅游法治建设保障等提出了明确要求。

需要指出的是，在一个法治社会中，立法与执法是支撑社会正义的两只脚，缺一不可。2013年，我国旅游业界呼吁了将近30年的《旅游法》得以颁布实施。除此之外，从《劳动法》规定的劳动者的休假权利，到《环境保护法》《野生动物保护法》《森林法》《草原法》《渔业法》等规定的自然资源和环境保护义务，再到《合同法》规定的合同当事人的权责，我国已经制定了大量的法律来约束和规范与人们的旅游活动、旅游经营、旅游服务和旅游发展有关的各项事务。展望未来，这些法律要更好地发挥其应有作用，执法是关键因素。在未来一段时期内，应该更加系统地梳理和研究与旅游相关的各项法律条款的执行情况，并制定相应的措施，让知法守法者尝到甜头，让违法者吃到苦头，真正做到"科学立法、严格执法、公正司法、全民守法"。

2. 社会化：从政府主导到社会推动

不管对其现实效果作何评价，"政府主导"战略确实在中国旅游业的快速发展过程中发挥了重要的历史作用。时至今日，经过30多年的发展，包括私人资本、外国资本等在内的社会投资在旅游发展中的比重日益提高，包括当地社区、民间组织等在内的社会力量在旅游管理中的地位不断提升，包括亿万民众、大众媒体等在内的社会舆论在旅游决策中的作用逐渐受到重视。这些变化的力量汇集在一起，使得中国旅游发展的推动力更加多元、更加均衡。从这个意义上看，旅游治理体系的开放性、社会化是未来重要的发展方向。不管是在国家层面还是地方层面，政府、企业、行业协会、当地居民和游客，多个利益相关者的共同推动、相互协商、彼此合作，都是实现旅游可持续发展的重要前提。

（三）支撑：处理好五对关系

1. 产业与事业

新中国成立以来，我国旅游业经历了从事业到产业的转变，目前以及未来一段时期，则更加强调事业与产业并重。对旅游属性认识的这种螺旋式上升，既反映了我国旅游发展的成熟和理性，也符合各国旅游发展的普遍规律。就旅游业的发展而言，除了关注经济效益之外，还应该关注社会效益、生态效益、文化效益；除了依赖于商业服务之外，还必须依靠各种公共设施和公共服务；除了需要遵循市场价值规律之外，还应该考虑在提升国家形象、改善民生福祉等方面的意义。因此，旅游业是一个既有产业属性又有事业属性的领域。如果说改革开放前30年，创造外汇收入、带动经济发展是旅游的首要功能的话，那么时至今日，在我国经济快速发展、综合国力全面提升而贫富差距日益拉大的背景下，完成了"事业"到"产业"转型之后的中国旅游正在朝着"事业+产业"方向的转变。这一趋势在未来将更加明显。

2. 政府与市场

改革开放以来，政府主导成为中国旅游业发展的一大特征。随着社会主义市场经济体制逐步确立，市场在资源配置中的作用也从基础性转变为决定性。市场这只"无形的手"对旅游业发展的调节作用进一步加强，旅游业市场化程度明显提高。党的十八届三中全会明确提出了"处理好政府和市场的关系，使市场在资源配置中起决定性作用和更好发挥政府作用"。2014年7月发布的《国务院关于促进市场公平竞争维护市场正常秩序的若干意见》，针对完善市场监管体系、促进市场公平竞争、维护市场正常秩序，提出了33条要求。这是改革开放以来国务院首次系统完整地提出关于完善市场监管体系的顶层设计，充分体现了国务院矢志不移的改革决心，提供了2020年前改革市场监管体系的行动指南。就旅游业而言，目前市场力量的迸发，已经带动了旅游产业的演化和业态的创新。诸多新的旅游项目不再是传统旅游要素的简单拼装、上下组合，更是理念、资本、技术、土地、文化、市场、服务等各种要素的复杂碰撞和全面创新。新的旅游资源不断被挖掘，新的资本投入在强势推动，新的旅游理念不断被提出，新的技术手段不断被应用，线上线下的整合，横向纵向的并购，VC、PE频频出手，股权、资本交织互渗，所有这些都体现了市场的活力，也提供了无限的可能。在此背景下，政府如何更好地发挥作用，值得深入思考。

未来，政府推动旅游产业化发展主要是健全市场规则，维护旅游市场秩序，为各类市场主体公平竞争提供良好的环境。为此，需要按照《国务院关于促进市场公平竞争维护市场正常秩序的若干意见》中所提出的33条对旅游监管问题进行系统梳理，在维护旅游市场秩序、引导市场良性竞争、规范市场主体行为方面制定出一整套方案。值得注意的是，要把监管对象从企业实体转变到业务内容上来，探索出对所有涉及旅游服务内容的环节、机构、主体进行监管（而不仅仅限于旅行社、饭店、网站等旅游企业）的具体办法。按照国家旅游局政策法规司曾博伟博士的研究，实施立体监管是必然选择，即涉及"行、游、住、食、购、娱"六个环节的全过程的旅游监管，针对团队和散客的全方位的旅游监管，针对旅游经营者、旅游者以及旅游主管部门的全口径的旅游监管，涉及多个政府部门和行业组织的多主体的旅游监管，采取法律手段、标准化等多方式的旅游监管以及多领域的旅游监管。

3. 部门与综合

旅游活动以及围绕它所形成的政治、经济、社会、文化、生态现象，极具综合性和创新性。旅游自身的发展及其在社会经济中核心功能的变化，产业结构、组织形式、存在样态的革新，不断向旧有行政管理体制提出新的挑战。如果说过去30多年里，我国旅游行政管理始终面临"小马拉大车"的窘境，那么在个性化、散客化、体验化、网络化成为大众旅游行为之普遍特征的今天，在产业融合、无边界化、多业共生、混业发展成为旅游供给体系创新发展之核心推力的当下，旅游行政管理部门应该以何为辕，来拉好这个规模越来越庞大、影响越来越综合、构成越来越复杂、结构越来越多样、期待越来越多元的"大车"，如何解决与旅游需求相关的带薪假期、游客权益维护等问题以及旅游供给中的传统自然资源多头管理、新兴旅游业态多元交叉等问题，这些都成为当前旅游行政管理部门面临的棘手问题。总之，日益分散、多元、交叉的旅游发展实践向相对单一、固化和有限的行政管理体制提出了新的挑战，需要进行进一步的改革。

纵观世界各国，在旅游管理中根据国情采取了不同的行政管理体系。其中旅游发达国家一个普遍的规律是，将旅游与其他产业或领域统筹考虑合并管理。从法国竞争力、工业与服务业总局到从澳大利亚资源、矿产与旅游部，从英国文化与遗产部到马来西亚文化旅游部乃至美国商务部国际贸易署，从韩国文化体育部到日本交通公社，无不是将旅游置于更为综合的管理框架之下。类似的"大部制"做法未必一定适合当下的中国，但是无论如何，要提高中国旅游的总体竞争力，从部门管理到综合管理的转变必不可少。因此需要系统研究如何在既有行政管理框架下，充分发挥政府、市场、社会、民众的作用，研究如何在明确政府与市场、政府与社会之权力边界的基础上，将法律手段与市场手段相结合，将行政力量与社会力量相结合，研究如何在保持现有的行政管理框架的基础上通过行政部门职能的柔性化、服务化推动旅游产业发展。

4. 内涵与外延

过去30多年中，中国旅游的快速发展多以外延式扩张为主要形式，这不仅体现在整个产业、所有行业、各个地区，也体现在几乎所有领域。仅以产业主体为例，我国目前有2万多家旅行社，2万多个景区景点，近1.5万家星级饭店，更有难以计数的经济型酒店、社会宾馆，各种各样的度假村、农家乐、购物点……其规模可谓不小，扩张速度也不可谓不快。然而，与速度的飞快发展、外延的急剧扩张相比，产业结构算不上完善，企业素质算不上很高，内涵和质量问题也几乎存在于每一个领域。因此，在未来，中国旅游生产力的扩大、旅游影响力的提升，除了依靠规模的扩大之外，更多地还需要靠结构的优化、素质的提升和内涵的丰富。显然，调整结构、提升素质、丰富内涵远比扩大规模、扩张外延更加重要，也更加艰难。

31号文就如何"转变发展方式"提出了三点要求：在旅游产品上同时注重观光旅游和度假旅游产品，既要满足大众化的一般性旅游需求，又要满足小众的更为细分化的旅游需求，既要发展相对低端的旅游产品，又要发展中高端的旅游产品；在开发中将业态与生态、文态结合起来，打造更多既能满足当下旅游需求，又能可持续发展的旅游精品；在服务形式上发展优质服务，实现标准化服务和个性化服务有机统一。但是，显然，中国旅游的内涵式发展道路还任重道远，也需要有更加系统的制度设计和解决方案。

5. 中国与世界

21世纪以来，中国与世界的关系发生了巨大变化。在世界舞台上，中国已从边缘走到了中央。中国日渐提升的世界影响力在经济、社会、文化等各个方面均得到了充分体现。旅游作为国家之间、文化之间、民众之间交流的重要方式，作为兼具经济功能、社会功能和文化功能的重要领域，自然也受到世界越来越多的关注。当中国更加广泛而深入地走向世界，当世界的目光越来越多地聚焦中国的时候，如何从全球的视野理性审视中国旅游，如何在世界旅游版图上客观定位中国，如何积极有效地推进中国旅游的世界化，如何制定中国实现世界旅游强国梦想的线路图，这些都是必须回答的问题。

过去30多年里，我们一方面采取了"非常规"的发展路径，在推动旅游发展方面开辟了一条中国式的道路，另一方面，我们也习惯于向世界学习，遇到问题首先想到的是寻找"国际经验"，借鉴国外。随着对中国社会发展现实更深入的分析和对国际社会更广泛的观察，我们也应该看到，一方面我们需要从"非常规"走向常规，在发展理念、发展思路上向世界主要国家旅游发展一般规律靠近；另一方面，基于中国的人口规模之庞大、地域差别之明显、群体差异之悬殊、发展路径之独特，也需要在制度层面、技术层面、操作层面，依靠更多的中国智慧，不仅寻找到符合中国国情的解决办法，也对其他国家形成重要借鉴。我们既不能妄自菲薄，更不可盲目自大。就中国旅游与世界旅游的关系而言，实现平和心态、平等对话、平常交流、平实发展是极为重要的。

结 束 语

即将到来的 2015 年，是全面完成"十二五"规划的收官之年，是全面深化改革的关键之年，也是全面推进依法治国的开局之年。在全面深化改革和依法治国的大背景下，在政府、企业、行业组织、社会民众、学术机构、大众媒体的共同推动下，中国旅游必将迎来更加理性的繁荣和更富内涵的发展。

G.2
2014年中国旅游发展十大热点

中国社会科学院旅游研究中心*

摘　要：
2014年中国旅游发展十大热点为：国发31号文出台，旅游改革方向确立；智慧旅游方兴未艾，持续发展任重道远；资本市场极度活跃，旅游产业累积风险；多方力量强力驱动，在线旅游快速发展；"黄金周"再成热点，公众休假关乎民生；景区门票又引争议，复杂问题理性看待；两个项目申遗成功，区域合作备受期待；"美丽中国"受欢迎，海外旅游推广出新；酒店企业海外掘金，国际扩张征途漫漫；旅游安全事件频出，危机管理亟待提升。

关键词：
2014　中国旅游　十大热点　深度评论

2014年，是中国旅游发生深刻变革的一年，也是高潮迭起、变化不断的一年。这一年中，政策、资本、产业、市场等各个层面都发生了诸多重要事件，全社会对旅游的关注空前高涨，中国旅游的海外影响和境外发展也出现了新的变化。为了能够准确把握和全面解读这些事件，中国社会科学院旅游研究中心于2014年9月期间组织特约研究员进行推荐，通过专家遴选，确定出2014年中国旅游发展的十大热点事件，并组织专家小组对这些事件进行梳理和剖析，探究背后的原因和产生的影响，思考未来发展的走向。

热点问题的遴选，主要是基于该事件或系列事件中所涉及问题的复杂性、社会对这些事件的广泛关注以及此类事件对未来旅游发展的重要影响。因此并不追求入选事件之间在逻辑体系上的关联性、在正负影响上的平衡性，同时也不刻意回避某些热点之间的交叉性。

---

* 执笔人：曾博伟、高天明、金准、杨彦锋、高舜礼、宋瑞、窦群、杨丽琼、秦宇、李橙、宋子千。总纂：吴金梅、李为人。

2014年中国旅游的十大热点是：
- 热点一：国发31号文出台，旅游改革方向确立
- 热点二：智慧旅游方兴未艾，持续发展任重道远
- 热点三：资本市场极度活跃，旅游产业累积风险
- 热点四：多方力量强力驱动，在线旅游快速发展
- 热点五："黄金周"再成热点，公众休假关乎民生
- 热点六：景区门票又引争议，复杂问题理性看待
- 热点七：两个项目申遗成功，区域合作备受期待
- 热点八："美丽中国"受欢迎，海外旅游推广出新
- 热点九：酒店企业海外掘金，国际扩张征途漫漫
- 热点十：旅游安全事件频出，危机管理亟待提升

热点一：国发31号文出台，旅游改革方向确立

（一）热点事件

2014年7月2日，李克强总理主持召开国务院常务会议，确定旅游业改革发展的政策措施。8月9日，国务院正式发布《关于促进旅游业改革发展的若干意见》（国发〔2014〕31号）。文件包括树立科学旅游观、增强旅游发展动力、拓展旅游发展空间、优化旅游发展环境、完善旅游发展政策五个方面共20条内容。国发31号文是继2009年国发41号文《关于加快发展旅游业的意见》和2013年《国民旅游休闲纲要》《中华人民共和国旅游法》之后，国家层面出台的又一个促进旅游业发展的纲领性文件。未来一段时期，围绕贯彻落实31号文将成为旅游行业特别是各级政府部门发展旅游业的重要工作任务。

（二）事件点评

31号文的出台是国家从战略角度考虑的结果。一方面，当前我国经济下行压力加大，特别是出口形势依然严峻，而用大规模投资刺激经济增长的方式也很难持续，因此国家必然会将目光更多放到经济发展"三驾马车"之一的消费上来。旅游消费是综合消费、最终消费、多层次消费和可持续消费，在扩大内需，特别是扩大消费需求中扮演着不可替代的重要作用，因此高层希望通过进一步促进旅游业发展，将旅游业对消费拉动的作用更好地释放出来。另一方面，2013

年党的十八届三中全会标志着我国进入了全面改革的新阶段。正因为希望进一步在旅游业发展中释放"改革红利",文件标题也从最初的扩大消费调整为促进旅游业的改革发展。经过30多年的发展,旅游业发展的格局发生了深刻变化,面对这些问题,不能再简单延续过去粗放、外延的增长模式,而需要用改革创新的方式加以解决。

（三）重要启示

31号文是对2009年国发41号文的进一步深化和具体化。31号文提出的"以提质增效、转型发展为主线"是对2009年国发41号文提出的"把旅游业培育成国民经济的战略性支柱产业和人民群众更加满意的现代服务业"两大战略目标的具体化。国家旨在通过坚持融合发展,将旅游业发展与新型工业化、信息化、城镇化、农业现代化结合起来,以"一业促四化",把旅游业做大做强,从而既实现把旅游业培育成战略性支柱产业的目标,又更好地发挥旅游业的综合效益；旨在将坚持以人为本,积极营造良好的旅游环境作为把旅游业培育成人民群众更加满意的现代服务业的具体化。31号文提出的"让广大游客游得放心、游得舒心、游得开心,在旅游过程中发现美、享受美、传播美"体现了人民群众更加满意的要求。可以说,如果我们实现了这"三心""三美",旅游业就能真正做到人民群众更加满意。除此之外,31号文件还提出要转变旅游业发展方式的重大问题以及转变发展方式的问题。第一要求发展旅游产品应该同时注重观光旅游和度假旅游产品,既要满足大众化的一般性旅游需求,又要满足小众的更为细分化的旅游需求,既要发展相对低端的旅游产品,又要发展中高端的旅游产品。第二要求针对旅游开发中依然存在的粗放、粗糙甚至粗鄙等问题,强调要向集约型转变,要在开发中将业态与生态、文态结合起来,打造更多既能满足当下旅游需求,又能可持续发展的旅游精品。第三要求实现标准化服务和个性化服务有机统一,以标准化服务"保基本",确保旅游服务水平能有一个普遍提高,以满足大众旅游的需要；以个性化服务"促提升",为进一步提高服务水平,满足中高端旅游需要指明了方向。31号文的制定和出台,体现了政府层面推动旅游业发展的措施和政策更加注意聚焦热点和重点问题,更加强调针对性和具体化,也更加注重文件的落地性。特别是31号文明确了国务院各个部门任务的分工和落实时间表,可以预见,未来旅游部门和相关部门还有更多"组合拳"出台,推动旅游业的改革发展。

（执笔人：曾博伟,国家旅游局政策研究处副处长）

热点二：智慧旅游方兴未艾，持续发展任重道远

（一）热点事件

"智慧旅游"的概念在2009年8月28日三亚"中国旅游信息化发展论坛"上首次被提出。2014年是"智慧旅游"主题年，这一年中有关智慧旅游的论坛或展览好戏连台，从2月广交会首次设立"智慧旅游展示区"开始，几乎每个月都有与智慧旅游相关的论坛或展览陆续登场；与智慧旅游相关的产品或服务创新也捷报频传，智慧导航、智慧导游、智慧导览、智慧导购、智慧酒店、智慧景区、智慧社区、智慧城市、智慧交通、智慧管理、智慧服务、智慧营销等试点遍地开花，瞬间走进了人们的日常生活。虽然尚在发展之中，但中国在智慧旅游领域取得的成就已得到了普遍认可。2014年9月13日，"第八届亚太经合组织旅游部长会议"通过的《澳门宣言》特别呼吁，APEC成员国要借鉴中国的成功经验，激励产业创新，促进智慧旅游的发展及相关领域的合作，分享智慧旅游所带来的机遇和商机。

（二）事件点评

纵观中国的智慧旅游发展过程，我们欣喜地发现，智慧旅游的蓬勃发展始终得到了各级政府（尤其是旅游主管部门）的大力支持以及各行各业（尤其是旅游业和电信业）的积极响应和主动配合。同时我们也遗憾地发现，不少顶层设计依然仅局限于传统旅游业，并没有与智慧城市与智慧中国的整体规划融为一体，因此不具备兼容性，可实施性差。盲目追求技术层面的升级换代，从而忽视了业务层面的流程再造和资源整合。

从国情出发，发展智慧旅游必须始终坚持"顶层设计与底层建设同步进行"，"智慧商务、智慧服务与智慧政务协同发展"，"点面结合、上下结合、条块结合、内外结合同时兼顾"的基本原则。即首先设计国家层面的统一标准、统一规范、统一架构等指导性纲领，然后再以此为准绳制定各省区市层面的具体规划方案；要在打造"智慧旅游商务平台"和"智慧旅游服务平台"的同时，全力打造独具中国特色的"智慧旅游政务平台"，并使以上三个智慧旅游平台逐步形成资源共享、优势互补、合作共生的协同效益；还要始终坚持以点带面、以面连点、点面互动的原则，以期实现缩小数据鸿沟和促进协同发展的智慧旅游横向网络；不但要串联中游的旅游服务运营商，而且还要串联上游的旅游资源供应商和下游的旅游产品分销商，以期打造贯通旅游产业链上、中、下游的纵向智慧旅游网；通过产业融合、区域协作、虚拟联盟等方式打破传统的条块分割局面，以期构建跨地区、跨行业、跨平台、跨企业、跨部门的一体化和多元化智慧旅游平台；最后还必须兼顾与其他省区市甚至其他国家的智慧旅游平台的互联互动，以期实现通过智慧旅游促进智慧城市、智慧中国、智慧地球的发展。

（三）重要启示

中国智慧旅游的可持续发展不但需要秀外，还需要慧中；不但需要内联，还需要外延；不但需要平台，还需要产品；不但需要大数据，还需要大集群；不但需要泛在网，还需要泛旅游；不但需要企业云，还需要公共云；不但需要技术创新，还需要观念更新；不但需要科技智慧，还需要人文智慧；不但需要资源整合，还需要资源共享；不但需要APP应用，还需要O2O互动；不但需要前台系统升级，还需要后台系统换代；不但需要出游客人满意，还需要当地居民满意。

为此我们建议，由相关管理机构联合打造中国智慧旅游政务平台，由行业协会及网络运营商、电信运营商、旅游运营商、金融服务机构、旅游资源供应商、旅游分销渠道商等联合打造中国智慧旅游商务平台，并充分应用"云计算"等集约型发展技术，积极倡导"不求所有，但求所用"的轻资产发展战略，大力推广互通互联、资源共享、系统开放的发展模式，早日实现美丽中国和智慧地球的梦想。

（执笔人：高天明，中国社会科学院旅游研究中心特约研究员）

热点三：资本市场极度活跃，旅游产业累积风险

（一）重要事件

2014年，旅游仍然是各路资本逐鹿的主战场，大型项目层出不穷。据不完全统计，2013年全国旅游直接投资达5144亿元，同比增长26.6%，其中投资100亿元以上的项目达127个。2014年，各类大型旅游项目更是如火如荼。在全国开发了80多个万达广场后，万达先后又在哈尔滨、南昌、桂林、合肥、无锡、南京、广州、滨湖等近10个城市建设万达城或万达文化旅游城；总投资达500亿元的青岛影视产业园项目核心部分全面开工；中金国联投资200亿元打造池州

九华幸福新世界文化旅游度假项目；投资120亿元的南宁龙象谷文化旅游生态城于2014年下半年开工；厦门重点推动旅游项目46项，总投资额580亿元；泰禾集团在福州斥资200亿元建影视旅游度假综合体；浙江嘉兴200亿元打造温泉文化旅游项目；苏宁环球无锡斥资100亿元打造阳羡湖文体旅游综合体；兰州与美国阳光世纪集团签订合作协议，计划投资100亿元打造文化、旅游主题公园；占地120公顷、总投资超过200亿元的北京环球主题公园项目正式获得国家发改委批复等。

（二）事件点评

新一轮的旅游项目建设中，配备旅游房地产的大型综合体建设热潮值得关注，新的投资热潮给中国旅游业带来两个方面的变化。

第一是旅游业态的全面革新。在大量的投资涌入下，中国涌现越来越多的新旅游业态，乌镇的西栅、上海的田子坊、深圳的东部华侨城、无锡的灵山梵宫、杭州的安缦法云，这些新的旅游项目不仅仅是对传统旅游要素的拼装，更是观念、资本、要素、策划、市场、工序、服务的全面创新，和我们的生活方式转变相对应。旅游业已经不仅仅是在原有的基础上进一步完善，更是正在走进"重新发明"的时代。资本及理念、技术、规划、设计、运营，全方位推动中国旅游业的革新，各项要素涌入旅游业，新的格局快速形成。今天中国旅游业的热门景点，早就不仅仅是30年前的泰山、兵马俑，每隔两三年，就会有大量的新景区、新景点迅速挤入到中国旅游业的第一阵营之中。每年每季度都会有新的旅游热点，旅游的格局不再一成不变，而是充满了激烈的竞争。

第二是投资风险值得警醒。在新的投资模式下，发生了几个改变：一是投资主力转为地产商，地产收益成为项目的主要出发点；二是大项目能获得更大的竞争优势，旅游业进入规模竞争的时代；三是新投资主要定位于高端消费，豪华酒店大量涌入。在这样的变化下，可能带来几方面的负面影响。首先是累积了大量的投资泡沫。首先，大量投资的涌入产生批量化的旅游项目生产模式及大批"旅游综合体"、旅游小镇，相似的业态，相似的项目构成，相似的市场定位，相似的盈利点，造成项目的高度同质化，相似的旅游项目的超量供应，在旅游行业内累积了大量的投资泡沫与风险。其次，对我国土地政策形成冲击。大项目要求大的用地作配套，由于地方政府对吸引大投资的热情，令土地政策受到很大冲击，违规用地现象在各地屡禁不止。再次是旅游行业收益受到很大影响，大量着眼于地产收益的旅游投资的进入，令旅游行业规模过量扩张，收益受到明显影响,酒店业业绩的明显下滑就是明证。最后,豪华消费的过量投资影响服务均等化及民生改善,随着越来越多的大片自然、文化资源被高端项目所占,大众旅游者的活动空间日益收窄,这并不利于旅游业的合理布局。

(三)重要启示

在大量旅游投资进入的前提下,中国旅游业如何找到适合其自身发展的路子,需要认真探索和研究。回过头来,在巨量投资主导中国旅游业的外貌之下,小而美的案例一直存在。百年前,英国传教士李德立在庐山以或购或长租的方式获地4000余亩做了一个控制性的规划,并把所有的地划成面积约2800平方米的小块,编号出售。每块土地上限建一套别墅,规定建筑密度控制在15%以下。几年后,整体生态景观突出、总体布局完善、基础设施良好、建筑姿态各异的庐山牯岭初步成型,这就是今天的度假名山庐山的发展历程。今天,在杭州,在大理,在桂林,小而美、繁复而多样的投资也正生生不息。这些地方吸引着越来越多的游客,给予开发商更多新的投资回报模式。简单的大规模的旅游+地产的投资单体,变成了一系列中小规模的旅游+智慧+地产的投资群,同样在吸引着大批才智型投资,创造新的财富故事。大而豪还是小而美,我们需要新的判断和选择。

(执笔人:金准,中国社会科学院旅游研究中心秘书长,中国社会科学院财经战略研究院副研究员)

热点四:多方力量强力驱动,在线旅游快速发展

(一)热点事件

随着移动互联网浪潮开始兴盛,从2006年开始到2014年9月,相关投资事件共计215起,尤其2011年之后,在线旅游的投资更是呈突飞猛进态势。根据艺龙投资总监李刚强整理统计,2011~2014年9月,融资事件(包括VC、PE、IPO、债券、并购等)分别为16、23、68、85起,投资金额也在成倍增长,2014年1月到9月的总投资额已近120亿元。众信和途牛的IPO成为年度亮点,投资机构中除了风险投资(VC)外,携程、艺龙等旅游企业及BAT(百度、阿里巴巴和腾讯)三家均加入投资行列。出境旅游、移动旅游及旅游B2B受到资本青睐。

表1 2014年1~9月国内在线旅游行业部分重要投资事件

受资方	时间	投资方	投资方式	金额	行业
众信旅游	2014.1	—	IPO	1.5亿元	旅行社
同程	2014.4	携程	投资	2.2亿美元	度假
途牛	2014.5	携程及其他投资人	IPO	1.019亿美元	度假
携程	2014.8	Priceline	收购	5亿美元	综合服务商
驴妈妈	2014.8	—	D轮	数亿元	度假
石基信息	2014.9	阿里巴巴	收购	28.1亿元	酒店信息化
易到用车	2014.9	新加坡投资、百度	C轮	1亿美元	租车
华远国旅	2014.9	携程	收购	20亿元	旅行社
竹园旅行	2014.9	众信旅游	收购	6.3亿元	旅行社

天使投资、风险投资及战略投资在不同程度上逐步成为商业模式创新及建构的重要推手，也形成了全新的经营逻辑及发展路径。

（二）事件点评

随着互联网特别是移动互联网技术的迅猛发展，在线旅游业务品类急剧增长。酒店和机票是最先被在线化的标准旅游产品品类，之后，旅游度假、租车、景区门票、签证等产品也进入了快速在线化的进程。这些业务的经营主体，使得过去未纳入旅行社类别的多种旅游服务机构开始进入旅游服务业的范畴，传统旅行社的业务不断被新兴产业主体占领。

新兴的在线旅游市场主体不但满足了新增的市场存量，更进一步挤占了传统旅游企业的存量市场。火爆投入的背后，是在线旅游产业突飞猛进的增长。艾瑞提供的数据显示，2013年中国在线旅游市场交易规模达到2204.6亿元，同比增长29%。其中，在线机票市场交易规模达1318.3亿元，在线酒店市场交易规模达485.4亿元，在线度假市场交易规模为303.0亿元。仅仅在线旅行社（OTA）市场营收规模就将达到117.6亿元。预计2017年市场规模将达到4650.1亿元，复合增长率达到20.5%。

资本拥有敏锐的产业嗅觉，在逐利的驱动下，快速涌入旅游服务业，带来了旅游服务业的快速融合，体现为密集的产业并购、风险投资和股权投资行为。技术和资本代表的产业期望极大地催化了在线旅游产业的增长，甚至使得投资者和企业家对于泡沫心存担忧，但无论如何，这仍然是当之无愧的"产业之春"。

（三）重要启示

即将过去的一年，在线旅游可谓攻势如火，对传统旅游业带来了空前的压力和冲击，一时间"焦虑"成为业内弥漫的普遍情绪。在线旅游迅猛发展的背后，可以明显看到，技术与资本已经成为中国在线旅游发展的双引擎，共同驱动了在线旅游的渗透性和颠覆性变革。

在旅行服务业外延扩大、在线旅游成为旅行服务业重要组成部分的态势下，携程、去哪儿、同程和途牛等一批基于互联网旅游企业的出现，已经在倒逼旅游行政管理与时俱进。行业实践急需新的宏观引导、分类指导和行业监管。在新形势下，旅游行政管理部门的工作应更加重视专业化的分类管理。针对新业态、新组织形式、新投资主体的旅行服务经营主体，要以开放的心态紧紧围绕旅行服务这个业务核心，将网络旅行社、旅行社网店、旅行社网络平台、旅游销售代理、旅游产品批发商、旅游保险及安全救助机构等纳入旅行服务业管理体系。

政府及旅游行政主管部门应该积极迎接变化，不拘泥于旅游产业的既有定义，以开放促发展，加快开放对不同资本属性和不同业态商业主体的准入，明确鼓励旅游服务业的信息化与电子商务建设，提供必要的政府公共平台支持，将在线旅游企业纳入规范和管理的范畴，加强网络征信机制的建立和等级标准建设，鼓励在线旅游企业的发展。

（执笔人：杨彦锋，中国旅游研究院副研究员）

热点五："黄金周"再成热点，公众休假关乎民生

（一）热点事件

2014年9月中旬国务院宣布成立旅游工作部际联席会议，撤销原有的全国假日旅游部际协调会议，将其职能并入部际联席会议。一些研究人员、新闻媒体对此做了较多解读，似乎假日工作机构的撤销，敲响了"黄金周"走向没落的丧钟。于是，围绕"黄金周"的去留掀起了一场声势空前的口水战。

这场争论之所以被冠以"再度"，原因是自从1999年有了"黄金周"，有关争议就未停息，到2004年逐步形成一股"思潮"，其后每受一些外部因素的影响（如2008年取消"五一"黄金周，带薪休假条例贯彻有难度，"长周末"造

成频繁调休，节假日高速路免收通行费等）都会引发如何休假的讨论。因此，这次讨论"再度"趋热并不意外。

（二）事件点评

与以往历次的讨论相比，这次对垒的话题似乎收窄了，直逼"黄金周"存废的命门，"挺黄派"显得落寞和低沉，"倒黄派"有些意满和亢奋。原因是假日旅游工作的协调机构撤销了，似乎它的主要工作领域——"黄金周"也快走到尽头了。有人甚至急不可耐地说，"假日办"不在了，等于宣布"黄金周"已经取消了。

这次争论与以往相比，不冷静、不辩证、不客观的特征更为明显。一是捕风捉影，妄加揣测。国务院成立旅游工作部际联席会议，是为了统筹协调全国的旅游工作，也是《旅游法》有关条款的具体要求，因此而撤并假日旅游部际协调会议是理所当然，否则便会出现协调机构的叠床架屋。有些研究者对此却视而不见，故意把改革之果当作了改革之因，其颠倒事实的结果是混淆了相当数量民众的视听。二是大讲假日机构撤销，不讲假日职能并入。一些研究者对全国假日旅游部际协调会议办公室指名道姓，对撤销"全国假日办"兴高采烈，又掩耳盗铃地掩盖假日职能并入国务院新设立的协调机构的事实，似乎不愿意承认"并入"与"取消"差别。三是把黄金周运行中很难彻底解决的问题，归罪于长期致力于努力解决问题的各级假日办，无视其为大众假日旅游所付出的辛勤劳动，把板子打在假日旅游工作者的身上。四是错误地把贯彻好带薪休假的良好愿望寄托在新的工作协调机制上，把"先破"当作了"后立"的必要前提。

从全国假日旅游工作机构的调整，能否推断出"黄金周"未来的气数？现在看，变数还是较多，起码不能绝对化。

从"挺黄派"角度看，"假日办"不在了，似乎"黄金周"也就命祚不永。其实，国务院旅游工作部际联席会议的首次会议就重点部署了"十一"黄金周假日工作，并且把牵头者升格为各级人民政府。在国民旅游需求蒸蒸日上的形势下，在带薪休假短期内难有大突破的情况下，会一个不留地把"黄金周"全部取消吗？现有迹象表明，即使铁杆的"倒黄派"也在为自己以往斩钉截铁的论断"留后路"，说春节属于传统民俗节日，即使长休也不能算"黄金周"。对此，恐怕要从"黄金周"的本意来论，不能任由哪个人说是就是，说不是就又不是，不能由一个人随意摇摆地占据真理制高点。"黄金周"作为一个引术语，初始本意并非是指固定的某个假期，也并非是指一周时间。我国的"黄金周"也是约定俗成的一个概念，它是由法定假日与周末双休日整合连成的一段时间。因此，只要春节放假不全是法定假日，还需要通过调休加以实现，时间跨度在5天以上，就应该视之为"黄金周"。

从"挺黄派"角度看，集中休假的确维护了一部分难以自由休假者的合法权益，但也暴露了一些普遍性问题，如全国性供求的紧张，旅游粗放发展的助长，旅游品位质量的下降。在市场机制配置资源起重大作用的今天，难道假日资源就有由政府"大一统"的必要和例外吗？在公众经历了10多年假日旅游历练后，在智慧旅游日益畅达和普及之时，公共信息服务是否可以更好地发挥假日旅游引导作用？以置之死地而后生的中式哲学来思维，假如真的把"黄金周"都灭掉了，是否更有利于带薪休假的落实呢？

（三）重要启示

这场争论发人思考的问题不少。一是假日问题在中国已不再是决策者可闭门造车就能解决的，一个数十亿人次的大市场，关乎以人为本，关乎国计民生，需要作为一个社会系统工程加以研究和破解。二是假日工作关乎旅游质量和民众利益，即使今后假日不再以"黄金周"形式出现，并不意味着假日及其必要保障的消亡，因此，唱衰"假日办"，无视假日工作的论调，都是鼠目寸光和有百害而无一利的。三是公众假日资源如何配置才能做到科学，需要倾听各领域、各阶层、各岗位的声音，需要统筹协调、多措并举，需要政府引导与市场调节相结合，"一废了之"和"水多加面"的思路都是有缺陷的，政府的"有为"与"无为"须恰到好处。到底什么样的休假方式能够让多数人满意，这在日益增强出游实力和维权意识的13亿多人口的中国，越来越成为一个难题，他们观点的向背将是检验假日制度成功的唯一标志。

（执笔人：高舜礼，中国旅游报社社长，中国社会科学院旅游研究中心特约研究员）

热点六：景区门票又引争议，复杂问题理性看待

（一）热点事件

近年来，几乎每到旅游季节，有关景区门票价格上涨的报道便充斥各大媒体。2014年也不例外。从3月开始，扬州瘦西湖、江西婺源景区、四川峨眉山、

广西涠洲岛、苏州园林（包括拙政园、留园、狮子林、耦园和虎丘等）、广东丹霞山和卧龙岗等景区门票价格上涨的消息便频繁见诸报端。到"十一"黄金周前后，关于景区门票价格的讨论不出意料地再度成为热点话题。

与针对其他社会性话题所展开的争议不同，在景区门票价格问题上，基本呈现"一边倒"的格局。几乎所有专家、公众都认为景区门票价格过高、涨价不合理，对此给予了各种抨击。偶尔有个别景区或地方政府以经营保护成本高等为由进行申辩，也显得很不理直气壮，很快被淹没在一片讨伐声中。

（二）事件点评

景区门票价格到底高不高、该不该涨、该怎么涨，必须以客观数据而不是主观情绪为依据做出理性判断。实际上，从价格水平来看，我国170多个5A级景区中既有门票价格高达200元以上者，也有分文不取、免费开放者，并非全部居高。从涨价范围来看，近年来尤其是自国家发改委2007年发出"景区门票三年限涨令"以来，5A级景区中涨价者仅占13%，涨价幅度也以30~40元居多，远低于同期物价上涨水平。显然，社会普遍认为的景区门票价格"普遍、频繁、大幅"涨价的看法与事实并不相符。

总体而言，影响景区门票价格的因素很多，大致包括供给和需求两个方面。

从需求方面来看，居民收入水平和消费水平是一个重要的判定尺度。根据中国社会科学院旅游研究中心的调查分析，2008年以来全国5A级景区门票平均价格与城镇居民月度人均可支配收入、农村居民月度人均纯收入之比均呈逐年下降趋势，分别从2008年的7.6%和25.21%下降到2012年的5.13%和15.92%，而5A级景区门票平均价格与城镇居民家庭月度人均消费和农村居民月度人均消费之比也均呈逐年下降趋势。因此，仅就这个角度而言，景区门票涨价既不普遍，也不明显，谈不上"不合理"。

从供给角度看，核心资源属性和景区管理体制则是判定景区门票价格合理与否的两个重要依据。其中核心资源属性决定景区的产品属性，是划分准公共产品和私人产品的重要依据；景区管理体制决定景区经营的资金来源和门票收入的分配方式。根据中国社会科学院旅游研究中心的调查统计，目前全国所有5A级景区中，按核心资源属性划分，遗产型占绝大多数（高于80%），社会型和商业型相对较少（各占10%左右）；按景区管理体制划分，地方政府主导型最多（约占70%），其他依次为事业单位型（约占15%）、非国有企业主导型（约占9%）和混合管理型（约占8%）。也就是说，大部分5A级景区都依托于自然和文化遗产，且由地方政府主导（景区内一般设有政府行政管理机构，同时由国有/控股企业负责具体经营）。因此，从这个角度来看，公众对景区门票价格"太高"的看法就有了一定的合理性——既然依托于大自然的鬼斧神工和老祖宗的遗产，既然是地方政府主导管理的，似乎就理应作为公共福利供全民享用。

（三）重要启示

小小的一张景区门票，看似是个简单的价格问题，实际是复杂社会经济问题的折射。对这一问题的讨论，也绝不应局限于涨价程序、听证会设置、涨价幅度、涨价时间等技术层面，而应从更深的理念和制度层面加以分析。

一个国家和地区，究竟是将遗产类景区这样的旅游资源和游憩空间作为福利性的公共产品或准公共产品低价甚至免费地提供给所有公民，还是将其作为一般性商品按照价值规律提供给部分消费者？一个国家对重要的自然资源和文化资源，到底是采用垂直性的中央集权化管理，还是条块式的部门化和属地化管理？这些都取决于其经济发展阶段、资源管理理念、社会发展条件，也决定了景区管理体制和景区定价机制。人们在讨论景区门票价格时，经常会与国外著名景区尤其是国家公园进行比较。实际上，与国外国家公园制度的中央垂直管理形成鲜明对比的是，我国所有准公共产品类景区基本上都采取属地管理，由地方政府负责资源保护、景区开发、日常维护、社区管理甚至经营事务，景区门票的定价权力自然也归地方政府所有，而根据现行税制，景区门票收入最大的收益方是地方财政，而不是中央财政。这才是景区门票价格问题的根源。

党的十八届三中全会提出要"建立国家公园制度"，这必然是中国旅游资源管理体系的一次重大变革。在"国家公园"这种准公共产品的供给上，究竟如何处理好政府与市场、中央与地方以及不同部门之间的关系，究竟如何探索出既符合国家公园一般惯例又符合中国国情的管理模式，我们拭目以待。随着这一工作的逐步推进，也必将景区门票价格争论引向更深、更高的层面。

（执笔人：宋瑞，中国社会科学院旅游研究中心主任）

热点七：两个项目申遗成功，区域合作备受期待

（一）热点事件

2014年6月，联合国教科文组织第38届世界遗产委员会会议审议通过中国

大运河项目和中国与哈萨克斯坦、吉尔吉斯斯坦跨国联合申报的丝绸之路项目列入《世界遗产名录》。至此，我国世界遗产总数达47项，继续稳居世界第二位。世界遗产，作为我国具有国际影响力的核心旅游资源和标志性旅游品牌符号，在得到严格保护的前提下，继续在丰富国家旅游形象、提升旅游发展竞争力等方面发挥着不可取代的作用。

（二）事件点评

大运河系列遗产，入选遗产共计58处，分布在我国2个直辖市、6个省的25个地级市，主要是位于我国东部沿海经济最发达的环渤海和长三角两个区域；丝绸之路系列遗产的中国段，共22处，分别分布在我国中部地区的河南和西北地区的陕西、甘肃、新疆三省/自治区。两项成功申报的世界遗产，横跨我国东中西三大区域，有11个省区市（相当于我国省域三分之一数量）的80处世界遗产同时入选，从范围到总量，在我国世界遗产发展上是前所未有的。这从一个侧面体现了我国作为一个世界遗产大国的深厚底蕴和广泛代表性，也为发展国际、国内跨境、跨区域旅游打下了坚实基础。丝绸之路作为跨国系列文化遗产，经过的路线长度约为8700公里，共33处遗迹。跨国联合申遗在项目选择、协调管理机制建立等方面积累了成功的经验，对于丝绸之路后续跨国申遗项目以及我国丝路系列的继续申遗都具有重要的借鉴和指导作用，进一步扩展了世界文化遗产申报的领域和空间，丰富和深化了世界遗产的理论和实践。跨国联合申报成功形成的思路和工作机制，无疑也为跨国旅游产品的开发打下了基础。

（三）重要启示

大运河和丝绸之路是我国继万里长城、长江三峡之后，具有国际影响力旅游线路的一次全面扩军，是国家旅游品牌和旅游竞争力的一次全面提升。需要按照整合资源，打造国际、国内跨区域旅游精品线路的思路加以系统推进。

1. 加强区域联合、资源整合和品牌共享，培育和弘扬运河的整体旅游品牌。运河涉及六省二市，各地对运河旅游的开发，在规模、重点选择上都存在较大差异，已有产品的规划与开发多局限于各自地区，导致产品类型雷同，难以将大运河的文化内涵及旅游价值充分体现，特别是运河资源类型、功能多样，加剧了整合运河旅游发展的难度。为此，需要打破条块分割，建立国家和区域各个层面的协调机制，构建旅游与水利（南水北调指挥部）、交通、城建、环保、文物等相关部门共同参与的运河旅游协调机制，按照国家已经制定的各类规划，加强协调,各负其责,逐步推动运河旅游向着完整线路与整体品牌的目标迈进。

2. 借助国家战略和申遗成功,重振丝路旅游在当代的魅力。借丝路申遗成功和响应习主席推进丝路经济带建设的部署,旅游业发展大有作为,可以从国内和国际两个层面着手加以推进。在国内层面,一是加大丝路品牌的广泛宣传,使之更加响亮地走向世界;二是积极推动旅游部门与交通、文化等部门的紧密合作,在经典的西安-敦煌-乌鲁木齐旅游线路基础上,依托交通体系和亟待完善的旅游公共服务设施支持,逐渐拓展旅游产品的空间和类型;三是积极配合我国与中亚地区国际合作的整体推进,努力争取发展边境旅游、跨国旅游的更好环境和条件,使丝路旅游真正成为一条品牌国际化、产品国际化的旅游产品。在国际层面,借助跨国申遗形成的合作机制,逐步争取和积蓄力量,借助联合国开发计划署以及一些国际金融组织的力量,促进沿线国家加强政府间的合作,实施联合开发战略,加快旅游互联互通,分段建立不同的工作平台。灵活地通过双边和多边等合作机制推动旅游合作,当务之急是在出台更加便利的出入境政策和交通上不断寻求新突破,以便使区域旅游合作从规划逐步走向现实。

(执笔人:窦群,北京联合大学旅游学院旅游发展研究院智慧旅游规划研究中心主任,中国社会科学院旅游研究中心特约研究员)

热点八:"美丽中国"受欢迎,海外旅游推广出新

(一)热点事件

2014年4月,国家旅游局组织赴欧开展"美丽中国-古老长城"主题推广活动,驻伦敦旅游办事处紧跟趋势,创新性地在Facebook(脸谱网)上开通了主题为"Beautiful China—Journey Along the Great Wall"的账户。5月上旬宣传活动结束后,用户名更改为"Beautiful China"(美丽中国)。据统计,Facebook账号"Beautiful China"自注册之日(2014年4月1日)起,短短100天时间,粉丝数量已经突破10万人,蝉联中国旅游类社交网络账号中活跃度最高、粉丝增长最快、互动频率最高等多项之最,并持续吸引着欧洲以及世界各地网友的关注。

(二)事件点评

随着中国经济崛起,以及综合国力增强,中国软实力也逐渐走向世界。越来

越多的外国友人希望了解中国，希望感受中国美丽的自然风光，想要体验中国悠久的历史文明。与此同时，我国的旅游业迎来了很好的发展机遇。为了更好地展现我们的旅游资源，以及让更多尚未亲自来到中国的外国友人了解我们美丽的中国，国家旅游局展开线上网络宣传推广，并取得了非常好的成效。

Facebook作为全球第一大社交网站，其影响力不言而喻。国家旅游局主导的"美丽中国"Facebook主页受到热捧，取得了阶段性的成功。事件运营向日常推广运营的成功转化，为其他旅游机构的Facebook主页推广和营销转型提供了很好的借鉴经验。更为重要的是，它是中国海外旅游推广基于新型媒体的一次成功实践。事实证明，基于互联网的营销方式是一条可行的道路。

网络是一把双刃剑，"美丽中国"Facebook账户面向全世界，代表的是中国的形象。因此，每一张图片都需要精挑细选，每一句话都需要字字斟酌，力求真实、准确、自然地展现中国的魅力。

（三）重要启示

"美丽中国"Facebook为外国友人提供了一个更好地了解中国的渠道，为其旅游决策提供了很好的参考，是非常人性化的一项服务。除此之外，在海外旅游推广方面，也可以为未来的潜在旅游客户提供更多的服务。

除了"美丽中国"Facebook主页等具有社交性质的网络线上宣传外，更专业的旅游门户网站建设也已经初现端倪，2014年1月21日在"美丽中国之旅——2014智慧旅游年"启动仪式上由国家旅游局副局长杜江宣布上线的"中国旅游海外推广网"就是一个很好的例子。中国旅游海外推广网，集全国旅游资源、最新旅游资讯、旅游线路等信息于一体，以国家旅游局数据库为支撑，已经逐渐成为权威性的中国旅游信息平台。目前，网页只能实现简体中文、繁体中文和英语三种语言的切换，还有待进一步改进和丰富。

信息化时代，人们对互联网、移动终端等新媒体的依赖性越来越强，阅读网络新闻、浏览博客、参与网络社交等成为现代生活中一种重要的信息接收方式，Groupon、Trip Advisor、Twitter、Facebook等社交网络成为境外旅游营销的重要平台。中国旅游研究院调查的数据显示，63%境外游客的旅游信息获取渠道是网站和论坛。传统的营销方式已经远远不能适应市场发展的需要，借助网站、论坛、博客等新媒体来创新营销方式，提升营销效果成为越来越多的国家和目的地进行入境旅游营销的核心目标。中国海外旅游推广网与"美丽中国"Facebook相辅相成，分别以正式和非正式、官方和非官方的方式，向世界展现中国丰富的旅游资源和人文景观。未来，中国入境旅游营销应在借助国外展会和推荐会等传统营销方式开展的同时，更加注重依托新媒体，打造综合媒体营销平台，建立线上、线下的立体营销系统。

（执笔人：杨丽琼，中国旅游研究院副研究员，中国社会科学院旅游研究中心特约研究员）

热点九：酒店企业海外掘金，国际扩张征途漫漫

（一）热点事件

2014年初以来，国内企业在海外拓展酒店业务的新闻不断见诸报端。年初，海航集团完成了对西班牙NH酒店集团的股份增持，成为第一大股东；绿地集团宣布与洲际酒店集团联手，在洛杉矶市中心兴建商务酒店"绿地英迪格"；之后，万达集团继英国伦敦、西班牙马德里之后在美国芝加哥投资9亿美元兴建五星级酒店；开元集团在德国法兰克福收购的金郁金香酒店进入了整合阶段；碧桂园进入马来西亚高端地产和酒店市场；复星国际则向地中海俱乐部提出了竞购报价；10月，安邦保险以19.5亿美元收购了纽约地标之一的华尔道夫饭店。

除了地产、投资背景的酒店公司之外，以运营管理见长的公司也有不少动作。8月，港中旅酒店有限公司与几内亚共和国卡鲁姆酒店股份有限公司酒店委托管理签约仪式在北京港中旅维景国际大酒店举行。首旅建国境外经营管理的首家饭店——明斯克北京饭店也于9月正式对外开业。锦江集团则紧锣密鼓地开始了与弘毅投资操作在欧洲并购一批酒店的计划。

（二）事件点评

从国际大型饭店企业的演化历史来看，到了企业的某一发展阶段，走出国门，在更广大的市场中竞争似乎是一个普遍规律。洲际、希尔顿、喜达屋和雅高等企业的经营扩张史都说明了这一点。因此，对于中国企业海外拓展酒店业务的举动，一些业内人士将其与洲际、希尔顿等企业的海外扩张相提并论。然而，仔细观察，中国企业进军国际酒店市场的方式与国际饭店业巨头们有较大的差异，实现的效果自然也不相同。

酒店业实际上是一个融合了地产业和服务业的复合型产业。一般来说，出于降低风险的考虑，饭店公司在跨出国门进行跨国经营时往往不会以重资产的方式

对酒店的地产和物业进行投资，而是倾向于以管理合同、特许经营等轻资产的方式获得对酒店品牌营销和运营管理的实际控制权，既避免了地产价格波动带来的风险，又能够旱涝保收，使公司在获得稳定现金流回报的同时具有了较大的灵活性。历史上最早进行跨国经营的饭店公司，主要采取的都是这种方式。以改革开放初期的中国为例，最早进入大陆市场的喜来登、希尔顿等酒店公司，都是以管理合同的方式开展经营活动的。反观一些大手笔进军国际酒店市场的中国企业，都是投入巨资收购酒店不动产。因此，中国公司目前大量进军国际酒店市场的行为与国际上饭店公司的扩张行为根本不是一回事情，前者是在酒店地产业中投资，后者是在服务业中投资。

为何出现这种不一致？首先，与欧美发达国家相比，大陆地区酒店地产的投资回报率极低，资本以购买酒店物业的形式进入国外市场是其本性决定的。其次，想要以管理合同和特许经营等形式进入海外市场，饭店公司自身的品牌影响力和管理能力必须是世界一流的。显然，目前中国饭店公司的水平距离一流还很远，无法对外输出品牌和管理。至于前面提到的港中旅和首旅建国在海外受托管理酒店，主要原因是两个酒店物业都属于中资背景的公司。

简言之，目前中国公司掘金海外酒店市场成风，主要是富余资金追逐地产投资回报的结果。这一风潮与20世纪80年代末期日本公司在美国大量收购酒店、写字楼等物业的风潮极为相似。中国酒店公司距离真正步入国际扩张之路，还有非常长的路要走。在这一方面，中国企业竞争力的显著提高，应以能够在国外大量输出酒店品牌及管理合同为标志。

（三）重要启示

首先，受到地产价格、物业价格和租金价格波动的影响，以不动产投资为主的进入方式可能蕴含较大风险。其次，任何产业的国际化扩张过程都是循序渐进、长期努力的结果，不是一蹴而就的。我国酒店企业还处于积累实力的初级阶段，应在认真学习的基础上不断总结经验和教训，培养相关人才，为未来的尝试做好准备。最后，在目前的市场环境中，中国企业可以依赖自身有利的资源，通过战略联盟等方式，加速这一学习过程。我国国民旅游规模庞大，若国内饭店企业从中建立起一批对本品牌忠诚的顾客，并与国外同档次成熟品牌做品牌联合，将有利于本土品牌的国际扩张和输出。

（执笔人：秦宇，北京第二外国语学院教授；李橙，北京第二外国语学院酒店管理学院研究生）

热点十：旅游安全事件频出，危机管理亟待提升

（一）重要事件

2014年影响旅游发展的安全事件接连发生。从旅游业自身来说，发生在国内有较大影响的安全事件就有湖北宜昌三峡人家景区龙进溪山石崩塌、贵州黄果树景区内两名旅行社女导游遭调戏殴打、19名大学生在江西明月山景区迷路被困深山老林、重庆彭水阿依河景区竹筏侧翻、海南文昌小学生春游乘坐的客车侧翻、西藏自治区拉萨市尼木县境内旅游大巴撞车后坠落悬崖、广东省清远市阳山县第一峰景区游客溺亡、浙江雁荡山景区游客倚靠护栏致护栏断裂坠水等。出境旅游中也发生了多起安全事件，如中国旅行团在经过巴黎某地铁站时遭遇歹徒抢劫，中国旅行团乘坐的旅游大巴在加拿大不列颠哥伦比亚省翻车、在南非约翰内斯堡附近发生交通事故等。值得注意的是，外部的重大事件也对旅游安全产生深远影响，如昆明火车站的恐怖事件、新疆接连发生的恐怖事件、马航两次失事、韩国轮船沉没、埃博拉病毒的传播等。

（二）事件点评

大众旅游的深化发展使得旅游安全问题比以前更加突出。旅游人次数持续增加，旅游活动范围更加广泛，使得旅游自身的安全事件几乎不可避免，也使得旅游发展更易受外部安全事件影响。2014年出境旅游之所以发生了这么多的安全事件，和出境旅游的高速发展形成上亿人次的规模有关。

一方面，旅游是一种异地生活，所以人们日常生活中出现的安全事故在旅游过程中都有可能发生，而且由于旅游活动常常伴有时间空间上的集聚，加上特殊的地理环境条件、特殊的设施设备等，旅游活动中有些事故的发生概率甚至比日常生活中更高，在事故发生后处理的难度也更大。另一方面，旅游是敏感行业，对活动和环境的安全性要求高，外部安全事件如恐怖事件、恶性传染病等都可能对特定地区的旅游业造成严重打击，灾难性的交通事故也会影响人们出游的意愿。

将旅游安全事件降到最低限度，是每个人的良好愿望。但是客观地说，对于现在的旅游安全事件，不能总是视为"意外"。虽然就某一个具体的游客来说，发生安全事件是小概率事件，但是由于游客总体非常大，安全事件的发生几乎就

是必然的。这不仅意味着旅游安全事件发生频率的增加,也意味着旅游安全事件的构成更加复杂。从事件范围来说,既有旅游业自身的安全事件,也有影响旅游发展的外部安全事件;从事件性质来说,既有自然灾害、交通事故、机械故障,也有治安事件乃至刑事犯罪等;从发生原因来说,既有客观因素,也有人为因素包括游客自身原因;从受损者来说,既有游客,也有工作人员;从发生地点来说,已经从国内扩展到国外,这些都对旅游安全管理提出了新的挑战。

(三)重要启示

适应旅游安全发展新形势,最重要的是要建立旅游安全的常态化管理机制。要针对可能发生的旅游安全事件建立起系统的事前、事中和事后管理机制,要有效减少旅游自身安全事件的发生,尽可能降低外部安全事件对旅游发展的不利影响。不要总是等待事件发生后再做临时性的处置,我们需要的是"危机管理"而不是"应急管理"。

从旅游业自身来说,要进一步加强游客安全教育,提高游客的安全意识和安全知识;要进一步加强旅游安全生产管理,包括针对游客活动的安全管理,和对旅游从业人员自身安全的管理;要加快建立和完善出境旅游安全救援机制。就外部安全事件而言,当务之急是要加强基础研究,分析各类事件对旅游发展的影响和对策,在此基础上建立和完善安全预警机制,密切关注重大安全事件的发生,并跟踪分析这些事件对旅游发展可能的影响,提前做好应对方案。

总之,和当年率先引入先进服务理念从而推动中国服务水平提升一样,希望旅游业也能够率先加强安全管理从而提高中国服务业的安全管理水平。

(执笔人:宋子千,中国旅游研究院政策所所长,中国社会科学院旅游研究中心特约研究员)

年度特稿

Annual Feature

G.3 邻邦旅游：认识、经验与战略选择

张广瑞*

摘　要： 邻邦旅游是国际旅游的重要组成部分，在世界范围内有许多成功的案例和经验值得认真学习。中国是个拥有邻邦最多的大国，重视邻邦旅游是发展国际旅游的必然选择。面对国内外形势的新变化，确定大力发展邻邦旅游的战略是时代的要求。中国有条件和义务，充分利用"地利""天时"，积极促进"人和"的外部环境，在"全面展开、重点突破"的原则指导下，采取积极有效举措与周边国家和地区合作，在亚洲地区创造邻邦旅游发展的典范，真正践行"旅游让世界受益"的目标。

关键词： 邻邦旅游　国际旅游　中国旅游

---

* 张广瑞，中国社会科学院旅游研究中心创始人、名誉主任，研究员，研究重点为世界旅游业发展趋势、国家旅游发展政策和旅游规划。

开场白：邻邦旅游——一个老话题

邻邦关系是非常重要的，正如俗语所言，"百金买屋，千金买邻，好邻居金不换"。在一个国家内，人们依据自己的愿望选择邻居似乎并非难事。古时，孟子的母亲为了孟子的成长，曾三择其邻，传为佳话。然而，在世界范围内，择国为邻，则不可能实现。

邻邦，即相邻的国家。邻邦至少有两种不同的形式，其一是国家接壤，地界相接（"国中国"是特例，因为它只有一个邻邦）；其二是虽不接壤，但彼此距离很近，仅一水相隔。由于国家规模大小与地理位置的不同，其邻邦的数量与形式也有不同，相对而言，大国的邻邦多一些，小国则会少一些。

邻邦之间人员往来构成了一种特殊类型的跨国旅游，这是本文所探讨的邻邦旅游的含义。邻邦旅游的经济意义是显而易见的，但是这种旅游活动的在促进相邻国家之间的政治、经济以及文化关系中发挥着更加重要的作用。因此，邻邦旅游被视为国际旅游的一种特殊形式，备受相邻国家政府、业界和百姓的关注。邻邦旅游不是新话题，是老生常谈的话题，而老生常谈绝非不重要。

一 邻邦旅游的一般特点

与其他类型的国际旅游相比，邻邦旅游有以下几个突出的特点。

其一，边境旅游是邻邦旅游的主体。关系正常的邻邦一般都会开展边境旅游，旅游活动多集中在双方的边境地区，接壤的邻邦，当地居民又多以陆路交通为主，方便而经济。

其二，跨境旅游手续相对简便。一般情况下，相邻国家和地区在跨境旅行中往往会采取一些特殊优惠的安排。很多邻邦之间彼此实行免签，甚至不需要护照，凭相互认可的身份证件即可通关，有的颁发一种通行证，持证人可以方便地进出边境和多次往返。

其三，游客流量大，重访率高。邻邦之间的跨境游客流量大，但在境外逗留的时间较短，甚至有很大比重的一日游活动。正是这个原因，邻邦旅游的统计数据也往往算作另类，与其他跨境旅游分开。

其四，双向流动，相对稳定。由于多方面的便利，邻邦旅游多是双向的，有出又有进。虽然由于人口数量或经济水平的差异，双向流动并非总是一直保持平衡，但会不断扩大与深入。

其五，旅游目的呈多元化。邻邦旅游活动的目的是多种多样的，有商务/公务旅行，探亲访友，也有纯属观光度假。而且，由于资源类型不同、价格、税收或者国家法律等方面的差异，还有一些特殊类型的专项旅游。

其六，邻邦合作，为第三方旅游者提供方便。由于接壤，邻邦往往会共同拥有特定的实体旅游资源，如山脉、河流、湖泊、瀑布，或者邻邦之间在自然、文化或政治制度之间有着突出的差异，为提升共同的旅游竞争力合作发展旅游，共同为第三方旅游者在出入境手续、货币流通、交通工具过境等方面给予方便，从而使邻邦旅游优势彰显，对内可以把局部的边境旅游活动引向各自国家的腹地，与国内旅游多向延伸与衔接；对外可以促进邻邦在旅游领域的合作，打造新的区域旅游目的地，共同受益。

二 邻邦旅游的国际案例与经验

从世界范围来看，邻邦旅游非常发达，早已成为国际旅游的重要组成部分。欧洲国家规模比较小，经济发达水平差距不大，政治与经济体制相似，由于在跨境、语言、货币支付、交通工具等方面几乎没有障碍，因此，邻邦旅游已十分成熟。其他一些地区，如北美、东南亚地区，邻邦旅游也非常活跃，形成了许多独特的类型和成功的经验，值得认真研究与借鉴。

（一）在大多数国家邻邦旅游，长期保持基本格局不变

得益于"天时、地利、人和"，在正常的国家关系下，邻邦之间的跨境旅游是相邻国家国际旅游的主体。因此，邻邦国家特别关注这一旅游活动，尽量使其基本格局保持不变，因为这样的旅游最能使邻邦共同受益。一般情况下，在邻邦国家旅游发展中，小国比大国受益更明显，经济上相对落后的国家比经济发达的国家受益更大，开放程度高的国家比开放程度低的国家受益更多。

在北美，墨西哥和加拿大是美国的邻国，这两个国家向美国输送的游客占美国入境旅游市场的60%，美国也是加拿大和墨西哥两大邻邦的第一大市场，分别占其邻邦入境旅游市场30%和80%左右的份额。在欧洲，旅游大国西班牙，来自其邻邦法国和葡萄牙的游客占其入境旅游市场的40%。在东、西德国还没有统一之前，西德、瑞士和意大利的游客占其共同邻邦奥地利入境旅游市场的70%。另外一个旅游大国——法国，80%以上的游客来自相邻的比利时、卢森

堡、瑞士和德国。芬兰和瑞典与爱沙尼亚隔海相望，这两个北欧国家为爱沙尼亚输送的游客占其市场总额的80%。在大洋洲，澳大利亚和新西兰一水相隔，长期以来保持着互为第一大旅游市场的地位，新西兰游客量一直占澳大利亚入境市场总额的20%，澳大利亚游客占新西兰入境市场的45%。在东南亚，新加坡和泰国到马来西亚的旅游者占其市场总额的2/3以上。这些数字虽然在不同年度会有所变化，但是总体格局基本上保持不变，这充分说明了邻邦旅游的特殊性。

（二）边境旅游：邻邦国家跨境旅游的特色形式

邻邦之间有明显的边界线，以此宣示各自的主权范围。设立边界线的初衷是限制相邻国家人员自由流动，以阻止边境两侧政治、经济活动的任意延伸。边境线是相邻国家旅游活动的障碍。然而，边境又是相邻国家旅游活动的连接点，口岸作为通道把边陲变成前沿成为两国交流最方便之所，这就是边境旅游的特殊之处。

边境口岸不仅是人们交往的通道，边境地区本身有可能就是具有独特吸引力的旅游目的地。由于自然或文化的原因，边境两侧会有许多共同之处，彼此有明显的认同感。但是，由于政治体制、意识形态等方面的原因，又会存在着明显的不同，也许边民对这些相似与差异早已司空见惯，常来常往走亲戚方式的旅游活动增进彼此的亲近感，然而对于内地或第三方的游客来说，边境风情与景观则具有一种特殊的神秘感。以某种方式跨越边境，在相同之中发现差距，在不同之中找到相似，这就是一种难得的特殊体验。

利用边境大作旅游文章是邻邦发展旅游的独特优势。一些邻邦以山水相隔，于是隔离且连接两国的界河、界山、界湖成为独特的旅游目的地。邻邦共享的自然景观又因所处位置不同，一个举世闻名的景观又成为两个不同的景区（美国与加拿大之间的尼亚加拉大瀑布），相辅相成。为了发展旅游，一个颇为流行的做法是，在边境地区，相邻国家会把原本寻常的生活设施或环境变成景观，一座桥、一间房、一座庙、一个咖啡馆，会因跨越边境而身价倍增；一个门廊、一座界碑、一个仪式、一尊雕塑，都会产生特殊的效应。越来越多的邻邦充分利用边境地区特殊且独具特色的风光与风情，人为地建造一些设施，组织一些活动，开发独特的旅游吸引物，发展旅游。例如，设置独特的地标建筑、保留原始的边防换岗仪式（如印巴之间边防军每天开关边门的仪式，韩朝之间非军事区两侧的瞭望塔台等）和设立国际和平公园等，以彰显边境双方不同的氛围。

边境旅游活动活跃且不断创新，成为相邻国家促进社会经济发展的助推器。

在边境地区设立边境一条街、边城互市的商业区或联合设立的开发区,使跨境购物活动成为一种常规的旅游形式,或因税率、汇率不同而形成的价格差异,或因品种、质地的不同所产生的吸引力,不仅得以优势互补、取长补短,而且这种特殊的购物方式又会强化特殊的体验。有的邻邦充分发挥各自的人才、技术、资源的优势,提供特殊的服务,如医疗旅游、异地产子等。不同国家立法的差异,给博彩、婚庆、堕胎等与旅游相关的特殊行业提供了发展空间。

总而言之,从全球的范围来看,边境旅游是相邻国家独具特色的旅游方式,有着良好的发展前景。尽管区域一体化的推进,有些国家之间的边境意识被淡化,原本颇具吸引力的旅游活动受到了影响,例如,欧盟国家统一税率之后冲击了原来各国的免税生意,一些原本分裂的国家重新统一后拆除了原来的界墙,但是,人们总会以自己的智慧创造新的机会,继续发挥邻邦旅游的特殊优势。例如,当年东西德国之间的柏林墙拆后又设法保留一些遗址,开设博物馆。欧盟国家之间的邮轮设法绕道经停非欧盟国家或领地,使免税经营得以继续等。

(三)邻邦旅游的关键:稳定的睦邻关系与真诚合作的愿望

中国人的格言是"远亲不如近邻""亲仁善邦,国之宝也",邻邦友好,让人心里踏实,邻邦相助来得直接,优势互补,相得益彰。因为相邻,彼此间的利害关系更加直接,处理不好,影响重大,延续长久。这是邻邦之间的辩证关系,正是这种辩证关系的存在,旅游发展则显得格外重要。良好的睦邻关系维系着两国的旅游发展,友好相处会减少或化解误会,增进相互间的资源互补。在历史的长河中,邻邦旅游有许多良好的案例,也创造出很多合作共赢的模式。

1. "申根协议":邻邦旅游合作的典范

邻邦为了促进相互的旅游发展,经常采取一些简化入出境手续的措施。有些邻邦用通行证代替国际通用的护照,取代签证,有的更为简便,邻邦给予对方公民"国民待遇",凭身份证出入境。早在1995年,西欧五个相邻的国家——德国、法国、荷兰、比利时和卢森堡——在卢森堡一个叫申根的小镇签署了一项特殊协议。协议规定,在这五国的范围内取消相互之间的边境检查点,持有任意成员国有效身份证可以在所有成员国境内自由流动。该协议还规定,旅游者如果持有其中一国的有效签证即可合法地到所有其他申根协议国家旅游。这一做法,开创了邻邦联合简化入出境手续的先河,由此前的双边互惠变成了多边共赢。这一协议深受欢迎。到2010年,申根协议成员国扩大到26个,几乎涵盖了整个欧盟区。这是一个邻邦合作的典范,是个历史性的创举,代表了时代发展的趋势。

2. 国际和平公园：联合开发邻邦旅游产品的典范

早在 1931 年，根据双方立法机构的提议，处于美国和加拿大之间的两个国家公园合并，组成沃特顿冰川国际和平公园（Waterton-Glacier International Peace Park），其目的是为了医治第一次世界大战遗留的创伤，巩固邻邦的和谐关系，保护自然的原始生态。这是世界上第一个国际和平公园。尔后，在世界各地，尤其是曾经经历战事和纠纷的邻邦之间，设立了很多国际和平公园。这些国际和平公园迅速成为保护自然环境、促进睦邻友好合作、发展旅游的载体，其中的典型有：位于南非、莫桑比克和津巴布韦的林波波跨界和平公园（Greater Limpopo Trans-frontier Peace Park）、以色列和约旦之间的红海海洋和平公园（Red Sea Marine Peace Park）、秘鲁与厄瓜多尔之间的科迪勒拉（Cordillera）跨界和平公园以及哥斯达黎加与巴拿马、哥伦比亚与巴拿马、南非与莱索托、法国和西班牙之间的和平公园等。

3. 友好年/旅游年：邻邦旅游市场营销的典范

1987 年，泰国首次在世界上推出"旅游年"的做法，成为国家旅游促销的新模式，这一做法后来被许多国家效法，成为一种国家营销模式。然而，这毕竟是一个目的地国家单独向国际市场进行促销的方式，更加有效的国家间旅游促销的做法是两个国家对口合作促销。当然，愿意这样做首先是国家关系良好，在旅游交流上双方都有积极性，而且，彼此有相互成为旅游客源国的基础。尽管目前这样的案例很多，但是，邻邦国家这样做效果更显著。而更加有效的是，邻邦之间的"国家年"连续做，其主题不仅仅是"旅游年"，可以延伸到"语言年""友好年""文化交流年""青年交流年"等，从不同的角度促进邻邦的人员双向交流，使效应叠加。

4. 跨国交通建设：邻邦旅游合作的基础设施

旅游离不开旅行，没有旅行就不成其为旅游。从旅游发展的角度来说，连接两国的交通设施最为重要，尤其是便捷的大众交通设施，把"断头路"变"通途"。现在，在跨国交通中，空中交通被放到优先发展的位置，邻国之间更是如此，而且逐渐由"首都对首都"的传统模式，转向"地方对地方"的多点连接，不再舍近求远，绕大弯子。与此同时，彼此努力，相向而行，邻邦之间的陆路交通变得更加通畅便捷。欧洲国家的铁路交通早已不再是一国之内的交通体系，从技术标准到管理、运营、销售、服务做到统一化、网络化，模糊了国内交通与跨境交通的差异。高速公路网络的建设充分考虑与邻邦的连接。铁路与公路的无缝连接将国内旅游与跨境旅游联系在一起。以水相隔的邻邦，建立起通畅的邮轮、游船以及班轮线路。瑞典斯德哥尔摩与芬兰赫尔辛基之间、赫尔辛基与爱沙尼亚塔林之间，邮轮几乎变成了班轮，交通工具与旅游体验有机结合在一起，保障了两国之间旅游者的流动，也成为吸引第三国旅游者的共同产品。在历史的长河中，邻邦之间架桥相连的故事很多，而更为独特的是，英法两国修建了海底隧道，以快速火车相通，实现了邻邦之间交通发展的立体跨越。

5. 语言互通：邻邦旅游长远合作的软环境

随着大众旅游时代的到来，旅游模式不断发生变化。对发展中国家来说，出境旅游初级阶段主要是游山玩水。随着旅游市场的不断成熟，人们会更加追求独特体验，并把这种追求作为自身能力建设的一种途径。远程旅游会随着公民收入的增加而增多，但邻邦旅游重访率更高。实体基础设施的建设固然重要，但是语言交流显得更加重要。语言作为人们沟通的桥梁，不仅能够使旅行更加方便，交流更加广泛直接，更为重要的是，能够增进情感，增强互信，提高彼此的安全感与合作的愿望。由于历史的原因，语言障碍在欧洲国家不再突出，在长期的交流与合作中彼此主动学习对方的语言，增强交流的能力。拉美国家有其主体语言作为区域地区的共同语言。在东南亚国家中，第三方语言——英语——的普及使得邻邦交流也比较方便，沟通信息更加直接与准确，为邻邦旅游发展打造了一个良好、轻松的软环境。

6. 统一服务标准：旅游管理合作的典范

邻邦旅游以旅游者自由行为主要特色，团体旅游所占比重较少，而且邻邦旅游发展得越成熟，规模越大，散客比重也越大。因此，很多邻邦国家之间积极协调，统一相关标准和服务方式。早在20世纪70年代，欧洲的荷兰、比利时和卢森堡三国统一了旅馆分级标准。2009年，奥地利、德国、荷兰、瑞士、匈牙利、捷克等邻邦一起，创建了旅馆星级联盟（HOTELSTARS UNION），统一了联盟成员国家的旅馆评级标准，到2013年，这个联盟成员扩大到18个国家。欧洲还组建了欧洲城市营销网络（European Cities Marketing），23个国家的41个城市推出了城市卡（City Card），提供相类似的服务和优惠条件。欧洲国家的旅游信息中心体系（Tourist Information Centre）虽然各国有其自己的网络和文化特色，但相对统一的服务方式使邻邦旅游者感到熟悉方便。功能、设施和运营方式相同或相似的城市观光车体系也是如此。移动信息服务制式与方式的统一，也为邻邦旅游发展创造了新的便利。

总之，相邻国家都在主动采取方便旅游的措施，促进邻邦旅游的双向流动。

三 中国邻邦旅游发展的模式与战略选择

中国是个大国,从前常以"疆域广大、人口众多"来形容。今天,经过30多年的经济改革,国民经济保持较长时期的持续增长,使中国的经济规模发生了巨大改变,成为仅次于美国的第二大经济体,使"大国"概念增加了新的含义。这一变化在世界上引起了很大关注,中国崛起被看作一种"中国现象",对此,国际社会更是褒贬不一,心态各异,进而使中国面临着更加复杂的国际关系。在此期间,中国的旅游也发生了变化,出现了入境旅游、国内旅游和出境旅游同时增长的新局面,致使国际社会对中国旅游的关注点也发生了重大变化,从"中国旅游"转向"中国旅游者",即从关注中国作为一个特殊的旅游目的地国家开始转向中国作为一个潜力巨大的新兴市场。面对这一新变化,中国的国际旅游发展模式也应做出新的调整,即大力发展邻邦旅游,并应尽快据此确定新时期邻邦旅游的发展战略。

(一)中国的国际旅游要重视邻邦旅游

中国的国际旅游要突出重视邻邦旅游,其主要依据有以下几个方面。

1. 中国是世界上邻邦最多的国家,中国的发展需要稳定良好的邻邦关系

从世界上看,中国的面积虽然不是最大,但邻邦数量最多,边境线长达22000公里,周围的邻国有20个,其中陆上接壤邻国14个,海上邻国6个。[①]邻邦国家政治制度、经济体制、发达程度与文化背景非常复杂,漫长的历史渊源与多元外部势力的交错,彼此之间的关系变得非常微妙。因此,对中国来说,长期维持一个良好稳定的邻邦关系不仅是重要的,而且是非常必要的,也是非常不容易的。这一点在新中国半个多世纪的发展历程中得到了充分的印证。新一届领导人提出的亲、诚、惠、容的周边外交理念进一步体现了维护良好邻邦关系的决心和努力。

2. 邻邦旅游是构建睦邻关系的增效剂和润滑剂

从历史经验来看,保持与邻邦之间政府与民间接触通畅,增进彼此之间的了

[①] 中国的陆上邻邦分别是俄罗斯、哈萨克斯坦、吉尔吉斯斯坦、塔吉克斯坦、蒙古国、朝鲜、越南、老挝、缅甸、印度、不丹、尼泊尔、巴基斯坦和阿富汗等14个国家。锡金因并入印度,不再是一个独立的主权国家,不再算作邻邦。海上邻邦包括印度尼西亚、马来西亚、文莱、菲律宾、日本和韩国等6个国家。

解与信任非常重要，而作为民间外交的旅游活动发挥着良好的作用。在邻邦关系出现问题时，旅游活动可以作为缓解矛盾的润滑剂，在彼此关系良好时，则成为增效剂，这是其他途径所难以替代的。这一点，在当年中日关系的解冻、中韩关系正常化、中俄关系的改善都得到了验证。

3. 中国具备了大力发展邻邦旅游的条件

邻邦旅游发展的一个重要前提是邻邦之间双边关系正常、良好，彼此保持相互开放，旅游流动便利顺畅，其中一个重要的特征是旅游者的流动是双向的。中国在改革开放之前没有这个条件，改革开放后的很长一段时间里，中国实施大力发展入境旅游的国际旅游单向流动政策，也不具备这个条件。只有从新千年开始，中国与周边国家的关系得到了空前的改善，中国出境旅游市场逐渐扩大，政府的相关政策更加宽松与开放，从而使与许多邻邦之间的旅游实现了双向流动，而且，这一趋势越来越明显，彻底打破了中国旅游市场的原有格局，成为国际旅游发展中的新生力量。

4. 邻邦旅游的发展得到了邻邦的认可与支持

中国的对外开放使越来越多的外国人实现了到中国旅游的愿望，在旅游的过程中更加深入地了解了中国、中国人和中国文化，了解了中国独特的发展道路和未来发展趋势，对中国政治、经济体制与发展道路的选择更加理解。而中国经济的发展与振兴，尤其是在世界总体经济出现衰退、经济复苏缓慢的国际形势下，中国对促进世界发展所释放的正能量更令邻邦关注。中国公民出境旅游的激增对邻邦国家经济的贡献显得格外突出，因此，努力发展与中国的邻邦旅游不仅是民众的意愿，也逐渐变成政府的政策。针对中国公民出境旅游所采取的便利化措施远远突破了传统上对等外交惯例。尽管不同国家的做法不尽相同，但促进与中国发展邻邦旅游都表现出更加积极主动的态度。

有鉴于此，最近几年，中国政府通过各种媒体与渠道向自己的邻邦传递积极发展邻邦旅游愿望的信号，提出了促进邻邦旅游发展的主张，制定了许多具体有效的实施措施，而且得到了邻邦的积极响应与支持。这一点，在中国与邻邦首脑互访、会谈活动中得到了充分体现。

据此，促进邻邦旅游的战略是个历史性的选择，其意义远远超过旅游的经济范畴。这个战略应当进一步明确，中国的国际旅游——入境旅游和出境旅游——发展应当把邻邦旅游放到首位，使邻邦旅游作为国家国际旅游的重要组成部分。这不仅体现在游客人次数的统计上，而且体现在旅游实际效应的多元化目标上：努力推动旅游双向流动，以市场换市场，以满足本国公民旅游需求为出发点，把

最便利的方式与优惠的政策优先运用到邻邦旅游发展上，对签证和入出境手续便利化，不必强调外交上的对等，在条件成熟时主动推出；在旅游的双向流动上，也不必强调短期平衡，而是努力促进邻邦能相向而行，逐渐扩大；邻邦旅游的合作，不仅仅在旅游的营销上，要不断扩大领域，向更多的产业和地区延伸；不仅强调双边受益，逐渐扩大外延，还要努力促进与提升区域旅游发展，进而向更加健康的全面睦邻关系推进。

（二）促进中国邻邦旅游发展的建议

从这一战略目标出发，中国与周边国家邻邦旅游要采取"全面展开、重点突破"的积极战略，考虑采取以下一些促进邻邦旅游的重大举措。

1. 地域上以东北亚地区为重点，同时要对中印邻邦旅游下功夫筹划

东北亚的地理概念并无严格的限定，一般认为包括属于亚洲东北部地区的中国、韩国、朝鲜、日本、蒙古五国和中国台湾地区，传统上还包括俄罗斯的远东地区。由于多方面的原因，该区域国家和地区文化上历史渊源悠久深远，有很多共同点和相似之处，而政治、经济体制存在着明显的差异，各自保持着自己独特的发展模式。在历史长河中，曾有过良好、亲密的合作关系，也发生过残酷的战争与冲突，长期以来东北亚地区国家和地区之间关系微妙，相互信任低于相互警惕。最近40年以来，区域内不同经济体之间在关系正常化方面有了突破性的发展，友好合作的愿望在增强，开放的广度与深度在扩展，东北亚地区旅游的交流与发展就是一个很好的佐证。毋庸讳言，国家和地区之间存在的分歧依然很多，不和谐的声音此起彼伏，不时地影响着国家之间的关系与合作，但这不是大多数人所希望看到的，人们也相信，凭着政治家与民众的意愿与智慧，能够找到解决分歧、寻求发展的途径和方法。无论如何，东北亚地区国家应当珍惜这些年来通过多方努力而取得的成果，地区旅游的合作发展是能够发挥作用的重要领域。过去30多年时间里，联合国世界旅游组织曾多次强调"旅游促进国际了解、和平与合作"与"旅游是世界和平的重要力量"的理念。因此，东北亚地区国家和地区应当从整个区域和自身的利益出发，把促进邻邦旅游发展放到重要的位置去对待，巩固已经取得的成果，总结成功经验。

从整体上来讲，中国与印度的邻邦旅游是个弱项，这是非常值得认真对待的。中印两国都是世界最著名的文明古国，是最大的发展中国家，是世界人口最多的国家，也是世界多极化进程中的两支重要力量。中印两国人口加起来超过

25亿，中印携手，不仅利在两国，而且惠及全球。喜马拉雅山虽高，并没有成为中印历史上交往的障碍，现在更不应如此。从长远来看，中国应当更加积极主动地努力，拓展中印邻邦旅游的道路，实现新的突破。有关部门应当把中印之间的邻邦旅游作为一个重大战略来研究和推动。

2. 在入境旅游政策上应以签证便利化为突破口

从目前来看，中国与周边国家的邻邦旅游已经有了良好的发展基础，尤其是在认识上取得了很多共识，而且都在从各自的角度释放谋求发展的信号，采取有效措施，这的确是个利好时机。中国作为大国，应当利用这个大好的时机，推动邻邦旅游的发展，这其中最为重要和有效的措施是与邻邦之间合作，在邻邦之间旅行、签证便利化方面实现新的突破。在这方面，似应考虑三步走：其一，为了促进邻邦旅游的发展，打破外交对等的惯例，对特定邻邦市场单方给予签证优惠，增强签证优惠的指向性（在这个方面，韩国和日本都采取了措施，且效果明显）；其二，对主动给予中国公民签证便利化的国家或地区做出积极响应，给予对方相对应的优惠待遇；其三，效仿"申根模式"，主动与相关国家和地区协商，探讨与邻邦之间签订签证便利化多边协议的可能性，可先从东北亚地区或东南亚地区寻求突破。

3. 在邻邦旅游合作上，要以重大项目为引导，使之落地见效

邻邦旅游合作，政府间的共识是基础，但最终必须落实到相关的政策上，而是否能取得成效，必须从具体的项目开始，通过探讨、试验、磨合而达到真正合作共赢的目标。应当说，这些年来，在这方面政府之间说得多，"声明""宣言"发表得多，这是个必经阶段，接下来是采取行动，付诸实施，改变"说得多，做得少"和"只说不做"的现象。目前，从国家角度已经提出了不少与邻邦合作的重大项目，虽然并非直接针对邻邦旅游的，但是很多都与邻邦旅游发展相关，或者说，邻邦旅游的合作都会在这些重大国际合作项目中发挥重要的作用。因此，至少应当在以下几个方面对邻邦旅游发展与合作进行认真深入的研究。

其一，在国际旅游发展中，制定国家的边境旅游政策和战略。边境旅游应全面推进，但应因地制宜，采取不同的发展模式，突出地方特色，充分考虑我国边境地区经济发展的实际和相邻国家的利益与可能。我国西部地区与西亚邻邦开展多种商贸旅游、南部边境地区与东南亚国家的邻邦旅游应有更多的扩展。在这方面已有很多具体方案提出，重在积极落实。

其二，配合国家重大发展战略构想选择重大邻邦旅游合作项目。邻邦旅游合作项目的选择要配合国家重大发展战略构想①的实施，以实现双赢和多赢为目标，应以历史文化传统为基础和出发点，以现代文化和经济发展为动力，相关旅游产品的开发必须要根植百姓，让更多的百姓参与其中，共同受益。

（1）"一路一带"，即"丝绸之路经济带"和"21世纪海上丝绸之路"。这是邻邦国家与世界在陆地上和海洋上合作战略的新选择，是中国领导人在新的历史时期提出来的重大战略，这一战略很快得到了相关国家积极的评价与响应。无论是陆地上的"丝绸之路"还是大海上的"丝绸之路"，历史上都与人的旅行交往相关，而今后这"一路一带"的繁荣、振兴与创新，也离不开旅游，或许旅游再次成为开路先锋。虽然这一战略的核心并不完全是促进旅游发展，但在新形势下的旅游发展合作一定会成为一个重要内容。对此，联合国世界旅游组织和教科文组织早已参与了相关项目的筹划与实施，国家和地方也提出了一些设想和规划。目前的关键不是把什么都装进这个大筐子里，而是如何启动具体的方案，把设想变成现实。

（2）南北贯通的"茶叶之路"。虽然中国不是世界上唯一生产茶叶的国家，但茶与茶文化主要是从中国向世界各地传播出去的，这也是为什么在世界各地"茶"的发音均源于中国的语言。历史上的北方"茶叶之路"（或称"草原之路"）从中国的福建经蒙古大草原（当时尚无蒙古国）到俄罗斯进入欧洲腹地；西南、西北边疆地区的"茶马古道"则直到南亚、西亚与西非；同时，还有海上的"茶叶之路"通过南洋进入世界各地。饮茶与茶文化虽然在历史的传播中多兴于朝廷、王室等上流社会，但茶在百姓中的普及之广，似无其他饮品可比。以茶文化为主题的"茶叶之路"跨国旅游已经得到中、蒙、俄三国的共识，目前在推动方面主要是地方积极性大，还尚未提升到国家级旅游合作项目。

（3）连接亚欧的图们江地区项目的推进。应中国、朝鲜、韩国、俄罗斯、蒙古等五国的要求，在1992年联合国发展计划署（UNDP）主持之下，启动了图们江区域的多国合作项目，旨在促进东北亚，特别是图们江经济开发区社会和谐的可持续发展，在过去20多年取得了一些进展，其间还专门制定了该地区的旅游发展规划。但是，由于复杂的政治关系，旅游紧密合作的进展远不理想，作

---

① 2014年8月《国务院关于促进旅游业改革发展的若干意见》"推动区域旅游一体化"中提出，"围绕丝绸之路经济带和21世纪海上丝绸之路建设，在东盟—湄公河流域开发合作、大湄公河次区域经济合作、中亚区域经济合作、图们江地区开发合作以及孟中印缅经济走廊、中巴经济走廊等区域次区域合作机制框架下，采取有利于边境旅游的出入境政策，推动中国同东南亚、南亚、中亚、东北亚、中东欧的区域旅游合作"。

为区域性的旅游目的地仍存在着体制、政策和产品开发等方面的障碍，还需要多方的继续努力。但是，图们江地区相关国家和地区对旅游合作促进东北亚地区经济发展和政治稳定的作用达成了共识，各自在自己的领土范围内制定了发展规划，一些基础设施也在建设。因此，目前非常有必要采取积极主动措施，促进该区域邻邦旅游发展合作，进而在打造东北亚区域旅游合作上有所突破。

其三，在旅游产品上打造亚洲地区的新版本，这包括三个方面。

（1）文化旅游的升级版。文化是旅游的核心，没有文化的旅游是不存在的。虽然，在中国的国际旅游发展中，文化元素的利用一直受到重视，但囿于当时的历史条件和对旅游认识所限，文化在旅游产品开发中的体现是肤浅的、零碎的，多在景观游览上下功夫，关注旅游者的感官满足，但缺乏真正的体验和交流。在入境旅游产品开发上，经常把文化旅游简单化，局限于少数民族文化或历史文化。过分强调逝去的、凝固的文化，过分地商业化和功利化让旅游者所接触的只是文化的外壳，见物不见人，实际上，中国的文化旅游依然处于初级阶段的水平。30多年前被海外旅游者批评的"看庙"现象依然存在，而最能够体现中国大众文化的旅游资源，例如，作为中国最重要文化载体的"中文与汉语"、最突出体现中国传统与现代文化的"春节"等举国节庆活动，似乎都没有很好地利用。在中国，被称作主题公园的项目成百上千，然而真正能体现中国文化的主题公园微乎其微，而且也远远没有形成独立的产业体系。与此同时，中国出境旅游的崛起引起国际社会的广泛重视，然而，中国公民出境旅游的消费方式所体现的也是明显的初级阶段特征。因此，作为旅游大国，文化旅游产品的升级是当务之急，尤其是在邻邦旅游的文化旅游更需要深耕细作。

（2）邮轮旅游的亚洲版。近年来，邮轮旅游受到了国家和地方的重视，国务院关于促进旅游发展的重要文献中都有所提及。作为邮轮旅游的发展，欧美超大型邮轮公司控制着整个行业的发展，并开始逐步把发展的重点向亚太地区延伸。邮轮旅游业的发展有着很大的潜力和良好的发展前景，但是在这一领域，亚洲地区依然处于弱势，在邮轮建造、邮轮旅游经营和管理、邮轮线路的开发、邮轮旅游运行规则以及人才等方面，主动权和发言权非常有限。这是整个地区所面临的挑战。因此，亚洲地区，尤其是东北亚沿海地区国家应当充分利用水域资源、旅游资源和市场资源，通力合作，发展具有鲜明地域特色和满足区域邮轮旅游消费的船队、运营模式以及管理与服务标准，形成地区邮轮旅游业的竞争力。

（3）世界和平公园的亚洲版。世界和平公园在非洲、美洲等地区颇为发达，但亚洲地区发展缓慢，因而有着充裕的发展空间和良好的发展机遇。这一独特的

项目不仅能成为重要的旅游吸引物或旅游目的地，更为重要的是在维护稳定的邻邦关系、地区关系和保护自然和人文生态中可以发挥难以替代的作用。目前这一设施在亚洲还非常少，但是，亚洲地区有很多地方适宜创建这样的世界和平公园。

其四，在基础设施上，构建邻邦旅游的大通道。大众交通基础设施是促进邻邦国家长期紧密合作的重要条件，国家间相互连接的交通基础设施更为重要。目前，中国与周边国家在陆地交通基础设施方面的合作越来越频繁，投资规模也越来越大，这是国家间睦邻关系稳定改善、相互合作互信提高的象征。在这些大型交通基础设施设计和建造时，应当充分考虑跨境旅游功能的发挥。当前拟议中的莫斯科－北京的高速铁路，贯通朝鲜半岛、连接中、韩、俄、蒙等国家的环形铁路和铁路－公路－海上运输的东北亚通道，以及中国向西亚和南亚相连接的陆地交通的设想，都为未来的邻邦旅游勾画着美好的蓝图。这些大通道虽然不可能专门为旅游而建造，但是这些通道的建设必将改变中国的邻邦旅游乃至世界旅游的版图与旅行模式，这是非常值得期待的重大突破。

结 束 语

作为国际旅游的重要组成部分，邻邦旅游的发展从来就不是孤立的，不可能一厢情愿，因此，中国应当处理好"远亲近邻"的关系，以"邻望邻好，亲望亲好"的心态对待邻邦旅游的发展与合作，以双赢和多赢作为合作的出发点和最终目标。为此，相邻国家和地区要努力做到在旅游政策上保持相向而行，使旅游在促进相邻各国经济发展与睦邻关系方面发挥越来越重要的作用。今天在这方面，邻邦旅游发展的"地利""天时"的条件已经初步具备，"人和"则显得尤为重要。对此，周边国家对中国寄予了厚望。中国有条件和义务与其邻邦一道积极努力，在本地区创造更多睦邻旅游发展的典范，真正实现联合国世界旅游组织曾经提出的年度旅游口号所表述的那样：旅游让世界受益。

年度主题

Annual Themes

·世界与中国：旅游的定位与比较·

编者按

21世纪以来，中国与世界的关系发生了巨大变化。在世界舞台上，中国已从边缘走到了中央。中国日渐提升的世界影响力在经济、社会、文化等各个方面均得到了充分体现。旅游作为国家之间、文化之间、民众之间交流的重要方式，作为兼具经济功能、社会功能和文化功能的重要领域，自然也受到世界越来越多的关注。当中国更加广泛而深入地走向世界，当世界的目光越来越多地聚焦于中国的时候，如何从全球的视野理性审视中国旅游，如何在世界旅游版图上客观定位中国，如何积极有效地推进中国旅游的世界化，如何制定中国实现世界旅游强国梦想的路线图，这些都是必须回答的问题。

基于上述考虑，从上年度开始，《旅游绿皮书》围绕"世界与中国"这一主题，分别从"旅游的对视与融合"、"旅游的定位与比较"、"旅游的模式与经验"等进行系列研究，以期为推进中国旅游的长远发展提供科学参考和智力支持。

G.4
世界与中国：旅游业的定位与比较*

金 准**

摘 要： 当前，全球分工体系正在发生深刻变化，世界各国的旅游需求和供给对接更为紧密，旅游业的板块间水平分工和板块内混合分工正在形成，中国等新兴国家旅游产业发展和升级正推动全球旅游要素流动和要素组合的变化。世界旅游业进入新的全球化红利期，板块革新、交流、互动成为发展的全新动力。在此过程中，中国正在成为一个基于内需的全球化旅游经济强国，并在全球旅游价值链中发挥着越来越核心的作用。这对于亚太乃至全球国际旅游新格局，都具有正向的力量，也是今天中国旅游业发展和改革的价值所在。

关键词： 世界旅游分工体系　中国旅游业　定位与比较

2008年爆发的国际金融危机没有逆转全球化的发展总趋势，却从实力消长、经济平衡和治理体系等多重意义上对当代世界经济文化格局产生了重大影响。在此过程中，发达与发展中国家间经济实力消长显著，以金砖四国为代表的新兴经济大国的全球影响力趋于上升。世界经济的分工体系也发生了重大变化。旧的分工体系格局中，美国等发达国家为主要消费市场，新兴国家为全球制造基地，资源富裕国家为全球初级产品提供者的垂直分工体系特征明显。危机爆发后，全球价值链环节发生重置，发达国家努力吸引制造业活动回归本土，新兴经济体则积

---

* 本文系国家社科基金项目"全球分工新体系下的中国旅游业国际地位评估及提升研究"（批准号：14BGL086）、中国社会科学院青年学者资助项目"文化与旅游的互动关系及其对国家竞争力的影响"、中国社会科学院国情调研课题"中国旅游业国际地位研究"阶段性成果。

** 金准，中国社会科学院旅游研究中心秘书长，中国社会科学院财经战略研究院副研究员，长期关注旅游经济、旅游政策。

极谋求全球价值链中的中上游地位。新兴经济体通过收购发达国家技术资源、市场渠道或品牌团队，组成价值链高端环节在外、低端在内的反向结构，全球价值链治理者易主①。在这其中，旅游业等天然具有垂直分工和水平分工相混合特点的产业对全球分工体系的再平衡具有突出的作用，中国旅游业因此也具有日益重要的地位和作用。从新的全球视野看中国旅游业，其谋求旅游大国向旅游强国的升级转变就具有了更加广泛的价值。

一 逐步形成的全球旅游新格局：世界旅游业进入新的全球化红利期

（一）板块：欧洲进入成熟期，亚太市场增长带来大变局

1. 近24年全球旅游格局的最大变数和亮点在亚太地区

世界旅游组织（UNWTO）将世界划分为五大板块，分别为欧洲地区、亚太地区、美洲地区、非洲地区和中东地区。分析1990~2013年的旅游业发展总体格局可以看出，欧洲板块正日趋成熟，无论是在旧的全球旅游分工体系还是在新的全球旅游分工体系中，都发挥着中枢性作用。但随着亚太市场的持续增长，世界旅游发展格局正进入大变局时代（见图1）。从1990年到2013年，亚太在全球板块中的份额从12.9%增长到22.8%，与此相比，欧洲从60.2%降到51.8%，美洲从21.4%降到15.4%，非洲和中东尽管增长率不低，但由于在全球份额中所占比例有限，其增长对全球旅游格局的影响不大。总体而言，近24年全球旅游格局的最大变数和亮点在亚太地区。

2. 欧洲和亚太是世界旅游市场的两大引擎，亚太发挥越来越重要的作用

从各板块占全球份额的增长率看（见表1、表2），过去24年中亚太地区份额年均增长率为2.5%，而欧洲为-0.6%，美洲是-1.4%，亚太的份额增长伴随着欧洲、美洲市场的相对减缩。1990~2013年，国际游客人次增长653万，欧洲接待国际游客增长302.3万，亚太增长192.3万，亚太对这一时间段的全球国际旅游增长的贡献率达到近30%，仅次于欧洲，欧洲和亚太是世界旅游市场的两大引擎，而其中亚太将会发挥越来越重要的作用。

---

① 张幼文、徐明棋主编《开放升级的国际环境——国际格局变化与全球化新趋势》，上海社会科学院出版社，2013。

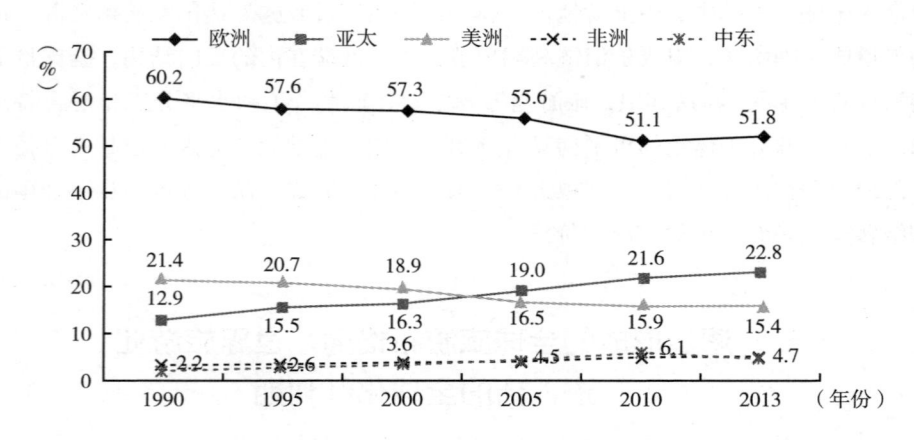

图1 世界各板块旅游业的国际份额（按国际旅游收入计算）*

* 本文所引数据如无特殊说明，均来自于世界旅游组织。

表1 世界各板块旅游业份额年增长率

单位：%

板 块	份额年增长率	板 块	份额年增长率
欧 洲	-0.6	非 洲	1.8
亚 太	2.5	中 东	3.4
美 洲	-1.4		

表2 各板块对全球国际旅游增长的贡献率

单位：%

欧 洲	46.3	非 洲	6.3
亚 太	29.4	中 东	6.4
美 洲	11.5		

（二）国家：中等收入国家旅游经济全面崛起

1. 中等收入国家在世界旅游格局中份额猛增

从国家收入的视角，世界银行将全球经济体划分为高收入国家、中等收入国家、低收入国家（见图2、图3）。研究不同经济体的国际旅游收支总和（以各经济体国际旅游收入和国际旅游支出之和计算），从1995年到2012年，高收入国家在全球份额中的降低和中等收入国家的显著增长同步发生：一方面，高收入国家所占比例从86%的绝对优势降低到73%，另一方面，中等收入国家从13%的份额猛增到26%。

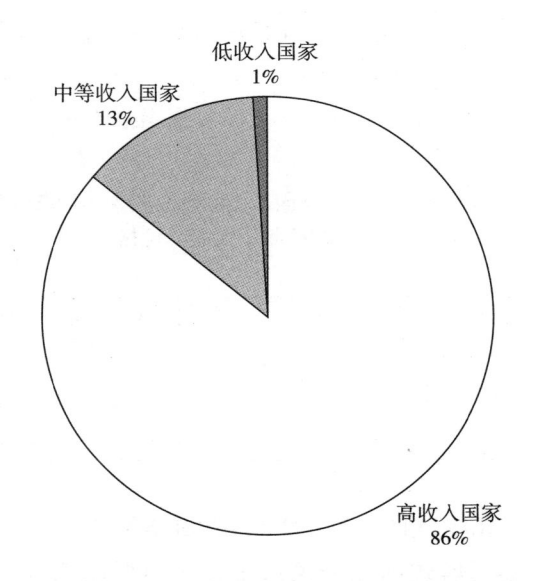

图2　1995年高收入、中等收入和低收入国家的全球旅游份额

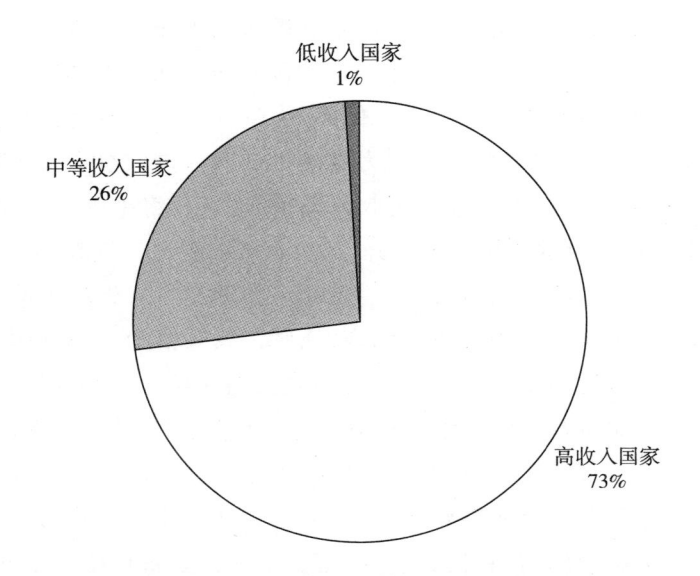

图3　2012年高收入、中等收入和低收入国家的全球旅游份额

2. 中等收入国家驱动全球旅游增长

从增长率的角度，全球国际旅游增长的主引擎来自中等收入国家（见表3）。1995~2012年，高收入国家国际旅游收入年均增长率为2.7%，中等收入国家为6.2%，低收入国家为6.9%；高收入国家国际旅游支出年均增长率为2.2%，中等收入国家为8.6%，低收入国家为4.5%；高收入国家国际旅游收支总和年均增长率为2.5%，中等收入国家为7.2%，低收入国家为6.0%。

表3　1995~2012年各类国家国际旅游收支年均增长率
（以2005年不变美元价格折算）

单位：%

国际旅游收入	增长率	国际旅游支出	增长率	国际旅游收支总和	增长率
高收入国家	2.7	高收入国家	2.2	高收入国家	2.5
中等收入国家	6.2	中等收入国家	8.6	中等收入国家	7.2
低收入国家	6.9	低收入国家	4.5	低收入国家	6.0

3. 经济发展格局和旅游业发展格局间存在直接关系

在经济和旅游不同模式的互动关系中，逐渐形成四类国家/地区（见表4），第一类为经济旅游双高收入国家/地区，第二类为经济高收入旅游中低收入国家/地区，第三类为经济中低收入旅游高收入国家/地区，第四类为经济旅游双中低收入国家/地区。2012年全球国际旅游总收入为2000亿美元，各国/地区平均国际旅游总收入为60.6亿美元，将高于此平均值的列为旅游高收入国家/地区，低于此平均值的列为旅游中低收入国家/地区，将世界银行所分的高收入国家/地区列为经济高收入国家/地区，将中等收入和低收入国家/地区列为经济中低收入国家/地区。从表4可以看出，绝大部分国家/地区或者是经济旅游双高收入国家/地区，或者是经济高收入旅游中低收入国家/地区，或者是经济旅游双中低收入国家/地区，只有很少一部分国家/地区属于经济中低收入旅游高收入国家/地区。这说明对于绝大部分国家/地区而言，经济发展水平是旅游业发展水平的充分条件，低经济发展水平难以带来高旅游收入，高经济发展水平可能带来高旅游收入，也可能不带来高旅游收入。进一步，经济中低收入旅游高收入国家/地区一共有13个，很大部分来自亚太区域，金砖五国中的四国（巴西、印度、中国、南非）均属于此类，经济上的大国崛起和旅游上的大国崛起间隐含着某种对应关系。

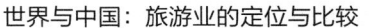

表4　经济发展水平和旅游业：四类国家/地区

经济、旅游双高收入国家/地区	经济高收入、旅游中低收入国家/地区
美国、法国、西班牙、德国、英国、中国澳门特别行政区、意大利、中国香港特别行政区、澳大利亚、奥地利、加拿大、荷兰、大韩民国、瑞士、新加坡、俄罗斯联邦、日本、葡萄牙、希腊、比利时、瑞典、波兰、爱尔兰、克罗地亚、沙特阿拉伯、捷克共和国、卡塔尔、以色列、丹麦	新西兰、芬兰、挪威、卢森堡、波多黎各、智利、斯洛文尼亚、塞浦路斯、巴哈马、斯洛伐克共和国、乌拉圭、阿曼、巴林、爱沙尼亚、马耳他、立陶宛、阿鲁巴、拉脱维亚、冰岛、圣马丁（荷属）、科威特、库拉索、百慕大、圣基茨和尼维斯
经济中低收入、旅游高收入国家/地区	经济、旅游双中低收入国家/地区
中国、泰国、土耳其、马来西亚、印度、墨西哥、南非、阿拉伯埃及共和国、印度尼西亚、摩洛哥、巴西、越南、黎巴嫩	乌克兰、匈牙利、阿根廷、菲律宾、多米尼加共和国、约旦、保加利亚、巴拿马、秘鲁、哥伦比亚、突尼斯、阿塞拜疆、古巴、哥斯达黎加、牙买加、肯尼亚、柬埔寨、埃塞俄比亚、罗马尼亚、马尔代夫、毛里求斯、斯里兰卡、伊拉克、阿尔巴尼亚、坦桑尼亚、哈萨克斯坦、格鲁吉亚、危地马拉、加纳、乌干达、塞尔维亚、也门共和国、厄瓜多尔、巴基斯坦、斐济、白俄罗斯、委内瑞拉、玻利瓦尔共和国、萨尔瓦多、苏丹、黑山、吉尔吉斯斯坦、津巴布韦、安哥拉、洪都拉斯、波斯尼亚和黑塞哥维那、尼日利亚、玻利维亚、亚美尼亚、蒙古、佛得角、老挝、尼加拉瓜、尼泊尔、喀麦隆、卢旺达、圣卢西亚、伯利兹、阿尔及利亚、摩尔多瓦、莫桑比克、瓦努阿图、巴拉圭、马其顿王国、不丹、圣文森特和格林纳丁斯、苏里南、所罗门群岛、圭亚那、塔吉克斯坦、莱索托、塞拉利昂、马拉维、博茨瓦纳、塞舌尔、东帝汶、吉布提、圣多美和普林西比、刚果（金）、布隆迪、几内亚

（三）分化：高旅游收入和低旅游收入国家/地区间存在陡峭断崖

1. 世界旅游的分化大大高于世界经济的分化程度

世界旅游的分化大大高于世界经济的分化。以2012年美国国际旅游收入为基准，美国一国的国际旅游收入占到世界的15.4%，其他国家国际旅游收入和美国均有很大差距，只有法国和西班牙两个国家的国际旅游收入能达到美国的30%，只有11个国家的国际旅游收入能达到或高于美国的15%。世界国际旅游收入排名前五的国家为美国、法国、西班牙、中国、德国，总的国际旅游收入占世界的33.4%，排名前10的国家总国际旅游收入占世界的49.5%，前50的国家占世界的88.4%。从尾部看，国际旅游收入排名后100位的国家的总收入加起来仅占世界7%。以旅游收入衡量，没有可能形成世界银行按国民收入形成的高收入国家、中等收入国家和低收入国家的阶梯形梯队，在高旅游收入国家和低旅游收入国家之间存在着陡峭的断崖。

2. 高旅游收入国家/地区格局发生很大变化

此外，高旅游收入国家/地区的格局也已发生变化（见表5），比较1995年和2012年国际旅游收入排名前10的国家/地区，1995年中国大陆、中国澳门、中国香港、泰国均不在10强之列，而到2012年这些国家/地区均已列入10强之列。东亚国家的强势入围是国际旅游板块的重大事件。以2005年不变美元价折算，全球有71个国家/地区年均增长率超过了5%。从各国国际旅游收入的增长率看（见表6），增长率和份额之间存在明显的逆相关关系，国际旅游收入增长最快的十个国家/地区，基本上都为旅游小国。

表5　1995年和2012年国际旅游收入排名前十的国家/地区

排名	1995年	2012年	排名	1995年	2012年
1	美国	美国	6	德国	英国
2	法国	法国	7	奥地利	中国澳门
3	意大利	西班牙	8	澳大利亚	意大利
4	英国	中国大陆	9	瑞士	中国香港
5	西班牙	德国	10	荷兰	泰国

表6　1995~2012年国际旅游收入增长率最高的十个国家/地区

单位：%

排名	国家/地区	年均增长率	排名	国家/地区	年均增长率
1	吉尔吉斯斯坦	31.7	6	白俄罗斯	20.9
2	苏丹	29.3	7	亚美尼亚	20.8
3	伊拉克	27.9	8	乌克兰	20.1
4	卢旺达	27.3	9	阿塞拜疆	19.9
5	加纳	21.6	10	拉脱维亚	19.5

3. 在人均国际旅游收入方面，存在明显的小国争胜特征

以人均国际旅游收入衡量的世界旅游图景呈现出和总国际旅游收入完全不同的面貌，小国争胜是最明显的特征。从人均国际旅游收入的增长率看（见表7、表8），有54个国家/地区年均增长率超过了5%，增长最快的国家不在前10之列，说明未来人均国际旅游收入的强国版图还将剧烈调整。

表7　1995年和2012年人均国际旅游收入排名前十的国家/地区

排名	1995年	2012年	排名	1995年	2012年
1	圣马丁(荷属)	中国澳门	6	巴哈马	百慕大
2	库拉索	圣马丁(荷属)	7	卢森堡	巴哈马
3	百慕大	阿鲁巴	8	塞舌尔	太平洋岛国
4	中国澳门	卢森堡	9	塞浦路斯	马尔代夫
5	阿鲁巴	帕劳	10	马耳他	中国香港

表8　1995~2012年人均国际旅游收入增长率最高的十个国家/地区

单位：%

排名	国家/地区	人均增长率	排名	国家/地区	人均增长率
1	吉尔吉斯斯坦	30.1	6	亚美尼亚	21.4
2	苏丹	26.2	7	乌克兰	21.0
3	卢旺达	25.3	8	拉脱维亚	20.9
4	伊拉克	24.4	9	阿尔巴尼亚	18.9
5	白俄罗斯	21.5	10	加纳	18.6

（四）分工：世界旅游经济的分工结构发生重大变化

1. 从双板块时代到多板块时代，世界旅游分工体系变得日益多元

通过研究50强国家/地区旅游跨区域流动可以勾画出世界旅游经济的分工结构。从国际旅游业的分工体系来看（见表9），2012年50强国家/地区跨板块国际旅游人次共1883万人次，其中非洲占6.16%，美洲占17.23%，南亚占2.87%，欧洲占41.02%，亚太占23.74%，中东占8.97%。在国际分工体系上，欧洲、亚太、美洲三个板块占到更重要的位置，南亚板块相对游离于世界旅游分工体系以外。

表9　各板块在世界跨板块国际旅游人次中所占比重及其变化

单位：%

地区	1995年比重	2012年比重	地区	1995年比重	2012年比重
非洲	4.11	6.16	欧洲	43.01	41.02
美洲	25.05	17.23	亚太	19.27	23.74
南亚	1.73	2.87	中东	6.83	8.97

比较1995年和2012年的世界旅游分工体系基本格局，亚太的位置大幅上升，而美洲的大幅下降。1995年美洲在跨板块国际游客中所占比重为25.05%，到2012

年下降到17.23%，同期亚太从19.27%增长到23.74%。1995年，欧洲、美洲两个板块占世界跨板块国际旅游人次的近70%（68.06%），而到了2012年则下降到58.25%。亚太、中东、非洲、南亚四个传统的边缘板块在分工体系中的位势都在上升，世界旅游版图变得越来越多元，各板块相对独立的水平分工体系正在形成。

2. 8个核心国/地区和9个次核心国/地区连起板块间的水平分工，各板块内围绕核心国/地区和次核心国形成混合分工体系

世界旅游业正在形成全新的多元旅游分工体系（见表10），六大板块形成了

表10　1995年和2012年50国/地区在世界跨区域国际旅游人次中所占比重

单位：%

国家/地区	1995年总比重	2012年总比重	国家/地区	1995年总比重	2012年总比重
南　　非	1.35	1.35	克罗地亚	0.06	0.41
摩 洛 哥	2.77	4.81	捷　　克	0.30	0.77
非洲合计	4.12	6.16	以 色 列	1.01	0.60
美　　国	18.15	12.43	丹　　麦	0.33	0.63
加 拿 大	3.97	2.10	乌 克 兰	0.14	0.16
墨 西 哥	1.93	0.18	匈 牙 利	0.34	0.56
巴　　西	0.67	1.11	芬　　兰	0.35	0.38
阿 根 廷	0.33	0.49	挪　　威	0.26	0.26
多米尼加	0.00	0.93	欧洲合计	43.01	41.02
美洲合计	25.05	17.24	中国内地	2.83	6.16
印　　度	1.73	2.87	中国澳门	0.62	0.42
南亚合计	1.73	2.87	中国香港	2.61	2.36
法　　国	8.31	7.30	泰　　国	2.58	4.54
西 班 牙	3.07	2.77	澳大利亚	1.35	1.26
德　　国	4.39	3.87	马来西亚	0.88	1.64
英　　国	8.18	4.33	大韩民国	1.37	1.18
意 大 利	4.17	3.34	新 加 坡	2.07	1.86
土 耳 其	1.20	6.12	日　　本	1.30	0.99
奥 地 利	1.58	1.36	印度尼西亚	1.21	0.96
荷　　兰	1.38	1.27	越　　南	0.98	1.08
瑞　　士	2.36	1.57	新 西 兰	0.55	0.43
俄罗斯联邦	1.25	1.82	菲 律 宾	0.91	0.85
葡 萄 牙	0.68	0.71	亚太合计	19.26	23.73
希　　腊	0.72	0.46	埃　　及	2.61	5.08
比 利 时	0.80	0.56	黎 巴 嫩	0.33	0.49
瑞　　典	0.81	0.61	沙特阿拉伯	3.66	3.30
波　　兰	0.40	0.45	卡 塔 尔	0.23	0.10
爱 尔 兰	0.92	0.70	中东合计	6.83	8.97

8个核心国/地区和9个次核心国/地区相互串联支撑形成的多元分工体系。其中，欧洲正在形成以法国和土耳其为核心，德国、英国为次核心的格局，亚太正在形成以中国内地和泰国为核心，中国香港、马来西亚、新加坡为次核心的格局，美洲正在形成以美国为核心，加拿大和巴西为次核心的格局，非洲正在形成以摩洛哥为核心，南非为次核心的格局，中东正在形成以埃及为核心，沙特阿拉伯为次核心的格局，南亚正在形成以印度为核心的新旅游分工体系。8大核心国/地区跨区域国际游客占50国的49.32%，核心国/地区和次核心国/地区总计占50国的71.24%。

具体在各个板块内，又形成了围绕核心国/地区和次核心国/地区形成的混合分工体系。以亚太地区为例，中国内地、泰国、中国香港、马来西亚、新加坡跨区域国际旅游游客占到了整个亚太跨区域国际游客的70%，亚太13国/地区之间形成垂直和水平穿插的混合分工体系。

总体而言，在新的全球分工体系中，世界各国地区的旅游需求和供给对接更为紧密，旅游业的板块间水平分工和板块内的混合分工的格局正在形成，由以中国等金砖国家驱动的旅游新兴国家旅游产业发展和升级正推动全球旅游要素流动和要素组合的变化，全球旅游价值链亦随之变化，世界旅游业进入新的全球化红利期，板块革新、交流、互动成为世界旅游业发展的全新动力。

二 定位：中国旅游业在全球旅游业中的地位

（一）中国作为亚太旅游的发展引擎驱动世界旅游业增长

世界旅游业增长受到亚太地区的强劲驱动，而亚太地区的发展引擎是中国。亚太地区旅游业发展的特点和中国旅游业的地位如下。

第一，国际旅游收入规模不断增长（见表11），中国内地在规模上列亚太第一，远高于其他亚太国家/地区，占亚太13国/地区总量的41.6%；在增长率方面，1995~2012年年均增速为6.4%，列亚太前列。

第二，区域内旅游贸易规模均不断增长（见表11），区域内贸易成为亚太各国和地区贸易的主要组成部分，18年稳中有升，中国占据亚太区域内旅游贸易规模的首位，占亚太13国/地区总数的44.2%，1995~2012年的平均增长速度为6.2%，列亚太前列。

第三，亚太和世界各板块间联系更为紧密（见表12），13国/地区区域外国际旅游收入均大幅增长，平均年增长率达到5.6%，其中中国增长率最高，和世界各板块间保持着最为紧密的关系。

表11 亚太各国/地区区域内旅游贸易规模情况

单位：千美元，%

国家/地区		1995年	2012年	增长率		1995年	2012年	增长率
中国内地	国际旅游收入及年均增长率	46385	132405	6.4	区域内国际旅游收入及年均增长率	43789	120802	6.2
中国澳门		7753	28082	7.9		7188	27295	8.2
中国香港		10195	48615	9.6		7805	44166	10.7
泰国		6951	22353	7.1		4582	13811	6.7
澳大利亚		3726	6146	3.0		2491	3778	2.5
马来西亚		7468	25033	7.4		6660	21946	7.3
大韩民国		3753	11140	6.6		2495	8913	7.8
新加坡		7137	14495	4.3		5237	10987	4.5
日本		3345	8358	5.5		2149	6489	6.7
印度尼西亚		4324	8044	3.7		3213	6237	4.0
越南		1352	6847	10.0		451	4809	14.9
新西兰		1409	2555	3.6		905	1742	3.9
菲律宾		1760	4273	5.4		929	2667	6.4
十三国/地区		105558	318345	6.7		87894	273641	6.9

表12 亚太各国/地区跨区域旅游贸易规模情况

单位：千美元，%

国家/地区		1995年	2012年	增长率		1995年	2012年
中国内地	区域外国际旅游收入及年均增长率	2596	11603	9.2	区域外国际旅游人次占亚太13国/地区总区域外国际旅游人次比重	14.7	26.0
中国澳门		565	787	2.0		3.2	1.8
中国香港		2390	4449	3.7		13.5	10.0
泰国		2369	8542	7.8		13.4	19.1
澳大利亚		1235	2367.8	3.9		7.0	5.3
马来西亚		808	3087	8.2		4.6	6.9
大韩民国		1258	2227	3.4		7.1	5.0
新加坡		1900	3508	3.7		10.8	7.8
日本		1196	1869	2.7		6.8	4.2
印度尼西亚		1111	1807	2.9		6.3	4.0
越南		901	2038	4.9		5.1	4.6
新西兰		504	813	2.9		2.9	1.8
菲律宾		831	1606	4.0		4.7	3.6
十三国/地区		17664	44703.8	5.6		100	100

（二）中国是中等收入国家的旅游"领头羊"，正进入经济大国和旅游大国的同步崛起进程

在所有中等收入国家中，中国国际旅游收入最高（见表13），并远远领先于排名第二的泰国。排名前十的中等收入国家中，中国的增长率低于印度和土耳其，排名第三。中国是中等收入国家的旅游领头羊，并正和其他的金砖国家一起，进入经济大国和旅游大国的同步崛起进程。

表13 2012年中等收入国家中的国际旅游收入排名前十的国家

单位：千美元，%

国家	国际旅游收入	增长率	国家	国际旅游收入	增长率
中国	54937000	9.3	墨西哥	13320000	2.0
泰国	37740000	6.5	南非	11201000	6.7
土耳其	32249000	9.5	埃及	10823000	5.9
马来西亚	20251000	6.4	印度尼西亚	9463000	1.6
印度	18340000	10.1	摩洛哥	8491000	8.7

（三）中国已经是世界旅游大国，但仍非世界旅游强国

从各种数据来看，中国已经是旅游大国，但还并非旅游强国。以人均国际旅游收入衡量，中国在世界旅游组织统计的216个国家中位列第125。在世界经济论坛发布的《2013年旅游业竞争力报告》中，中国在所有的140个国家中综合竞争力位列第45，中国旅游业仍存在大而不强的特征。

（四）中国是世界旅游分工体系中的亚太核心国，是亚太地区国际旅游的中心型目的地

在世界旅游分工体系中，中国是亚太板块的两大核心国之一（另一个是泰国），中国占亚太区域外国际旅游人次的26.0%，比1995年增加了11.3%，是亚太和其他板块旅游需求间的主要接口国。在亚太13国/地区的国际旅游贸易矩阵中，中国在除印度尼西亚以外的11国/地区入境来源国中排名前三，在除澳大利亚和印度尼西亚以外的10国/地区出境国中排名前三（见表14、表15）。亚太各国在参与国际分工的类型上可以划分为中心型国家、外围型国家和通道型国家，中国是典型的中心型国家。

表14　亚太各国/地区入境游客人次前三强

国家/地区	入境游客人次前三强	国家/地区	入境游客人次前三强
中国澳门	中国内地、中国香港、日本	新加坡	印度尼西亚、中国内地、马来西亚
中国香港	中国内地、日本、大韩民国	日本	大韩民国、中国内地、中国香港
泰国	中国内地、马来西亚、日本	印度尼西亚	新加坡、马来西亚、澳大利亚
澳大利亚	新西兰、中国内地、日本	越南	中国内地、大韩民国、日本
马来西亚	新加坡、印度尼西亚、中国内地	新西兰	澳大利亚、中国内地、日本
大韩民国	日本、中国内地、泰国	菲律宾	大韩民国、日本、中国内地

表15　亚太各国/地区出境游客人次前三强

国家/地区	出境游客人次前三强	国家/地区	出境游客人次前三强
中国澳门	中国内地、中国香港、大韩民国	新加坡	马来西亚、印度尼西亚、中国内地
		日本	大韩民国、中国内地、泰国
中国香港	中国内地、中国澳门、日本	印度尼西亚	新加坡、马来西亚、泰国
泰国	马来西亚、中国内地、新加坡	越南	中国内地、泰国、新加坡
澳大利亚	新西兰、新加坡、印度尼西亚	新西兰	澳大利亚、新加坡、中国内地
马来西亚	泰国、印度尼西亚、中国内地	菲律宾	中国内地、新加坡、中国香港
大韩民国	中国内地、日本、泰国		

（五）中国旅游业在世界旅游业中具有特殊性，全球最大的内需市场令中国旅游模式和其他国家迥然不同

中国旅游业在世界旅游业中的特殊性，还在于其拥有全球最大的内需市场。2013年，我国国内旅游人数32.62亿人次，收入26276.12亿元人民币，入境旅游人数1.29亿人次，实现国际旅游（外汇）收入516.64亿美元，中国公民出境人数达到9818.52万人次，国内旅游的比重远远高于入境和出境旅游。一方面，中国在通过出入境旅游参与国际分工和交换，另一方面，中国通过国内旅游的发展逐步建立起基于内需的产业链，影响着国内和国际的产业结构。中国旅游业在国际旅游业中的地位，不仅仅由其出境和入境旅游产业决定，更取决于全球最大的内生性市场的发展和完善，这令中国旅游的发展路径和模式具有自身的特征和价值。

三　比较：中国与世界其他核心国

（一）旅游竞争力综合水平不高

按照世界经济论坛发布的《2013年旅游业竞争力报告》，中国在所有的140

个国家/地区中综合竞争力位列第45，放在所有8个核心国/地区和9个次核心国/地区中，中国列中段（见表16）。

表16 世界各旅游核心国/地区旅游竞争力排名情况（2013年）

国家/地区	旅游竞争力排名	国家/地区	旅游竞争力排名
法国	7	美国	6
土耳其	46	加拿大	8
德国	2	巴西	51
英国	5	摩洛哥	71
中国内地	45	南非	64
泰国	43	埃及	85
中国香港	15	沙特阿拉伯	62
马来西亚	34	印度	65
新加坡	10		

（二）5大优势项：资源优势是核心优势

在所有旅游竞争力项中，中国旅游业有5项达到或超过17个核心和次核心国/地区的中位数水平（见表17），包括安全保障、行业的价格竞争力、人力资源、自然资源和文化资源，特别是后两项远高于中位数水平。自然资源得分5.6分，位列第三，仅次于美国和巴西，文化资源得分5.5，位列第五，次于英国、德国、美国、法国。中国旅游业具有发展中大国的典型特征，人力资源相对充足，资源禀赋好，旅游价格适宜是其重要优势，但也有其独特优势，例如其安全保障水平相对较高，是很多发展中国家难以比拟的。

表17 中国旅游竞争力五大优势项（得分）

优势项	中国	中位数	优势项	中国	中位数
安全保障	4.8	4.8	自然资源	5.6	4.9
行业的价格竞争力	4.9	4.6	文化资源	5.5	4.7
人力资源	5.2	5.2			

（三）9大弱势项：旅游业发展仍有较多短板

横向比较，中国旅游业还有9大弱势项（见表18），分别为政策法规、环境的可持续发展、健康和卫生、旅游的优先次序、空中交通基础设施、地面交通基础设施、旅游设施、资讯科技基础设施和旅游的亲和力，特别是旅游设施上和其他旅游大国差距很大，在13国/地区中列最后一位，是中国旅游业的主要短板。

表18　中国旅游业九大弱势项（得分）

弱势项	中国	中位数	弱势项	中国	中位数
政策法规	4.3	4.9	地面交通基础设施	4.1	4.4
环境的可持续发展	4.2	4.7	旅游设施	2.5	4.7
健康和卫生	4.5	4.9	资讯科技基础设施	3.0	3.5
旅游的优先次序	4.7	4.9	旅游的亲和力	4.0	4.9
空中交通基础设施	4.3	4.5			

总体而言，中国具有发展中旅游大国的典型特征，同时有明显的自身特点。中国旅游业要从旅游大国发展为旅游强国，需要进一步强化优势项，弥补弱势项。

结语：基于内需的全球化旅游经济强国

中国旅游业的发展是理解当今世界经济格局深刻调整的一条线索。始于2008年的国际金融危机源于世界经济发展格局的不平衡，而此后世界经济正逐步走向再平衡。在此过程中，传统的国际垂直分工格局正在被打破，新的分工格局正在产生。发展中国家正获得更具掌控力的价值链地位，旅游业发展基于内部资源和优势，各国在参与国际分工时具有内源性的特点。以往，中国旅游业发展主要基于内部资源特点，在新一轮国际分工调整中，中国旺盛的内需正产生巨大的国际影响力。中国旅游业正在塑造基于内需的全球化旅游经济，从资源到需求再到产业价值链控制力，从被动接待客源到主动塑造客源，从走出国门到日具国际影响力的中国游客现象，从旅游大国到旅游强国，中国正在成为一个基于内需的全球化旅游经济强国。而这种变化，对于亚太乃至国际旅游新格局，都具有更为健康的正向力量，成为驱动全球旅游业健康发展的重要动力，也是今天中国旅游业发展和改革的价值所在。

战略转折：中国旅游世界化与世界旅游中国化

魏小安*

摘　要： 目前我国从旅游资源大国向旅游发展强国的跨越已经基本实现，由此开始了一个新的阶段。在这个战略转折点，应着力实现"中国旅游的世界化"和"世界旅游的中国化"。要促进中国旅游的世界化，需要树立中国旅游的世界视野、建立中国旅游的世界自觉，采取中国旅游的世界行动，完善中国旅游的世界体验，促进中国旅游的世界融合，提升中国旅游的世界服务。要实现世界旅游的中国化，需要在理念上有所突破，承担世界责任，发挥世界影响，敢于出经验。在机制建设上，对应世界化发展，在《旅游法》的基础上，形成良好市场秩序，促进旅游企业融入世界，实现区域国际化。

关键词： 中国旅游　世界化　世界旅游

2012年底，美国著名新制度经济学家罗纳德·科斯与中国学者王宁合作出版了《变革中国：市场经济的中国之路》，2013年又推出了此书的中文版。书中说道："中国的奋斗就是世界的奋斗，改变中国就是改变世界。"10多年前，诺贝尔经济学奖获得者、前世界银行副行长兼首席经济师约瑟夫·斯蒂格利茨也曾说过这样一段话："二十一世纪能够影响世界经济的有两件大事，一个是新经济革命、新技术的发展，另一个就是中国的城镇化。"

尽管初次听到这个观点时有点让人吃惊，没想到斯蒂格利茨将中国的城镇化

---

* 魏小安，世界旅游城市联合会专家委员会主任，中国社会科学院旅游研究中心特约研究员。

提到如此高度，但仔细分析，也确实如此。未来的30～50年内，中国要完成五六亿农民向城镇转移的过程，这在人类的历史上从来没有出现过。作为一个人口大国、面积大国，中国的很多问题都会被放大。

通过这些年的发展，对于中国来说，世界变平了；对于世界来说，中国崛起了。自1978年以来，中国旅游经过36年的发展，如果以2013年9月12日汪洋副总理在世界旅游城市联合会香山会议中的讲话作为一个标志，实际上意味着一个阶段性的任务已经完成了，也就是我们前些年一直追求的目标——从旅游资源大国向旅游发展强国的跨越已经基本实现了。一个新的阶段开始了，这是一个战略转折点。

在这个转折点之后，我们追求的新目标是什么？一方面应该是"中国旅游的世界化"，另一个方面就是"世界旅游的中国化"。当然，前者主要依靠于中国旅游业自身的发展，而后者主要依赖中国经济和市场需求的增长。在一个新的世界性平台上，中国和世界在旅游方面怎么互动，需要我们更多地思考一些现实议题，即中国旅游的世界视野、中国旅游的世界自觉、中国旅游的世界体验、中国旅游的世界行动、中国旅游的世界融合、中国旅游的世界服务等。当然，从世界的层面，也需要正视中国的存在，即世界旅游发展中的中国贡献、世界旅游市场中的中国需求、世界旅游建设中的中国元素、世界旅游运行中的中国声音和话语权。以上这些，将是未来我们追求的战略制高点。

一 背景：中国与世界的关系变化

（一）大与强的纠结

从1840年以来，中国从自我感觉良好的中华帝国突然转变为弱势国家，列强逼着我们睁开眼睛看世界，我们不得不应对世界性的挑战。在长达170多年的时间里，中华民族始终承受着挥之不去的压迫和屈辱的阴影，发愤图强是民族始终追求的目标，这种意念一直延续到今天。与此同时，在政府主导体制的强力推进之下，近年来中国社会又形成了一股求大的热潮：发展求规模、建筑求体量、城市求扩张、官员讲排场、消费比奢华，这一系列的"怪现象"实际上都是"求大"心态所致。这些年来，中国社会的突出表现就是对于"大国""强国"的追求，各个行业大多如此，因此形成了一种"大国"的语言模式。旅游界也沿用了这种"大国"的语言表述模式。只不过因为旅游业与国际接轨比较早，所以我们提议的旅游大国、旅游强国的目标也比其他行业早十年左右，而且也能够客观地认识到：中国已经是旅游大国了，但还不是旅游强国。

在评断中国的地位时，以前我们纠结在对欧美发达国家的追赶中，始终是追赶者的心态；现在纠结的是"大"与"强"的关系。2009年，中国超过德国，成为世界第一位的贸易体；2011年，中国超过日本，成为世界第二位的经济体；伴随过去10年的经济发展，中国成了世界第三位的旅游体。因此从"大"的角度说似乎不用追了，现在需要追的是"强"。

（二）中国的世界观与世界的中国观

1. 中国的世界观

简单地梳理一下历史发展脉络可以发现，中国的世界观在视角上发生了重要变化。清代乾隆时期，我们主要是俯视——中国是"天朝上国"、世界中心。到了清末时期，西方列强的坚船利炮轰开国门，于是便开始仰视欧美。客观而言，中国的国家意识从清代末年才开始形成。原来中国人只有"天下观"而没有"国家观"，正所谓"普天之下，莫非王土；率土之滨，莫非王臣"。近代以来，八国联军攻打中国、日本侵略中国，强化了中国的国家意识，也形成了现在中国的民族意识。中华人民共和国建立后，由于历史的原因，我们一边仰视苏联、一边蔑视其他国家。改革开放以后，又进入了一个全民仰视阶段。客观说来，中国现在已经是一个全面影响世界的跨国经济体，这种影响主要是经济规模方面的影响。同时，中国已深入地纳入世界分工体系中。之前我们跟发达国家是垂直分工，发达国家在垂直分工体系的高端，我们在末端，而现在在若干领域已经开始进入到水平分工，尤其是在高铁等具有自主知识产权、能够自我研发的领域我们已经能够掌握主动权了，不再重蹈过去那种"市场换技术"的老路。总之，中国人的世界观从妄自尊大到妄自菲薄，到现在大体上能够形成一个正常的心态，可以以平视的角度，去客观地看待自己的国家、看待世界。

2. 世界的中国观

18世纪时期，尤其是当时的欧洲，也没有完全形成"世界"的概念。那时的世界，对中国更多的是羡慕和仰视，中国的商品、文化，包括园林、文官制度等全面输出到欧洲，中国的丝绸、茶叶等源源不断地运往欧洲各国。19世纪，先是英法联军，后是八国联军以及中国近邻日本，用枪炮打开了中国的大门，美国作为迟到者提出了"门户开放"的条件以便利益均沾。当时的列强对于中国的心态从仰视演变为蔑视。进入20世纪，中国历史的发展经历了一个从混乱到

有序的过程，世界对中国的视角依旧是俯视。而到了20世纪后半期，则是惊奇，认为中国是世界的一个机会。改革开放以来，尤其是进入21世纪以来，世界目睹了中国的巨大变化，参与了中国的巨大变化，中国的形象变了。20世纪80年代，日本被全世界称为"经济动物"，现在中国被全世界称为"政治动物"。但是，在世界的目光中，似乎我们除了是"政治动物"就是"经济动物"。目前，经济世界中正在形成一个逐步平等的格局，我们是习惯性仰视，发达国家则习惯性俯视，而今后应努力达到平视，形成一个平等的格局。

（三）全球一体化

全球一体化，是人类进入新世纪以来的潮流。第一是世界经济的一体化，资源全面配置，生产体系已经在世界范围内布局；第二是世界贸易数量越来越大，物流四通八达；第三是金融体系深入各个角落，波动也是世界性的；第四是信息的世界化，在现代技术条件之下，信息的传播无远弗届，海量信息淹没世界；第五是技术的世界化，尖端技术逐步突破，先进技术正在普及，实用技术全面推广，技术的进步改变了人类生活，也酝酿着新的革命；第六是交通的世界化，交通方式变化，交通格局变化，距离的概念已经从空间转换为时间，地球越来越小；第七是文化的世界化，文化产品在世界范围流通，文化新品在全世界同步上市，全世界审美口味趋同。

二 比较：中国与旅游发达国家

与旅游发达国家的比较，有助于判断我国旅游世界化的进程。由于缺乏更全面、有效的数据支撑，因此只能依据现有资料初步梳理脉络。总结起来，和发达国家相比，我们在八个方面已有一定基础，但也存在六个方面的问题。

（一）八个方面的基础

第一是开放程度，涉及旅游目的地的便利化问题。其中既包括旅游者出境的便利，也包括入境的便利。在这一点上，中国与发达国家相比存在不小的差距。目前，中国护照免签的国家和地区只有45个，而中国香港护照的免签国家和地区多达147个。免签的事宜遵循外交对等原则，是双向的。同时，国际游客在入境时，又要承担较高的签证费用。类似签证政策，涉及整个国家的开放程度，不单纯是一个出入境手续的问题，包括国家投资的开放、经营的开放。从大旅游的角度来看，目前还存在一定的限制。

第二是基础设施均质化。近年来中国在基础设施方面有了长足进步，基础设施对中国旅游发展的影响大体与发达国家并驾齐驱。1998年，发国债进行基础设施建设时，各方争议很大，时任总理朱镕基说："我们将来会留下一批优良资产。"当年的基础设施投资与2009年的4万亿元投资不同，4万亿元形成了巨大的泡沫资产，而1998年发国债却起到了一定的作用，总体上提高了中国基础设施水平。

第三是交通设施立体化。中国的高铁、高速公路，总体上设施新、路面新、质量好，当然其中也有少数的豆腐渣工程。20世纪80年代，笔者在考察国内旅游时，一天跑一个县就让人筋疲力尽，现在一天跑三个县也非常轻松。交通设施的立体化和精致化给旅游出行带来了便捷。

第四是服务设施。从完整性角度来看，我们现在服务设施和国际相比并不落后，一个完整的旅游服务设施体系已经建立起来了。例如饭店设施，国内的星级饭店和国外同级别的饭店相比并不差。目前主要存在两个问题，一是缺品牌，二是部分设施过分追求豪华高端。

第五是旅游吸引物。中国已经有了一批世界一流的旅游吸引物，不管是黄山、九寨沟、故宫、兵马俑等传统的旅游吸引物，还是新兴的主题公园，中国都已经达到了世界水平。此外，中国的山水实景演出，在国际上还算比较拔尖的，只是这种产品如过度发展，也会很快接近衰退期。

第六是旅游目的地。应该说现在普遍性的旅游目的地概念已经形成，中国也确实形成了一批优质的旅游目的地。

第七是旅游投资。目前旅游投资的积极性无以复加，表现最突出的是所谓的旅游地产。统计表明，2013年旅游地产投资达5400亿元。这种高涨的积极性是一种全社会的积极性，不管是政府、投资商还是老百姓，对旅游相关领域的投资都很积极，这种状况世界少见。

第八是旅游文化。旅游文化对于整个社会形成一种促进效应。近两年投资建设的旅游项目，文化品位普遍提高。很多旅游地产项目，首先建起来的是博物馆、美术馆。这是经济发展到一定阶段的必然追求，会形成良性的促进作用。

（二）六个方面的问题

第一是市场之忧。现在的市场是阶段性的市场，出境旅游刚刚发育起来，其增长速度肯定高。如果出境市场成熟了，其增长速度就会降下来。这一规律在国

内旅游、入境旅游上已经体现出来了，整个国民经济发展也是如此，在不同的发展阶段就要有不同的增长速度。根据这两年的表现，今后一段时期，真正需要担忧的是入境旅游市场的可持续性。

第二是结构之忧。产业结构长期以来处于不均衡、不成体系的发展态势，经常体现出市场结构畸高畸低、长短不一。

第三是方式之忧。目前旅游产业发展呈现的多是外延式的扩张，粗放式的增长。比如一个西部省份，省委书记提出来，未来八年旅游投资要达到2万亿到3万亿元。我们可以算一笔最简单的账，如果把这个省当一个中位数，就意味着全国未来八年旅游投资60万亿元。可能吗？这种外延式扩张和粗放型的增长，造成的结果必然是泡沫经济，旅游发展的泡沫问题三四年前已现端倪。

第四是效益之忧。2013年以来，很多人认为"八项规定"影响了酒店行业，《旅游法》影响了旅行社行业。实际上这只是说明，原来的市场是不正常的，泡沫性的需求现在压下去了，实质性的需求在增长，将来这就是常态，而不能把泡沫性的需求当作一种常态。

第五是环境之忧。目前，自然环境污染，社会环境恶化，经营环境恶劣，尤其是自然环境的污染不是短期能够躲开的。社会环境恶化主要表现为社会矛盾、冲突的产生。中国旅游发展30多年，此前因为发展旅游引发老百姓示威的情况几乎没有，但是这几年开始产生了，旅游发展中的社会矛盾和社会成本问题不容忽视。

第六是形象之忧。以雾霾为代表的环境问题以及世界对中国人形成的"暴发户"印象，都是值得我们关注的重要问题。

三　新的定位：世界化的战略转折

（一）重构战略目标

1. 新的时代要求

2013年9月12日，国务院副总理汪洋在2013年世界旅游城市联合会北京香山旅游峰会的致辞中指出："中国旅游业发端于改革开放，兴盛于改革开放。30多年来，中国旅游业走过了不平凡的历程，实现了由单纯的外事接待向综合性产业的转变，由新的增长点到国民经济支柱产业的转变，由旅游资源大国到世界旅游强国的转变。"这几句话是具有结论性的表述。"实现了"这个用语的语态是

"完成时","三个转变"既是对现状的描述也是对历史的概括。在20世纪80年代,中国旅游业完成了第一个转变,就是从单纯的外事接待向综合性产业的转变;90年代完成了第二个转变,即由新的增长点到国民经济支柱产业的转变。1998年国务院明确提出把旅游定位为国民经济新的增长点,没过几年这个转变就完成了。进入新世纪之后完成了"由旅游资源大国到世界旅游强国"的第三个转变,因此国务院领导用这样明确的语言论及中国旅游业的定位与发展,具有特殊的战略意义。这意味着我们以前追求的战略目标现在已经实现了,过去的经验值得总结,更重要的是如何树立未来的战略目标,随之而来的就是战略途径、战略手段等一系列的问题。简言之,我们要在国民经济支柱产业和世界旅游强国的基础上,谋求新的飞跃。

2. 旅游强国的实现

旅游强国是中国式的提法,这是从政府的角度出发提出来的概念,又衍生出旅游强省、强市等概念,但在世界范围内这一概念并不具有普遍性,也缺乏足够的学术规范性。这么多年来,关于旅游强国也没有一个完整的解释。粗略来看,旅游强国大体体现在以下几个方面:强市场、强文化、强企业、强地方、强素质、强效益、强形象、强竞争力。尽管严格来说,中国的旅游强国是大打折扣的,但是我们还是拥有较强的竞争力,而且"强国"的表述在中国依然适用。总的来说,旅游强国可以提,但需要转换一个战略视角。

3. 新的战略目标

在旅游强国的发展目标已经基本实现的背景下,我们需要及时树立一个新的目标,即中国旅游要实现世界化发展。这一新目标的内涵将集中体现在以下四个方面:第一,从世界旅游强国到世界一流的旅游目的地。现在中国旅游发展受到环境的严重制约,只有创造一些极品性的东西,才能真正构造世界一流的目的地。第二,从休闲度假产品到品牌突出的休闲度假地。中国人现在的出国以观光为主,同时休闲度假需求也开始向海外转移。中国的观光资源在国际上堪称一流,但中国的休闲度假资源在世界上并不具有优势。中国有1.68万公里的海岸线,但是真正能做滨海度假的仅仅是十几个地方,滨海度假资源在中国是稀缺的资源。因此,中国可以转变思路,比如拓展山地度假。中国地理地势呈三级阶梯状,是一个山多、山地多样性也多的国家。中国需要培育一系列新的休闲度假产品,来满足国民大众的休闲度假需求。第三,从战略性支柱产业到综合性社会事业。中国国内旅游所追求的目标更重要的应该是怎么提高老百姓的生活质量、满足就业、扶助贫困,这是我们的根本。第四,从服从大局、服务大局,到创造大局。

（二）调整战略思维

中国旅游的世界化这一战略转变是一篇大文章。目前中国旅游业和各地旅游发展都需要建立新思维，在全球一体化背景之下，在一个水平分工的世界旅游经济体系中，来研究中国旅游，客观评价中国旅游的地位，努力发挥中国在世界旅游格局中的主导性作用。

1. 新方式

新方式就是在世界舞台上争取我们应该有的权利。多年以来，我们都力求在世界旅游经济中拥有话语权。如，世界旅游组织执行主任祝善忠，指出我们国家在国际旅游组织中的地位提高了，话语权也越来越强了。除去话语权外的发展权、组织权、规则制定权、价格协调权、市场维护权，我们目前还没有真正争取到手。2013年，中国出境旅游9730多万人次，2014年肯定要突破1亿人次。全世界有60亿人，国际旅游人次不足11亿，也就意味着不到11个国际旅游者中就有1个是中国人，因此，中国在世界旅游市场的维护方面负有重要责任。

2012年，北京市发起组建了"世界旅游城市联合会"，目前全球已有107个城市和组织参加。2013年又组建了专家委员会，欧美专家提出希望由他们来做专家委员会主任，因为他们习惯于在国际组织里面把握主导权。世界旅游城市联合会秘书处回复他们说"我们已经物色好了人选"。他们又提出来，是否设立一个中方主任、一个外方主任，而秘书处指出作为国际组织，不分中方、外方，只是总部放在北京而已。由此可见，设立国际组织并确定国际规则就是我们下一步发展的新目标。

2. 新心态

对于个人来说，有个人心态；对于国家来说，有国家心态。国家心态指的是一个国家在与其他国家交往过程中所表现出来的状态和态度，包括自傲、自卑、紧张、从容、自信等。国家心态受到整个国家和民族的历史、文化的影响。国家心态是影响国家思维方式的重要因素，决定了本国在面对国际交往时所采取的对策和策略。新的心态就是要有世界化的心态，简而言之就是从紧张到从容。有落后的一面是正常的，需要从容建设；有投诉也是正常的，需要从容运营，但需要通过世界化逐步缓解。我们应该正确处理国家心态，以一个普通民族国家的国家定位和国际身份进行国际交往，应该从容面对我们的落后，从容进行建设，从容应对旅游业发展中的问题。这样一种心态可以让我们更好地与近邻国家以及其他发展中国家平等交流，从而让我们更好地以一种平和而不是自傲或自卑的心理与西方发达国家交往。

（三）开阔战略视角

过去很多年中，我们强调的国际化基本上是一个单向的流向，外国的客源进来，外国的资金进来，外国的管理进来，外国的理念进来。从发展过程来看，我们一开始强调的是与国际接轨，其中隐含的是弱势向强势的学习，之后是"进入国际"，是非主流向主流的进入，在理念上有所提升，但仍然是自我边缘化。在超越了国际化发展的阶段后，我们应当在世界化的视角之下重新定义中国旅游的发展，通过交互过程，形成多边的关系，研究中国旅游发展对世界旅游的推动作用。

1. 中国旅游的世界视野

从广义旅游的角度来看，世界化首先要从自己做起，有了制度和运行的世界化，中国旅游的世界化才有基础，"走出去"才有条件。这一制度的根本就是依靠市场的力量，发挥市场在资源配置中的决定性作用，尽快实现中国旅游发展的市场化经营。

从中国的旅游市场来看，大型的旅游集团多为国有，如2013年中国旅游产业20强的企业中，排前三的分别是港中旅集团、携程旅游集团、华侨城集团公司，其中港中旅集团、华侨城集团公司都是国有企业。这种国有旅游产业"风景这边独好"的局面不是市场经济高度发展的结果，而是中国旅游产业现阶段发展的特征，这反映了中国经济的制度转型还远没有完成，市场经济在旅游业的发展还任重道远。

从世界各国市场经济发展的成功经验来看，国有经济确有存在的理由。美国这个资本主义高度发达的国家，来自政府部门的产出仍然占到国民收入的20%左右。像国防、外交、安全、卫生防疫和市场监管这些中央政府提供的公共服务和市政、警察、教育等地方政府所完成的公共服务，市场是无法或难以有效提供的。

在国外旅游产业中，也确有公共服务的运作空间存在，如美国的国家公园体系、各国城市公共休闲空间的提供与管理等，但也仅此而已。而像中国旅游产业中，连旅行社、酒店都由国有企业经营的情况在市场经济主导的国家就很少见了，目前国际上知名的跨国旅游集团没有一家是国有企业。按照市场经济的竞争规律，能够由商业企业或非政府企业提供的服务没必要由国有企业去完成，因为

这些国企的预算软约束机制和企业领导人的政治任命，总是会使政府偏好优先于市场需要，最终导致企业偏离市场经营的目标，造成长期经济效益的低下和资源的浪费，结果是国有资产的流失和纳税人血汗的虚耗。

从中国各地旅游市场的产业建设来看，政府这只看得见的手也变成了闲不住的手，无处不在。表现在酒店与景区建设上，各地盲目追求高星级酒店、4A级或5A级景区的面子工程、政绩工程等现象普遍存在，也造成很多酒店和景区经营效益差、投资无法收回的后果。这种罔顾市场定位，仅凭官员好恶就非要上马行为的流行，也为官员腐败、国有资源流失制造了大量机会。

从中国旅游业走向国际市场的角度来看，目前国有企业独大的情形也非常不利。海外直接投资的国际通例是私人企业进行，通常采取创业、并购、合资等形式，所在国政府对外国国有企业在本地注册经营、购买资产、并购本地企业或合资经营通常采取非常谨慎的态度。

因此，无论从维护公平竞争和市场秩序以推动市场经济的健康发展，还是促进社会资源利用的优化和国内旅游产业经营效率的提高，或是中国旅游产业进军国际市场和增加国际竞争力，中国旅游产业中的国有企业都必须完成民营化的转身。当然，这个转变需要一个过程，需要创新摸索的时间，也需要社会的支持和对转变方式尝试的宽容态度。

2. 中国旅游的世界自觉

中国旅游从发展伊始就是同国家战略联系在一起的。对国家利益的强调，则逐渐形成为国家自觉，进而扩展到对国民权利的强调，于是就形成了国民自觉，在此之后，就是文化自觉。我们现在对旅游的很多思考，其实是这个大的文化自觉的一个组成部分。其中，对于国民权利的追求，经过了一个漫长的发展历程，对于旅游而言，国民权利更多地体现在国民休闲权利，主要包括国民休闲权利的确认、扩大与责任。

一是国民权利的确认。从中国旅游先国际后国内的发展历程来看，国民与旅游相关的休闲权利的确认是逐步发展的。1994年通过、1995年生效实施的《中华人民共和国劳动法》，第一次为中国国土上的劳动关系与工作者权利建立了全国统一的法律框架，即无论工作于何种环境，工作者应享有平等的就业权利、享受节假日的权利等。在改革开放所带来的中国社会进步中，包括休闲权利的公民基本人权的建立至关重要，没有公民的迁徙自由，没有工作之外休息与休假时间的保障，国民旅游根本无从说起。同时我们也必须清醒地看到，国民的基本权利在法律保护与社会现实之间仍有较大的落差，法律所赋予的对国民工作与休闲权利的保障仍然非常不充分，这也正好反映了中国社会仍处于工业化与城镇化快速发展阶段的时代特征。西方国家对国民基本人权的确立是与工业化与城镇化的发展所带来的工作者工作与休闲权利的确认紧密联系的，工作时间的减少与休闲权利的扩大与资本主义市场经济的发展并不矛盾。除了有规律的休闲活动有助于提高劳工的工作效率之外，大规模的国民休闲还创造出新的社会需求，促进新的产业发展（如交通、度假旅馆等），成为利润积累与资本扩张的新契机。此外，国民休闲活动还可以型塑主流文化认同（如国家认同、社会价值认同等），营造公共道德和共同体社会意识，从而有助于维持现存的政治与社会秩序。

二是国民休闲权利的扩大。近年来中国共产党的执政路线开始强调社会发展必须以人为本，提出建立和谐社会等主张，并尝试解决城市农民工生存保障、农民工子女入学等公民待遇不平等问题，客观上是落实与保障公民基本人权的体现（包括自由迁徙、生存保障、平等教育权等）。在与旅游产业密切相关的劳动者工作时间与休闲权方面，也开始有新的改革呼声与尝试，如对外资企业中劳工的工作时间和休假权利的规定与监督，对"黄金周"休假制度的检讨，增加清明节休假等民俗节日的国民休假、提倡弹性休假制度、公民因私出国护照申请的开放等。这些新推出的政策和凝聚的社会共识，正反映了现阶段中国工业化和城镇化发展的阶段性要求，必将导致法律保护下的新的公民权利的拓展（如反对种族歧视和宗教歧视、女性权利、同性恋权利、儿童身心保护等），国民休闲权利和旅游产业发展的进一步扩大。从世界经验来看，在后工业化的社会中，服务业取代制造业成为最主要的产业部门，国民需求的重心转向服务业，对生活品质、身心健康和自我发展提出更高的要求，出现了观光式旅游让步于体验式旅游、特色休闲、个性化服务等新现象。这种转向绝不简单是后工业化过程在服务产业的深化，而是在更广泛的层面上公民社会的发展在超越工业化和标准化的体制束缚、争取个体和群体表达的不同声音、和而不同的体现。全球化不仅把中国视为世界工厂，也给中国带来后工业化的强大影响。已基本完成工业化的中国沿海城市正步入后工业化的时代，中国人对公民权利包括休闲权利的观念日益与时俱进，出现休闲产品个性化、社区休闲多样化，要求更多的城市公共休闲空间、公共休闲政策参与和在休闲时间的志愿者活动等，中国人的休闲观在快速与国际接轨。

三是国民权利和责任。权利与责任是一体两面的，不负责任的权利是危险的权利。人类发展进入后工业化社会，对工业化时代带来的消费主义与不计环境成本的经济成长出现了很多批评与反省，从20世纪80年代罗马俱乐部提出"零增长"的讨论到近些年关于应对地球气候危机而减碳节能的国际努力，直到"第三次工业革命"的主张，将可再生能源和互联网技术的结合看成是21世纪前半叶世界经济发展的主要方向。与这些环保主张相对应的是"绿色旅游"的概念成为国际旅游者和各国旅游业者应共同遵循的新观念的流行。绿色旅游是指所有旅游参与者在旅游产业链的各个环节中，都秉持尊重自然、珍惜环境、维护乡土文化的理念，从而达到社会公平、经济发展和生态环境永续。为了达到这样的目标，联合国教科文组织（UNESCO）、国际旅游组织（UNWTO）、众多旅游产业及专业组织已经在2008年制定与推出了"全球可持续旅游准则"（Global Sustainable Tourism Criteria①），并在2012年推出经过广泛征求意见后修订的第二版，适用于旅游业与酒店业。这一标准在中国还没有成为国家或业界标准，如果有更多的政府官员、旅游开发商和旅游业者接受这些可持续旅游的理念，对中国旅游产业的发展未来可谓意义重大。中国的国内旅游人数在过去十年增长超过10倍（2000年不到两亿人次），如果这个数字在未来十年再增加几倍会怎样，比如说120亿人次②，中国旅游业需要怎样的景区、酒店、购物等主业服务能力和交通、物流等产业配套设施，如果中国出国游客的数字达到每年2亿～3亿人次会对世界旅游产业产生怎样的冲击。这是中国旅游发展的大问题，也是攸关世界旅游发展的大难题。中国的政府、国民和旅游业很可能在未来十年就面临这样的问题，我们是否要对国民休闲权利的责任开始有更多地强调，我们是否需要在休闲权利观日益与国际接轨的时刻，改换与西方国家不同的较低依赖资源消耗的休闲观念，考虑到中国身后还有印度等国的雁行效应，这也是一道中国问题国际化的难题，值得认真思索与研究。

3. 中国旅游的世界行动

中国旅游的世界行动主要集中体现在向世界范围内输出资金、输出规划、输出管理等层面。

日本在20世纪70年代开放出境旅游时，紧随庞大的出境人流一起投向各旅游目的地市场的还有旅游投资。如京伦饭店、长富宫饭店等都是当时的中日合资企业，在中国甚至还有几十家日本全资的酒店，同时日本还大量收购中国的酒店。日本将国民出境旅游与出境投资有机地结合在一起，获取了大量的收益。这

---

① 参见http：//www.gstcouncil.org/sustainable-tourism-gstc-criteria.html。
② 从比例上说，这样的数字并非高不可攀，如2012年台湾的国民旅游人次就达2.7亿人次，超过人口总数的10倍。

种发展路径是值得中国借鉴的。

经过30多年的发展，中国旅游已经形成了一整套管理经验，在旅游规划层面也具有一定的优势。现在已经形成了一个比较完善的服务系列，这种服务系列的发展包括设计、策划、咨询、营销、活动、组织等，它产生的作用就是使旅游均质化，发展智能化。中国旅游规划发展到今天，完全可以向周边国家输出经验和智力服务。

同时，面对1亿人次的出境旅游人群，每年2.67万亿元的旅游投资可以输出资金，在世界旅游资本市场上有所建树。

4. 中国旅游的世界体验

来中国旅游获得的体验不仅是中国体验，也应该是世界化的体验。而旅游产品是旅游体验最直接的感知。世界化产品，是对应国际市场的产品概念，另一方面是产品的世界化，即是否达到世界化水平。在这方面，我们经历了从模仿到提升，直至发挥优势，拓展新产品的过程。

第一，世界遗产类的旅游产品。截至2013年，我国共有45处世界遗产，包括31处文化遗产，10处自然遗产，4处文化与自然双重遗产。数量上仅次于意大利，排在世界第二位。此外，我国还有入选《中国世界遗产预备清单》[①]的35项文化和自然遗产，也是具有世界遗产水准的旅游产品。

第二，建设国际水平的旅游产品。此类产品有深圳东部华侨城、桂林乐满地度假世界、北京欢乐谷等。深圳东部华侨城是由华侨城集团斥资35亿元精心打造的世界级度假旅游目的地。先后赢得20多项荣誉。

第三，处于世界化理念前沿的产品，如生态旅游产品。生态旅游是指具有保护自然环境和维护当地人民生活双重责任的旅游活动。我国自1982年建设第一个国家级森林公园——张家界国家森林公园开始，生态旅游逐步发展起来。1999年被定为生态环境旅游年，并提出了宣传口号"走向自然，认识自然，保护自然"。近几年，我国生态旅游发展较好，陆续推出了生态旅游产品，如以长白山天池、肇庆星湖、青海湖等为代表的湖泊生态景区；以五岳、佛教名山、道教名山等为代表的山岳生态景区；以吉林长白山、湖北神农架、云南西双版纳热带雨林等为代表的森林生态景区；以内蒙古呼伦贝尔草原等为代表的草原生态景区；以广西北海及海南文昌的红树林海岸等为代表的海洋生态景区；以江西鄱阳湖越冬候鸟自然保护区、青海湖鸟岛等为代表的观鸟生态景区；以云南丽江玉龙雪

---

① 资料来源于国家文物局官方网站：http://www.sach.gov.cn/tabid/95/Default.aspx。

山、吉林延边长白山等为代表的冰雪生态旅游区；以湖北神农架等为代表的漂流生态景区；以西藏珠穆朗玛峰、罗布泊沙漠、雅鲁藏布江大峡谷等为代表的徒步探险生态景区，等等。

第四，其他具有中国特色且享誉世界的旅游产品。中国文化历史悠久，旅游资源丰富。部分省市发挥自身的地域和文化特点，开拓出了一些具有特色的旅游新产品和新景点，如嵩山少林寺的武术表演、"印象刘三姐"等大型山水实景演出、北京的"798"艺术区、九华山风景区独特的原生态民族民俗文化游等等。

总体来看，我国旅游产品的世界化程度较高，一是产品品种丰富，品类齐全；二是部分省市开始凭借自身的优势尝试拓展新产品；三是部分旅游产品已经达到精品水平。

5. 中国旅游的世界融合

中国旅游的世界化包含着中国旅游的世界融合，主要体现在与世界旅游的普适做法接轨，包括重新认识和开放国土空间，梳理永续经营的理念，体现多方参与的意识等方面。

一是国土开放。中国有着广阔的国土，但从国民旅游的角度来看，广阔天地还没有向国民全面开放。国民享有在国土空间内广泛的休闲权利是公民基本权利的一部分，国民也有权利过问属于公有的国土空间的使用方式和保护方式。国土开放包括陆地（山地、森林、沙漠等各种能够提供特殊景观的地域）、水域、海域、空域和其他公共空间。

改革开放以来，中国的国土向国民旅游开放是一个渐进的过程，对国土的管控也经历了军事优先、GDP 优先和生态维护优先这样几个阶段。例如内蒙古满洲里市由于地处边境，尽管有旅游通航的需求，当国防的边防边境管制需求压倒旅游的消费者需求时，建设机场的提议曾大费周章，到 2003 年才获准建设。中国的沿海海域、内地空域目前仍大部尚未开放，这就妨碍了海域水面、水下旅游和空中旅游项目的开展，中国的游艇经济、通用航空产业也就无法获得发展的空间①，在这些方面中国与很多国家仍存有较大的差距。国土开放还包括远海海域对国民旅游的开放，如南海诸岛。由于这些海域的某些部分中国与相邻国家还存在领土争议，国民旅游向这些区域的推展还能起到国民外交的功用。此外，国家领空的第五航权开放也是国土开放的内容，中国的民用航空产业必须利用对等的第五航权开放才能更多地进入国际市场。

---

① 《我国 5 月有望全面开放低空领域》，中国新闻网人大会议系列报道，2013 年 3 月 8 日。

二是永续经营。国家的领土空间是全民的资产,只有当其使用是一个永续经营保值增值的过程,才可以为今天的国民和他们的子孙后代留下长期使用的宝贵资源。但在中国,国土空间的保护犹如经济学的外部性问题,不但少人问津,而且常有局限于眼前的经济利益,对公共资源竭泽而渔的情形。例如内蒙古有巨量的煤炭蕴藏,在GDP增长优先的政策引导下,很多露天煤矿的开采完全不顾地形地貌的维护,导致满地疮痍、地下水下降,草原生态从根本上被破坏。还有内陆湖泊,本是公共资源,却被养殖户承包或种植户围垦,养殖和围垦造成污染破坏了湖光水色,当然也葬送了最好的旅游资源,如云南的滇池。

三是多元参与。从世界旅游市场的发展来看,旅游市场的参与者包括立法机构、政府、企业(包括国有企业与民营企业)、非政府组织、所在社区和旅游消费者等多元成分,绝非由政府或少数垄断组织包办。各方面力量各司其职,通力合作,则公共服务充分提供,市场经济稳定发展,消费者充分实现休闲权利。

西方国家在完成工业化与城镇化之后,开始进入后工业化阶段,政府功能(包括中央政府和地方政府)也开始转型。就国民休闲活动而言,社区的休闲需求开始在地方政府的政策制定与执行中得到重视,提供休闲服务逐渐成为政府公共服务的重要内容。政府国民休闲政策的出发点不再是维护既有社会秩序的政治意识形态,而是指向通过发展丰富的休闲活动提升居民的生活品质和包容社区的多元文化。在地方政府提供的公共休闲设施与休闲服务方面,出现了很多面向市民生活的改变,包括公共休闲环境的充分与便捷、住民导向、低价开放、前瞻设计、安全措施、多元设施、贴心服务和专业管理等。这些国外服务型政府的宝贵经验正是下阶段中国各级政府,特别是沿海地区中城镇化已完成的城市政府,可以尝试学习与创新的方向。

2007年爆发的美国房地产不良债务引发的金融危机和随后欧元区国家发生的国家信用危机充分暴露了资本主义市场运行中监督与管理缺位的严重后果。对这些弊病的矫治必须由立法机构、政府机关、自由媒体、民营机构和民众的合作与互相监督才能完成,也体现了市场参与者与时俱进、各司其职的重要性。如果单独依赖某个参与者(如企业或政府),则无法监督制衡,必然形成既得利益的独大,最后付出牺牲消费者和国民血汗的代价。

中国的旅游产业需要广泛借鉴成功的国际经验,在旅游产业的战略制定、政策研究、规划设计和建设运营等各个方面采用前瞻、创意、多元的运作方式,将政府支持、非政府组织合作和商业运行相结合,才会开拓出更完善可行的旅游发展思路,取得更全面的产业格局突破。

6. 中国旅游的世界服务

在服务方面，随着历史上几次市场经济的高峰，中国形成了悠久的历史传统，但是在现实中始终没有真正的地位。新中国60年的发展，工业领域是"先生产，后生活"，农业领域是"先治坡，后治窝"，在轮到推动第三产业的发展，首先还要区分生产性服务业和生活性服务业。这里面既有传统经济理论的影响，也有传统文化因素的影响，使我们的服务业缺乏文化内涵，缺乏人文关怀。从国际上看，微笑的中国将改变沉重的形象。从社会来看，服务业将成为主要的就业领域，形成城乡统筹的新机制。从经济来看，服务业将成为调整结构、提高效益的重点。从文化来看，服务业将创造一套新的文化理念和文化体系。从环境来看，服务业形成低碳清洁机制的门槛低，前景大。

旅游服务是中国服务的先导和重头，旅游服务是旅游业服务人员通过各种设施、设备、手段、途径和"热情好客"的各种表现形式，在为旅客提供能够满足其生理和心理的物质和精神的需要过程中，创造一种和谐的气氛，产生一种精神的心理效应，从而触动旅客情感，唤起旅客心理上的共鸣，使旅客在接受服务的过程中产生惬意、幸福之感，进而乐于交流、乐于消费的一种活动。

过去的旅游服务是以"吃、住、行、游、购、娱"六大要素为中心，只重视与这六大要素相关的服务环节，如旅游餐厅服务、旅游饭店服务、旅游交通服务、旅游景区服务、旅游购物设施服务和旅游娱乐设施服务。近几年，"吃、住、行、游、购、娱"六大环节的服务更加细致，以航空服务为例，建立了机票直销模式为旅客增加多种支付手段；增设多个触摸式网上值机自助平台或无行李柜台，方便无行李旅客办理乘机手续；提供专门的机票预订和送票上门服务；开辟地面VIP专属通道等等，方便旅客出行。当下的旅游服务除重视这六大环节外，开始逐渐重视旅游公共服务、旅游信息咨询服务、个性化服务等，服务渗透到旅游业的各个方面。世界化服务，从环节到无缝，即创造无缝化服务模式，培育高端服务品牌。

展望未来的中国旅游服务世界化，一是"均服务"的态势产生，发展优势显现。"均服务"就是服务的均质化程度越来越高。尤其是从区域来看，这种"均服务"的态势奠定了服务基础，提高了服务水平。二是"高服务"的品牌集中，市场优势显现。在高端服务过程中，会形成一系列的品牌，这些品牌集中到了一起，构造了品牌集群，市场的优势就显现出来了。现在市场的优势已经潜在，但还没有完全显现。三是"文服务"的经典创造，积淀优势显现。服务提升到一定程度是文化，好的服务贯注文化和情感。四是"精服务"的理念推广，国际优势显现。服务要精准，服务要精致，服务要精确，这样一个理念推广，实际上就把国际上的好东西及时引进过来，及时发挥出来。五是"泛服务"的链条形成，集群优势显现。集群会形成服务链，这种服务链对应客人就完全形成了高端。客人的需求是系列的，在过程中都可以得到满足，就把很多环节的缺陷补足。泛服务集群形成，就形成了一个完整的服务链，基本上可以对应和满足客人整个行程过程之中的一系列需求。六是"情服务"的体现深入，传统优势显现。服务要有人情，任何现代技术也替代不了服务过程中人与人的接触与交往。七是"云服务"的体系完善，网络优势显现。三年以前，云服务是概念；两年以前，云服务是探索；现在云服务已经产品化了，使网络优势更加显现。

从服务的角度来讲，美国制度、欧洲文化、亚洲人情，各有优势，各有特点，将来集大成者有可能在中国，上述七个方面优势的集中，就可以建设世界一流的服务体验综合体。

（四）更新战略手段

世界化发展手段是重点，是解决中国旅游到底要怎么做的问题。

1. 理念突破

第一，旅游的世界化发展要承担世界责任，发挥世界影响，这是理念上首要的突破点，这也要求国家旅游局和各个旅游发达的地区敢于担当。第二，要敢于出经验。现在中国有些事情已经走在前列，能够总结出经验，并向世界推广。具体包括区域旅游发展规划、旅游标准化、产业融合和行业管理等。第三，就是充分认识阶段性的局限，充分发挥政府的积极作用。

2. 机制建设

十八届三中全会明确提出发挥市场对资源配置的决定性作用，建设好的市场环境。如今已经将原来市场配置的基础性作用提升为决定性作用，政府的作用只能是辅助性的，现在的中国缺少的是一个好的市场环境。当前，需要混合所有制，对应世界化发展，在旅游法的基础上，形成良好市场秩序。形成旅游要素市场，按照旅游特点推动发展。

3. 国际组织

此前，我们已经论证了现今的中国旅游需要研究这样几个权利，即参与规则制定权、主导价格协调权、创造市场维护权、保障话语权、形成发展权、扩大组织权。世界上各种各样的旅游组织很多，中国不必把它看得过于神秘，一个国际组织只要形成市场影响，就能拥有号召力了，不像中国还需要一个复杂的审批体

系,还需要国务院审批和民政部注册。以2012年世界旅游城市联合会的成立和2013年中国官员出任世界旅游组织总干事为标志,表明中国旅游的世界化进程在加快。

4. 企业融入世界

旅游企业在世界范围的扩张,与资源性企业不同,基本没有阻碍。未来,旅游企业可以通过收购、兼并、参股、直接投资等方式来投资项目,通过上市来筹措资金,进行企业性收购与资源性收购。按照中国人出境旅游需求,形成接待体系,发展网络体系。

5. 旅游信息和产业交融

随着垄断的解除和管制的放松,旅游业基本成为完全竞争的行业,创新成为竞争的新方式。例如,互联网的普遍应用,不仅在技术层面推动了行业进步,而且改变了一系列传统运作方式和运营制度。同时,旅游信息技术含量也在逐步提升。新旧领域与新旧模式的不断交融,推动了旅游产品的升级换代,培育了新型旅游业态,促进了旅游产业的转型升级。流通业出马云,制造业出张瑞敏,电子业出柳传志,这些企业家都创造了新的模式,甚至颠覆了一个行业。为什么旅游界没有这样的代表人物?旅游产业的综合性特点、服务性特色,也需要在下一阶段的旅游产业发展中跨业竞争,跨界融合,跨域交流,跨文化交融,跨国发展。

6. 区域国际化

区域国际化应是当前工作的起步点和突破点,实际上也是跟着国家的国际化战略走,同时在大趋势里突出旅游的位置。一是丝绸之路经济带,这是最近提出来的;二是中国－东盟自贸区已经有多年建设基础;三是中国和欧洲的合作。现在开始谈国别的自贸区。所谓自由贸易就是人员自由流通,货物自由往来,资金自由出入。人员自由流动就势必涉及旅游的发展,这些东西很可能变成我们的起步点和突破点。

7. 全面世界化

营销方面的世界化走在最前面,所以我们的市场不能只是重点目标市场,也应面对世界的中国旅游营销问题。实际上世界各国也是都在积极营销产品,原来还只是在我国设立国家办事处,现在企业办事处都进来了。再有一个学术研究方面的世界化问题,构建世界旅游研究的中国学派,中国学派也要影响世界,中国经验也要"走出去"。

G.6 中国国家旅游形象的构建、提升与实践

胡瑞娟 李志 匡林*

摘　要：
　　围绕中国国家旅游形象的形成机理与提升路径，重点探析了其构建过程中的主导力量和抑制力量，探讨了借助社交媒体、"人媒介"、传统国际传播手段的提升路径，并以中国政府海外旅游专业推广机构——中国驻伦敦旅游办事处以形象改进为重心的各项最新举措为例，回顾并梳理了其系列营销行为，以期探寻中国推广国家旅游形象的实践之路。

关键词：
　　中国国家旅游形象　构建　提升　英国市场

　　旅游目的地形象研究始自20世纪70年代，其后一路盛行，应者如云，至21世纪初渐成旅游学科中的一门显学。旅游学者普遍认为，旅游形象是一个典型的因人而异、因地而异、因时而异的动态概念，它始终处于调修、解构、重塑的运动状态。与此相对应，各国旅游营销机构开展目的地营销的通行做法，也是围绕识别客源市场对自身的市场认知、整合力量修正或强化本国（地区）旅游形象而展开。本文重点分析中国国家旅游形象的形成机理与提升路径，并梳理出中国政府海外旅游专业推广机构——中国驻伦敦旅游办事处以形象改进为重心的各项最新举措，提炼其专业理念，统观其营销行为，以期从中探寻和归纳中国推广旅游形象的实践之路。

---

* 胡瑞娟，经济学博士，对外经济贸易大学国际经贸学院副教授；李志，休闲学博士，北京第二外国语学院旅游管理学院讲师；匡林，管理学博士，中国驻伦敦旅游办事处主任。

一 对中国国家旅游形象形成机制的简要分析

一般认为,目的地形象由认知、情感、意向三个成分组成,形象构建受到多种因素影响,如个体的社会特征、心理特征等个人因素以及外部信息、旅游经历等刺激因素。旅游学者加特纳认为,"目的地形象通过具有完全独立而又有内在关联的三个成分组成,即认知、情感与意动"。[①] 在中国旅游业发展历程中,国际旅游市场所持的中国国家旅游形象始终在不断变化中,它既得益于各种"正能量",也受到了各种反向力量的抑制。

(一)中国国家旅游形象形成的主导力量

中国是地广人多、远离西方、文化独特、意识形态迥异的国家级旅游目的地,其国家旅游形象势必纷繁复杂,难以轻易识别和解读。在中国旅游业快速发展、旅游国际竞争力强劲攀升的同时,虽然基于自然向上、惯性向前的原生增长动力逐渐减弱,但中国国家旅游形象的内涵却始终趋于丰富与多样,并日渐呈现出清晰、完整、正面、客观、动态等特征,形象所具有的认知不断增多、情感更为丰富、意向明显增强,为中国旅游业聚集了更丰沛的"形象能量"。其主要形成力量来自以下几个方面。

第一,在各类旅游信息设计、制作、递送等领域,中国显示出足够的效率与耐力。从其发展之初至其蓬勃旺盛期,中国面向世界的旅游信息制成与递送机制一直保持着足以媲美世界的连贯性、适应力与专业精神。中国国家旅游组织立足国际市场、针对公众、方式灵活多样的持续信息刺激,包括邀请媒体及业界采访采风、投放各式目的地广告、发放多语种宣传资料、一站不误地参加全球各顶级旅游展等,对中国旅游形象在客源市场上的萌芽与生成发挥了"扶正""说服""引路""刺激"等作用,极大地提高了中国旅游的国际认知程度。

第二,中国旅游供给系统日臻完善,有助于国际游客验证其旅行预期及中国旅游信用。"礼仪之邦"精致热心的旅游服务、物超所值的旅行价格、美轮美奂的旅游吸引物、品质一流的目的地特征、兼具多样性与独特性的旅游产品确保了海外旅游者对形象感知与客观体验之间的验证总体趋于吻合,同时,有助于海外

---

① Gartner, W. C. "Image Formation Process", *Journal of Travel and Tourism Marketing*, vol. 2 (2/3), 1993, pp. 191–215.

旅游者构建和传播正面健康的国家旅游形象。

第三，国际游客的"口碑传播"，成为中国国家旅游形象塑造机制中的内生动力。到访中国的国际游客数量加速扩张、全球化空间客源格局加快形成，中国的旅游形象在全球范围内形成了扩散传播之势。日渐增多、愈发丰富的中国旅行经历与体验强化了其国家旅游形象的认知成分、情感成分与意动成分，使得中国持续得益于遍布全球的游客"口碑传播"效应。

第四，中国出境旅游者成为全球空间内的中国旅游形象因子。随着中国公民出境旅游市场的高速发展，愈来愈多的中国出境旅游者成为直面潜在国际游客、携有真实国家旅游信息与人文元素的"真实符号"，使得海外潜在游客即便足不出户，也能真实感知到中国国家旅游形象中的"东道居民"特征，这对正面构建中国国家旅游形象具有不可低估的战略价值。

第五，中国"原产国效应"正面扩散、中国文化多管道输出对丰富国家旅游形象的认知乃至情感起了极大促进作用。斯库勒最早提出"原产国效应"（COO effects），并将原产国/原产地定义为"某一产品或企业的国籍，是产品或企业的本国以某国制造来表示的"①，认为原产国效应是"消费者对不同原产国的产品会有不同评价"。为扩大原产国效应外延，中国正加快由"中国制造"（made in China）到"中国设计"（designed in China）转变，通过改进产品形象来改进国家形象，使本国经济更好融入全球市场，依靠经济力量（利诱或市场"收买力"），放射国家魅力与活力。鉴于文化是国家形象情感成分乃至行为倾向的根基，中国正通过创办孔子学院等形式来构建中国形象，以柔性方式向外展示东方文化的原创性、开放性、民族性及巨大的阐释空间，使之进入国际社会视野和民众心智，通过文化诱惑与文化魅力，触动国家形象的情感纽带。

（二）中国国家旅游形象形成的抑制力量

理论显示，目的地旅游形象的"集体构建"与"心理构建"，在接受形象客体主动"说服"与各种"诱惑"的同时，往往也避不开形形色色的"路障"甚至"阴霾"，容易出现形象生成的种种怪圈与乱象。中国国家旅游形象形成同样受到诸多力量的抑制，这主要表现在如下几个方面。

---

① Schooler R. D. "Product bias in Central American common market", *Journal of Marketing Research*, vol. 2 (4), 1965, pp. 394-397.

第一，西方社会对中国的"误读"与"歪曲"使中国国家旅游形象的构建与塑造更容易走上"迷途"。西方社会对中国国家形象的误读、曲解、歪曲屡见不鲜，加之中国国家形象塑造的国家机制落后以及国家品牌的缺失使得中国国家形象摇摆不定。特别是西方国家长期推行遏制战略、冷战甚至敌视政策，肢解、丑化、妖魔化中国国际形象，中国国家旅游形象自然难逃"厄运"。正如约翰·李所言，"这就是中国的困境：它越努力示好，看起来就越可疑。""它越努力和世界接触、想给世界留下深刻印象，看起来就越具威胁性"。①

第二，中国"原产国"形象无孔不入、无时不在、无人能避，国际民众对中国可谓爱恨交织。随着"中国制造"融入全球民众的日常生活以及各式中国符号的全球化呈现，国际社会往往对中国"爱恨交织"，对其感情更加微妙，国家旅游形象的情感成分也因此更加难以言表，而这种难以言表放射到旅游者的旅行决策上，便如形象上空乌云遮日。

第三，中国在地理层面与精神层面的独一无二导致旅游形象的生成与构建费力又耗时。中国作为举世无双的旅游大国，疆域辽阔、历史延绵、文化独特、信息庞杂、产品高度异质，凡此种种，对潜在旅游者而言都是一道道无法逾越的厚实的形象"屏障"。正如旅游学者埃莉奥特所言，"目的地实体愈大，形象概念就愈难达成，诱导形象构建也愈耗时费神，需要耐心"。②

第四，中国自身固有的营销理念与推广措施，有时适得其反，难成构建形象的正能量。多年来中国目的地营销机构的现实行为与惯性思维，多指向提高公众认知推广与传播等战术操作层面，缺乏严明的国家旅游形象管理和清晰的国家旅游品牌，国家旅游整合营销行为被牢牢束缚，国际旅游市场上的中国因此主调含糊、杂音充斥、乱象丛生。尽管营销机构对此已有觉悟，但浸淫多年的惯性思维以及由此生成的行为倾向，短时期内难有根本改观。

此外，尚有其他一些影响国家旅游形象塑造的抑制力量，譬如中国的旅游市场秩序尚欠规范，影响了旅游者对中国国家旅游形象的现场验证效果；中国国内旅游消费客观上对在华国际游客形成空间挤兑；中国缺乏国际强势媒体，旅游目的地形象主体信息的发送效率、覆盖范围、传播效果都受到制约；中国公民出国旅行的部分陋习广受诟病，等等。

---

① 李（Lee）."Soft power, hard choices", *Sydney Morning Herald*, April 4, 2009.
② Ellioit, S. A comparative analysis of tourism destination image and product-country image. 2007, Proquest Dissertations and Theses, 2008.

二 中国提升国家旅游形象的路径选择

中国国家旅游营销机构多项指向中国旅游业认知的专业市场调研表明，国际旅游市场对中国国家旅游形象主要成分的总体评价以正面为主，由此构建而成的国家旅游形象相应趋于积极和富有价值，但也显示海外客源在构建中国国家旅游形象时有一定复杂性和诡异性。提升中国国家旅游形象，最根本的是要立足与中国国家形象的互动，要善于借助原产国效应的"晕轮效应"与"总括效应"，使国家形象成为国家旅游形象的底衬，在一个健康的正面的国家形象大舞台上宣传中国旅游形象。以此为基础，可从以下路径加速形象构建与重塑。

（一）运用社交媒体推动国家旅游形象的"集体建构"

众所周知，社交媒体的目的地信息与个人体验的不可控、群体感染性、"病毒式"传播等特征，对传统目的地形象维护与管理造成极大挑战。为应对挑战，中国旅游营销机构应尽快做出以下几方面的调整。第一，中国各级旅游组织应主动融入用户群，以用户名义发布适合传播的原创目的地信息，共享游客反馈信息并与网络社群互动，通过大规模信息共享，仰仗电子化口碑，引导目的地形象的"集体构建"，培育一批目的地品牌粉丝。第二，借助社交媒体集聚效应，推动旅游者建成用户群和社会化人际关系链，发布用户原创内容（User Generated Content），共享意见、经验与观点，分享旅行感悟。第三，培养一批草根意见领袖，使用户群或意见领袖作为中国国家旅游营销主体的补充。第四，规避广告式商业驱动，以"话题驱动"社交媒体活跃度，吸引集体关注，刺激整体感知。第五，基于网络用户详细注册信息、微博、微信、社区、族群，分析其社会特征与消费习性，精准发送信息。第六，加快智慧旅游建设，逐步推行 LBS（Location Based System，基于位置的服务）等移动互联网新技术，借助智能手机、GPS 等技术随时随地记录并共享游踪，使用户增强"地方熟悉感"（place familiarity）乃至"地方感"（sense of place），以增强中国国家旅游形象构建的情感驱动力。

（二）注重运用"人媒介"改进国家旅游形象

"所有的传播都因人而起、随人而终；所有国家形象都要经过'人'这道最基本媒介的过滤、折射并在人心目中结晶。人媒介，即那些穿越不同国界、行走在不同民族文化间的人群，所负载、所见证的国家形象的现实图景，本来就是国家形象传播中最亮丽的风景"。① 为改进国家旅游形象，应考虑运用最易控制的那些"人媒介"——入境旅游者、出境旅游者、与游客直面接触的导游群体，传送所预期的形象主信息，对形象主体"施加"正面引导。第一，重视入境旅游者，影响其本人形象感知或借其口碑扩大影响范围。在华旅游者对中国进行零距离感知，通过真实体验、验证、修正或补充所持中国国家旅游形象，并在其回国后将中国体验口口相传，进而间接影响其他主体的中国认知。第二，重视导游队伍，力戒其"分裂性表演"。导游的一次"无意识致错"，有可能对国家旅游形象造成难以弥补的损失。马诗远认为，"人媒介是双刃剑，国家形象是易碎品……人媒介小量的'分裂性表演'造成的损失，可能会把已经促成国家的美好形象打得支离破碎，因为他在受众眼中更贴近真实"。② 第三，重视出国游客，使之成为中国国家旅游形象的"传送者"与"诠释者"。出国旅游的中国公民本身就是一种中国信息传递，是对国家形象现场式的信息传输、零距离的呈现、国家旅游品牌的"即时传播"。应持续加大出国公民形象教育，③ 使之成为国家旅游形象最活跃的符号。

（三）运用传统国际传播手段传送国家旅游信息

国家旅游形象是媒体建构的产物，需借助媒体平台，向受众即形象主体传播国家旅游信息。在提升国家旅游形象的过程中，目的地营销主体应运用国际传播学理论，借助传播力表述中国旅游形象，既要通过整体性传播，将弱而散的中国声音以宏大集中的方式被人记住，又要运用分散式传播，润物细无声地释放品牌吸引力。例如，在制作国家旅游形象片时，应考虑运用现代广告和国际传播理论中视觉说服主题的确立、说服主题的视觉呈现等理念，以引发国际观者的心理、态度和行为变化，促成对其所持中国国家旅游形象的重塑与建构。在开展大型旅游形象推广活动时，可考虑运用传播学中的"议程设置"理论，策划公关活动，围绕期望表征的形象元素，先期形成"媒体关注"，提高"公众关注"。

---

① 马诗远：《走近国家形象传播的"人媒介"——旅游传播语境中的新观察》，《现代传播》2010年第6期（总第167期），第145~146页。
② 马诗远：《走近国家形象传播的"人媒介"——旅游传播语境中的新观察》，《现代传播》2010年第6期（总第167期），第145~146页。
③ 2007年10月2日，中央文明办、国家旅游局联合颁布《中国公民出境旅游文明行为指南》。来源：国家旅游局资料室。

三 中国国家旅游形象的宣传推广实践
——以英国为例

中国国家旅游形象的塑造与构建，涉及面广，措施主体分散，工作机制多样。这其中，中国国家旅游局肩负主体责任，各海外旅游办事处则是其直接根植在客源市场上的营销机构。本文将以中国驻伦敦旅游办事处部分工作举措为中心，以期间接解剖中国国家旅游形象的宣传推广工作机制。

（一）中国驻外旅游办事处机构设置

截至2014年，中国国家旅游局共开设有20个办事处，这些办事处均匀分布在世界主要客源发生地，其中亚洲5个、美洲3个、欧洲8个、大洋洲1个、中国香港1个、中国台湾2个（见图1）。中国驻伦敦旅游办事处（以下简称伦敦办事处）代表中国国家旅游组织，主要工作是通过各类市场推广活动，向作为客源发生地的英国、爱尔兰及北欧五国（瑞典、芬兰、挪威、丹麦、冰岛）发送中国旅游主体信息，使所辖区域民众所持的中国旅游形象更加符合中国预期，使其在目的地决策过程中将中国置于优先位置。

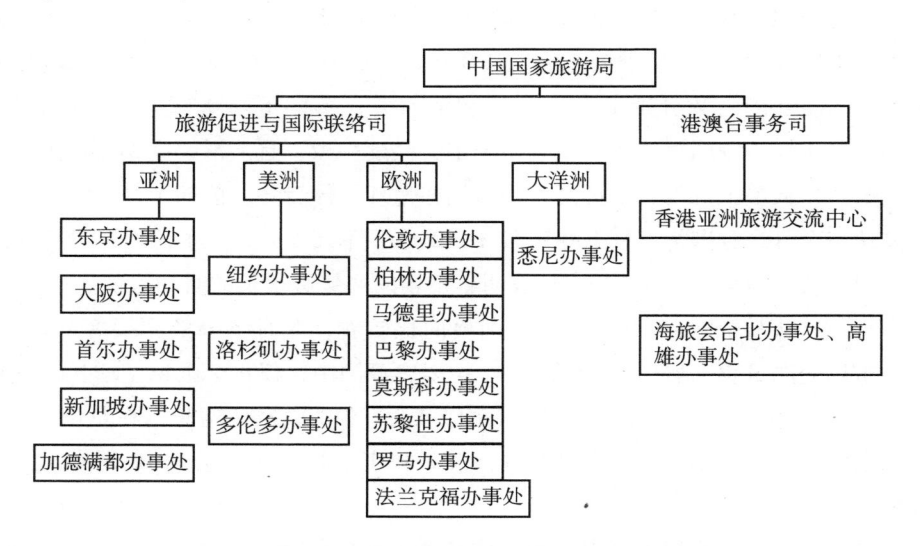

图1 中国国家旅游局海外办事处机构设置

资料来源：笔者根据国家旅游局官网整理。

（二）英国的市场价值与产业地位

英国作为近代旅游业起源地，在全球旅游格局中占有重要地位。2013年，英国旅游业共提供3100万相关就业岗位，占总就业岗位数的9.6%；旅游业创造的国内生产总值（GDP）达1269亿英镑，占英国国内生产总值的9%；英国接待入境旅游者3120万人次，居全球第八、欧洲第六；旅游外汇收入406亿美元；出境旅游支出526亿美元，排名世界第五，是全球举足轻重的客源输出国。

（三）低迷的英国旅华市场——加大推广中国国家旅游形象的环境扫描

多年来，英国始终是中国主要客源国、重点远程市场、欧洲旗舰市场。2013年以来，英国旅华市场持续疲软；2014年前四个月，旅华人数达19.84万人次，同比下降7.4%。英国旅华市场出现了规模上的下降，且降幅较大。综合分析，市场运行表现出以下几个特征。

第一，从整个时间段看，英国旅华市场的下降轨迹与中国入境旅游总体走势基本一致，但下滑幅度大于全国整体。2014年前四个月，中国入境旅游人数、入境外国人数分别下降3.4%和3.6%，英国下降7.4%；一季度，入境旅游人数、入境外国人数分别下降5.9%和3.3%，英国下降8.8%；前两个月，入境旅游人数下降3.5%、入境外国人数增长0.9%，英国下降3.7%；1月，入境旅游人数、入境外国人数分别下降1.58%和7.11%，英国下降9.12%。可以看出，英国旅华市场与中国整体入境旅游市场走势高度一致，且下滑幅度相比更大。

第二，从单个月份看，英国旅华市场亦呈现整体疲势。前四个月中，下滑月份高达三个月，分别为1月下降9.12%，2月下降16.2%，4月下降3.8%；仅3月实现增长，增长率为3.6%。这表明，市场的疲势有很长的时间跨度。

第三，从与中国18个主要客源国横向比较看，单月下降的主要客源国中，英国市场的严重程度居中。1月，18个主要客源国中，仅4个国家正增长，在负增长的14个国家中，英国降幅居第七位。2月，9个国家正增长，在负增长的9个国家中，英国降幅居第五位。4月，仅2国正增长，在负增长16国中，英国降幅居第八位。

第四，从在主要客源国中的相对位置看，英国旅华市场尚未发生根本改变。鉴于2014年以来中国入境旅游市场的下跌回落具有普遍性，各国升降幅度虽参差不齐但也都相差无几，英国旅华市场在中国入境旅游中的相对地位并未发生根本动摇，基本稳定在 18 个主要客源国下游水平阵容中的上游水平。1~4月，客源总量分别居 13、13、14、15 位。

造成上述市场变动的成因错综复杂，既取决于宏观层面，也与影响消费决策的各关联因素密切相关，与市场短期的正常波动造成观察者错觉有关，还可能是市场发展到一定阶段后呈现的必然特征被误读为异动。

初步分析，2014 年以来英国旅华市场一路走跌，大体与以下影响因素有关。一是世界经济增长乏力。旅游是经济的晴雨表，旅游市场的内在动力根源于宏观经济，与世界经济休戚相关的跨地域、跨经济体的入境旅游市场更是如此。2014 年以来，国际经济一片低迷，中国经济亦面临下行压力，这使得入境旅游面临的宏观环境有恶化迹象，入境旅游消费内升动力不足或不如以往年份强劲。二是中国面临的环境污染正严重侵蚀着旅游形象和竞争力。愈演愈烈的雾霾、食品污染等环境问题，不断成为外国媒体讨论的中国话题，这对旅游这类追求健身益体和愉悦心情的消费类别而言，无异于当头一棒、致命一击，国际游客的转向分流自然不可避免。三是前四个月市场下滑是否会持续，对全年究竟有多大影响，都需密切观察，不宜轻易下结论。经过多年积蓄和成长，中国入境旅游经济业已具备了相当体量，也具有了一定程度的抗消费疲软、抗市场不确定性的机制与基础，因此，不能简单基于前四个月的市场表现来预期全年预测全局，2014 年整体情况仍有待观察。

（四）面向疲软市场的中国国家旅游形象宣传

为提振英国旅华市场，按照全国市场开发总要求，2014 年伦敦办事处坚持消费驱动、市场导向、主题型产品领军、跨区域线路先行，在英国市场开展了"美丽中国·古老长城"主题型国家目的地形象推广活动。2013 年底至 2014 年底，伦敦办事处除牵头组织各地参加全球最大专业旅展——伦敦国际旅游交易会（始于 1980 年，已举办 35 年，2013 年底 186 个国家/地区，5000 多厂商参展，专业买家 5 万余人，合同意向逾 22 亿英镑）、参加伦敦目的地展等常规工作外，围绕"美丽中国·古老长城"这一主题，以 2014 年 8 月底"中国旅游之夜"为展示平台和集中推广契机，有系统、有层次、有一定创新和深度地开展了一系列形象推广与主题演绎工作。

第一，发挥新媒体优势，营造主题统领下与英国客源市场的跨时空、全天候互动平台。为配合促销活动开展，伦敦办事处运用现代媒体开展宣传与网站点评达 1.7 亿条、内容覆盖 14 万个目的地 45 万个景点、月独立访客达 2.8 亿的全球最大交互旅游分享网站TripAdvisor实现战略合作，由伦敦办事处独家赞助，网页直通国家旅游局新开发的中国旅游英文网站，并在中国首页上推出长城主图、辅助广告位充足、为期半年的"美丽中国·古老长城"主题广告，其间中国首页点评多达195万条；邀请TripAdvisor资深目的地推广专家参加"中国旅游之夜"活动，现场向业界发布该网站基于上述点评形成的中国概览和中国趋势专题报告。此外，办事处先后在Facebook、Google、Youtube上开通账户或上传专项推广内容，以长城主题推介为契机，同时推广"美丽中国"及国家旅游局海外宣传推广网站。

第二，全力开展事件营销，将主题有机嵌入事前、事中、事后全过程。与全英最具影响力、受众面最广的业内媒体巨头Travel Bulletin合作，面向英国8000多家旅行社见多识广的旅行专家，通过递送活动通告电子邮件（24000封）、月发行杂志通告（6期）、网站主页专栏（征集活动曝光36万次）等线上平台与线下资源，举行了为期七周的"最佳中国旅游广告语"（英国）征集活动，从征集到的近200条有效广告语中遴选出最佳广告语——Charming China—Your Cup of Tea（品悟中国，爱上的味道）。该广告语语境优美、用词简洁、朗朗上口、充满英伦韵味和平民气息，得到权威业界人士高度评价。为延伸事件的时间长度与空间跨度，最长时效、最大范围发挥事件效应，伦敦办事处抓紧委托专业机构，第一时间内在伦敦市街拍了*Charming China—Your Cup of Tea*同名配套造势视频，在中国旅游之夜活动现场首播，并及时上传到Youtube和优酷等视频网站，力求使该事件图文俱在、声像俱全、永久保存，能随时点击、重现场景、全球共享。同时，将颁奖揭晓仪式嵌入中国旅游之夜活动流程，并提前联系和预约远在英格兰中部地区的获奖者专程前往参加，向现场业界阐释广告语的创意与寓意。

第三，开展专业市场调研，着力中国国家形象、国家旅游形象良性互动大格局，力求通过扫描市场全貌、识别旅华特征，聚焦"美丽中国之旅"主题，为其长效推广提供学术援助与专业辅佐，为其高效演绎输送外部动向与市场信号。识别并利用好中国在英国民众中的原产国形象与国家旅游形象的关联度，借助原产国形象的晕轮效应与总括效应，促进访华人数提升，是实现"中国制造"（Made in China）、"中国设计"（Designde in China）与"中国旅游"（Travel to China）内联动的必要铺垫，进而在宏观面为主题推广注入能量。伦敦办事处与旅游管理专业全球顶级学术机构萨里大学达成合作意向，确立全面合作框架和优先协作领域，启动《英国民众中国国家形象与国家旅游形象的市场感知》项目，其成果将以基于专业问卷设计和大量样本得出的量化答案，努力走出模糊语言体系与惯性思维，提高办事处开展精准营销、国家营销、专项营销的内涵、层级与水平。

第四，积极组建利益联盟，扩大中国旅游宣传和美丽中国之旅主题推广的声势。伦敦办事处始终着力于寻求外部资源、挖掘同业潜力，力求基于相同市场考量与利益协同，面向英国市场发出中国旅游的"同期声"。除与全球权威新媒体TripAdvisor、全英业界传媒巨头 Travel Bulletin、领衔全球旅游学术研究的萨里大学合作外，伦敦办事处率先与旅游关联产业航空公司取得突破性合作成果，诚邀国泰、国航、东航、南航等为英国"美丽中国之旅"主题推广活动战略合作伙伴，邀请其参加中英旅游业界洽谈，免费为其提供展台，4家航空公司则为"中国旅游之夜"提供8张中英往返国际机票作为抽奖奖品，价值高达近10万元人民币。

第五，其他配套推广工作。如依据目的地推广宣传的议程设置原理，在英国部分媒体推出主题预热广告，以强化主题推广的媒体氛围；请英国专业机构设计出10幅移动式大幅美丽中国之旅推广图片，以增强主题营销的视觉冲击；主动介入参与英国汉语演讲大赛等契机，以拓宽主题推广的营销渠道。

第六，后续措施。推广活动结束后，伦敦办事处将认真解剖专业调研结果，力求在学术研究与成果运用上有所突破；将面向网络社区、活跃用户群、意见领袖和批发商、媒体代表，举办线上、线下主题推广与演绎献计献策活动；将适时启动"中国旅游专家"大型跨年培训活动；将利用2014年11月全球最大专业旅展伦敦旅游交易会，在中国展区嵌入"美丽中国"主题，将营销对象放大到与会全球业界；将加强客户管理，明确重点攻关对象，主动靠拢，加强沟通；将扩大战略合作同盟，进一步寻求共同利益点，等等。力求通过大量改进工作、跟进工作，推动"美丽中国之旅"这一主题在英国市场产生较强的形象力、品牌力与竞争力，吸引更多英国民众到访中国。

专题报告

Special Reports

·中心成果·

G.7
2014年中国旅游消费价格指数（TPI）报告

中国社会科学院旅游研究中心*

摘 要： 中国社会科学院旅游研究中心自2011年开始研究编制"中国旅游消费价格指数"（TPI）。TPI作为国内第一个内容全面、权威发布的有关中国旅游消费的专业性指数，涵盖居民旅游消费所需要的基本服务价格。2014年，中国旅游消费价格指数呈现"稳中有升"的态势，四类城市与全国TPI走势较为一致，直辖市TPI波动较小。交通因素成为影响TPI走势的主要因素，住宿次之。从城市标准旅游花费构成来看，直辖市、副省级市、地级市、县级市四类城市的住宿花费逐层递减，而门票花费则正好相反。总体来看，2014年TPI走势较为平稳。

---

* 研究顾问：张广瑞、刘德谦、李明德；课题组成员：金准、宋瑞、吴金梅、马聪玲、赵鑫；本报告执笔人：赵鑫。赵鑫，旅游管理学硕士，研究领域为休闲服务业、旅游产业新业态、旅游企业管理。

关键词：
中国旅游消费价格指数　城市旅游消费价格　城市标准旅游花费

一　中国旅游消费价格指数（TPI）

（一）全国 TPI 特征：稳中有升

2014 年 TPI 呈现"稳中有升"的态势（见图 1）。1~6 月 TPI 走势较为平稳，其中 4 月 TPI 受益于清明节和五一小长假对公民出游的刺激，环比增长 5%，达到阶段性高点 1.26；下半年 TPI 波动明显增加，其中 7 月是暑假旅游高峰，增幅最大，环比增长 17%，TPI 为 1.42，8 月降幅最大，环比下降 7%，TPI 为 1.32。

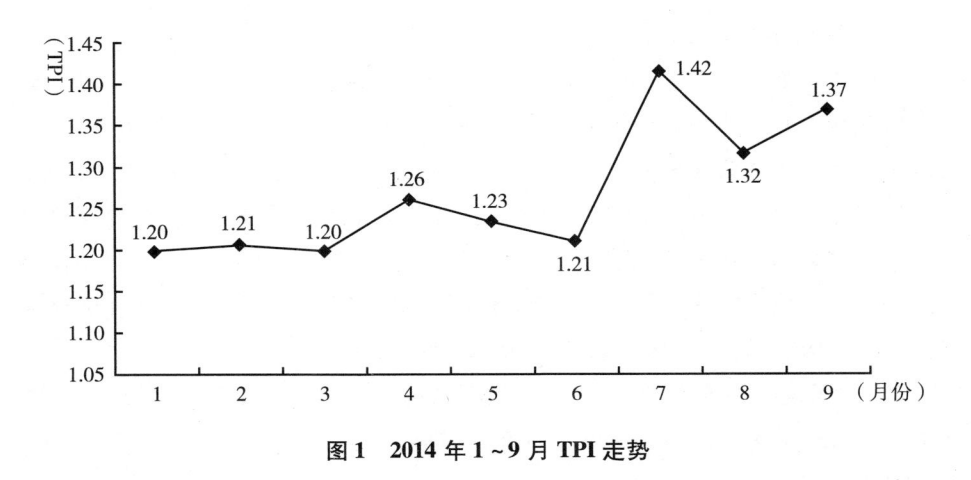

图 1　2014 年 1~9 月 TPI 走势

（二）各城市 TPI

1. 四类城市 TPI 走势分析

总体来看，直辖市、副省级市、地级市、县级市四类城市的 TPI 走势比较一致，且较为平稳（除 7 月以外，见图 2）。四类城市 TPI 走势呈现如下特征。其一，各类城市与全国 TPI 走势较为一致。各类城市虽然在波动幅度上有些许差异，从走势上看，与 TPI 走势体现出同步性。其二，直辖市 TPI 波动幅度最小。

直辖市综合性很强，旅游市场客流量大，旅游接待和开发较为成熟，所以受季节性和节假日因素影响较小。

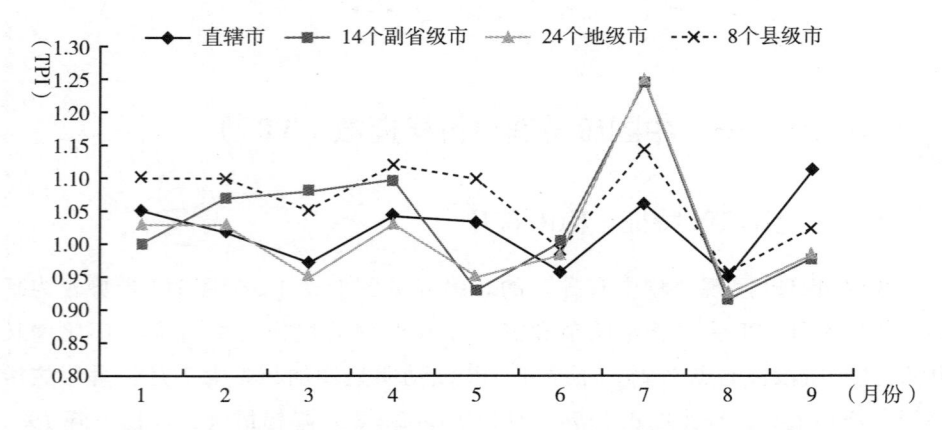

图2 2014年1~9月直辖市、副省级市、地级市、县级市四类城市TPI比较

2. 各城市TPI监测情况

具体从各个城市TPI变动情况来看，价格波动最大的五座城市是海口市（离散系数为0.451）、西安市（离散系数为0.374）、广州市（离散系数为0.359）、桂林市（离散系数为0.337）、都江堰市（离散系数为0.336）；价格最为稳定的五座城市是杭州市（离散系数为0.073）、北京市（离散系数为0.076）、武夷山市（离散系数为0.079）、苏州市（离散系数为0.084）、无锡市（离散系数为0.092）。北京是旅游资源丰富、文化底蕴深厚的城市，其他4个城市都是南方城市，宜人的四季气候等因素使城市的TPI波动并不明显。

7月的暑期档旅游表现最为抢眼。监测范围内的50个城市之中只有3个城市的TPI出现回落，其中，曲阜市回落29.1%、上海市回落16.2%、广州市回落14.9%；其他城市均出现不同程度的上涨，其中涨幅前十的城市分别是咸宁市（68.3%）、承德市（62.2%）、南宁市（55.7%）、沈阳市（49.9%）、大连市（47.4%）、肇庆市（45.7%）、西安市（44.7%）、都江堰市（42.0%）、重庆市（41.4%）和昆明市（40.7%）。

8月是TPI降幅最大的月份，几乎所有城市TPI全线回落，7月涨幅较大的城市回落幅度居前。只有上海市（上涨22.1%）、曲阜市（上涨12.8%）、北京市（上涨7.5%）飘红，其他城市出现不同程度的回调。下跌最多的前十个城市分别是长春市（回落46.0%）、南宁市（回落43.7%）、重庆市（回落42.8%）、沈阳市（回落39.4%）、承德市（回落38.9%）、昆明市（回落38.9%）、大连市（回落38.7%）、肇庆市（回落37.2%）、都江堰市（回落36.5%）和大理市（回落32.6%）。

所监测的重点城市如北京、上海、深圳、广州、杭州TPI走势如图3，广州和深圳的波动幅度明显较大，北京、杭州和上海走势平稳，这也与文中分析的离散系数相一致（广州市离散系数为0.359、北京市离散系数为0.076、杭州市离散系数为0.073）。

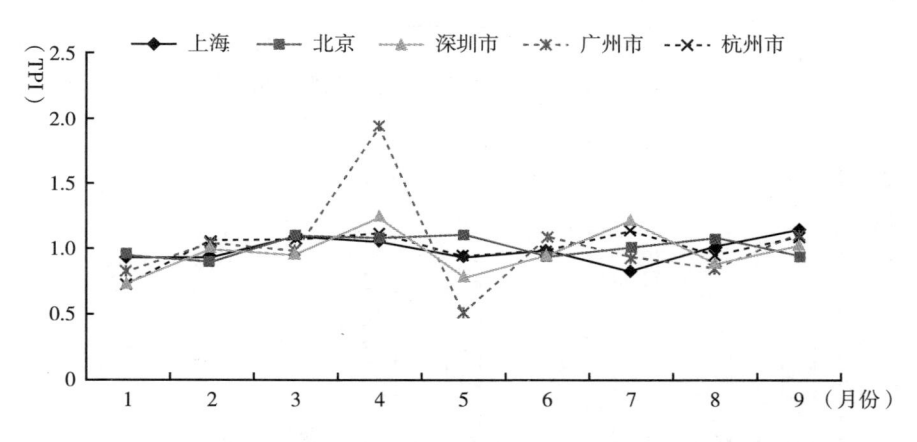

图3 2014年1~9月北京、上海、深圳、广州、杭州TPI走势比较

（三）TPI构成要素

TPI价格由住宿价格、旅游交通价格、门票价格构成，其中住宿价格、旅游交通价格各月均有不同程度的波动，其中旅游交通价格波动成为TPI变化的主因。

如图4所示，交通价格指数的波动趋势与TPI相一致，交通价格是影响TPI的主要因素。从数据分析来看，导致交通价格指数上涨的主要因素是机票价格的快速上升。如图5所示，从旅游交通价格来看，价格高点出现在7月，环比上涨36%，成为前三季度涨幅最大的月份；降幅最大的月份出现在8月，环比下降14%；其他月份走势均比较平稳，波动幅度均在5%以内。

如图6所示，从住宿价格来看，住宿价格指数整体波动较为平缓，住宿价格的变化，不是引起TPI整体波动的主要原因。

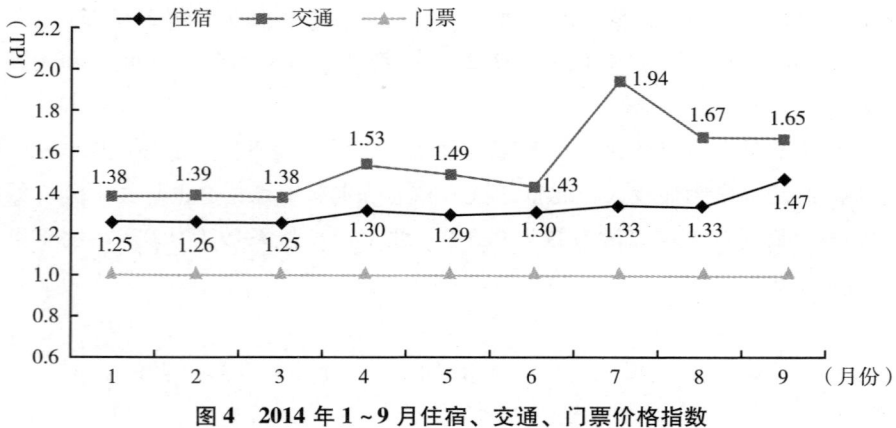

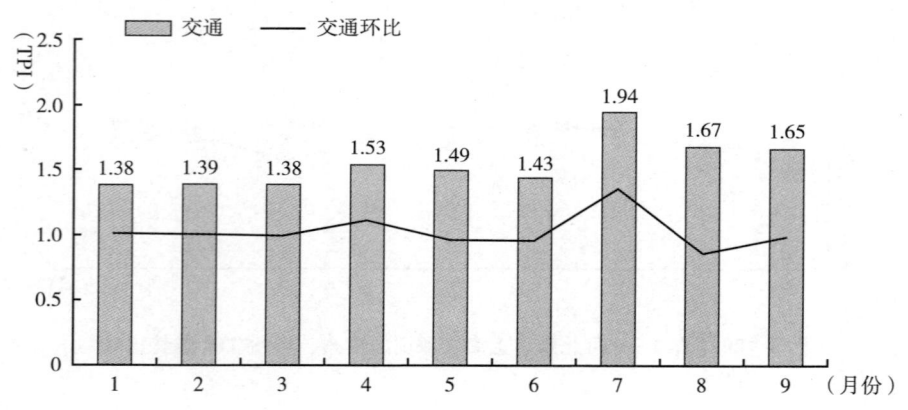

图4　2014年1~9月住宿、交通、门票价格指数

图5　2014年1~9月全国交通价格指数

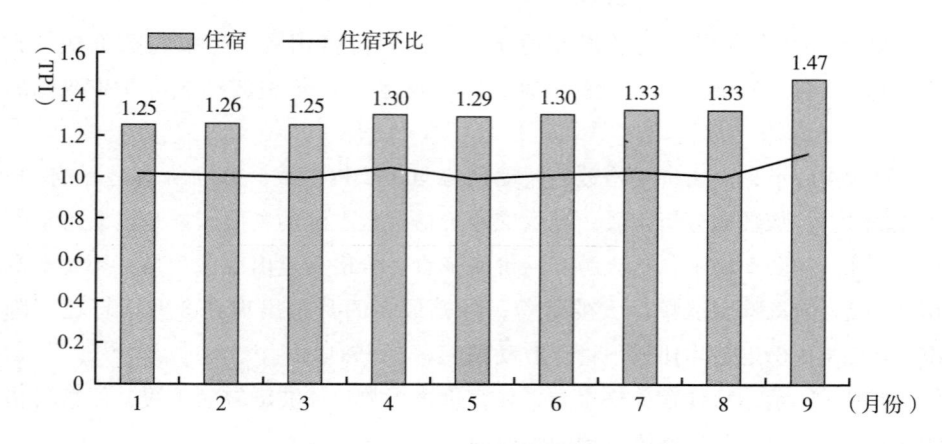

图6　2014年1~9月全国住宿价格指数

二 旅游标准花费

(一)城市标准旅游花费

以游客在某城市进行一次过夜游的标准花费,包括住宿一夜、参观两家代表性的 A 级景区、进行一组市内交通(不包括外部交通)的总花费为城市标准旅游花费。同比 2013 年,各城市 2014 年标准旅游花费均呈现温和上涨的态势。总体来看,月旅游标准花费变动的绝对值并不大,除 9 月以外,其他月份花费在 445~467 元区间波动,波动幅度均在 5% 以内,9 月增幅最大为 16.9%(见图 7)。

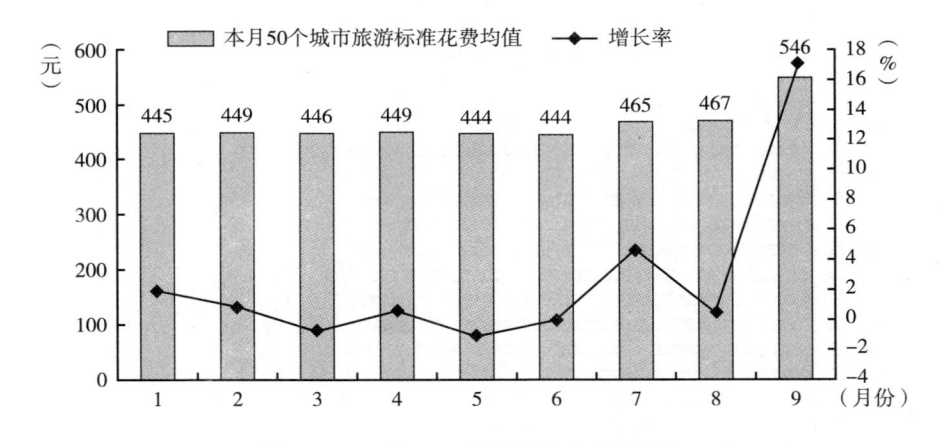

图 7 2014 年 1~9 月全国标准旅游花费

2014 年 1~9 月城市标准旅游花费均值最低的十座城市依次为:咸阳市(194 元)、哈尔滨市(301 元)、合肥市(312 元)、岳阳市(315 元)、南京市(317 元)、绍兴市(328 元)、敦煌市(332 元)、济南市(335 元)、长沙市(359 元)、秦皇岛市(364 元);城市标准旅游花费最高的十座城市依次为:大连市(696 元)、无锡市(674 元)、上海市(670 元)、深圳市(666 元)、桂林市(620 元)、黄山市(618 元)、厦门市(615 元)、武夷山市(596 元)、青岛市(582 元)、泰安市(566 元)(见图 8)。

(二)各项花费占城市标准旅游花费比例

各项花费占城市标准旅游花费比例中,交通花费占比最低且较为平稳,四类

城市	花费（元）
咸阳市	194
哈尔滨市	301
合肥市	312
岳阳市	315
南京市	317
绍兴市	328
敦煌市	332
济南市	335
长沙市	359
秦皇岛市	364
沈阳市	365
长春市	384
大理市	394
北海市	394
天津市	397
镇江市	400
郑州市	412
韶山市	417
扬州市	419
威海市	423
成都市	425
峨眉山市	426
肇庆市	442
海口市	446
珠海市	456
宁波市	460
西安市	461
烟台市	462
承德市	501
南宁市	513
三亚市	515
杭州市	524
井冈山市	527
北京市	528
昆明市	543
苏州市	543
曲阜市	546
都江堰市	553
广州市	556
重庆市	559
泰安市	566
青岛市	582
武夷山市	596
厦门市	615
黄山市	618
桂林市	620
深圳市	666
上海市	670
无锡市	674
大连市	696

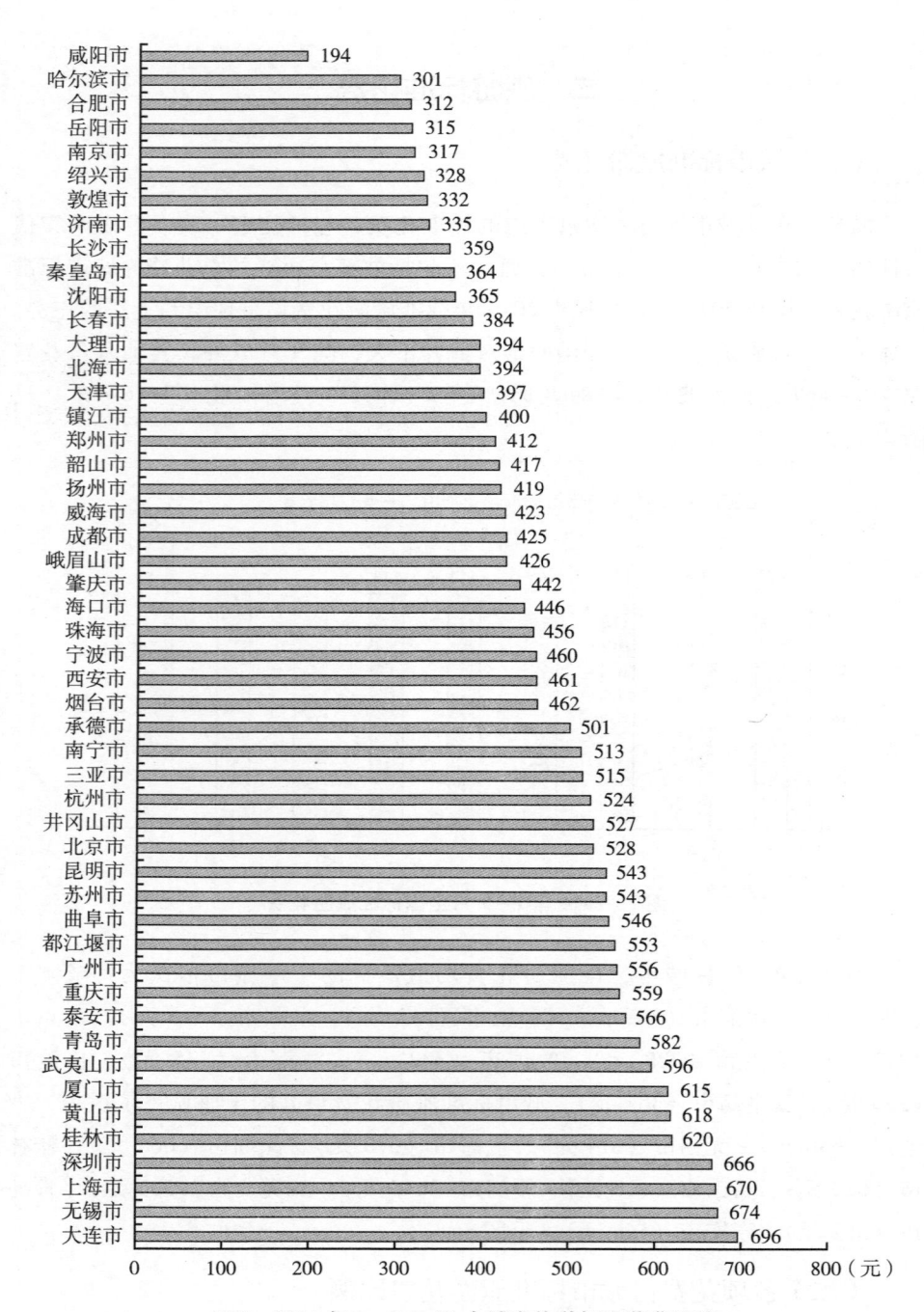

图8　2014年1~9月50个城市旅游标准花费均值

城市大约都在10%上下浮动，门票花费和住宿花费在城市标准旅游花费中的比例则出现"此消彼长"的现象（见图9）。

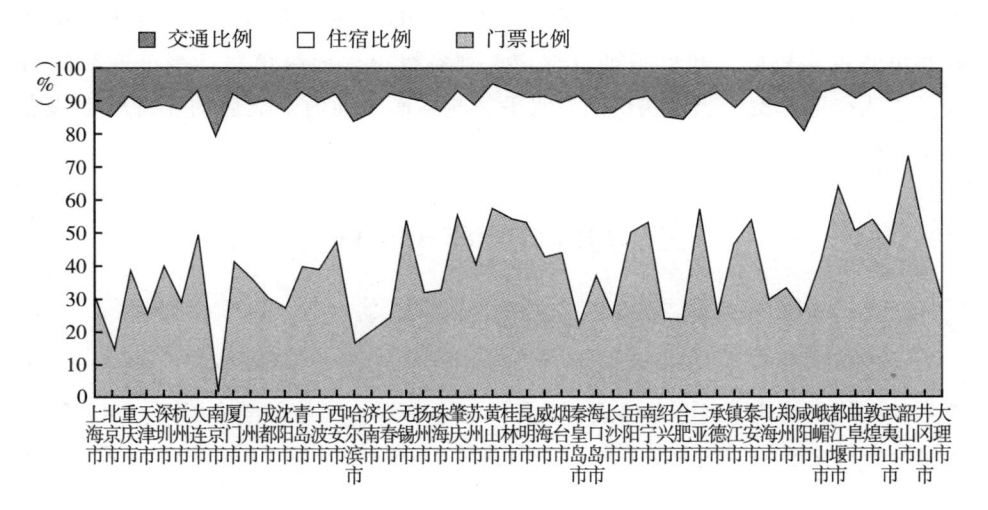

图9　2014年1~9月各个城市各项费用占标准花费的比例

如图10所示，在四类城市中，住宿花费占比总体上呈现直辖市、副省级市、地级市、县级市递减的特征，其中直辖市占比60.5%、副省级市占比57.0%、地级市占比48.7%、县级市占比40.8%。门票花费占比总体呈现直辖市、副省级市、地级市、县级市递增的特征，其中直辖市占比27.5%、副省级市占比31.8%、地级市占比41.0%、县级市占比51.8%。相比而言，小型城

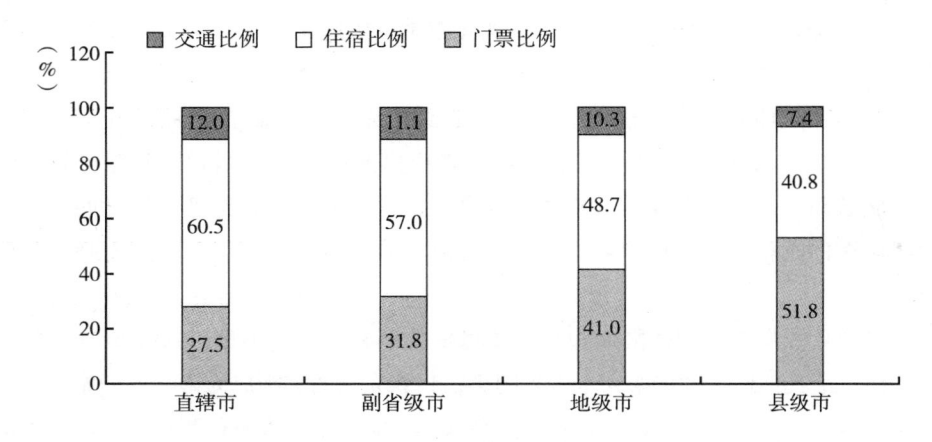

图10　2014年1~9月四类城市各类花费占标准花费的比例

市更加依赖资源型景区吸引游客，带动旅游发展，门票成为旅游花费的主要部分，相反，一二线城市旅游吸引物较为多元化，门票花费占比较少，而大城市中高星级的酒店占比较多，从而导致六要素中的"住"花费较多。此外，交通花费虽然占比较低，却也呈现直辖市、副省级市、地级市、县级市递减的特征，说明交通花费受当地物价消费水平影响，而当地内部交通的完善度也决定了交通的供给水平。

三 2014年全年TPI预测

2014年全年，对TPI走势造成影响的关键因素如下。

从宏观经济来看，在国家深化改革和创新的背景下，"稳增长、调结构"依然是经济的主旋律，经济总体运行良好，增速平缓。在旅游经济层面，随着经济企稳回升、交通环境的不断完善，国内旅游市场蓬勃发展，一定程度上推动TPI的上涨。

从政策方面来看，《旅游法》实施一周年，旅游市场得到进一步的规范，下半年《国务院关于旅游业改革与发展的若干意见》等文件的颁布实施将进一步优化旅游市场发展环境。受"八项规定""六项禁令"等政策影响，公务旅游消费急剧下降，商务旅游消费明显放缓，可能导致高端住宿、餐饮和传统旅行社消费继续下滑，但是国民休闲旅游消费增长势头强劲，给旅游方面的消费带来一定的利好。

就产业层面而言，业态融合创新不断，旅游业与农业、工业、文化、科技、商贸、金融、体育的融合，形成传统观光旅游、生态旅游、民俗文化旅游、温泉养生、文化创意旅游、商务会展旅游、康体健身旅游等多元化、层次化、高端化的旅游新业态体系，实现由传统旅游产业到泛旅游产业融合发展的转变；2014年为"智慧旅游年"，智慧旅游在为旅游者提供便利服务的同时也刺激了旅游消费；旅游新产品崭露头角，太空游、养老游、房车游、邮轮游等竞相发展，丰富公民出游的选择。旅游业态融合、智慧旅游、旅游产品创新将在长期内刺激公民出游。

其他可能产生影响的因素包括：暴恐事件偶有发生，不仅直接影响当地的旅游，而且给其他地方的出游人士带来阴影；频繁光顾的雾霾成为影响人们旅游出行的又一重要因素；下半年以来，登革热和埃博拉病毒依然没有得到有效控制，可能使公民出游心有顾忌……这一系列不利因素给TPI走势带来一定的不确定性。

总体来看，2014 年前三个季度 TPI 较为平稳，节假日因素也没有造成 TPI 的剧烈波动。预计在当前正常环境政策不变的情况下，2014 年全年 TPI 上涨 8% 左右，低于 2013 年水平，全年呈现稳中有升的态势，一些不确定性因素可能会带来波动。

附录

中国旅游消费价格指数
（Tourist Price Index，TPI）总体说明

中国旅游消费价格指数（Tourist Price Index，TPI）的监测始于 2011 年。自 2013 年 1 月起，课题组大幅拓宽了数据采集的广度，增加了统计的频率，并对统计模型进行修正，以使监测结果更具代表性和精确性。

（一）中国旅游消费价格指数（TPI）的基本设定

中国旅游消费价格指数是反映居民购买并用于旅游消费的商品和服务项目价格水平变动趋势和变动幅度的相对数。该指标涵盖居民旅游消费所需要的基本服务的价格，具体包括旅游门票、旅游住宿、旅游交通三大项。

除全国和城市层面的 TPI 之外，还专门设计一些特定指数用以反映旅游价格某些方面的变化。目前而言，暂先设定城市标准旅游花费指数用以反映游客当季在某城市进行一次过夜游的标准花费，未来视情况增加其他指数。

（二）编制中国旅游消费价格指数的主要意图

随着我国经济发展和居民生活水平的提高，旅游消费越来越成为社会经济活动和百姓日常生活的重要组成部分，旅游价格的涨落，直接关系到国计民生。然而，旅游消费是跨行业、跨地区的一揽子消费的总和，涉及服务项目多、波动频繁、变化复杂，对其变化进行跟踪需要有科学严谨的研究作基础。中国社会科学院旅游研究中心作为国内旅游研究的权威机构，力图通过研制专门的旅游消费价格指数，为政府制定决策、企业管理经营以及居民安排出行提供科学参考。

（三）中国旅游消费价格指数的编制方法

1. 基本思路

收集我国 50 个代表性旅游城市各月的门票价格、住宿价格、交通价格，参

考居民消费价格指数（CPI），构建中国旅游消费价格指数及相关指标，为公民提供出行参考。

2. 样本城市

选取50个样本城市，囊括直辖市、副省级市、地级市、县级市四类，其中：

直辖市（共4个）：上海市、北京市、天津市、重庆市；

副省级市（共14个）：深圳市、杭州市、大连市、南京市、厦门市、广州市、成都市、沈阳市、青岛市、宁波市、西安市、哈尔滨市、济南市、长春市；

地级市（共24个）：无锡市、扬州市、珠海市、肇庆市、苏州市、黄山市、桂林市、昆明市、威海市、烟台市、秦皇岛市、海口市、长沙市、岳阳市、南宁市、绍兴市、合肥市、三亚市、承德市、镇江市、泰安市、北海市、郑州市、咸阳市；

县级市（共8个）：峨眉山市、都江堰市、敦煌市、曲阜市、武夷山市、韶山市、井冈山市、大理市。

3. 价格调查

建立覆盖50座城市共计658个5A、4A级景区，600家宾馆的数据采集点，同时监控各城市间机票价格、火车票价格、内部交通价格，每月收集两次价格数据，形成全年24次数据采集。

4. 编制流程

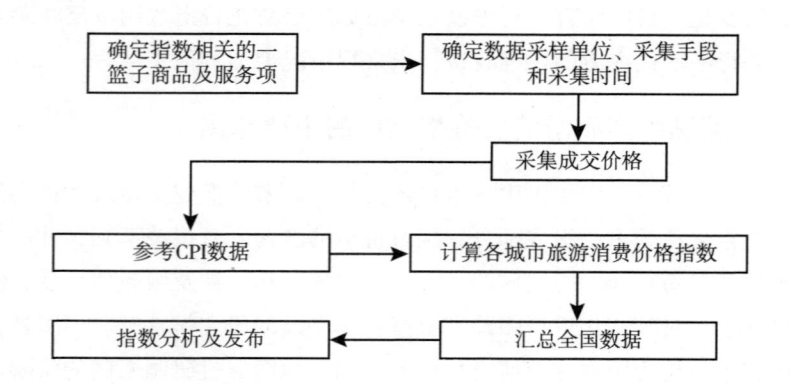

```
确定指数相关的一         确定数据采样单位、采集手段
篮子商品及服务项    →    和采集时间
                              ↓
                         采集成交价格
                              ↓
参考CPI数据    →    计算各城市旅游消费价格指数
                              ↓
指数分析及发布  ←    汇总全国数据
```

5. 权数确定

以游客旅游消费支出中旅游门票、旅游住宿、旅游交通的比重作为各分类权重，计算各城市旅游消费价格指数；以各城市入境旅游收入的相互比重作为权重汇总中国旅游消费价格指数。

6. 数据模型

以 2011 年 5 月本指数第一个采集月（同时也是中国旅游日开始的第一个月）作为基期，参考我国 CPI 编制模型，采用价格指数常用的拉氏公式计算中国旅游消费价格指数，反映各月旅游消费价格相对于基期的波动水平。

其中，总指数采用链式拉氏公式，逐级加权平均计算：

$$L_t = L_{t-1} \times \frac{\sum P_t Q_0}{\sum P_{t-1} Q_0}$$

其中，t：报告期

L：定基指数

$P_t Q_0$：固定篮子商品和服务的金额

7. 城市标准旅游花费指数

城市标准旅游花费指数是指游客在某城市进行一次过夜游（不包括大交通）的标准花费，包括一夜住宿、一组市内交通、两家代表性景区门票的总花费。

2014年中国公民旅游关注度报告

中国社会科学院旅游研究中心*

摘　要： 自2010年开始，中国社会科学院旅游研究中心与乐途旅游网围绕中国公民所关注的旅游热点问题展开持续调查。《2014年中国公民旅游关注度报告》分析了国内城市、景区以及出境旅游目的地的关注特点；对"马航失联事件""雾霾对旅游的影响""旅游安全""五一小长假""暑期旅游""旅游地产"等六个旅游热点问题进行了调查分析；连续对"智慧旅游"和"自驾游"进行了深度解析，并持续跟踪高铁和飞机的竞争。

关键词： 公民旅游　关注度　关注热点

近年来，《国务院关于加快发展旅游业的意见》（国发41号文）、《旅游法》、《国民旅游休闲纲要（2013~2020）》、《国务院关于促进旅游业改革发展的若干意见》（国发31号文）等促进旅游业发展的政策文件持续颁布，给旅游业发展营造了良好的环境。随着旅游政策利好的不断发酵和公民旅游、休闲意识的普及化，中国公民旅游市场稳步发展，居民人均出游次数显著提高。2013年，中国国内旅游总人数已经达到32.6亿人次，我国公民出境总人数达到9819万人次，我国居民人均出游达2.5次。人民群众广泛参与旅游、享受旅游，在旅游中愉悦身心、强健体魄、丰富阅历、升华境界，促进自身的全面发展。

自2010年开始，中国社会科学院旅游研究中心与乐途旅游网围绕中国公民

---

* 该研究由中国社会科学院旅游研究中心与乐途旅游网共同完成。研究顾问：张广瑞、刘德谦、李明德；课题组成员：吴金梅、宋瑞、马聪玲、金准、赵鑫；本报告执笔人：赵鑫。赵鑫，旅游管理学硕士，研究领域为休闲服务业、旅游产业新业态、旅游企业管理。

所关注的旅游热点问题展开持续调查。本报告基于2014年第一季度至第三季度的调查结果，对2014年中国公民旅游关注度进行系统分析。

一 2014年旅游目的地与景区关注度

（一）国内城市、景区关注度

就国内旅游城市关注而言，可以发现以下几个特点。一是受关注旅游城市中出现新的亮点，如阿坝州、贵阳、泉州、烟台等，说明公民出游不再局限于传统型热点城市，开始尝试体验"新城市"带来的"新体验"；二是热点旅游城市高温不退，如北京、上海、三亚等热点旅游目的地连续三个季度受到关注；三是内陆城市开始崭露头角，西安、郑州、济南等城市开始受到人们的关注（见表1）。

表1 最受关注的国内旅游目的地城市排名（2014年第一季度到第三季度）

最受关注国内旅游目的地城市排名	第一季度	第二季度	第三季度
1	北 京	三 亚	丽 江
2	三 亚	北 京	三 亚
3	厦 门	桂 林	西 安
4	青 岛	上 海	北 京
5	黄 山	厦 门	呼伦贝尔
6	丽 江	成 都	上 海
7	重 庆	张家界	成 都
8	上 海	杭 州	大 连
9	成 都	青 岛	苏 州
10	烟 台	苏 州	青 岛
11	大 连	重 庆	张家界
12	西双版纳	南 京	南 京
13	阿坝州	贵 阳	广 州
14	苏 州	深 圳	烟 台
15	张家界	哈尔滨	扬 州
16	桂 林	长 沙	重 庆
17	南 京	福 州	深 圳
18	西 安	泉 州	天 津
19	扬 州	沈 阳	济 南
20	昆 明	广 州	郑 州

从国内景区受关注程度来看，传统知名景区不再"一枝独大"，受关注景区呈现"百花齐放"的格局。除故宫三个季度受到持续关注以外，西湖、颐和园等著名传统景区并没有得到持续关注，相反如西塘、千岛湖等受到热捧，而红原若尔盖草原、雅鲁藏布江大峡谷、微山湖、龙潭大峡谷等景区也榜上有名。这体现了公民旅游出行的个性化趋势，也体现了公共出游的理性选择和猎奇心理，游客不再一味选择传统的旅游目的地景区，而是愿意更多地尝试对于自身知名而又新鲜的景区（见表2）。

表2 最受关注的国内旅游目的地景区排名（2014年第一季度到第三季度）

最受关注国内景区排名	第一季度	第二季度	第三季度
1	婺源	峨眉山	九寨沟
2	乌镇	石林	乌镇
3	九寨沟	无锡灵山	西塘
4	西塘	凤凰古城	故宫
5	故宫	鼓浪屿	泰山
6	泰山	龙潭大峡谷	北戴河
7	烟台	红原若尔盖草原	庐山
8	鼓浪屿	故宫	丽江古城
9	千岛湖	乌镇	雅鲁藏布江大峡谷
10	无锡灵山	九寨沟	黄山
11	中山公园	镇远古镇	坝上草原
12	香格里拉	呼伦贝尔草原	千岛湖
13	普陀山	沙坡头	鼓浪屿
14	五台山	青海湖	颐和园
15	龙门石窟	微山湖	北京欢乐谷
16	玉龙雪山	西塘	青海湖
17	井冈山	天津海滨	承德避暑山庄
18	颐和园	丽江古城	龙潭大峡谷
19	峨眉山	千岛湖	峨眉山
20	三清山	坝上草原	西湖

景区综合服务评价排名是根据网民对游览、交通、旅行社服务、旅游线路、住宿餐饮、休闲购物、卫生与安全、旅游从业者状况、旅游咨询服务、知名度等十个方面的评价（从1分到10分），综合计算得出。景区综合服务评价排名不再

"论资排辈"，以往年度传统的知名景区以及受关注热度较高的景区综合服务评价往往排名靠前，2014年的排名则出现重新洗牌的现象，许多景区强势登榜，如龙潭大峡谷、泸沽湖、坝上草原等，说明景区服务得到经营者自身的重视，旅游服务质量普遍提升（见表3）。

表3 国内旅游景区综合服务评价排名（2014年第一季度到第三季度）

旅游景区综合服务评价排名	第一季度	第二季度	第三季度
1	都江堰	龙潭大峡谷	沙坡头
2	九寨沟	峨眉山	龙潭大峡谷
3	故宫	石林	泰山
4	泸沽湖	无锡灵山	乌镇
5	五台山	鼓浪屿	鼓浪屿
6	三清山	凤凰古城	颐和园
7	武夷山	乌镇	坝上草原
8	玉龙雪山	红原若尔盖草原	丽江古城
9	婺源	镇远古镇	西塘
10	颐和园	九寨沟	呼伦贝尔草原
11	武当山	呼伦贝尔草原	黄山
12	峨眉山	天津海滨	北京欢乐谷
13	乌镇	西塘	峨眉山
14	香格里拉	微山湖	雅鲁藏布江大峡谷
15	普陀山	丽江古城	故宫
16	西湖	沙坡头	九寨沟
17	泰山	青海湖	千岛湖
18	西塘	千岛湖	青海湖
19	千岛湖	绍兴东湖	北戴河
20	鼓浪屿	坝上草原	西湖

八大新锐景区大部分为内陆景区，四川、安徽、新疆、贵州、河南等省份的多家景区受到关注。沿海地区只有福建省的3个景区受到关注。（见表4）

（二）出境旅游目的地关注度

从2014年第一季度到第三季度，上榜的出境游目的地有29个。从地理位置分布来看（见图1），亚洲国家（地区）占比最高，为44.8%，欧洲国家紧随其

表4　八大最受关注新锐景区（2014年第一季度到第三季度）

八大新锐景区	第一季度	第二季度	第三季度
1	四川乐山犍为嘉阳小火车	四川甘孜	广西龙女沟
2	贵州镇远古镇	江苏常州	河南商丘古城
3	云南罗平	贵州荔波	新疆赛里木湖
4	四川成都新津梨花溪	吉林敦化	西藏巴拉措
5	福建三明永安	河南商丘	贵州小七孔景区
6	福建泰宁古城	四川阿坝州	福建豉山
7	山西平遥古城	安徽宜城	上海世博园
8	四川彭州九峰山	新疆喀什	吉林雁栖湖湿地

后，占比达27.6%，美洲占比13.8%，大洋洲占比6.9%，非洲占比6.9%。从境外出游目的地来看，与往年不同的是美洲表现突出，这主要受益于足球世界杯在巴西举行，过往只有美国这种传统出境游旅游目的地成为中国公民出游的选择，而世界杯这一赛事让巴西、洪都拉斯、古巴进入了中国公民出游的行程单。亚洲仍然是中国公民出游的首选之地，占出境游市场的半壁江山，日韩、新马泰等地一直在公民关注中排名居前。欧美等传统长线旅游目的地也依然受到关注，如英国、法国、意大利、瑞士、美国（见表5）。

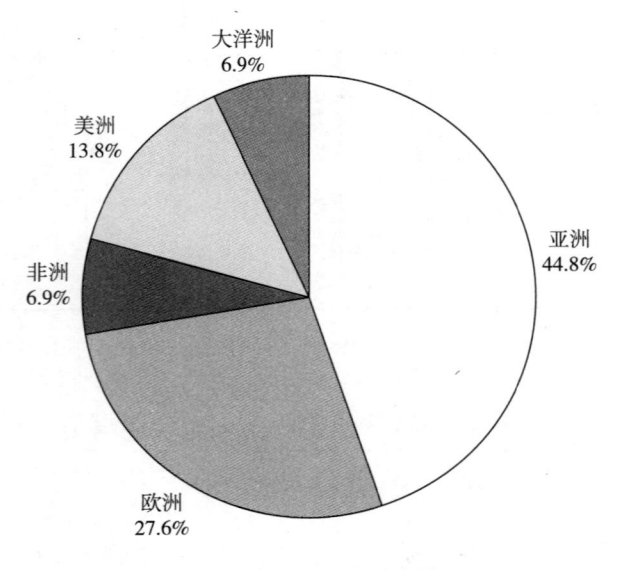

图1　出境游目的地分布情况

表5 最受关注的出境旅游目的地排名（2014年第一季度到第三季度）

最受关注出境游目的地排名	第一季度	第二季度	第三季度
1	澳大利亚	瑞士	中国香港
2	马尔代夫	法国	日本
3	香港	意大利	英国
4	印度尼西亚	香港	美国
5	美国	韩国	泰国
6	洪都拉斯	美国	韩国
7	新加坡	泰国	中国台湾
8	日本	日本	新西兰
9	柬埔寨	澳大利亚	法国
10	加拿大	马来西亚	意大利
11	泰国	希腊	澳大利亚
12	荷兰	马尔代夫	中国澳门
13	韩国	英国	瑞士
14	马来西亚	菲律宾	印度尼西亚
15	意大利	南非	柬埔寨
16	摩洛哥	加拿大	希腊
17	德国	巴西	埃及
18	法国	尼泊尔	巴西
19	英国	芬兰	尼泊尔
20	波黑	印度尼西亚	古巴

二 2014年各季度旅游热点关注

2014年前三个季度，分别对如下热点问题进行了调查分析（见表6）。

表6 2014年旅游热点关注（2014年第一季度到第三季度）

时 段	本季关注主题	有效问卷（份）
第一季度	"马航失联事件""雾霾对旅游的影响"	4015
第二季度	"旅游安全""五一小长假"	5000
第三季度	"暑期旅游""旅游地产"	3000

（一）热点关注之一——马航失联事件

马航 MH370 客机失联，引起国民深切关注。这一事件不仅引发了国人对同胞安危的关切，也引发了人们对出行安全、旅游目的地安全、政府协调管理能力等多个方面的思考。调查显示，这一事件对人们的旅游出行产生了深刻的影响。超过一半的人表示，马航事件将会对今后的旅游出行产生影响；75%的受访者表示马航事件会影响今后出行交通方式和旅游目的地的选择；58%的人表示以后不再选择乘坐马航。

（二）热点关注之二——雾霾对旅游的影响

2014 年初，持续、大范围的雾霾天气给人们带来了诸多的困扰，雾霾不仅影响着人们的日常生活，也对人们旅游出行产了很大的影响。调查显示，高达93%的人群受到了雾霾的困扰。雾霾直接影响了人们出游的行程及目的地的选择，高达92%的受访者表示愿意做"清肺"旅游的选择（见图2），更有24%的人表示考虑到环境好的地方定居或购买第二居所。

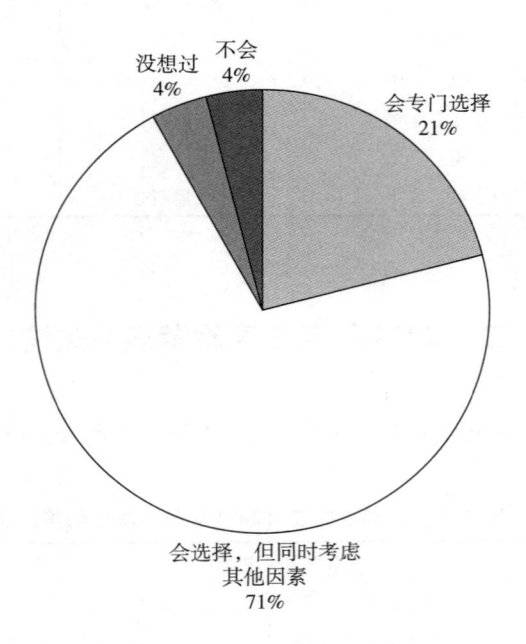

图 2　是否会选择"清肺"旅游

（三）热点关注之三——旅游安全

在旅游安全问题对休闲旅游行程影响方面，暴力恐怖事件、恶劣天气、自然灾害、疾病流行病等因素可能对休闲出游的行程安排带来较大影响，甚至使游客取消行程。关于旅游安全的调查结果显示（见图3），国内旅游中恶劣天气、暴力恐怖事件和地震自然灾害是旅游者最担心前三位的问题。在国际旅游中最担心的安全问题选项中，地震自然灾害、暴力恐怖事件、财物证件被盗是最让旅游者担心的问题（见图4）。

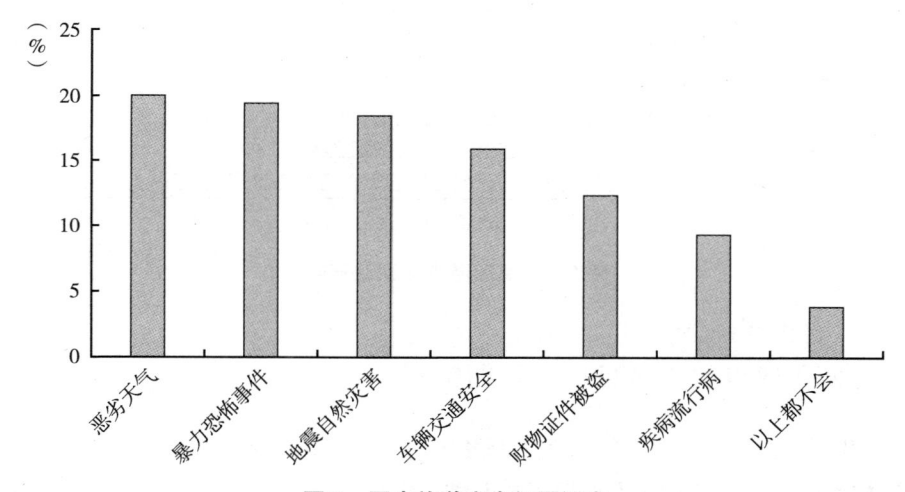

图3 国内旅游安全问题调查

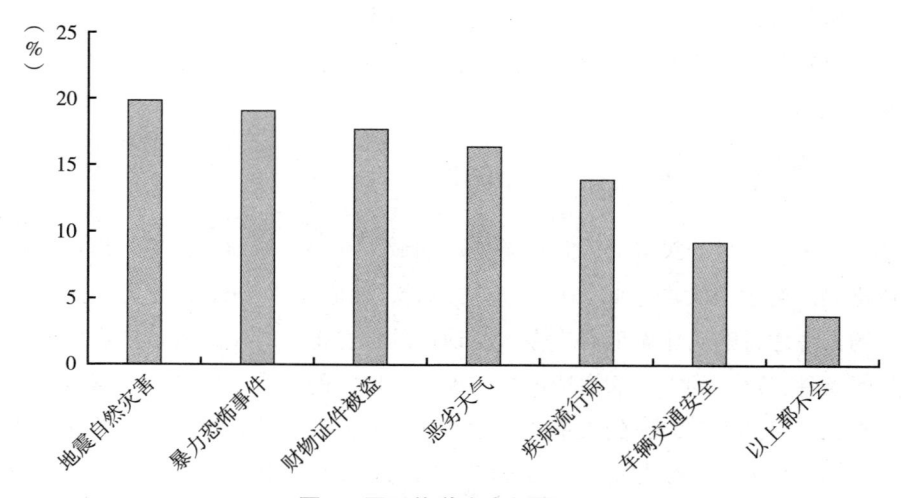

图4 国际旅游安全问题调查

在被问及出游前会做哪些与安全相关的准备时，查看目的地天气情况、流行病预报、安全攻略、自然灾害等信息准备因素得分较高，购买旅行手册、购买保险、准备常用药物等保障性准备因素相对较低，这也说明公众对旅游安全相关保障服务购买意识淡漠（见图5）。

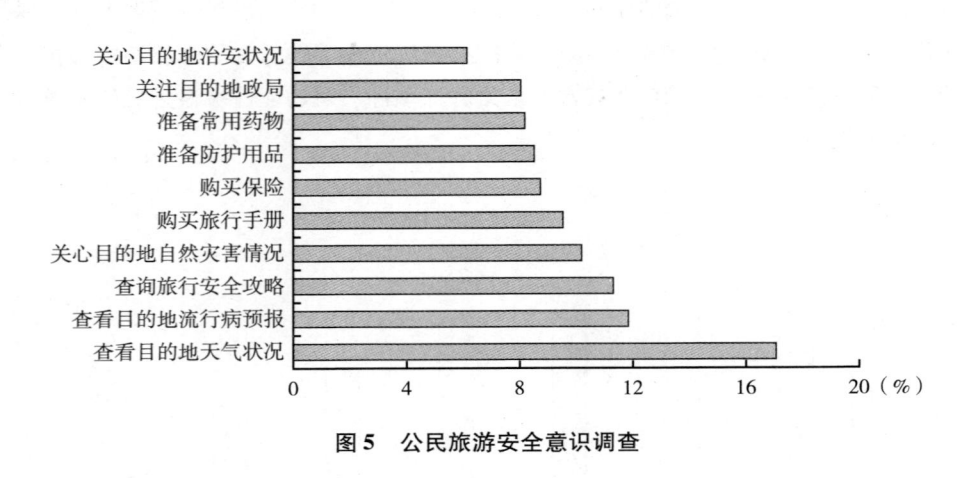

图5　公民旅游安全意识调查

（四）热点关注之四——暑期旅游

2014年暑期高达79%的人有出游经历。亲子游和与同学共同出游是2014年暑期旅游的主流，57%的人选择了自助游。在出游目的地选择上，30%的人以是否避暑作为首选要求，19%的人关心是否能一家其乐融融。38%的人暑期出游最担心安全问题，33%的人担心拥挤问题，服务问题和价格问题成为少数人担心的问题（见图6）。

（五）热点关注之五——旅游地产

近年来，大量的投资涌入到旅游地产领域，众多旅游地产盘进入市场，对旅游业格局产生了很大的影响。从调查结果看，旅游地产已经成为关注热点，有41%的人考虑过购买旅游地产。在旅游地产的选择上，31%的人最在意旅游地产的气候条件，18%的人喜欢海边的旅游地产，14%的人希望旅游地产富有文化特色。在购买目的上，51%的人最关心旅游地产的投资价值，27%的人关注其服务价值，22%的人关注度假价值（见图7）。在选择条件中，完备的养老和医疗服务为大部分人选择旅游地产的关键条件。在置业面积上，旅游地产的"小时代"

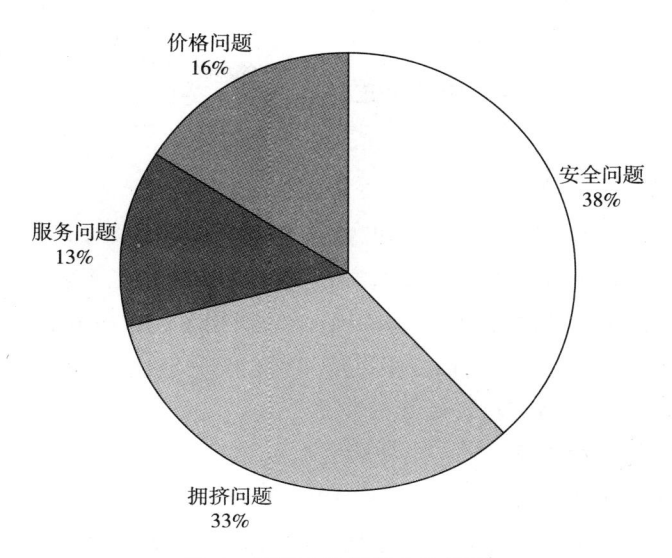

图6 暑期出游最担心的问题

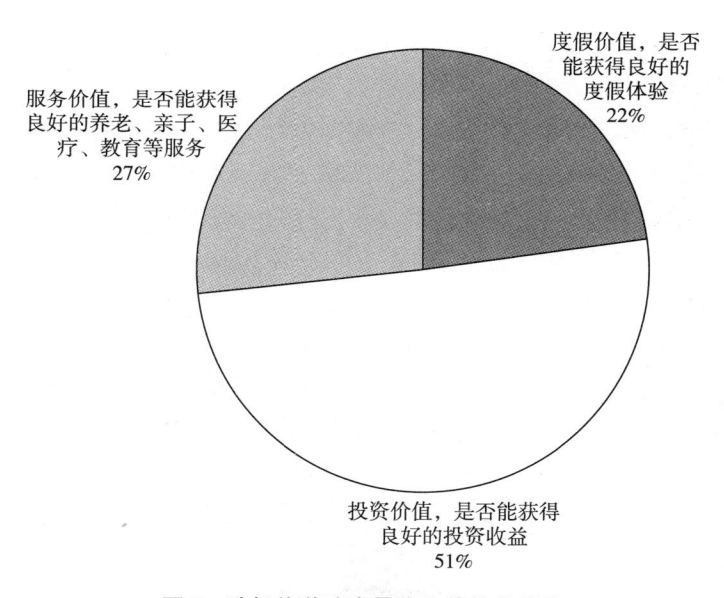

图7 选择旅游地产最关心其什么价值

正在来临，超过50%的人倾向于选择120平方米以下的户型。在逗留时间上，将近一半的人一年中会在自己购买的旅游地产中逗留11～30天；在处置方式上，63%的人愿意在旅游地产的闲置期由专业管理公司代理租出去，旅游短租领域有很大的商机。

三 2014年年度主题关注

(一)智慧旅游

2014年是国家旅游局确定的"智慧旅游年"。随着技术的不断进步,旅游变得越来越智慧,越来越便捷,这使得旅游者在出游时获得了更多的便利,与之相伴的问题也不断涌现。围绕与中国公民旅游密切相关的智慧旅游问题,2014年课题组分四个季度展开调查。前三个季度关注主题分别是"旅游网上支付安全""旅游信息获取""旅游短租"。

1. 旅游网上支付安全

中国旅游步入"触摸时代",电子门票、三维地图、实时路况等信息越来越普及,团购美食、住宿返现等APP应用也在大众出行增添便利的同时,多了几分实惠。现今,关于旅游的方方面面,订机票、酒店、找美食、景点、打车……只要有网络,所有行程都在弹指之间就能完成,但"旅游网上支付安全问题"成为公民关注的对象。

在旅游网上支付的安全性调查中,认为安全(51%)和觉得有风险(49%)的人大约各占一半(见图8);对于各大旅游网站支付安全性的调查中携程旅游网的支付安全性位列第一;在被问及"最担心的旅游网上支付安全问题是什么"时,受访者认为,个人信息被泄露(44.56%)和信用卡信息被网站记录

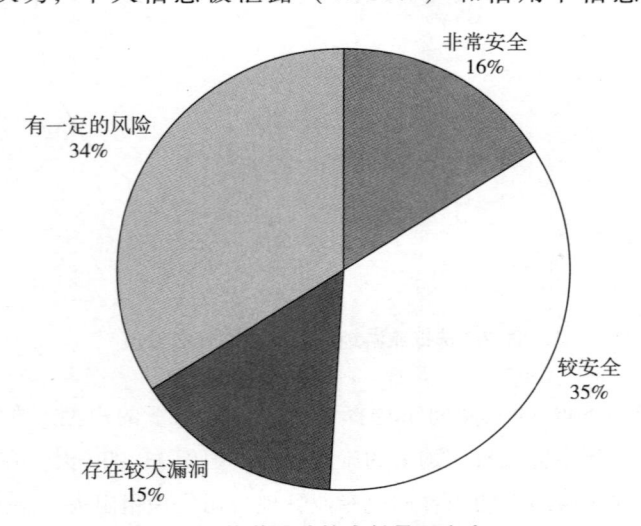

图8 旅游网站的支付是否安全

(39.80%)是最担心的问题（见图9）；同样，监管工作被认为不可或缺，74%的受访者认为政府对在线旅游应进行更严格的监督。

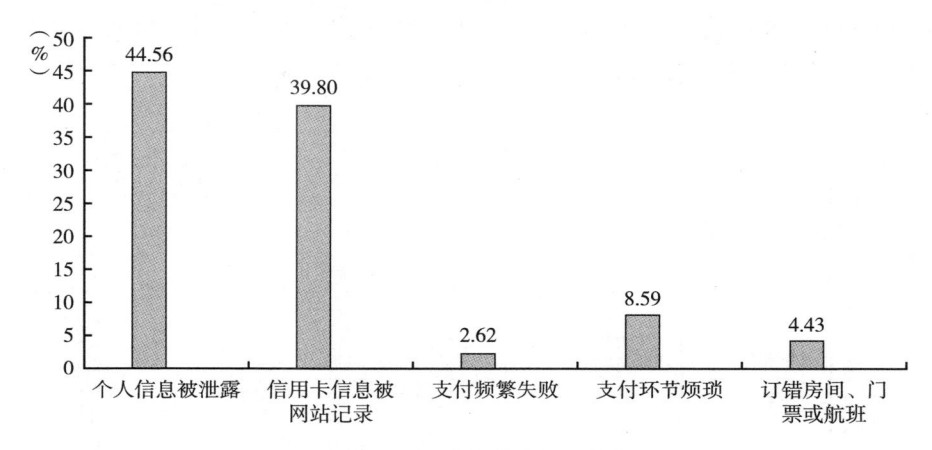

图9 最担心在线旅游支付哪些问题

2. 旅游信息获取

在旅游景区或目的地的信息获取渠道上，微信、网络旅游频道、网络论坛成为信息获取的主流手段。微博、报纸杂志等得分较低，广播受到微信冲击较大，得分最低（见图10）。同样，在旅游经历分享方面，游客通常在旅游中和旅游后偏好于通过微信、网络论坛、个人博客等来分享旅游经历和评价。整个调查中显示，旅游者在整个旅游周期中越来越依赖电子化的内容和移动设备来获取和分享信息。

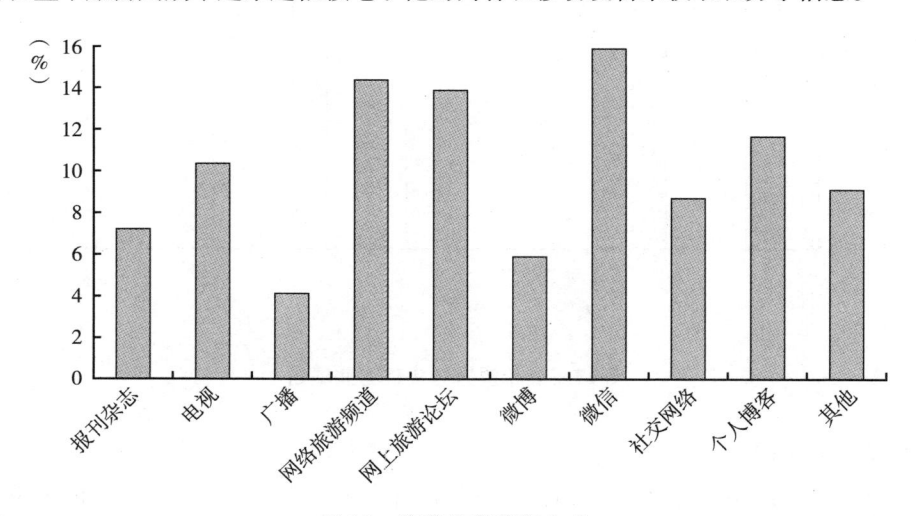

图10 旅游信息获取方式

在信息获取内容上，游客最想知道的实时信息依次为周围景点信息、购物推荐、天气预报、餐饮美食、地理位置（见图11）。在被问及最希望景区实现以下哪些项目时，在所给的七个选项中，虚拟游览、在线预订、在线支付成为游客最想尽快实现的项目（见图12）。

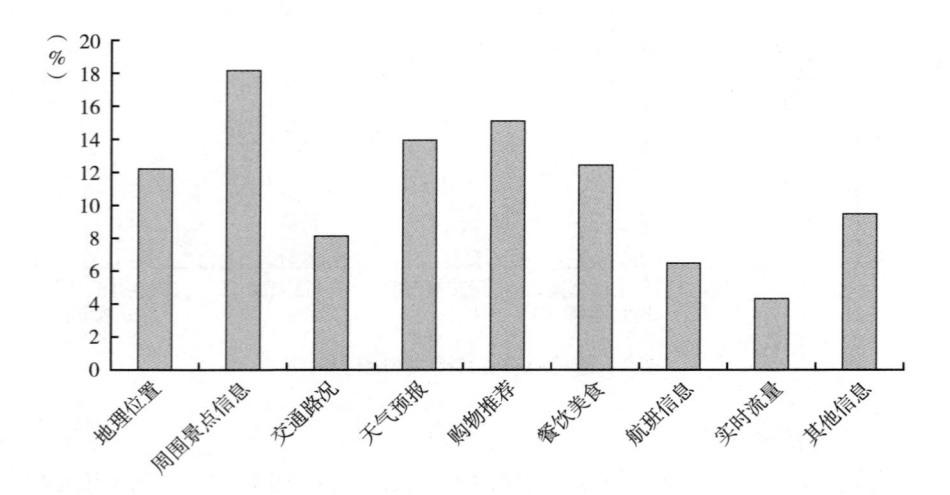

图11　游客希望获取哪些实时信息

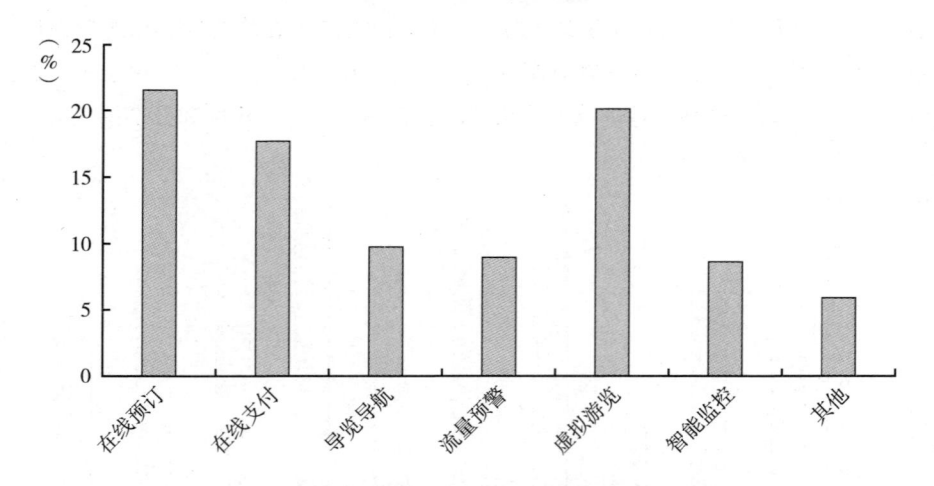

图12　最希望景区实现哪些项目

3. 旅游短租

随着短途旅游的普及，自由行、自驾行等出游形式的丰富，旅游短租市场开始火爆起来。国内短租的启动元年是2011年，爱日租、蚂蚁短租、游天下、途家等短租网站纷纷上线,分别应对城市短租、旅游地短租等不同需求类型。经过几年的发展,旅游短租市场增长迅速,在旅游者的认识中逐渐普及,36%的人已经能够接受在出游时短租别人的房子。短租之所以逐渐受度假者们的青睐,价格优势无疑是其最大的魅力所在。32%的人认为旅游短租最吸引人的是价格实惠,24%的人青睐其个性化的房屋和设计,23%的人认为独特的体验是短租的最大卖点,22%的人喜欢其家庭化的氛围(见图13)。

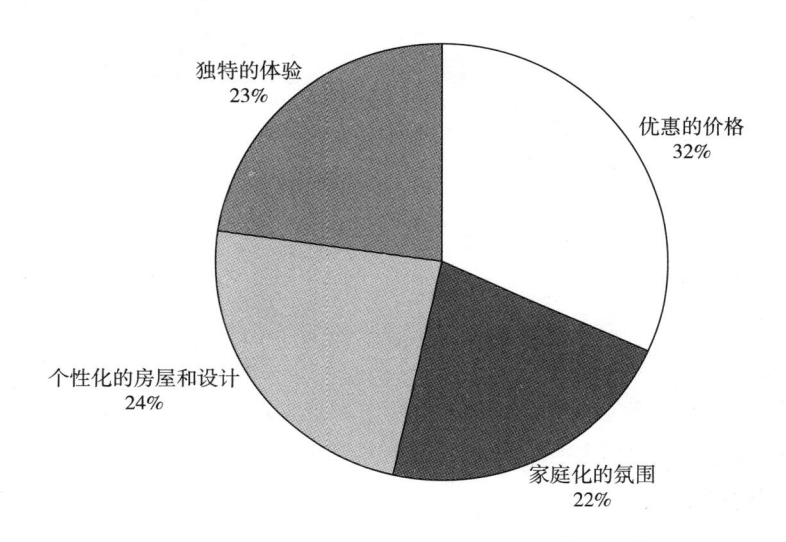

图 13 旅游短租最吸引的因素

这种在异乡寻家味的短租方式并不是毫无风险可言,无论是游客还是房东都有所顾虑。风险来源主要有两个方面,一是无统一的行业标准,这一新兴市场仍处于无序管理阶段;二是由于租期短,双方忽视租期中有可能发生的各种纠纷,一切从简从速,无相关的合同保障,双方都需要承担相应的风险。作为游客,31%的人出游短租别人的房子最担心安全问题,24%的人担心个人隐私问题,15%的人担心房源没有网站上介绍的那么好,14%的人担心服务不到位(见图14)。作为房东,虽然在调查者中有61%的人表示,如果有闲置的房子,愿意通过网站租给游客,但25%的房东最担心短租中的安全问题,21%的人担心各种纠纷。

(二)自驾游

当前,越来越多的人选择以自驾车的方式出游,人们对驾车出游的服务与产品需求快速增长,旅游产业在巨大的市场面前不断创新服务提升保障,政府在管

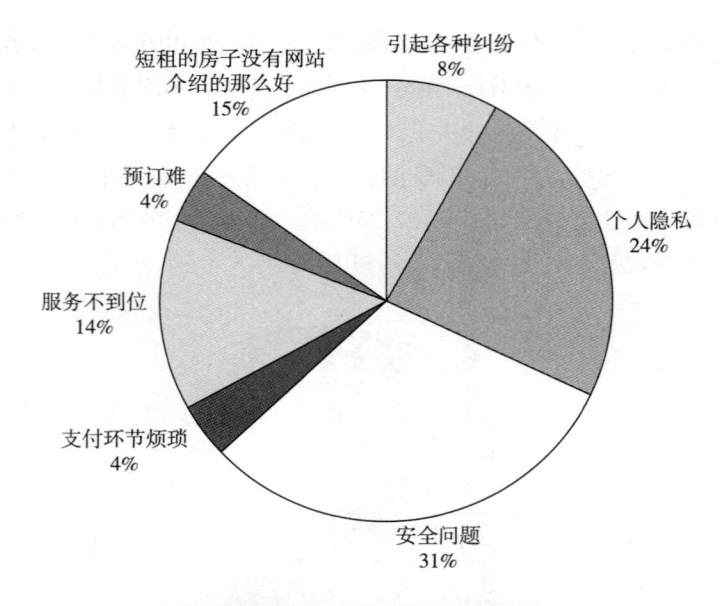

图 14　出游短租别人的房子最担心的问题

理与调控上持续改善，但同时中国的自驾游发展也还面临着众多问题。围绕与中国公民自驾游相关的热点，本课题组将 2014 年分四个季度展开调查。

1. 国内自驾游

在中国当前的休假制度和现实条件下，71% 的受访者年度自驾车出游为 1~3 次，半数以上自驾出游平均每人每天的消费在 100~400 元之间，自驾游的目的是休闲度假。自驾游已经成了最受欢迎的家庭出游方式之一，家庭出游和朋友相约是自驾游出行的主要形式，各占 40% 左右，小轿车和 SUV 成为出行的主要交通工具。在选择自驾游目的地方面，网络信息和旅游媒体网站查找线路成为目的地选择的主要渠道（见图 15）。

2. 境外自驾游

虽然境外自驾游目前被认为是高端旅游小众市场，不过，这种旅游方式越来越受欢迎。中国社会科学院旅游研究中心发布的《2012~2013 中国自驾游发展报告》显示，出境自驾游意向比例已达到 21.2%。海外自驾游市场虽然小众但是块新蓝海，将会是出境旅游市场的新的盈利增长点。

在境外自驾游的调查中，被问及"境外自驾中最担心的问题"时，受访者认为"财产人身安全""路况不熟悉""车辆机械故障"等三个问题是最让人担心的（见图 16）；在如何出游方面，有 43% 的受访者选择和家人出行或者独自出

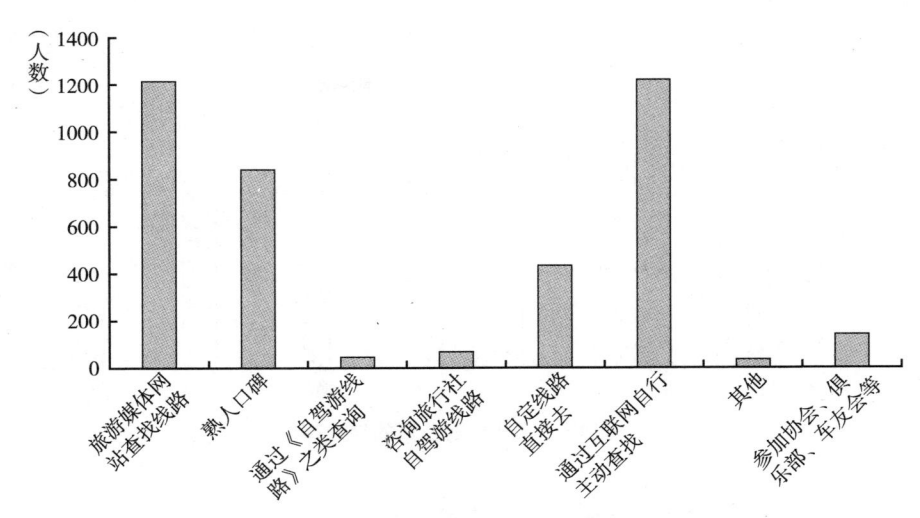

图15 自驾出游目的地选择渠道

行，参加汽车旅行社、论坛、听友会、俱乐部等有组织的自驾出游占到了57%左右，这说明在境外语言、路况、治安、交通规则不够熟悉的情况下，大多数人习惯选择团体自驾出游；对于境外自驾区域的选择，在备选的7个主要自驾游目的地中，欧洲、北极、北美得分最高（见图17），显示出国内市场对欧美自驾游目的地的认知度较高；在主要的国际汽车租赁公司中，中国公众较为熟悉的依次是信诺全球、赫兹租车、欧洲汽车和安飞士租车，这表明随着国际汽车租赁企业入驻中国，国内公众对国际汽车租赁品牌认知度开始提升。

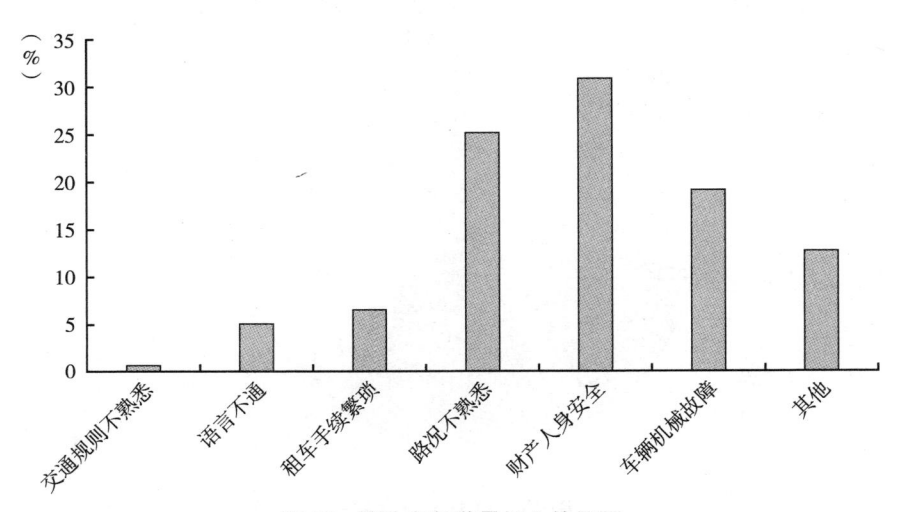

图16 境外自驾游最担心的问题

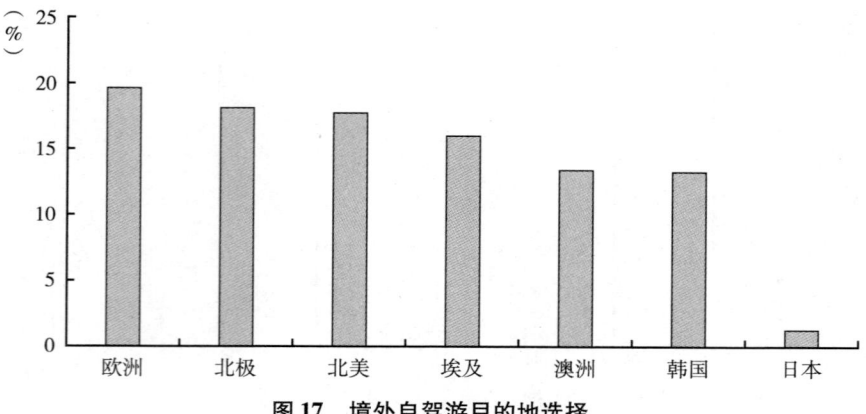

图17 境外自驾游目的地选择

3. 自驾游行程安排

在"自驾游行程安排"的调查中，受访者中28%的人表示自驾出游选择去另一个城市，23%的人选择去景色好的郊野，21%的人选择去休闲度假区，15%的人选择去田园农家（见图18）。在自驾游前，只有28%的人全程做好周密计划，25%的人只确定好目的地，一路随玩。自驾游路线选择上，很多旅游者都经历过或者想尝试具有挑战性的自驾路段，42%的人想去具有挑战的路段自驾，28%的人去过具有挑战的路段自驾。

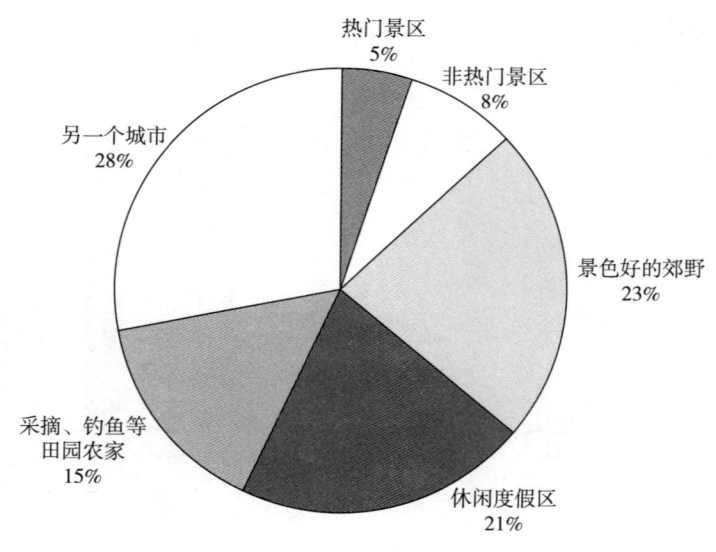

图18 自驾出游去哪里

四 近年持续关注：高铁与飞机

随着全国各条高铁线路的逐步开通，航空公司积极应对挑战，高铁运行逐步展现优势，在服务完善、线路覆盖延伸、出行习惯调整的变化中，公民出行如何选择？课题组从 2011 年第二季度开始以"高铁时代，你坐飞机还是火车？"为题进行连续调查，跟踪变化（具体结果详见图 19）。

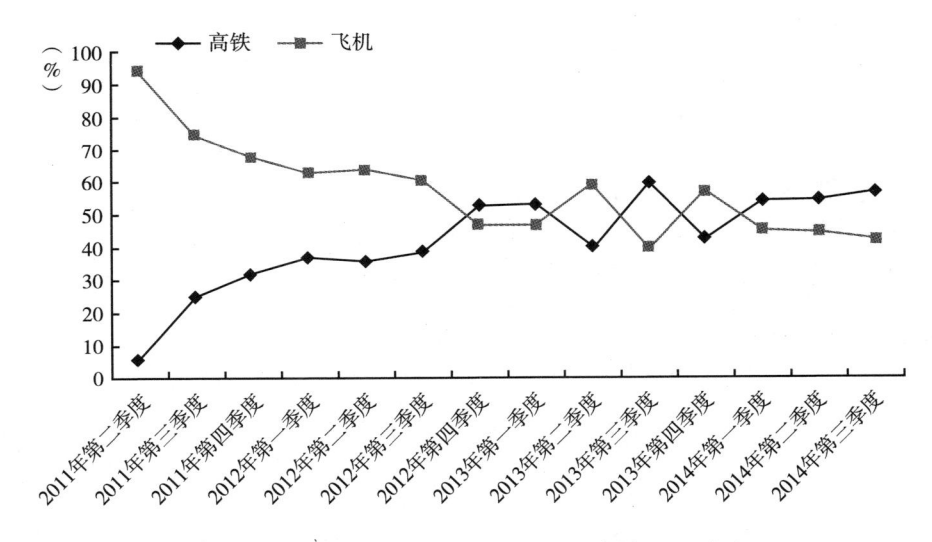

图 19 中国公民出游方式调查结果（高铁 VS 飞机）

中国的高速铁路建设始于 1999 年兴建的秦沈客运专线，经过 15 年的发展，中国高铁创造了从"追赶者"一跃成为"引领者"的奇迹。根据国家铁路局统计，截至 2013 年，随着宁杭、杭甬、津秦、厦深、西宝等一批新建高速铁路投入运营，我国高速铁路总营业里程达 11028 公里，在建高铁规模 1.2 万公里，成为世界上高速铁路投产运营里程最长、在建规模最大的国家。综合连续四年的关注调查，总览十四个季度的公民关注，大概分为三个阶段。一是高铁和飞机竞争的时代，尽管高铁在初期存在线路覆盖不广泛以及运营上各种各样的问题，但不可否认，随着高铁线路的陆续上马，围绕"价格、时间、服务"的逐步优化，高铁已经逐渐成为公民出行重要的选择之一，对航空业造成了一定冲击。从 2011 年第二季度起人们选择高铁的意向持续七个季度上升，最终实现了反超。二是高铁和飞机合作的时代，航空业的主要利润点是中远途市场，而高铁的优势在于近中距离的运输，一旦形成稳定的竞争格局，航空和高铁势必形成协同发展、共荣共生的"空铁联运"模式，所以在随后的几个季度中公民在选择高铁和飞机的意愿上出现交错态势，体现出航空和高铁的互补性。三是高铁和飞机出游"常态化"发展的时代，随着高铁线路的全面铺开，人们选择高铁出游更加便利。从2014年第一季度起，选择高铁出行的比例一直稳定高出飞机10个百分点左右。持续的调查显示，便利和安全是人们选择高铁意向持续增长的主要理由，而舒适性和准点率的比较优势也支持了人们高铁出行的意愿。

参考文献

《中国公民旅游关注度报告》，中国社会科学院旅游研究中心，2011~2014。
《中国旅游业"十二五"发展规划纲要》，2011。
《国务院关于加快发展旅游业的意见》，2009。
《关于金融支持旅游业加快发展的若干意见》，2012。
《国民旅游休闲纲要（2013~2020年）》，2013。
《2012~2013中国自驾游发展报告》，中国社会科学院旅游研究中心，2013。

附：

《中国公民旅游关注度报告》是中国社会科学院旅游研究中心在对一定时间范围内中国公民旅游关注状况进行研究和分析的基础上，出具的系列专题报告，是国内第一份以百姓视角关注旅游的专业报告。该报告旨在通过对公众关注点和关注度的分析，对未来公众旅游行为、出游意向偏好和趋势做出预测，为旅游者出行选择提供引领，为旅游政府相关部门、旅游业界的决策提供参考依据。

《中国公民旅游关注度报告》于2010年首次发布，每个季度末发布一次，每年发布四季。报告的主要内容包括国内旅游城市及景区关注、出境旅游城市及景区关注、旅游服务综合评价排名、下季旅游预测及风尚、主题关注、持续关注、热点关注等主要板块。

本报告主要依据各类专项数据及互联网搜索引擎、媒体资讯、官方公布统计数据等第三方数据源，由专业研究团队通过动态模型深入分析与严格论证，得出综合性结论，并由专家小组进行深入解读，从公民对旅游城市、景区、出境旅游目的地等的关注情况进行科学排序，对旅游热点和流行趋势进行点评和预测。

2014"智慧旅游年":旅游业的结构性变化与智慧景区的发展趋势

中国社会科学院旅游研究中心*

摘　要：

中国旅游业正发生着深刻变革，景区发展面临结构性变化，"失控旅游"的到来，给中国旅游业和景区带来了各种挑战与问题，正倒逼旅游景区不断提升自身的智慧服务能力，不断推进智慧景区的变革与创新。智慧景区的未来还在于服务创新，在于用无限的智慧，提供无限的服务。

关键词：

智慧景区　变革　创新　服务

当前国际、国内旅游环境正在发生着深刻的变革。在全球经济格局调整和国际旅游市场演变过程中，以中国为首的新兴市场经济国家正以其强劲的增长影响着全球旅游发展的态势。伴随41号文、《旅游法》、《国民休闲纲要》、31号文等一系列文件的颁布实施和党的十八届三中全会确立的各项改革工作的落实推进，旅游业的发展环境经历着前所未有的变化。中国旅游业正在破旧迎新，旅游业改革正与中国整体改革一起，向纵深发展，走向攻坚期，这使景区发展处在更复杂的环境中。在此背景下，中国智慧景区的发展以及其给中国旅游业所带来的变革与创新，具有非同寻常的意义。

---

* 课题组成员：金准、宋瑞、吴金梅、廖斌。执笔人金准、廖斌。金准，中国社会科学院旅游研究中心秘书长，中国社会科学院财经战略研究院副研究员，长期关注旅游经济、旅游政策；廖斌，中国社会科学院研究生院博士研究生，主要研究方向为商贸流通服务业、旅游经济。

一 我国旅游景区发展面临结构性变化

（一）市场更复杂：越来越难以满足的需求

近年来，我国旅游市场呈持续增长之势。旅游消费的障碍之墙随着越来越完备的旅游公共服务体系，越来越便捷的交通网络，以及全社会越来越深入的对旅游出行的关注而被逐步打破。消费环境去障碍化，令旅游超越区域障碍、超越场所障碍、超越人群障碍。欠发达地区居民、贫困居民、农村居民等也正通过越来越便利的旅游服务，享受公平消费的权利。这大大推进了旅游消费普及和升级，也令需求演化和升级加速，对于景区发展而言，市场变得更加复杂，更难以预测。目前的旅游市场，随着新的区域经济增长格局突破了区域限制，随着新的交通格局突破了距离限制，随着新的消费模式突破了收入限制，随着新的消费观念突破了阶层限制，更重要的是，在新的技术引领下，突破了线上与线下的限制。

截至2014年6月，我国网民数达6.32亿，互联网普及率为46.9%，手机网民数达5.27亿，使用手机上网比例达83.4%①，令互联网特别是移动互联网成为遍在式工具，网络如电力一般成为基础公共服务，互联网时代已深刻重塑旅游市场需求和行为模式。在此之下，旅游从纯粹线下活动走向线上和线下相结合，甚至随着移动网络发展，线上和线下实时结合，覆盖游前、游中、游后全过程、全维度、全媒体、全体验活动。完全成长于互联网时代甚至移动互联网时代的网络原生族、手机原生族的日益成长，令旅游和网络天然地结合在一起，难以分割。呈现在数据上，一是线下旅游活动有淡旺季，而线上旅游活动一定程度上抹平了淡旺季，二是出现一大批O2O旅游服务，三是基于位置旅游体验成为旅游体验的重要部分。

（二）信息更海量：散客时代的新信息模式

《旅游法》的出台，加剧了我国旅游散客化的趋向。《旅游法》对旅行社强制购物的限制，令旅游线路价格猛增，散客时代加速到来。根据国家统计局和国家旅游局公布的数据，《旅游法》实施后的首个黄金周，全国共接待游客4.28

---

① 中国互联网络信息中心：《中国互联网络发展状况统计报告（第34次）》2014年第7期。

亿人次，其中国内散客游比例已达70%左右①，散客旅游已成为市场的绝对主体。

管理100个人的团队与管理100个散客，信息模式完全不同。从团队到散客，带来的是海量流动、海量数据。这既是景区巨大的发展机遇，也是巨大挑战。按照全国假日办统计，2013年国庆假期期间全国共接待游客仅比2012年同期增长0.7%，但问题爆发得很多，多处景区（包括九寨沟）发生大规模游客滞留现象，说明目前景区管理模式不足以应对散客时代的海量流动。另外，现代商业发展的根本在于掌握海量数据，散客时代为景区带来远比旅行团更有价值、更丰富、更具变动性因而也更有参考价值的一手数据，创造新的商业价值、管理价值和服务价值。

（三）环境更成熟：高速发展的上下游产业链

随着智慧旅游的市场价值逐步凸显，智慧景区上下游产业均快速发展，并且成为资本追逐的重要领域，2013年全国在线旅游领域全部投、融资（包括VC、PE、IPO、债券、并购等）42起，超过千万元级别的典型企业投资8起。截至2014年6月20日，国内在线旅游行业共计发生投资事件39起，数量与2013年全年基本持平②。资本的涌入快速推动智慧景区上下游产业的发展，令智慧旅游产业体系逐步形成，发展智慧景区，必须将其放在产业链一环中进行考量。

二 我国智慧景区的变革与创新

从2010年九寨沟提出建设"智慧九寨"智慧景区时，智慧景区开始进入游客的视野。2011年国家旅游局提出智慧旅游发展战略后各地开始智慧旅游探索，此后，北京、上海、四川、福建、河南、吉林、广西、镇江、南京、无锡、苏州、杭州、大连等地提出了智慧旅游发展规划，智慧景区建设风起云涌。

（一）阶段判断：智慧景区的大服务转型

景区技术化发展从数字景区起步，目前已经走到了大服务转型的关键阶段，

---

① 全国假日旅游部际协调会议办公室：《2013年国庆假日旅游信息通报（第7号）》2013年第10期。
② 参见本书杨彦峰等的文章《中国在线旅游的发展》。

这一转型主要包括三个方面的特征。

第一，从以技术为核心转向以需求为核心，游客满意程度成为智慧景区的工作核心；景区发展诉求从数字化转向智慧化，发展原动力从供给导向的智能转向需求导向的智慧；基于服务的流程再造成为工作的关键；景区的发展目标和智慧化工作的发展目标合一。

第二，从基于独立管理平台的封闭式数字景区转向基于综合化服务平台的开放式智慧景区；构建智慧旅游体系并使之成为智慧景区新的发展框架，景区智慧系统和社会化智慧系统合一。

第三，智慧服务从景区管理服务的一部分变为融入景区管理服务的所有环节；景区智慧化水平成为管理的内生要素，人本关怀、技术支撑和精细服务合一。

（二）格局判断：先发景区引领的新网络化格局

目前，国内智慧景区的发展趋势是先发景区引领，逐步形成网络化格局。一方面，九寨沟、张家界、黄山、武夷山、泰山、颐和园等智慧旅游的先发景区引领着国内智慧景区建设的潮流，带动其转型升级；另一方面，新的网络化格局已经形成，智慧景区的建设已经逐步形成合力。

（三）系统创新：五位一体、十项目标

目前，我国智慧景区建设，逐步形成基于游客需求的"五位一体"的发展领域引领，"十项目标导向"的新体系。

"五位一体"的发展领域包括：面向游客需求如何定制、面向游客数据如何利用、面向游客终端如何开放、面向游客市场如何对接、面向游客问题如何管理。"十项目标导向"是指：可定量（景区服务管理建立在数据定量的基础上）、可预测（游客宏观、微观数据均可预测）、可监控（景区动态可监控）、可定制（游客服务可以定制）、可管理（游客、环境、景区软硬件均可管理）、可引导（游客行为可引导）、可对接（服务活动可与市场对接，景区技术数据可与社会化服务商对接）、可节约（实现景区精明增长）、可反馈（游客体验可反馈）、可学习（景区智慧系统可自我学习）、可生长（景区智慧系统可自发生长）。

1. 系统启动之一：面向游客需求如何定制

进入散客旅游时代，自助游、自由行成了新的趋势，游客个性化需求日益显现。为应对这一趋势，各地借助于智慧旅游实践，借助于现代信息技术的应用，

为游客提供定制化旅游服务，游客可以依据自身的需求、偏好、时间、消费习惯，设计私人的旅游方式、旅游线路、消费项目，满足游客个性化需求。

一是借助现代技术获取游客大量信息，识别游客旅游需求。如通过物联网、大数据的使用，监测游客的位置信息、消费习惯、在景区的行为方式，以及游客在诸如微博等社交网站上的评价，了解游客的消费。

二是为游客定制旅游线路提供充分的信息服务。旅游景区和旅游业界通过建立各类旅游网站、微博等媒介，发布景区信息、旅游线路信息、交通信息、住宿信息、餐饮信息、优惠信息、价格信息、其他游客的经历，甚至景区的天气、客流等动态性的信息，并设置了一些虚拟旅游体验，为游客选择私人线路提供帮助。如大连市旅游局与城建局合作，共建基于数字城管三维实景的旅游应用，力图实现"实景虚拟旅游"。

三是一些城市和景区设立旅游网站或者新的智能系统，为游客提供个性的旅游线路定制服务。一些景区和旅行社依据游客的时间、预算、爱好等，为游客提供旅游路线及服务的个性化选择，甚至建立一些新的智能系统，为游客智能地提供可供选择的线路和产品组合安排。如南京推出的"自游南京目的地旅游行程的规划系统"，能够为游客制订智能化的旅游线路、提供住宿等规划服务。

四是搭建便捷的旅游交易平台，使游客能通过各类客户端，在线完成旅游服务购买活动。这既包括第三方旅游交易平台，也包括景区自建的旅游电子交易平台。如南京市在天猫商城开设南京旅游官方旗舰店，提供便捷的游、宿、购、食、娱、行等信息查询和在线交易服务；2012年江西省旅游局建设的江西智慧旅游网上线，提供Web3.0、移动互联网技术为游客提供个性化旅游定制服务的平台。

五是为游客提供定制化的全程的景区导览服务。借助于现代的识别技术，依据游客的位置、年龄、爱好等，为游客在景区的游览线路提供个性建议，游客可以选择个性的讲解语言、讲解风格。如浙江宁波市镇海区"智慧旅游"中的手机导游软件能够帮助游客自我导览。

2. 系统启动之二：面向游客数据如何利用

大数据时代，游客规模的持续扩大，新型技术的应用，使得随时随地对旅游业进行监测、对游客行为进行自动识别、感知，获得海量旅游数据成为可能，而高效利用这一海量数据既是对资源的再利用，也是整个智慧旅游的关键内容。

第一，以游客为中心，构建旅游数据中心。通过各种技术搜集整合相关旅游数据库，将景区、旅行社、酒店、旅游相关产业信息资源以及游客信息整合在一

起，形成旅游云数据中心。如西樵山风景区在游客服务中心建设了数字化信息机房，建立了统一的数据中心，实现信息资源集中、高效、便捷的管理和应用；苏州也建立了"云计算旅游数据中心"，提供"一云多屏"和"一云多路"的旅游信息服务。

第二，强化数据的分布式和开源式特征，将政府（旅游部门与其他职能部门）、企业（旅游企业和科技企业）、游客个人都融合进整个信息系统之中，实现多方的互动、交换和共享。一方面，加强旅游业界信息的共享和整合，另一方面，注重建立游客旅游信息的反馈机制。游客利用信息的同时，也会展示其自身消费行为、游记等个人信息，进而收集游客旅游行为信息，游客也主动参与到数据制造和分享中。如黄山市各景区通过二维码平台，基于WIKI百科模式，在景点、人文、商户、线路等信息下旅客可自主维护景点信息和自由评论，获取游客所需的信息。

第三，强化数据的分析和挖掘，提供个性化服务。一方面，通过对数据中心的处理、挖掘和分析，获得有关游客的深度分析、景区的热点分析、有关旅游业发展态势分析，洞察游客和旅游业特征，为景区、酒店等相关行业的产品开发、市场营销提供参考；另一方面，这一数据分析也能为游客提供针对性的服务，给提供信息服务的群体提供参考。

第四，多渠道、多路径、多终端为游客提供移动、泛在地旅游信息服务。借助于旅游数据中心这一"数据云"，通过网站、电脑、触摸屏、手机、iPad等移动终端，将相关的信息推送给游客，提供随时、随地、随需要的旅游信息服务。例如，苏州智慧旅游建设中的"一云多屏"通过电脑、手机、触摸屏、数字电视和其他设备，全方位地向游客提供信息服务。

3. 系统启动之三：面向游客终端如何开放

智慧旅游实施环节中，一个重要的环节是各类游客终端的存在。借助于各种游客终端的存在，将游客与旅游数据中心连接起来，将游客与企业、政府等部门联系起来，游客也因此能够获取相应的旅游服务，进入到智慧旅游的生态系统，获得旅游行程制定、预订、支付、导航、景点定位、景区游览、景区解说、美食推介、娱乐休闲、旅游咨询投诉、旅游分享等服务。游客终端成为一个智慧旅游的关键入口，这些终端工具的普及率也成为整个智慧旅游能否顺利推进的关键所在。

为此，在智慧旅游的推进中，各个主体都将终端旅游开发作为重要抓手。一方面，面向游客的终端日益普及，且呈现出本地化、移动化、社交化、交互式的特征，使得游客能跳出位置和时间限制，获得泛在化、个性化旅游服务，获得相应的基于位置的服务，使得远程的分散的资源本地化，实现与旅游者实时的互联、互通和互动；另一方面，面向游客的终端开发日益丰富，除了传统的网站、电脑、触摸屏等终端之外，手机端、第三方客户端等移动智能终端层出不穷，更多的新的移动客户端不断涌现，游客终端的普及率也日益提高。

4. 系统启动之四：面向游客市场如何对接

旅游市场变革，新技术、新媒体出现，改变了消费模式、消费行为，重塑了信息制造、组织和传播方式，旅游市场营销也在这个过程中不断演进。智慧旅游时代下各种终端和网络，成了联系人与人之间的接口，个体被嵌入在这样或那样的社交网络之中，移动、互联、共享成了基本的特征，旅游的需求也日益受到这些新的社交媒体的影响。市场营销的组织也应该更多接入到智慧旅游所创造的生态系统，借助于自媒体，吸引更多游客参与和进入，建立良性互动渠道。近年来政府运营的各类旅游类微博、微信公共账号和旅游APP的发展已显露出这一趋势。智慧旅游时代，旅游海量数据的建立、挖掘和利用，能够提供游客身份特征、爱好、位置、消费模式等的精确信息，了解游客的个性需求，进而在市场营销过程中，对潜在游客开展精准的营销，为游客推送精确的个性化的旅游信息，实现更加直接的市场营销。

5. 系统启动之五：面向游客问题如何管理

海量游客移动，对游客管理提出了更大挑战。如何借助物联网等现代技术，实现对景区精细化、动态化、全面及时的智慧管理是景区发展的关键。现实中，在应对游客管理方面，智慧旅游主要体现在景区门票管理、游客定位服务与管理、游客流量管理和景区资源环境监测四个方面。更有一些景区在探索基于技术的综合管理模式，例如九寨沟的"智能导航搜救终端及其区域应用示范系统"项目，利用北斗卫星导航系统等相关技术，在九寨沟实现游客个性化服务、通信无缝覆盖、救援快捷到位、景区智能管理等多种功能。

三 我国智慧景区的未来发展：无限的智慧，无限的服务

智慧景区的未来，不仅仅在于追随西方世界，满足于用技术解决问题，中国智慧景区的出路更在于用无限的智慧提供无限的服务。

（一）追溯人本源头

智慧源于对人的认识，无限的智慧则要无止境地加深对人的认识。这其中的关键是如何形成和积累海量信息，如何通过海量信息分析人，如何利用海量信息服务人。智慧背后是对人需求的判断，如《孤独星球》，如杭州的自助自行车，并不一定包含高深的技术手段，却是真正的智慧旅游工具。智慧旅游不一定有技术含量，但分析放在什么位置，需要技术。我们需要整合技术的和非技术的手段，识别人、认识人、服务人。发展智慧景区的前提是智慧地认识智慧，要深切认识到，智慧不是拼技术，智慧不是比投入，智慧不是上设备。

（二）构建系统化智慧

智慧是一个系统，未来的智慧景区建设，要超越单体、超越环节、超越景区，要将景区自身的智慧，无限嵌入到商业系统、社会系统、消费全程、管理系统中去，构筑基于移动的智慧、基于流动的智慧、基于跨时的智慧、基于信息的智慧。

（三）互联网思维融入智慧景区

智慧的时代化发展，是用互联网思维发展景区，这涉及我们迄今为止涉足未深的一个领域。用一系列关键词来勾勒互联网思维，包括入口、流量、开放、创新、众包、长尾、平等、平台、数字化、免费、用户体验。我们必须思考，如何深入将互联网思维融入景区，否则，我们很可能在不久的将来重蹈 iTunes 颠覆音乐产业、iPhone 颠覆传统手机制造业、Tesla 颠覆汽车制造业的覆辙。

（四）回归中国式的智慧，中国式的服务，中国式的智慧旅游

中国的智慧景区，本质上是中国化的智慧服务，中西需求的不同，导致服务理念的不同，最终导致不同的智慧模式。中国服务，讲求人的互动、心的交流，讲求"和而不同"，孔子说"天地之性人为贵"，《礼记》说，"太上贵德，其次务施报。礼尚往来，往而不来，非礼也；来而不往，亦非礼也"。东方智慧还认为，"将欲取之，必先予之"，讲求四两拨千斤，将这些真正的东方的智慧转化为智慧景区建设的内核，是智慧景区建设跳脱工具化思维，走向真实竞争力的重要路径。

G.10
2014年中国自驾车旅游发展报告

中国社会科学院旅游研究中心*

摘　要： 伴随中国自驾游持续快速增长，人们对自驾车出游的条件与服务提出了更高标准，人数众多的自驾车出游群体也引发了新的矛盾与问题，对管理机构与行业经营者提出了更多要求。出行方式的改变正在悄然改变着旅游产业的诸多要素，从旅游者到管理机构，从旅游服务机构到公共保障系统，各个主体都在积极应对。当前，自驾游主要特征表现为：规模持续增长，经验意识不断增强、驾车出游的形式日益丰富。展望未来，融合发展、区域拓展、产品升级成为发展趋势。

关键词： 自驾游　特征　趋势

自驾游，是自驾车旅游的简称，属于自助旅行的一种类型。中国自驾游从20世纪90年代开始出现，与中国的经济社会发展及人们的休闲需求同步增长，经过20多年的快速发展已经成为深受人们喜爱的出游方式。2014年中国自驾出游的人群继续稳定增长，旅游者在经验积累的基础上开始更多地选择自驾出游；旅游企业积极应对，改善设施、提升服务；管理机构关注发展并开始着手制定标准；相关产业针对自驾游开始尝试创新服务。2014年有关于自驾游的问题在多个文件及会议中被提及，自驾游的发展受到各方面越来越多的关注。2014年10月29日，国务院总理李克强主持召开国务院常务会议时提出："要促进经济提质增效升级旅游休闲消费。落实职工带薪休假制度，实施乡村旅游富民等工程，建设自驾车、房车营地。"

---

* 课题组成员：马聪玲、刘汉奇、吴金梅、金淮、曾莉、鲁青山、张欣、宋磊、吕宁、席威斌；学术顾问：张广瑞、宋瑞；本报告执笔人：吴金梅。吴金梅，旅游管理学博士、高级经济师、副研究员，中国社会科学院旅游研究中心副主任。

旅游绿皮书

一 中国自驾游发展的背景及条件

自驾游的发展与社会经济总体环境密切相关。无论是经济发展、国民收入的大背景，气候年景、道路交通的大环境，还是休假安排、高速免费的具体条件，都直接影响着自驾游的发展。

（一）中国社会平稳发展为自驾游提供了良好环境

中国经济、社会平稳运行，消费需求旺盛，投资持续增长。国民经济呈现稳中有进、稳中向好的发展态势。目前，中国的经济总量已居世界第二，经济发展进入新常态。在经济一路向好的过程中，居民收入继续增长，当前中国居民人均可支配收入已经达到3000美元，并且还在持续增长。各项社会事业健康发展，政治环境安宁，社会治安良好，为自驾出游提供了基本环境。2014年总体正常的气候年景也为自驾出游提供了天时。

（二）中国旅游发展为自驾游发展提供了基础

从全世界范围来看，中国旅游业的外部环境进一步优化，大众化的旅游发展趋势更加明显。从国内来看，以《旅游法》的出台为标志，国家把旅游业定位为战略性的支柱产业和现代服务业来加以培育。从旅游统计数据来看，2013年，国内游客32.6亿人次，比上年增长10.3%；国内旅游收入26276亿元，同比增长15.7%。根据世界旅游组织相关统计，中国2013年以境外旅游消费1020亿美元，跃居世界第一，同时也成为世界第一大出境客源市场。

（三）相关环境优化为中国自驾游提供了条件

《交通运输"十二五"发展规划》中提出，到2015年，我国公路总里程达到450万公里，事实上2013年末全国公路总里程已达435.62万公里，预计这一目标可以确保完成。2014年初，全国高速公路里程达10.44万公里，已经超过美国，跃居世界首位[①]。

我国车辆和驾驶人保持快速增长。2014年初，全国机动车数量突破2.5亿，机动车驾驶人近2.8亿。汽车租赁企业经营规模不断增长，经营网络覆盖地域更

---

① 《2013年交通运输行业发展统计公报》，公安部交通管理局网站。

广。但从汽车租赁总体数量上来看，与我国汽车保有总量相比仍处于较低水平。我国现有汽车俱乐部20000余家，绝大部分4S店、品牌车友会等以汽车为主题的俱乐部中，自驾出游都是车友活动的主要内容。

近年来，我国的房车保有量和露营地的数量都以较快速度增长。目前我国房车保有量达到近10000辆，有一定规模、能维持正常运营的露营地近200家。

2014年，我国继续实行由公休假日、法定节日（元旦、春节、清明、五一、端午、中秋、国庆）、探亲假、年休假以及其他休假组成的休假制度。春节、清明节、劳动节、国庆节等四个国家法定节假日，对7座以下（含7座）载客车辆包括允许在普通收费公路行驶的摩托车，实行免费政策。

二 中国自驾车旅游发展形势与特征

当前，中国旅游业面对外部环境的变化正处在不断调整、规范提升的阶段。自驾游也在快速增长中寻找符合中国特色的发展路径。

（一）自驾游发展的政策环境

《国民旅游休闲纲要（2013～2020）》（以下简称《纲要》）从落实保障国民旅游休闲时间、改善国民旅游休闲环境、推进国民旅游休闲基础设施建设、加强国民旅游休闲产品开发与活动组织、完善国民休闲公共服务、提升国民休闲服务质量等六个方面促进国民旅游发展。《纲要》明确提出了"支持汽车旅馆、自驾车房车营地等基础设施建设""鼓励开展自驾车旅游"，为自驾游的快速发展提供了强有力的政策支持。2013年10月1日《旅游法》开始实施，着力规范旅游市场秩序，引导旅游企业健康发展。《旅游法》对于遏制零负团费、消除旅行社行业恶性竞争、净化旅游市场起到了积极的作用，对于严重扭曲的旅游产品价格进行了调节。客观上，推动国民旅游的进一步散客化趋势，使得自驾出游的比例大大提升。2014年国务院发布《关于促进旅游业改革发展的若干意见》等相关文件，明确提出了完善交通服务、提升旅游安全保障等一系列具体要求，进一步促进我国自驾游外部条件的提升。2014年8月，国家旅游局在全国旅游工作会议上指出，"中国未来旅游特点会呈现新趋势，旅游业的新产品和新业态层出不穷，像海洋旅游、自驾车旅游还有房车旅游等新业态正在成为引领旅游消费增长的重要的领域"。2014年10月29日，国务院总理李克强主持召开国务院常务会议时更提出："要促进经济提质增效升级旅游休闲消费。落实职工带薪休假制

度,实施乡村旅游富民等工程,建设自驾车、房车营地。"透过各种与自驾游发展相关的表述与指示可以看出,自驾游这一日益增长的旅游者群体正在受到越来越多政策层面的关注,这些表述与指示也清晰地勾勒出了支持与倡导自驾游发展的政策倾向。

(二)自驾游发展的基本形势

我国自驾游目前呈现如下发展形势。

其一,自驾游总人数持续增长并已达到年度出游人数的一半。2012年中国自驾游的总出游人数约为13.6亿人次,2013年自驾车旅游总人数约为17.3亿人次,较2012年增加3.7亿人次,增幅为27.2%,占年度出游人数的53%,2014年自驾出游人数持续增长。当前,自驾出游已经成为我国散客出游的主要部分。

其二,自驾出游以500公里半径以内的中短途为主。从全国来看,自驾出游的线路形成了多个以城市为核心的自驾游旅游圈。抽样调查显示,2013年自驾车旅游单次出游平均时间为1.71天,略高于2012年。2014年自驾游长途线路增长迅速,中短途线路更丰富。

其三,自驾游人均消费略高于城镇旅游人均花费。自驾游旅游者在旅游消费选择上更追求个性与体验。从住宿、餐饮、娱乐等旅游常规消费来看,自主性更强、自由度更大。在旅游购物上自驾游者更喜欢旅游地具有地域特色的土特产品。2013年国内单次自驾出游人均花费为969.01元,花费包含门票、住宿、餐饮、购物、娱乐等一般旅游消费,及燃油费、高速公路收费、停车费等必要出行支出,未包含车辆维修、保养、保险等费用。2013年自驾出游的花费较2012年有较大幅度增长,略高于同年度城镇旅游人均花费(2013年国内城镇旅游人均花费946.6元)。跟随俱乐部出游的自驾游花费,因不同线路长度,人均费用从几十元到十几万元不等。

其四,休闲度假是人们自驾出游最主要的目的。人们自驾出游的目的有很多种,最多的是去休闲度假,紧随其后的是观光游览和探亲访友(见图1)。

其五,网络是自驾游信息获取的最主要方式。通过各类网站查找信息是自驾旅游最主要的信息获取方式,其次是熟人推荐介绍,值得关注的是以移动终端为载体的短信、微博、微信等,已经成为自驾旅游信息获取的方式之一(见图2)。

其六,相关产业正在进行探索和实践。在自驾游快速发展的催动下,与驾车出游相关的汽车救援、维修保障、旅游保险、金融服务、信息服务等企业,开始尝试打造适应自驾游者需要的专属产品与服务。目前来看,这些探索还只是个开

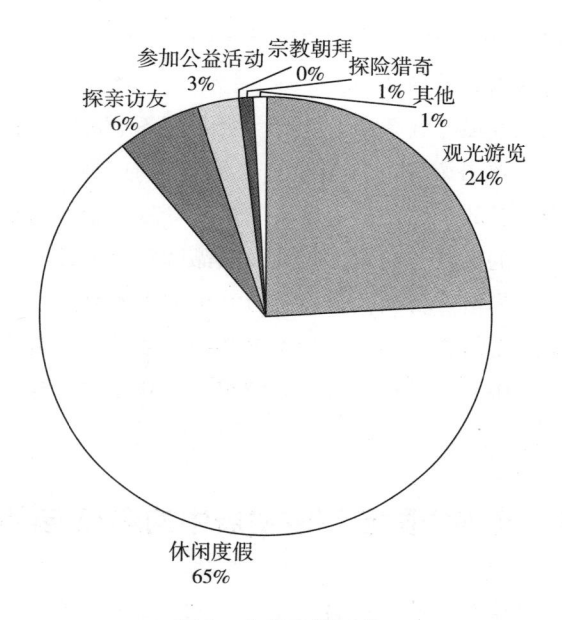

图 1　自驾出游目的

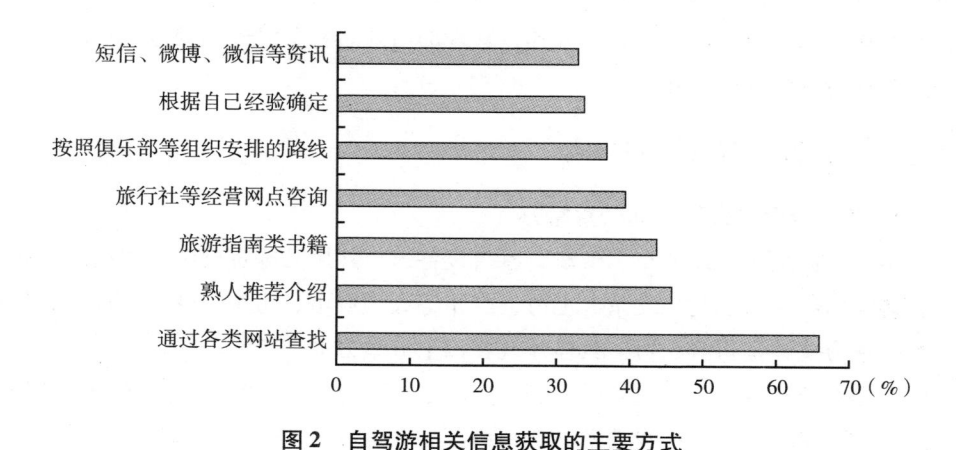

饼图数据：
- 休闲度假 65%
- 观光游览 24%
- 探亲访友 6%
- 参加公益活动 3%
- 宗教朝拜 0%
- 探险猎奇 1%
- 其他 1%

图 2　自驾游相关信息获取的主要方式

条形图数据（%）：
- 通过各类网站查找 约 65
- 熟人推荐介绍 约 45
- 旅游指南类书籍 约 43
- 旅行社等经营网点咨询 约 40
- 按照俱乐部等组织安排的路线 约 37
- 根据自己经验确定 约 33
- 短信、微博、微信等资讯 约 32

头，自驾游市场期待更多创新的产品来满足需求。与驾车出游相关的营地建设和自驾车、露营产品等企业快速发展，这些在国外已经成熟的经营项目，正在积极调整以适应中国自驾游的特有需求与特点。

（三）自驾游的年度总体特征

其一，规模持续增长。我国自驾游规模快速增长，体现在自驾出游人数、人均出游频次、人均及总体花费、出游时间长度四个指标的同步上升。目前，自驾游已经成为我国散客出游的主体。

其二，经验意识增强。旅游者、政府、企业等各个自驾游主体经验意识普遍增强，主要体现在自驾出游者的更加成熟，地方政府对自驾游的重视与着力推广，自驾游相关经营者的产品创新与丰富，景区等旅游企业的提升与完善，金融保险等相关服务企业的实践与探索，行业发展品牌联盟的建立与规范化的启动。

其三，形式不断丰富。目前，自驾游有三个突出的亮点：一是国内中长线路快速增长；二是出境自驾游产品的稳步发展受到关注；三是自驾游的主题性、目的性更强。在这一年中，从汽车销售到公益组织，众多主体参与了自驾游活动的组织与发起。

三 当前中国自驾游发展中的热点与问题

在国际、国内环境和产业发展背景下，自驾车旅游市场潜力得到快速释放，各地区、景区推出大型活动和各项优惠措施着力吸引自驾游客；各个经营主体和相关行业交叉融合，创新产品和服务；管理部门开始着手促进和规范，不断推动整个行业专业化和标准化发展。

（一）自驾游发展的热点

1. 自驾游相关大型活动频繁举办

房车、旅居车、改装车、豪车、冰雪设备、户外用品等自驾游相关设施设备展在各地举办，特别是在北京、上海、广州等大型城市，房车、露营、自驾游等户外生活方式逐渐得到认可。具体体现在以下五个方面。

一是行业协会组织的自驾游大型活动增多。在过去的一年，自驾游相关的协会组织进一步壮大，这些自驾游分会组织开始在地方推动自驾游的快速发展，在组织会员出游、促进行业经验交流、推动地方政府进行自驾游相关设施建设和改造、推广自驾游新线路等方面，发挥着重要作用。

二是跨区域联合类自驾游相关活动兴起。自驾游作为一种新型旅游方式，各地在发展过程中迫切需要进行跨区域的合作和经验交流。多地齐发的这些活动，互相呼应，相互合作，共同推动了国内自驾游的发展。

三是经过近十年的发展，自驾游相关的基础设施经过初期的投资、规划、建设，在最近一两年内开始越来越多地投入使用，各类开营仪式、开业仪式相关的大型活动增多。

四是体育赛事同自驾游大型活动的融合。在国民旅游中最具活力的自驾游消费市场火爆的同时，体育部门也在组织汽车自驾相关的大型赛事。体育赛事同自驾游相结合，在全国产生了一大批的大型活动。

五是同地方推介相结合的自驾游大型活动开始增多。有组织的自驾车旅游车队规模大、消费能力强、媒体效应显著，也逐渐成为各地组织节庆活动、进行旅游目的地或新线路宣传的重要推手。

2. 自驾游相关公共服务改善

2014年是国家旅游局提出的"智慧旅游年"，智慧旅游试点工作极大地推动了自驾游相关公共服务。在智慧旅游城市建设中，已有城市推出了智慧旅游移动应用终端APP，把旅游综合资讯同手机终端合二为一，游客通过手机终端可以使用旅游线路规划、目的地资讯、景区导览、酒店餐饮预订等功能，实现导航、导游、导览、导购的智慧化旅游服务，特别是方便了以散客为主的自驾游客。

3. 相关行业蓬勃发展

其一，自驾游相关的汽车俱乐部发展迅猛，并呈现以下特征：①俱乐部的专业化、标准化、连锁化趋势凸显。经过多年的发展，汽车俱乐部在实践中积累了大量的经验，已经开始进行经验的梳理和行业标准的制定，并且开始进行全国主要城市关于自驾车救援、维修、保养等服务的网络化布局。②自驾游俱乐部经营呈现多元化趋势。有的自驾游俱乐部专注国内产品开发，而有些自驾游俱乐部则推出了日本、韩国、埃及、欧洲、希腊等境外自驾游产品，自驾游俱乐部经营呈现出多元化发展格局。③自驾游俱乐部的联合化趋势明显。各地出现多家自驾游俱乐部联盟、自驾游联合会等组织，自驾游俱乐部在信息共享、市场互换、客户服务方面达成协作，整合资源，形成合力，共同开发自驾游市场。

其二，旅行社与电商都看好自驾游商机，纷纷加快在自驾游领域的布局。早在2005年，国旅总社就设立了自驾游部门。近两年来，国旅加快了在自驾游领域的布局，建立在全国系统内的自驾游销售网络，旅游类电子商务企业携程、乐途、蚂蜂窝等已经提供海外自驾、国内自驾、自驾景区门票、租车服务、保险服务等一系列自驾游相关产品的预订。同时，互联网企业淘宝、京东、腾讯、百度也开始涉足旅游行业，例如京东就推出了国内租车服务。旅行社、电商的加盟，使得自驾游市场经营主体更为多元，竞争日趋激烈。

其三，汽车租赁行业开始调整策略和重心，个人化的短线租车预订服务提升，长途飞机、高铁同租车的无缝化衔接服务正在紧锣密鼓地布局，汽车租赁企

业跨界融资合作加强。

其四，自驾游信息服务不断完善。在自驾游大环境利好的形势下，井喷式的市场表现也激发了大量的自驾游信息服务机构的蓬勃发展。这些信息服务机构或者依托传统的自驾游相关杂志，或者依托各类网站，或者依托旅行社，利用新媒体的形式，进行自驾游信息提供、产品推介和线下活动的组织等。以微信公众号为例，近两年迅速涌现了517自驾游、太白自驾游、心动自驾游、汽车自驾游杂志、行者无忧自驾游、海蓝车友会自驾游、同行西部自驾游、乡土户外自驾游、山东自驾游网、乐天自驾游俱乐部、哈铁国旅自驾游、自驾游驴友旅游攻略等一大批自驾游信息提供网站。新媒体在自驾游信息传播和产品推介方面的应用，彻底改变了以往短信、电话、邮件、QQ等信息传递方式，转而更为依赖微信、微博等新媒体的信息传递和组织方式。

其五，自驾游相关保险产品日益丰富。针对自驾车旅游者以及自驾车旅游俱乐部，保险公司推出了多种保险产品，为自驾游保驾护航。以平安公司为例，已经开发出针对自驾车俱乐部的"自驾车俱乐部责任险""财产综合险、车险、物流责任险""境内、境外意外险"等多种产品，这些险种对俱乐部组织自驾游活动中出现的意外所带来的风险和损失，游客的人身、财产安全进行了保障，对自驾游健康平稳发展意义重大。

其六，交通产业开设自驾游专门产品。2014年，北京铁路局在国庆假期首次开通北京至杭州往返"自驾游汽车运输专列"，并辅以动车组旅行运输专列。这是国内开行的首条客运和汽车运输捆绑线路。APEC会议期间，北京铁路局又开通了6个方向的自驾游汽车运输专列，这种自驾游汽车运输专列服务模式更加多样，旅客可根据自己的实际情况和需求，选择单程或往返汽车运输服务，旅客本人可自行选择交通工具前往目的地，时间安排更加灵活方便。火车与轮船等传统交通运输产业开始进行自驾游产品的开发，虽然还只是个开头，效果还有待检验，但这些尝试都说明了自驾游这个市场具有强大的吸引力与空间机会。

（二）存在的主要问题

纵观国内自驾游发展态势，从消费层面看仍然存在非常大的市场潜力。但从供给层面看，无论是自驾游相关的汽车俱乐部、保险救援、旅行社、电商、景区还是当地政府都在剧烈的调整和变动之中，自驾游供给产品陆续出台，但仍然存在很多空白点和缺失环节，还远未形成完整的、覆盖自驾游整个行程的接待体系和接待能力。需求供给与服务保障等问题更加凸显，设施服务不能满足自驾游发展的需求，出行安全保障与救险援助亟待加强，信息输导缺乏前置性与区域对接，行业运行规范管理尚需提升，龙头企业有待培育，产品创新需要支持，相关政策与国际接轨期待突破等问题是目前我国自驾游发展面临的最大挑战。其中，有两个核心问题制约着行业的进一步发展。

其一，地方为自驾游提供公共服务有待加强，接待服务设施有待完善。虽然自驾游市场火爆引起各地政府的关注，但如何把握这一新兴市场的商机却让地方政府找不到工作"抓手"。自驾游服务体系建设不仅需要市场形成加油站、营地、餐饮、购物、保险等产品，还需要政府提供环境、道路、标识、信息、安全等公共服务，但目前自驾游在信息发布平台、道路标识系统、救援保障、道路管理等多个方面仍然存在制约因素，存在着道路标识不清，公路信息对自驾游游客引导性不强，多个收费站并立重复收费，厕所、停车场爆满，景区景点信息不足，保险救援服务缺乏等问题，大大降低了自驾游客的出行体验。特别是缺乏宏观上对庞大的自驾游市场的信息发布平台、引导和预警服务，使得公共假期自驾游车流堵塞严重。

其二，自驾游组织者的经营资质亟待解决。根据《旅行社管理条例》，旅行社是指从事招徕、组织、接待旅游者活动，为旅游者提供相关的旅游服务，开展国内旅游业务、入境旅游业务和出境旅游业务的企业法人。目前自驾游俱乐部、车友会、网络论坛、媒体等多个主体都在组织自驾游活动，但这些活动还仅限于会员服务的一种，多数组织者不具备组织自驾旅游活动的主体资格，有些车友会等甚至不属于企业法人。自驾游俱乐部等相关组织者虽然具有一定的专业经验，但却缺乏主体资格而难以扩大规模，尚不能面向社会进行客源的组织和招徕，其从业人员包括领队和导游，也不具备相应的领队和导游资格，不能够享受景区的免票政策。虽然部分俱乐部已经开始申请旅行社资格，但目前来看，自驾游俱乐部主体资格问题是限制行业进一步发展的深层次制约因素。

四 中国自驾游发展趋势与展望

自驾游的发展已经使当前中国的旅游市场出现诸多改变。市场格局，从目的地为主到跨区域组合；消费行为，从旅游观光为主到全面生活体验；产品服务，从对人的服务到人加车的全方位服务；公共产品，从基础服务向联合、专业、创新过渡。从发展来看，自驾游正在呈现融合、拓展与升级的新趋势。

（一）融合发展

1. 行业融合

自驾游是汽车服务业同旅游休闲产业相互融合的结果。20世纪初期欧美汽车工业的大发展，推动了汽车研发、设计、营销、修理、美容、救援等服务业的快速发展。这种不断细分的汽车服务业同大众旅游休闲潮流的结合，产生了多种形式的自驾游活动。20世纪90年代以来的这种汽车服务业同旅游服务业的融合过程，不仅带来旅游交通工具的升级换代，更带来消费乃至生活方式的全面转变，是自驾游这种新业态产生的前提。同时，这一行业融合的趋势也影响了自驾游的多样化发展，例如，自驾旅游形式同体育业的结合，形成了汽车拉力赛、汽车越野赛等多种形式的自驾旅游活动，较为著名的有"银川国际汽车摩托车越野赛""黑龙江两极汽车拉力赛"等。

2. 经营主体融合

随着近十年来旅游电子商务的蓬勃发展，旅行社的发展空间受到严峻挑战。中央关于"改进工作作风，密切联系群众"的八项规定和六条禁令，对传统的旅行社行业带来不小的冲击，压缩了传统旅行社的生存空间。在市场不景气的大背景下，自驾游等新兴旅游形式实现逆势增长，传统旅行社、电商、汽车俱乐部、汽车4S店、论坛媒体等纷纷涉足自驾车旅游经营，出现了旅行社同汽车俱乐部融合的趋势，目前很多汽车俱乐部开始申请旅行社资格，很多旅行社也开始开发自驾旅游产品、培训自驾旅游人才。此外，线上与线下经营不断融合。自驾游俱乐部、旅行社等主体也不断在线旅游代理商相融合，旅行社开始创办自驾游网站，在线旅游代理商也开始经营多样化的自驾旅游产品，寻求同汽车俱乐部的合作，线上线下进行互动。

3. 组织联盟

国内专做自驾游的俱乐部数量较少、规模相对小，营利模式和渠道尚不清晰稳定，面对庞大的自驾游市场，这些组织者开始寻求组织化的力量，实现"抱团式"发展，各地自驾游联盟纷纷成立，例如北京的"目标行动品牌联盟""畅游中国自驾游俱乐部联盟""中国自驾游联盟""龙腾天下自驾游俱乐部联盟"等。

（二）区域拓展

1. 国内自驾旅游

从国内自驾的重点区域来看，在北京、上海、广州为首的京津地区、长三角地区、珠三角地区汇集了全国最为密集的短途自驾车流。而经由汽车俱乐部有组织的自驾活动，主要集中在华北地区以及山东、河南、陕西、湖南、湖北等省份。从全国范围看，这种长短结合、个人自驾和组织自驾相结合的态势还将进一步发展。

从产品形态来看，一方面，长线产品数量不断增加。例如很多自驾游俱乐部推出了从北京到江西婺源为期八天的春季赏花自驾线路、北京赴微山湖、三清山的自驾线路，北京赴云南、四川的长途自驾线路等。另一方面，长线旅游中"飞机＋租车"的落地自驾活动更为普遍。同时，从产品组合来看，自驾车旅游产品开始更多整合当地的特色旅游资源，从各地美食、多元化的住宿到土特产以及温泉、冰雪等特色休闲项目，使得自驾车旅游产品丰富度得到大幅提升，同时也延长了全年自驾游的经营时间，在未来这一趋势还将继续。

2. 境外自驾游

2014～2015年的另一个新趋势就是境外自驾旅游的兴起。随着出境旅游人数和消费的增加，参与出境自驾旅游的旅游者比例和人次都有显著增加。中国游客赴韩国、日本、埃及、德国、法国、意大利、希腊等进行自驾车旅游活动兴起。特别是一些媒体和影视机构也开始意识到境外自驾蕴含的商机，对境外自驾的主要目的地和景点进行推广，例如湖南卫视推出的《花儿与少年》大型真人秀节目、电影《非诚勿扰》通过节目和电影的传播，推广了欧洲、日本等主要境外目的地自驾游。进一步将自驾旅游目的地拓展到欧洲、日本、澳大利亚、新西兰、美国、加拿大、北极等多个区域。

3. 跨境自驾游

随着我国全方位、立体式开放格局的形成，两岸三地的自驾游格局已经形成，京津－蒙古国、黑龙江－俄罗斯、中国到中亚的古丝绸之路、云南等地的边境跨境自驾旅游活动也已经有所开展。在未来，跨境自驾旅游会成为另一种形式的边境旅游，将会推动奠定区域旅游开放的新格局。随着近年来我国同中亚各国的双边关系提升，双方资源互补，政府合作意愿强烈，旅游合作前景广阔。2010年5月，乌兹别克斯坦成为中国公民出境旅游目的地国，哈萨克斯坦、塔吉克斯坦、吉尔吉斯斯坦等国也正积极申请成为中国旅游目的地国。哈萨克斯坦的阿拉木图、乌兹别克斯坦的撒马尔罕、吉尔吉斯斯坦的托克马克、土库曼斯坦的马雷等城市都是古丝绸之路重镇，将会成为中国和中亚国家旅游合作的一大亮点，未来可以形成西安、兰州、敦煌到中亚各国的自驾游产品。此外，京津地区到蒙古国、云南边境自驾游等活动也已经有所开展，未来还有很大的发展空间。

（三）产品升级

1. 产品和服务的专业化程度将不断提升

目前，国内自驾游相关服务和产品的专业化程度较低，地方自驾游设施和服务与一般大众旅游雷同，专用性较差，不能精准满足自驾游游客的个性化需要。自驾车旅游仅依赖自驾游组织者的个人经验以及对市场、道路、目的地资源的掌控能力，难以实现规模化发展。自驾游组织者缺乏资格评定标准，产品创新能力不强。随着自驾游各相关主体意识的增强，自驾游相关协会的不断建立，行业规范、任职资格、设施标准不断出台，将会推动自驾游产品和服务的专业化发展。

2. 产品类型的多样化发展

在自驾游产品中，近郊和中短距离自驾旅游占相当大的比例。根据近两年的形势来看，未来随着市场需求的不断分化以及新的供给能力的不断形成，将不断衍生出新的自驾游产品类型，出现多元化发展的趋势：第一，形成包括近郊自驾、长途自驾、跨境自驾、境外自驾、入境自驾等长短搭配、形式多样、种类齐全的自驾车旅游产品；第二，形成车辆类型的更新换代，如房车自驾游、摩托车自驾游、老爷车自驾游等多种类型的活动；第三，形成汽车拉力赛、汽车冰雪越野等多种类型的竞技、娱乐、休闲相结合的自驾旅游产品。

3. 自驾游的特色化程度将提升

近两年，自驾游同温泉疗养的结合成为年度产品创新的亮点。自驾游的本地化和特色化趋势在未来还将凸显。自驾车旅游同当地冰雪、草原、生态、疗养、节庆、美食等特色资源的结合将形成特色化的自驾游线路；同农家乐、乡村旅馆、农场、客栈、疗养院、露营地等的结合，将形成自驾游特色化住宿体系，提升自驾游客的住宿体验；同汽车影院、实景演出、大型节庆的结合，将提升自驾游客的文化娱乐体验。自驾游这种新的旅游形式，只有经过不断地同本地资源结合，提供更为特色化、私人化的丰富体验，才能达到目的地和游客的双赢，获得长久的发展。

总之，2014年在国内大环境利好的情况下，我国自驾车旅游快速发展，市场增速明显，未来潜力巨大。地方政府、自驾游组织者、行业协会、保障企业各个主体积极融入发展潮流，共谋发展对策，地方标准和行业标准陆续酝酿出台，道路、营地设施和服务不断完善和提升。今年是自驾游开拓创新、规范发展的奋进之年。2015年自驾车相关的各经营主体将不断成熟，行业管理标准也在积极制定中，自驾游的管理和运作将更为规范，目的地和景区经营能力、服务水平、智慧化程度提升，自驾游将获得更为广阔的发展空间。

参考文献

《中国自驾游年度发展报告（2012～2013）》，中国旅游车船协会与中国社会科学院旅游研究中心共同编制，2013。

《中国自驾游年度发展报告（2013～2014）》，中国旅游车船协会与中国社会科学院旅游研究中心共同编制，2014。

·三大市场·

G.11
2013~2014年中国国内旅游的发展分析与前瞻

刘德谦*

摘　要： 在2013~2014年的这一期间内，中国国内旅游仍然以"稳健的大步"继续发展着，除了与往年相似的增长外，也显示出不同于既往的特征。在分析了2013~2014年间其总体的发展后，本报告着重讨论了旅游者的旅游消费感受，并结合《中华人民共和国旅游法》的颁布等讨论了一些民众与社会媒体热议的旅游领域的问题，并就2014年及其随后几年的发展做了一些预测性的分析。

关键词： 中国国内旅游　发展态势　旅游消费　社会热议　前瞻

一　2013~2014年中国国内旅游的基本情况

（一）2013年国内旅游发展的统计分析

据2014年9月国家旅游局政策法规司发布的《2013年中国旅游业统计公报》，"2013年，我国旅游业总体保持健康的发展。国内旅游市场继续较快增长，入境旅游市场小幅下降，出境旅游市场持续快速增长。国内旅游人数32.62亿人次，收入26276.12亿元人民币，分别比上年增长10.3%和15.7%；入境旅游人

---

* 刘德谦，中国社会科学院旅游研究中心学术顾问，北京联合大学旅游学院教授。近年来除对旅游基础理论有较多的关注外，对于中国旅游业的发展实务和中国居民休闲的实现也有较多的关心。

数 1.29 亿人次，实现国际旅游（外汇）收入 516.64 亿美元，分别比上年下降 2.5% 和增长 3.3%；中国公民出境人数达到 9818.52 万人次，比上年增长 18.0%；全年实现旅游业总收入 2.95 万亿元人民币，比上年增长 14.0%。"①

其中，全国国内旅游人数 32.62 亿人次，比上年增长 10.3%（其中：城镇居民 21.86 亿人次，农村居民 10.76 亿人次）；全国国内旅游收入 26276.12 亿元人民币，比上年增长 15.7%（其中：城镇居民旅游消费 20692.59 亿元，农村居民旅游消费 5583.53 亿元）；全国国内旅游出游人均花费 805.5 元（其中：城镇居民国内旅游出游人均花费 946.6 元，农村居民国内旅游出游人均花费 518.9 元）。

由此可以看出，在中国旅游发展的市场中，中国居民国内出游增长是低于其出境旅游的增长的，但比起略有下降的入境旅游来，它却仍然保持着"稳健大步"的上升态势。

至于 2013 年中国国内旅游发展的总体水平如何，这里我们依据国家统计局 2003~2013 各年《国民经济和社会发展统计公报》把近 10 年我国居民国内旅游的出游人数和花费列表如下（请见表 1）。

表 1 近 10 年国内旅游发展对照

年份	旅游人次数（亿人次）	年增长率（%）	旅游总花费（亿元）	年增长率（%）
2003	8.7	-0.9	3442	-11.2
2004	11.0	26.6	4711	36.9
2005	12.0	10.0	5286	12.4
2006	13.9	15.0	6230	17.9
2007	16.1	15.5	7771	24.7
2008	17.1	6.3	8749	12.6
2009	19.0	11.1	10184	16.4
2010	21.0	10.6	12580	23.5

---

① 如据国家统计局 2014 年 2 月 24 日发布的《中华人民共和国 2013 年国民经济和社会发展统计公报》，2013 年"全年国内游客 32.6 亿人次，比上年增长 10.3%；国内旅游收入 26276 亿元，增长 15.7%。入境游客 12908 万人次，下降 2.5%。其中，外国人 2629 万人次，下降 3.3%；香港、澳门和台湾同胞 10279 万人次，下降 2.3%。在入境游客中，过夜游客 5569 万人次，下降 3.5%。国际旅游外汇收入 517 亿美元，增长 3.3%。国内居民出境 9819 万人次，增长 18.0%。其中因私出境 9197 万人次，增长 19.3%"。比 2014 年 9 月国家旅游局政策法规司发布的公报更概括一些。其中对"游客"一词，国家统计局公报原注称为规范指标名称，2014 年统计公报已经将往年公报中的出游人数、旅游人数、旅游者统一称为"游客"。

续表

年份	旅游人次数（亿人次）	年增长率（%）	旅游总花费（亿元）	年增长率（%）
2011	26.4	13.2	19306	23.6
2012	29.6	12.1	22706	17.6
2013	32.6	10.3	26276	15.7

资料来源：国家统计局2003~2013各年《国民经济和社会发展统计公报》（为了便于与国家统计部门的其他有关数据进行对照和计算，本表和以下诸表的相关数据均采用国家统计局《国民经济和社会发展统计公报》的正式数据）。

说明：表中2011年"年增长率"所列国内旅游人次数13.2%的增长和国内旅游总花费23.6%的增长，是使用国家统计局2012年2月22日发布的《2011年国民经济和社会发展统计公报》数据。这个数据是用2011年国内旅游人次数、国内旅游总花费与2010年的"可比数据"相比较得出的（由于2011年统计部门对国内旅游的统计方法做出了调整，故2010年的相应"可比数值"并不是表1显示的2011年2月28日《2010年国民经济和社会发展统计公报》公布的国内旅游数据，而是以新统计方法测算的目前尚未正式公布的2010年数据，因而此表中只能将并不能够简单比较的两组数据并列）。

因为2003年"非典"肆虐造成的居民出游的受限，所以形成了2004年居民国内旅游需求的补充释放的态势（出游人数同比增长26.6%，旅游花费同比增长36.9%）。而在其后的2005~2013年的9年中，我国居民国内旅游出游人数与旅游花费的增长率都没有如此悬殊的现象。

从表1可以看出以下几点。第一，2013年我国国内旅游出游人次数和旅游总花费的绝对数都处于这10年的最高位，居民出游人次数比2012年增加了3亿，旅游花费比2012年增加了3570亿元，可是其增速却处在近9年的中等偏下水平；第二，如将2013年国内旅游出游人数的数量与前8年比较，则其年增量低于2011年，高于2004~2009年中的各年，大致与2010年、2012年处在同一水平；第三，如将2013年国内旅游出游人数的增速与2005~2013年9年的平均增速11.54%[①]比较，则低了1.2个百分点；第四，如将2013年居民国内旅游总花费数量与前8年比较，则其年增量只低于2011年，而高于以前的其他各年；第五，如将2013年国内旅游花费的增速与这9年的平均增速（约为18.19%，见

---

① 基于表1说明所述旅游统计办法的调整，故此处国内旅游出游人数的年均增长率（11.54%），是采用了另一办法分析得出的（即是依国家统计局2004~2013年《国民经济和社会发展统计公报》国内旅游人次数增速之积开方所得）；由于旅游统计办法调整产生的临近年份间数据缺乏可比性，所以如用2004年底与2013年底数值来计算2004~2013年"年平均增长率"（12.83%）是难以反映实际的。同样，在计算2004~2013年旅游消费的"年平均增长率"时，也采用了上述的具有可比性的办法。

表2)比较,则低了将近2.5个百分点。

由此看来,尽管2013年国内旅游出游人数和旅游花费的绝对量是近10年的最高水平,其增量也是除2011年外的最高水平(而且其增速也高于同年GDP的增速的7.7%),但在增速上却都处于近10年的国内旅游增速的中等偏下水平。

对此,我们也不必忧心。因为我们不能够指望任何事物的发展都能够保持匀速增长,而且随着后期基数的加大,增速减缓也应是较为普遍的规律。

(二)2013年国内旅游消费水平的多侧面分析

从表1已经能够看出近10年中国居民每年旅游总花费的增长及其增长率。那么这些增长是哪些因素所合成的呢?笔者总结为以下几点。一是旅游人次数增长所带来的总花费增长;二是价格的上涨带来的花费增长;三是居民收入增长推动的消费水平提高(见表2)。

表2 近10年国内旅游消费增长

年份	与上年的同比增长(%)	9年平均增长率(%)	国内旅游总消费额实际增长率(%)			国内旅游人次消费额实际增长率(%)			
			当年消费价格上涨(%)	扣除价格因素后(%)	9年平均增长率(%)	每人次消费(元)	人次消费年增幅(%)	扣除价格因素后(%)	9年平均增长率(%)
2003	-11.2	—	1.2	-12.4	—	395	—	—	—
2004	36.9	—	3.9	33.0	—	428	8.35	4.45	—
2005	12.4		1.8	10.6		441	3.04	1.24	
2006	17.9		1.5	16.4		448	9.00	7.50	
2007	24.7		4.8	19.9		483	7.81	3.01	
2008	12.6		5.9	6.7		512	14.29	8.39	
2009	16.4	18.19	-0.7	17.1	15.39	536	5.08	5.14	5.12
2010	23.5		2.2	22.3		599	11.75	9.55	
2011	23.6		5.4	18.2		731	12.20	6.80	
2012	17.6		2.6	15.0		767	4.92	2.32	
2013	15.7		2.6	13.1		806	5.08	2.48	

说明:①表2中,居民国内旅游总消费与上年的同比增长数据、居民消费价格增长数据等,均系来自相关各年《国民经济和社会发展统计公报》;②人次消费,系据《国民经济和社会发展统计公报》各年国内旅游总消费与出游人次数计算得来;③基于2003年的"非典"制约所造成的居民出游受限,从而导致了2004年居民出游的极大的复苏性反弹,所以这两年难于作为正常状况与其他各年相比较;④基于2011年旅游统计方法的改革,2005~2013年的人次增长和平均消费增长的百分比,只能是一个供参考的近似值。

从表2中可以得出以下几点。第一，近10年我国居民国内旅游消费的年增幅都持续在两位数，远远高过全国GDP的年增幅，而2013年居民国内旅游消费的年增幅则大致处于各年增长率的中位数；第二，除了2003年和2004年的特殊情况外，2005~2013年，年均增长率约为18.19%；第三，如扣除各年价格因素，则其各年增幅均有所下降，但各年的增幅仍大多维持在两位数（除2008年的增幅下降至6.7%外）；第四，除2003年和2004年的特殊情况外，2005~2013年，扣除各年价格因素的年均旅游消费增长率（15.39%），仍然处在这9年GDP平均增幅的两倍的水平；第五，近十年居民国内旅游每人平均消费都有不同程度的增长，即使扣除各年价格因素，其增长也是明显的，2005~2013年，年均增长率也达到了5.12%。

为了有利于读者对我国国内旅游消费的现状有更深入的认识，这里我们不能不对表2中的一些有关数据再做进一步分析。

其一，为什么2005~2013年，国内旅游者每人的消费平均才增长了5.12%，而有关的国内旅游消费增长的统计却高达百分之十几，甚至百分之二十几？其实这是多种因素形成的。因为每年出游的人数不断地增多，不少旅游者每年的出游次数增加到一次以上，即使有的旅游者每年就出游了一次，但其中一些人的消费水平也提高了，这些旅游者的消费都合起来，所以总体消费量就大大地增加了。

其二，旅游者每人消费水平的提高，与居民收入水平的关系究竟是什么的呢？对这个问题的答案，首先必须肯定其正相关。不过也不妨分析得更具体一些。近十年，剔除价格因素后的农村居民人均纯收入和城镇居民人均可支配收入，都有较大幅度的增长，多数年份都在10%左右，可是其每人旅游的年均消费才增长了大约5%。究其原因，一是谁也不可能要求消费者把增加的收入平均分配给原来的消费项目，新的消费领域的增多等引出的"边际效用递减"的现象是不能忽视的。收入增加，并不代表消费者能够将其增加的收入按比例投入到旅游消费中去。二是对于部分中高收入的居民而言，出境旅游对旅游的极大的分流现在已经是十分显著的了。

（三）2014年国内旅游的统计预测

据国家旅游局网站公布的资料，现在已经有了关于2014年上半年的预计数。据该网站报道，2014年7月9日，中国旅游研究院在京发布了《2014年上半年旅游经济运行分析与下半年趋势预测报告》，该报告称，2014年1~6月我国旅游经济运行总体保持良好。据该院对已有资料所做的分析，预计1~6月国内旅游人数为18.5亿人次（同比增长10.2%），国内旅游收入为1.5万亿元（同比增长16%）。

基于该院对全国发展形势的"相对乐观"的预期，该报告指出，2014年全年，国内旅游人次数将达36.3亿人次（同比增长11.4%）；国内旅游收入将达3.1万亿元（同比增长16.3%）。如对应着该院对全国旅游接待（包括国内旅游与入境旅游）总人数的37.6亿人次（同比增长10.8%）、旅游总收入的3.3万亿元（同比增长14.8%）来看，国内旅游无疑依旧是我国旅游接待中所占比重最大的主体。

从表3中可以看出，如据中国旅游研究院的预测，则2014年我国国内旅游发展将在"十二五"规划前三年逐渐放缓后略有加速。但如果从每年暑期的旅游旺季和"十一"黄金周旅游旺季都在下半年的惯例来考察，下半年的出游人数和旅游花费均应高于上半年。若真如此，则2014年的实际发生计数，或将会比中国旅游研究院7月的预测数更高一些。

表3 "十二五"前三年与2014年（预计）国内旅游统计对照

年份	旅游人次数（亿人次）	年增长率（%）	旅游总花费（亿元）	年增长率（%）
2011	26.4	13.2	19306	23.6
2012	29.6	12.1	22706	17.6
2013	32.6	10.3	26276	15.7
2014	36.3	11.4	31000	16.3

注：基于2011年起各年的旅游统计均已采用调整后的方法，所以各年间的可比性增强了。

资料来源：国家统计局2011～2013各年《国民经济和社会发展统计公报》；中国旅游研究院《2014年上半年旅游经济运行分析与下半年趋势预测报告》。

上面的表1、表2、表3，分别从其各自的侧面反映了近10年我国国内旅游的出游情况，反映了本研究报告对居民旅游消费水平的分析，以及2013年、2014年国内旅游发展在我国"十二五"期间的相对位置。如结合着这三表的内容来综合考察，则不难看出，在最近这些年里，我国国内旅游的确发展得相当不错，其出游率已经从2005年的0.9次提高到了2013年的2.4次，每个公民每年的平均旅游花费已经从2005年的404元提高到了2013年的1931元。这实在是一个飞跃性的进步！

但是，"平均"绝不能够代表"平等"，"发展"也不意味着普遍的"满意"。不少读者可能也已经从自己身边的现实中感到，目前我国农村居民的出游还不是非常普遍[①]，城市打工一族也往往顾不上休闲旅游，而且旅游中的抱怨也

[①] 从2013年占总人口比重为53.73%的城镇常住人口（73111万人）国内旅游出游数却占全国总出游数的2/3以上，其花费占据全国旅游总花费的78.75%以上可以看到这种不平衡发展的端倪。

还是较多地存在着……因此我们必须加深对居民旅游的进一步认识，以期进一步推动它的发展。

二 2013~2014 年居民国内旅游的消费趋势与感受

（一）中国公民的旅游关注度

《中国公民旅游关注度报告》首次发布于 2010 年，每年发布四季（每个季度末发布一次）。该研究报告是中国社会科学院旅游研究中心依据旅游网络汇集的各类专项数据（包括门户网、互联网搜索引擎、媒体资讯、官方公布统计数据等第三方数据源等），通过专业研究团队的分析与论证，从而形成的公民对旅游城市、景区、出境旅游目的地等的关注情况的科学排序，以期能够在对旅游热点和流行趋势进行点评的同时，对未来公众旅游行为、出游意向偏好和趋势做出预测，进而为旅游者出行选择提供一些参照，为政府相关部门、旅游业界的决策提供参考依据。如表4 的国内旅游城市最受关注度的排名（2013~2014 年前三季度），其所归纳的网友所关注的重点旅游城市，其实就是旅游者头脑中极富吸引力的旅游热点城市。而表5 的 2014 年前三季度最受关注的国内旅游目的地景区，则是传统热点景区与新兴热点景区的聚合。

表4 最受关注的国内旅游城市排名（2013 年至 2014 年前三季度）

排名	2013 年				2014 年		
	第一季度	第二季度	第三季度	第四季度	第一季度	第二季度	第三季度
1	三亚	三亚	三亚	北京	北京	三亚	丽江
2	北京	北京	成都	三亚	三亚	北京	三亚
3	桂林	黄山	北京	上海	厦门	桂林	西安
4	成都	成都	黄山	厦门	青岛	上海	北京
5	丽江	丽江	丽江	重庆	黄山	厦门	呼伦贝尔
6	阿坝州	阿坝州	厦门	杭州	丽江	成都	上海
7	杭州	杭州	大理	西安	重庆	张家界	成都
8	昆明	昆明	苏州	成都	上海	杭州	大连
9	大理	九江	阿坝州	大理	成都	青岛	苏州
10	厦门	大理	杭州	青岛	烟台	苏州	青岛

资料来源：中国社会科学院旅游研究中心 2013 年至 2014 年前三季度《中国公民旅游关注度报告》。

表5　2014年前三季度最受关注的国内旅游目的地景区排名

排名	第一季度	第二季度	第三季度
1	婺源	峨眉山	九寨沟
2	乌镇	石林	乌镇
3	九寨沟	无锡灵山	西塘
4	西塘	凤凰古城	故宫
5	故宫	鼓浪屿	泰山
6	泰山	龙潭大峡谷	北戴河
7	烟台	红原若尔盖草原	庐山
8	鼓浪屿	故宫	丽江古城
9	千岛湖	乌镇	雅鲁藏布江大峡谷
10	无锡灵山	九寨沟	黄山

资料来源：中国社会科学院旅游研究中心《2014年中国公民旅游关注度报告》。

近年来，以休闲度假为主要目的的"自驾游"正在上升为城镇居民国内出游的热点，其出游的选择又尤以2013年和2014年最盛。为此，《2014年中国公民旅游关注度报告》的"主体关注"之二就是围绕着"自驾游"分为四个季度展开的调查。据该报告的分析可知，第一，"在中国当前的休假制度和现实条件下，71%的受访者年度自驾车出游为1~3次"；第二，"半数以上自驾出游平均每人每天的消费水平在100~400元之间"；第三，"28%的人自驾出游选择去另一个城市，23%的人选择去景色好的郊野，21%的人选择去休闲度假区，15%的人去田园农家"；第四，"自驾游前，28%的人全程做好周密计划，25%的人只确定好目的地，一路随玩"；第五，"42%的人想去具有挑战性的路段自驾，28%的人去过具有挑战性的路段自驾"。很显然，报告的内容不只反映着自驾游出行者的爱好，同时也是为旅游道路交通的完善和自驾车营地的设立发出的最及时的呼吁。

在旅游业的发展中，公民的意愿和选择是推动产业和公共服务不断进步的根本动力，不仅公民的需要是旅游发展中最真实的需求，而且公民的评价也是对旅游服务最权威的评判，所以公民的满意度才是政策引领的最终目的。因此，《中国公民旅游关注度报告》从公民视角进行的旅游研究，便对旅游业的发展，对旅游服务满意度的提升具有极为重要的意义。

比如《中国公民旅游关注度报告》中的"旅游服务质量关注"（包括"景区综合评价排名""航空公司关注排名""经济型酒店关注排名""租车公司关注排

名""旅行社关注度排名""旅游信息服务关注排名""自驾游相关服务关注排名"等),以及包括"中国公民旅游关注主题扫描"等的"主题关注和特别关注"等,不仅反映着当前旅游者的关注与选择,同时对其他旅游者的"选优"及旅游服务提供者的"趋优",也是一次示意性的指引。

(二)旅游价格指数

中国社会科学院旅游研究中心还在2011年推出了一份年度与季度配合的连续性研究报告——《中国旅游者消费价格指数报告》。该报告核心的"旅游价格指数"(TPI),全称"中国旅游者消费价格指数",目的便是希望通过大量的调查和专家的分析来反映居民购买并用于旅游消费的商品和服务项目价格水平的变动和趋势。其内容涵盖了居民旅游消费所需要的基本服务价格中的旅游门票、旅游住宿、旅游餐饮和旅游交通四大项。

该指数将散客在城市进行一夜住宿(三、四星级宾馆)、两次正式餐饮、一组市内交通、主要景区门票的总花费界定为"城市标准旅游花费",以50座城市的300个景点、300家宾馆、500家餐馆为数据采集点,并通过互联网搜集各城市内部交通价格、国内15条主要航线价格数据,比较各月同类型旅游城市的价格差异,以期提供出可供选择的旅游性价比。为了增强其可比性,该研究还将所选的具有代表性的50个城市分为了四类,即直辖市(北京等共3个)、副省级市(杭州等共14个)、地级市(桂林等共24个)、县级市(敦煌等共9个)。

据《中国旅游消费价格指数报告》课题组对2014年前三个季度情况的汇总,2014年中国旅游消费价格指数(TPI)呈现的是"稳中有升"的态势。第一,总体上1~6月TPI走势较为平稳,其中4月TPI受清明节和"五一"小长假对于公民出游的刺激环比增长5%,达到阶段性高点1.26。第二,下半年TPI波动明显增加,其中7月是暑假旅游高峰,增幅最大,环比增长17%,TPI为1.42;8月降幅最大,环比下降7%,TPI为1.32。

《中国旅游消费价格指数报告》提供的数据,不仅可以成为游客出行选择的参考,如果从中国旅游发展的全局来观察,它在判断与认识中国旅游发展时也具有一定的参照价值。如前面所述该报告关于2014年的分析,从中就不难看出,当前中国旅游价格在总体上的表现和在多数地方的表现,实际上是与中国居民收入的增长大体适应的,这也就意味着,中国旅游的发展仍然有着相当适宜的消费环境。

（三）游客满意度

虽然此前国家旅游局与国家统计局合作的"旅游抽样调查"已经就"游客满意度"进行了多年的分析，但是全国上下对"游客满意度"的更大的关注，却是在 2009 年 12 月《国务院关于加快发展旅游业的意见》提出把旅游业培育成"人民群众更加满意的现代服务业"之后才普遍开始的。中国旅游研究院的"全国游客满意度"研究，就是适应于这一需要展开的。它以实证研究资料作为分析依据，其"游客满意度"包括了"现场问卷调查""网络评论调查""旅游投诉与质监调查"的三项分析，分别向国内旅游者和入境旅游者征询。"全国游客满意度"即是"国内旅游满意度"与"入境旅游满意度"按一定比例的合成。其中分值在 80 以上的为"满意"或"比较满意"；70 以上的为"基本满意"（或称"一般满意""一般"）；60 以上为"合格"；不到 60 为"不合格"。

据 2014 年 1 月中国旅游研究院发布的《2013 年第四季度及全年全国 60 个样本城市游客满意度调查报告》，2013 年，全国游客（包括国内游客与入境游客）满意度指数为 74.88，处于"一般"水平（比 2012 年下降了 5.78）。从 2013 年的第一季度至第四季度的指数来看，分别为 77.62、74.49、74.29、73.12，也就是说，游客满意度指数呈现出了连续缓步递降的趋势。

据该报告的分析，2013 年游客满意度的下降主要是基于四个因素的影响：一是入境游客满意度偏低（其满意度为 75.46，比 2012 年下降 11.41）；二是样本城市空气质量等环境敏感因素的满意度下滑（其中城市的整体环境满意度为 74.11，虽然略有上升，但仍然处于"一般"水平）；三是出租车、网络覆盖等城市基础性公共服务的满意度未能有效提升（其中旅游公共服务的满意度为 71.61，同比下降 0.15）；四是餐饮等典型旅游窗口行业的满意度大幅下降。

进入 2014 年后，对满意度的调查结果仍不十分理想，前三个季度虽然在波动变化中出现了翘尾的趋势，但仍然徘徊在"一般"水平：2014 年第一季度，全国游客满意度指数为 72.62（同比和环比分别下降 5 和 0.5）；第二季度全国游客满意度指数为 72.84（较第一季度环比上升 0.22，但较上年同期同比下降了 1.65）；值得高兴的是第三季度的转变，全国游客满意度指数上升至 74.52（虽然仍处于"一般"水平，但是同比上升 0.23，环比上升 1.68）。也是在第三季度，国内游客满意度总体趋好，"食住行游购娱"等旅游服务的质量以及旅行社、景区等两大行业的满意度均处于调查以来最高值。值得欣慰的是，2014 年第三季度"旅游服务处于2010年全国游客满意度发布以来的最高水平,达到我国《质量发展纲要(2011~2020年)》提出2015年生活性服务业顾客满意度达到75以上的服务业质量发展目标"。

全国的旅游满意度,实际上也是由各个城市来展现的,从纳入样本的60个城市来看,每季度的情况波动是参差的。下面是2013年全年和2014年前三个季度游客满意度前10位城市的排名。

2013年全年:苏州、黄山、成都、无锡、青岛、宁波、厦门、杭州、北京、桂林;

2014年第一季度:无锡、宁波、苏州、黄山、厦门、南京、昆明、珠海、黄山、成都;

2014年第二季度:无锡、成都、杭州、烟台、厦门、南京、苏州、上海、珠海、青岛;

2014年第三季度:青岛、杭州、苏州、重庆、宁波、黄山、成都、上海、北京、无锡。

其实,这里的十多个城市,这些年来几乎都处在全国旅游满意度城市的前20位,即使某个季度没有进入前十名,但是在前几个季度或下几个季度也仍然列进了前十名。虽然其间也有游客对其不太满意,但是在满意度评价方面,这些城市的旅游服务的确是居于前列的。

至于本文前面说到的近年游客满意度曾经持续下滑的原因,其实在此前《旅游绿皮书》的国内旅游发展报告中已经有所分析,那就是应该看到,游客满意度实际上是旅游的相关供给和服务与旅游者期望所形成的一个比值,亦即是一个相对值。随着旅游者旅游经历的丰富、部分旅游者的逐渐成熟、老百姓维权意识的增强,旅游者对旅游供给的要求、对旅游服务的要求也随之提高了,如果供给和服务水平的提升赶不上游客期望值的提升,那么游客满意度的下降也就是必然的了。所以,我们对游客满意度的连续缓步递降也不必过于惊慌,对它的恢复和提升更应该感到高兴;同时,我们也不要漫不经心,业界和管理部门必须为旅游服务的改善下更大的力气,力争旅游供给和服务水平的提升能够赶上甚至超过游客期望的提升,这样一来,游客满意度也就提高了;如果各地的环境治理和大气质量改善也从旁推动,那么游客满意度的提高也就更有希望了。

(四)游客投诉

据2014年5月国家旅游局旅游质量监督管理所《2013年全国旅游投诉情况

通报》的分析，各级旅游质监执法机构 2013 年受理旅游投诉共计 11369 件（比上年减少 506 件，同比下降 4.26%）；立案调查共计 9924 件（比上年减少 589 件，同比下降 5.60%）；结案 8234 件（结案率为 82.97%）。

在立案的这 9924 件中，境内游投诉共计 7959 件，占立案总数的 80.20%（比上年减少 563 件，同比下降 5.37%）。在 9924 件的 38851 立案投诉人次中，涉及境内游客 31067 人次，占立案总人次数的 79.96%（比上年增加 7817 人次，同比增加 33.62%）。

关于 2013 年旅游投诉立案案件和投诉立案人次在国内、出境、入境三大市场的分布及其与上年的比较，请见表 6、表 7。

表6　2013 年旅游投诉立案案件分析

年　度		立案总数（总件数）	国内游（立案件数）	出境游（立案件数）	入境游（立案件数）
2013 年	立案件数（件）	9924	7959	1951	14
	占立案总数百分比（%）	—	80.18	19.68	0.14
2012 年	立案件数（件）	10513	8522	1562	396
	占立案总数百分比（%）	—	81.38	14.86	3.76
2013 年与2012 年相比	（件）	-589	-563	+389	-382
	（%）	-5.60	-6.60	+24.90	-96.46

资料来源：国家旅游局旅游质量监督管理所《2013 年全国旅游投诉情况通报》。

表7　2013 年旅游投诉立案人次分析

年　度		立案投诉（投诉总人次）	国内游（投诉人次）	出境游（投诉人次）	入境游（投诉人次）
2013 年	立案人次（人次）	38851	31067	7708	76
	占立案总数百分比（%）	—	79.96	19.84	0.20
2012 年	立案人次（人次）	28364	23250	4992	122
	占立案总数百分比（%）	—	81.97	17.60	0.43
2013 年与2012 年相比	（人次）	+10487	+7817	+2716	-46
	（%）	+36.97	+33.62	+54.41	-37.70

资料来源：国家旅游局旅游质量监督管理所《2013 年全国旅游投诉情况通报》。

从表 6 不难看出，在我国公民的出游中，尽管 2013 年的旅游者出现了较多的增长，但是投诉的案件却在减少，这无疑是十分可喜的。从旅游三大市场的投

诉案件反映的旅游服务来看，入境旅游者的满意度是越来越高了，国内旅游者的满意度也有所上升；可是对出境旅游不满意的却是越来越多。

从表6、表7综合来看，可以看出，在投诉案件减少的同时，投诉的人数增多了。这也就是说，许多人投诉了同一案件。由此不难看出，是团队旅游出现了较多的问题。表7所显示的，2013年我国国内旅游投诉者的三成增长，出境旅游投诉者的五成增长，旅行社都是难辞其咎的。这样的问题，在表8中反映得更为突出。

表8 2013年旅游投诉对象分析（以结案数据为准）

年 度		结案数	旅行社	景点	饭店	购物	交通	餐饮	其他
2013年	总数（件）	8234	5123	1582	970	23	50	31	455
	占总数比例（%）	—	62.22	19.21	11.78	0.28	0.61	0.38	5.52
2012年	总数（件）	10322	5801	2190	941	333	209	119	729
	占总数比例（%）	—	56.20	21.22	9.12	3.23	2.02	1.15	7.06
2013年与2012年相比	（件）	-2088	-678	-608	+29	-310	-159	-88	-274
	（%）	-20.23	-6.57	-27.76	+3.08	-93.09	-76.08	-73.95	-37.59

资料来源：国家旅游局旅游质量监督管理所《2013年全国旅游投诉情况通报》。

表8显示，2013年旅游质量监督管理所结案的8234个案件中，旅游者投诉最多的仍然是旅行社，其次是景点和饭店，不过都在总体上呈下降的趋势。其中，投诉旅行社的占投诉总数的62.22%（5123件），同比下降11.69%（比上年减少678件）；投诉景点的占投诉总数的19.21%（1582件），同比下降27.76%（比上年减少608件）；投诉饭店的占投诉总数的11.78%（970件），同比上升3.08%（比上年增加29件）；投诉购物的占投诉总数的0.28%（23件），同比下降93.09%（比上年减少310件）；投诉交通的占投诉总数的0.61%（50件），同比下降76.08%（比上年减少159件）；投诉餐饮的占投诉总数的0.38%（31件），同比下降73.95%（比上年减少88件）；其他投诉的占投诉总数的5.52%（455件），同比下降37.59%（比上年减少274件）。

从表8来看，我国提高旅游满意度、减少投诉的工作，首先应该从旅行社服务和景区服务、饭店服务方面着力。行业和企业更应该认真剖析旅游者投诉的内容和事项，找出其根源，从而总结出解决的办法来。企业中负责国内旅游的部门，还可以向负责入境旅游的部门"取经"，学习其提高服务质量的办法与措施，以期让国内旅游、出境旅游与入境旅游一起更上一层楼。

三 2013～2014年社会的热议与前瞻

这里所要讨论的，是2013～2014年间普通百姓、新闻媒体、学术界和业界人士对我国旅游活动中一些问题的热议。

（一）旅游门票涨价与暂停

旅游价格一直是旅游消费者敏感的问题，尤其是近些年来我国景区门票价格的一涨再涨，更是让游客很不高兴。或者是赶上了所谓"景区门票3年必涨"的怪圈，2014年八九月份不少地方传来的景区门票涨价躁动的消息又引起了媒体和大众的普遍批评。或者，景区提出涨价也各有不少自己的原因，但是应不应该涨，涨多少，涨得是不是合情、合理、合法，却不能不从民情、国情和法律角度来衡量了。在前些年我国还没有旅游法的时候，景区涨价也许较难于治理，但是《中华人民共和国旅游法》在2013年10月1日已经正式实施，该法第四十三条明确规定，利用公共资源建设的景区门票等，"实行政府定价或者政府指导价，严格控制价格上涨，收费或提高价格的应当举行听众会，征求旅游者、经营者和相关方面的意见，认证其必要性、可行性"。《旅游法》第八十三条还明确规定了"县级以上人民政府旅游主管部门和有关部门依照本法和有关法律、法规的规定，在各自职责范围内对旅游市场实施监督管理"的责任。所以，有舆论提出的"目前出现的景区涨价潮，反映了不少地方的懒政"[①]的批评，才在各家网络普遍传播。

也许正是因为这种对地方政府的提醒，或又加上了《国务院办公厅关于做好2014年国庆期间旅游工作的通知》要求"加强旅游市场监管"，"严厉打击哄抬价格"，以致该年的涨价风波最终未能形成大潮，涨价的风声也就沉寂了下来。据国家旅游局《2014年"十一"旅游市场信息》，2014年"10月1日至7日，全国纳入监测的124个直报景区共接待游客3169.2万人次，同比增长3.8%；门票收入16.04亿元，同比下降2.43%"，其中的升与降的反差，或者正是涨价未能普遍出现的一个见证。

---

① 见新华网、人民网、中国网、中新网、央广网等《专家：景区涨价潮反映不少地方懒政 应依照旅游法》。

（二）"一日游"顽疾与救治

如果泛览 2013 年和 2014 年的媒体报道，这些年来，旅游者对各地"一日游"的抱怨就从来没有停止过。在一些旅游热点城市，一日游的乱象实在是一件让旅游者和管理者都感到头痛的事情。如果看看游客的投诉，看看大众媒体的调查，其实各地的情况都差不多，诸如不签合同、言而无信、中途加价、额外收费，景点缩水、以假乱真、强迫购物、漫天要价，餐食不足、环境恶劣，谎言诱骗、语言暴力……乃至整个行程都像一场骗局。虽然地方政府和主管部门屡次整顿，但是就像顽疾一样，仍然不断复发。

这样的问题之所以几乎成了"顽疾"，除了一些地方的治理力度和治理方法有所欠缺外，主要还在于市场供给与游客需求的脱节。

姑且以北京八达岭长城一日游为例。据有关资料，2013 年北京市共接待了外地来京游客 14755 万人次，而其中却只有 2.16%（319.5 万人次）是通过合法旅行社接待的。大量的来京散客自然要自己安排自己的游程。可是，现在北京城去八达岭的列车信息不畅，北京的长城专线公交只有一个发车点，而经营八达岭一日游的正规旅行社更是越来越少。于是，非法的一日游的接待便得到了更大的成长空间。他们看准了游客的大量需求，更瞄准了部分消费者对购买方便的需要及贪图价格便宜的心理，便以美好的许愿让"愿者上钩"，进而让仓促的购买者落入了他们的圈套。因此不妨这样说，许多地方类似北京市八达岭一日游的乱象，其实是市场供给严重不足的产物。

应该说，我们在发展旅游时遵循市场经济原则是绝对没有错的。可是在零负团费盛行的环境中，一部分游客对低价的追求已经助长了市场价格的扭曲，而恶意低价的无序竞争和市场的混乱，又使得正规旅行社纷纷退出了一日游的经营。如果从这个角度去认识，消费者的不成熟也是乱象产生的市场背景。那么出路何在呢？

在市场失灵的现状下，就不能不诉诸政府的适当措施了。除了这之前已经产生了相当成效的整治措施的进一步优化外，最主要的还需要地方政府对"一日游"旅游服务的大力支持与推动。比如投入较多的人力和资金、优化一日游专列、优化一日游公交（如增加连通主要景区的一日游公交的线路，增加始发站和中间站，改善其运营环境）、不断完善一日游供给的信息服务、加强良性信息的全域覆盖度以及鼓励信誉良好且实力雄厚的旅游企业合作组建大型的"一日游诚信旅行社"。基于市场失灵无法满足公共利益的状况，有关方面甚至还可以将"一日游"限定为特许经营，给以特别的扶持，并鼓励各大旅游饭店等为其一日游预定和销售的诚信代理。这样，旅游供应不足和缺少方便服务的问题便可以得到较好的解决。

同时在引导旅游者的理智选择的基础上，交通运营、工商、旅游、公安、市容等部门的联合执法也需加大力度。地方政府必须下定决心，加强依法治市的力度，让执法者再学习一下我国的《旅游法》《价格法》《反不当竞争法》《消费者权益保障法》和本地有关道路运输条例等法律法规，坚定执法者的决心和信心（个别执法不严的地方也不应再姑息），并继续加大对非法经营者的教育，让那些用高额佣金诱使"导游"拉客购物的商店，与商店勾结用所谓"低廉团费"欺骗游客上当的真假旅行社，私开单位车辆用以非法营运的司机，诱骗游客上车并加收费用的无证导游或导购，都认识到在认真执法后他们将为此付出的巨大代价。趁着深入贯彻《旅游法》的时机，进而形成共同努力的合力，那么这样的顽疾还是可以逐步治愈的。当然了，对于现在依靠非法一日游谋取生计的人而言，如果有关部门经过调研和努力，能够引导他们正规就业，或为他们找到一个合适的饭碗，那就再好不过了。

（三）对进一步贯彻《旅游法》的期盼

2014 年 10 月，在《中华人民共和国旅游法》实施一周年的时候，10 月 10 日《中国旅游报》第一版转载了《人民日报》记者跟随全国人大常委会旅游法执法检查组赴浙江检查《旅游法》实施情况的报道文章——《法律完善了，游客舒心了吗？》，这篇原载于 10 月 8 日《人民日报》的文章，在通过实例证实了《旅游法》实施一年来对"规范市场、保障权益，法律促进旅游业更健康地发展"的巨大作用后，也同时报道了检查组在考察中发现的"'网络旅游'新问题出现，'导游和购物'老问题尚存"的现实，故而得出了"完善旅游综合协调机制，依法兴旅，依法治旅"的结论性呼声。

如果注意一下 2014 年 10 月前后的大众传媒，就可以发现，舆论在充分肯定《旅游法》实施一年所带来的"旅游市场更规范，游客出行更放心"的同时，也出现了一些类似"旅游市场喜忧参半""低团费、购物乱象仍存在""仍未药到病除"的感叹，甚至发出了"乱象为何仍难禁"的质问。

"携程旅行网"通过对数千名网友在线调研发布的《旅游法一周年旅游者满意度报告》对上述现象分析得更详细一些。受访者普遍认为，《旅游法》的实施让旅游体验提升，但旅游体验中仍有诸多不如人意的方面。

该报告显示，在旅游者对旅游法的认知方面，有90%的受访者都知道有《旅游法》的颁布，其最关心的《旅游法》的内容，从高到低依次是：禁止景点乱涨价（52%）；保障服务质量（52%）；禁止低价购物团（50%）；旅行社应该按合同来安排行程，不能随意变更行程（49%）。

在《旅游法》实施的效果方面，40%受访者认为旅游法实施后旅游体验有所提升，35%不清楚是否有提升。受访者认为旅游体验提升最明显的，依次是：团队游行程更规范（52%）、指定购物行为少了（49%）、旅游维权更有法可依（46%）。74%的受访者认为《旅游法》给团队游带来的影响最大，6%认为对自由行带来的影响最大。

据对问卷结果的分析，受访者对《旅游法》的认知度与其旅游体验感知呈正相关：对《旅游法》的认知度越高，认为该法有助于提升旅游服务质量的旅游者所占比重就越高……随着其对《旅游法》的认知度的提升，其向当事企业或机构、媒体投诉，或通过法律途径（如寻求律师帮助、诉诸法律）的比例也逐渐上升。报告显示，有44%的旅游者认为自己的旅游权利受到了《旅游法》保护，但仍有45%的旅游者不清楚自己的旅游权利是否已经受到《旅游法》的保护。由此看来，对居民、旅游者继续宣传《旅游法》的内容和意义，也是一件十分重要的事情。

（四）旅游综合服务区

在近年中国旅游的发展中，"旅游综合服务区"越来越受到旅游目的地地方政府和旅游经营者重视。"旅游综合服务区"，就其相同相似内涵的区域来看，又有"旅游服务综合体""旅游综合体""旅游服务集聚区"等多种形态与名称。

它们的发展，其实也正是旅游市场所需要的。旅游者离开了他通常生活的环境，在旅游中，除了需要游、购、娱等旅游目的要素的供给之外，还需要有日常生活所不能或缺的食、住、行等的支撑，单一的供给是难以适应这一需要的。虽然不能要求每一个景区或景点的服务都能够包罗万象，但是把旅游者所需要的各方面的服务很好地组合在某一目的地区域或某一行程中，却是十分必要的。

在当前旅游业已经发展为包括国民经济F、G、H、N、R等诸多门类，并且正在跨越A、B、C等门类，也离不开E、I、J等门类支撑的产业集群的时候，旅游服务综合体，就成了将这些旅游产业集群的服务要素有效地组合在一起的旅游服务空间。

这个空间不仅必须尽可能地满足游客在其旅游过程中对游、购、娱、食、住、行等需求，而且还要尽可能地满足游客对服务便捷、舒适、享受乃至私密等个性化要求，同时也还要尽可能地实现服务价格的公平度和可接受度。除了上面所说的对旅游服务综合体的一般要求外，成功的旅游服务综合体，还必须具有自己独特的主题化特征，因为只有这样，才能够在众多旅游服务综合体的同质竞争中处于不败之地，并且形成大区域内的互补优势。

旅游服务综合体有城市旅游综合体和乡村旅游综合体之分。大型的旅游服务综合体，又可以称为旅游集聚区，这样的区域有时与城市的综合服务区结合在一起，如深圳的"欢乐海岸"便是将滨海旅游与购物美食、休闲娱乐和文化创意等融为一体，整合了零售、餐饮、演艺、娱乐、酒店以及公寓、办公、创意产业、湿地公园等多元业态的现代城市生活与休闲旅游汇合的综合服务区。

值得注意的是，近些年来这种超大型的旅游综合服务区正在全国形成蔓延之势，那就是在2011年国家发改委正式叫停主题公园变相圈地之后，又出现了一些房地产商以"文化旅游区"的名目向地方政府低价圈地的问题。尽管前几年深圳东部华侨城和万达长白山国际度假区的开发建设取得了令人羡慕的成绩，但是这样的大型旅游综合体或文化旅游区开发（及其与房地产结合）的项目并不是在全国各地都可以遍地开花且能结果的。

如在网上搜索一下，各省市的"文化旅游区"都在大肆铺开与推进，房地产商的旅游地产也以"文化旅游区"的名目向地方政府低价拿地……但是面对中国大众旅游仍旧低中端运行的现实，面对着中高收入者出境旅游的目的取向，各地"文化旅游区"该如何发展，是否今后能够真正吸引高消费游客，不能不说是一个仍须斟酌的问题。因此，各地方政府必须认真对待以建设"文化旅游区"为名目的大片土地被圈用问题，以免再陷入地方经济开发区长期烂尾的困境。

（五）区域协同发展

旅游生活对多样供给和多元供给的需要，唤起了"旅游综合服务区"和"旅游综合体"的集群发展。这除了需要有关行业或企业有更多、更深的协同外，其对区域的协作和协同的需要也凸显了出来。另一方面，旅游活动的线性化特征及跨越度特征，也都需要旅游的供给突破行业部门和行政区域的制约，再加之重新配置生产要素和构筑新的资本组织优势引力，从而也就更需要旅游产业整合快速向前。

通过梳理旅游相关的学术研究可以发现，对于旅游供给的这一发展趋势，业界、学界和管理层的注目由来已久。从20世纪改革开放开始的对"区域协作"

的研究和实践，直到 21 世纪横向整合、纵向整合和混合整合的深度解构与探索，都显示出了旅游业这些特征的推动力。

旅游产业发展的"一体化"，是有关旅游产业整合中最受关注的一部分。这些年来，无论是各省区内的"一体化"还是跨省区的"一体化"，无论是理论研究还是实践探索，其收获都是相当显著的。不仅大跨度的"长三角"旅游一体化、"珠三角"旅游一体化等正在逐步推进，省区内的"长株潭"旅游一体化、"郑汴洛"旅游一体化、"长吉图"旅游一体化等的进展也都相当引人注目。

中央高层 2014 年 2 月对"环渤海"和"京津冀"协同发展所做的明确指示，不仅再一次引起人们对"环渤海"和"京津冀"旅游协同发展的更多关注，而且也正在成为其协同发展的强大推力。不仅媒体上的文章铺天盖地，随即京、津、冀三地也都积极地行动起来，在 2014 年 4 月和 8 月旅游部门就连续召开了两次"京津冀旅游协同发展座谈会"。三地决定采取的一系列细化和加强协同发展的具体举措，标志着此前"一亩三分地"的"地方思维"正在被摒弃。

据有关京津冀旅游协同发展的研究，从 1987 年"京津冀区域旅游合作研讨会"至今已经有 20 多年，其取得了许多让人振奋的成绩。如，学术研讨由三省市发展为五省市、七省市，最后扩大成了十省市；1996 年开始的"北方十省市旅游交易会"，迄今已经持续到第十九届；2008 年开始的"9+10"区域旅游合作格局（环渤海的北京、天津、河北、山东、辽宁，环北京的山西、内蒙古、河南、陕西，及北京、上海、重庆、哈尔滨、南京、杭州、成都、西安、昆明、桂林等 10 个热点旅游城市）发展态势越来越旺盛。

但是其中的不足也是不能回避的。一是地方政府推动协作的纽带作用仍然没有得到很好的发挥，二是这台大戏的主演还没真正上场（更多的旅游企业还没有成为这一合作的主体），从而也就影响到它的实际效益。

究其原因，之所以许多区域旅游合作也都存在着以上的不足，主要原因或者还不是官员和企业家不懂得研究者们阐述的道理，而是在于实施起来的困难。由于各省市经济社会发展现状的不平衡，再加之各地旅游资源、区位、发展基础的差异，因此其各自确定的旅游发展目标和中心工作也就不尽相同，而且在各省市分治的格局下，也还各有各的利益。因此，即使某地愿意对协同发展多做一些推动，也不一定会得到多边的响应；虽然在市场经济鼓舞下也会有商家希望向前冲一冲，但旅游企业的运行也难以挣脱地域行政管辖的划分。因此在这中间，地方政府和旅游主管部门发挥主导作用是十分重要的。显然，这应该寄望于地方政府功能的发挥。面对旅游产业集群的逐渐扩展，面对现代旅游业发展需要的旅游公共服务支撑，面对旅游者对多样、多元的供给需要，面对旅游活动的线性化特征及跨越性特征，在思考区域旅游协同发展的时候，就不能不寄望于政府功能的合理发挥。即使一定要追溯理论，在我国当代学界瞩目的西方经济学中，也从来不回避政府功能的积极作用；萨缪尔森的《经济学》里，甚至对社会主义市场经济（混合经济）下政府的功能还多了一层肯定。

由于各地省情、市情、县情的差异，别人成功的经验也只能是借鉴而不能照搬。因而在推动区域旅游协同发展的时候，除了对经济运行规律和旅游整合中紧密要素的配合、同质要素的汇聚、异质要素的互补等进行详细分析与选择外，还需要有更多的关注。如在一体化的进程中，虽然地方政府的决策与态度是非常关键的，但也要避免政府揠苗助长的急躁行为；同时也须注意"一体化"中相关者利益格局的"公开、公平、公正"和对"补偿机制"的设计，以期能够实现"帕累托改善"，在增大整体利益和部分成员利益时不损害其他成员的利益，以避免"1+1<2"现象的发生。

四 新的推力

2014年8月，国务院就旅游业的发展政策发布了《关于促进旅游业改革发展的若干意见》。这是继2009年12月国务院《关于加快发展旅游业的意见》后的指导全国旅游业部署的又一个纲领性文件，也是继2013年10月我国实施《中华人民共和国旅游法》后的第一个配合并推动该法实施的中央政府的文件。

该文件分为"树立科学旅游观""增强旅游发展动力""拓展旅游发展空间""优化旅游发展环境""完善旅游发展政策"五个部分，一共提出了"创新发展理念""加快转变发展方式""深化旅游改革""推动区域旅游一体化""大力拓展入境旅游市场""积极发展休闲度假旅游""大力发展乡村旅游""创新文化旅游产品""积极开展研学旅行""大力发展老年旅游""扩大旅游购物消费""完善旅游交通服务""保障旅游安全""加强市场诚信建设""规范景区门票价格""切实落实职工带薪休假制度""加强旅游基础设施建设""加大财政金融扶持""优化土地利用政策""加强人才队伍建设"20条意见，从发展理念、动力、空间、环境、政策各个侧面对旅游业的新发展做了全方位的部署。其开篇明义，首先把"树立科学旅游观"提出来为的就是要以"科学发展观"的创新理念促进全国各有关部门高度重视旅游业改革发展工作，加强组织领导，转变发展方式，以确保未来各项任务措施落到实处，推动我国旅游业的更大发展。

应该说，《关于促进旅游业改革发展的若干意见》提出的"树立科学旅游观"的两点意见和其下四个部分的18点部署意见，正是对这些年来我国旅游业改革发展经验的凝练和创新性提升。意见中所明确指出的旅游业发展"积极营造良好的旅游环境，让广大游客游得放心、游得舒心、游得开心，在旅游过程中发现美、享受美、传播美"的目标，不仅将2009年国务院《关于加快发展旅游业的意见》中要把旅游业培育成"人民群众更加满意的现代服务业"的目标更加具化起来，并且还在其部署中，以假日制度的安排、市场供给和公共服务的优化，作为让人民群众更加满意的保障。文件中提出的到2020年城乡居民年"人均出游4.5次"的指标，更意味着发展旅游所蕴含的惠民的意义。

为使这些发展部署能够落在实处，该意见还在其附件的"重点任务分工及进度安排表"中将其工作布置分解为"稳步推进建立国家公园体制，实现对国家自然和文化遗产地更有效的保护和利用""完善旅游统计指标体系和调查方法，建立科学的旅游发展考核评价体系""完善国家旅游宣传推广体系，采取政府购买服务等方式，逐步实现国家旅游宣传促销专业化、市场化，建立多语种的国家旅游宣传推广网站，加强国家旅游形象宣传"等23项的具体安排，并明确地责成国家发展改革委、国家统计局、国家旅游局、财政部、公安部、外交部、海关总署、国家卫生计生委、国家中医药局、交通运输部、国家体育总局、教育部、全国老龄办、国家税务总局、商务部、国家工商总局、人力资源社会保障部、全国总工会、环境保护部、住房城乡建设部、国家林业局、国家扶贫办、国土资源部、国家海洋局等部、委、局、办按规定期限去落实。可以展望，在未来几年，旅游业的发展将出现更多的新态势。

这里不妨再分析一下该意见提出的惠民指标中的"到2020年，境内旅游总消费额①达到5.5万亿元，城乡居民年人均出游4.5次"的意义。

在"九五"规划末期的2000年，我国城乡居民年人均出游率是0.6次；在"十五"规划末期的2005年，是0.9次；在"十一五"规划末期的2010年，是1.6次。所以，这次《关于促进旅游业改革发展的若干意见》将"十三五"规划

---

① 这里的"境内旅游总消费额"即指此前内地一直沿用的"国内旅游总消费额"。《关于促进旅游业改革发展的若干意见》行文将此前人们习称"国内旅游"改为"境内旅游"，意在凸显台港澳也是中国一部分。至于什么时候内地一直习称的不包括台港澳同胞旅游的"国内旅游"可以统一改称"境内旅游"或"内地旅游"，还得视我国正式文件的更多使用而定。届时，本报告的篇名也将会随之更改。目前，本报告中的"国内旅游"，即是该文件所指的"境内旅游"。

末期2020年城乡居民年人均出游定为4.5次便的确是一个很有价值的目标。虽然在这一指标中，也意味着出游人数增长将略低于旅游总消费增长的规律仍然存在，但若要2020年我国居民年人均出游率从2013年的2.4次提升到该意见提出的4.5次（年出游人数将超过61亿人次），则人均出游率还需要增加2.1次才能实现。这将大大地超过前一个七年增加的1.4次的水平（系将2013年人均出游的2.4次与七年前的2006年的人均出游的1次相比得出的）。这也就进一步向全国旅游业界表明了旅游业改革发展的目标。虽然它也有不可或缺的经济增长的考量，但需要更多关注的，则是"以人为本"服务全国百姓的总方向。

就我国居民在国内旅游总消费（即"境内旅游总消费"）而言，据国家统计局《2013年国民经济和社会发展统计公报》，2013年我国居民国内旅游总消费（即国内旅游收入）为26276亿元，也就是说，按照《关于促进旅游业改革发展的若干意见》的预计目标，从2014年到2020年的七年间，我国居民境内旅游总消费（即"国内旅游总消费"）一共将要增长109.3%。所以，包括2014年在内的今后七年，只要旅游行业和相关行业继续努力，每年只需递增11.1%，就能够保证总目标的实现。不难判断，该意见所提出的这个指标也是一个实事求是的指标[①]。由此看来，国务院《关于促进旅游业改革发展的若干意见》的起草与发布，的确是为了把旅游业对人民福祉的关注，把中国旅游业发展的质量提升，推向一个更高的层次。

---

① 此指标体系提出的增长，实际低于"九五""十五"十年间我国居民境内旅游消费年均增速的14.4%，低于"十一五"期间年均增速的18.9%，也低于"十二五"前三年发展年均增速的27.8%。

G.12 2013~2014年中国入境旅游发展分析与展望

周鲲*

摘　要： 受世界经济复苏不均衡不稳定、人民币升值、国际旅游市场竞争加剧、国内外突发事件等因素影响，2013~2014年上半年我国入境旅游整体延续了2012年的下降趋势。自2014年7月开始，我国入境旅游出现触底企稳势头，预计2014年我国入境旅游降幅将收窄，入境旅游人数将出现1%左右的小幅下滑。

关键词： 入境旅游　分析　预测

2013年世界旅游业保持稳健增长，成为世界经济复苏进程中的亮点。但是，在世界经济复苏不均衡不稳定、国际旅游竞争加剧、人民币汇率震荡以及国内外突发事件等因素综合影响下，2013年我国入境旅游人数[①]小幅下降。2014年上半年我国入境旅游亦延续了2013年的下降趋势，7月起，触底企稳势头初现。

一　世界入境旅游发展概况

2013年，在全球经济仍处于深度调整阶段，新兴经济体增长放缓的背景下，世界旅游业克服局部地区战乱冲突、突发性安全事件、极端气候和环境恶化等种种困难，保持稳健增长，并继续通过创造就业机会、增加服务贸易出口、刺激投

---

* 周鲲，经济学硕士，现在国家旅游局政策法规司工作。研究方向为旅游统计、旅游宏观经济发展趋势。
① 包含一日游游客人数和过夜游客人数。

资和带动基础设施建设来促进世界经济社会健康发展。根据联合国世界旅游组织（UNWTO）与世界旅游及旅行理事会（WTTC）公布的数据，2013年旅游业的GDP直接及间接贡献达6.66万亿美元，占当年全球GDP总额的9%；旅游服务贸易出口达1.4万亿美元，占全球出口贸易总额的6%；旅游业共创造了2.66亿个工作岗位，即全球每11个工作岗位中就有1个旅游相关岗位。

全球接待国际旅游者（过夜）人数继2012年首次突破10亿关口后，2013年再创新高，达10.87亿人次，而1950年的接待量仅为2500万人次，63年间增长逾40倍；2013年接待人次同比增长5.0%，比上年提升1个百分点。根据各个国家和地区公布的数据汇总，2013年国际旅游收入达1.159万亿美元，比2012年增加81亿美元，剔除各国汇率变动及通货膨胀因素，2013年国际旅游收入实际增长率为5%。从出游目的看，2013年以度假休闲为目的出游的国际旅游者为5.36亿人次，较2012年增加0.32亿人次，占当年总数的52%。其余出游目的占比为：探亲访友、疗养、宗教合计占27%，商务占14%，其他目的占7%，整体结构与上年相比，变化不大。从出行方式上看，2013年乘飞机出行的国际旅游者人数继续保持增长势头，其份额达53%，较2012年提升1个百分点。其余出行方式所占份额分别为：陆路40%、水路5%、铁路2%。

从分地区入境旅游市场来看，欧洲地区接待入境游客5.63亿人次，占全球份额51.8%，同比增长5.4个百分点。援引世界旅游组织在 UNWTO Tourism Highlights 2014 Edition 中的表述，欧洲地区2013年旅游业发展"出乎意料地强劲"（Surprisingly Strong），是"引人注目的"（Remarkable）；该地区除西欧外，增速均高于全球平均水平，中东欧涨势最为强劲，接待入境游客较上年增加6.5个百分点；2013年欧洲地区实现国际旅游收入4893亿美元（3684亿欧元），占全球份额42.2%，同比增长3.8个百分点；让人尤为欣喜的是，遭受主权债务危机最为严重的几个国家均有不俗表现：西班牙、葡萄牙、希腊和冰岛的国际旅游收入分别较上年增长7.4%、11.1%、18.7%和22.2%，旅游业对平衡欧洲国家国际收支、缓和欧债危机起到了积极的作用。亚太地区接待入境旅游者2.48亿人次，占全球份额22.8%，同比增长6.2个百分点，增速继续排在各大洲首位；东亚的日本、韩国、中国香港、中国台湾等国家与地区增速在8%~24%；东南亚地区增速高达10.5%，其中泰国连续4年实现两位数增长，并成功跻身世界十大旅游目的地；2013年亚太地区实现国际旅游收入3589亿美元，占全球份额31.0%，同比增长8.2个百分点。美洲地区接待入境旅游者1.68亿人次，占全

球份额15.5%，同比增长3.2个百分点；国际旅游收入2292亿美元，占全球份额19.8%，同比增长6.4个百分点。非洲地区接待入境旅游者0.56亿人次，占全球份额5.1%，同比增长5.4个百分点；国际旅游收入342亿美元，占全球份额3.0%，增速与上年基本持平。中东地区接待入境旅游者0.52亿人次，占全球份额4.7%，同比下降0.2个百分点，降幅较去年收窄；国际旅游收入473亿美元，占全球份额4.1%，同比下降1.9个百分点。

按经济发展程度划分，发达经济体接待入境旅游者5.81亿人次，占全球份额53.4%，同比增长5.4个百分点；国际旅游收入7450亿美元，占全球份额64.3%，同比增长6个百分点。新兴经济体接待入境旅游者5.06亿人次，占全球份额46.6%，同比增长4.5个百分点；国际旅游收入4130亿美元，占全球份额35.7%，同比增长4个百分点。发达经济体无论在接待人次方面，还是在国际旅游收入方面，增速均超过新兴经济体，这与2013年新兴经济体经济增长放缓的大背景是一致的。

据世界旅游组织预计，2014年全球接待国际旅游者（过夜）人数增速将较上年略微放缓，同比增幅维持在4%~4.5%的水平，高于2030年远景目标所预计的3.3%的年增长率。同时世界旅游组织还预计，2014年亚太地区接待国际旅游者（过夜）人数增速仍然强劲，将达到5%~6%的水平，是情况最乐观的地区。

二 2013年及2014年1~8月中国入境旅游发展基本情况

（一）中国入境旅游基本情况

2013年，我国入境旅游人数比上年下降2.5个百分点，为1.29亿人次。其中入境过夜游客人数下降3.5个百分点，为5569万人次，接待入境过夜游客人次总量被西班牙赶超，目前中国排在法国、美国、西班牙之后，为世界第四大旅游目的地（见表1）。

2013年，我国旅游（外汇）收入比上年增长3.3个百分点，达517亿美元，排在美国、西班牙和法国之后，保持了世界第四的排名，但仅比排在第五位的澳门多1亿美元，两者差距较上年大幅缩小（见表2）。

表1 2013年接待入境过夜游客人数前十位国家/地区情况

排名	国家/地区	入境过夜游客人次数（百万人次）	同比增幅(%)
1	法　国	—*	—
2	美　国	69.8	4.7
3	西班牙	60.7	5.6
4	中　国	55.7	-3.5
5	意大利	47.7	2.9
6	土耳其	37.8	5.9
7	德　国	31.5	3.7
8	英　国	31.2	6.4
9	俄罗斯	28.4	10.2
10	泰　国	26.5	18.8

* 截至2014年10月，法国尚未公布2013年详细入境过夜游客人次数据。另，2013年法国旅游住宿设施接待入境游客同比增幅为8%。

表2 2013年国际旅游收入前十位国家/地区情况

排名	国家/地区	国际旅游收入（亿美元）	同比增幅(%)
1	美　国	1396	10.6
2	西班牙	604	7.4
3	法　国	561	4.8
4	中国内地	517	3.3
5	中国澳门	516	18.1
6	意大利	439	6.6
7	泰　国	421	24.4
8	德　国	412	8.1
9	英　国	406	12.1
10	中国香港	389	17.7

2014年1~8月，我国入境旅游人数8388万人次，比上年同期下降1.9个百分点。据初步测算，1~8月入境过夜旅游人数3618万人次，同比下降1.6个百分点；实现旅游（外汇）收入335亿美元，比上年同期下降1.2个百分点。

（二）中国入境旅游主要特点

1. 入境人次数"两连跌"，2014年7月出现触底企稳迹象

中国入境游客人数自2011年达到历史峰值之后，经历了"两连跌"，至

2013年已累计下跌近5个百分点。从细分市场看，外国人、中国香港、中国澳门和中国台湾四类客源市场在2013年出现全线下跌，其中，外国人和台湾同胞入境人数跌幅超过3个百分点。

2014年上半年入境市场亦延续了上年的下行趋势。除中国台湾入境市场有所回升外，其余三大市场均下跌。其间，我国入境旅游人数较上年同期下降2.8个百分点。自2014年7月开始，入境市场出现触底企稳迹象。8月，四大市场单月入境旅游人数实现全线同比上升，为2011年10月以来首次全线上升。

2. 2013年接待入境过夜游客人次数3年来首降，但入境旅游外汇收入继续保持上升

2013年我国入境人数同比下降2.5个百分点，过夜游客占总入境游客比率也较上年下降0.5个百分点，为43.1%。受这两方面因素影响，2013年我国入境过夜游客人次数也结束了连续3年的增长态势。根据2013年入境游客抽样调查结果测算，2013年入境过夜游客人数同比下降3.5个百分点，为5569万人次。同年，西班牙接待入境过夜游客人数增长5.6个百分点，达6070万人次，较我国多500万人次，成功超过中国，夺回世界第三大旅游目的地头衔，这也是自2010年后，该头衔在中国与西班牙之间的再度易手。从细分市场看，四大客源市场入境过夜旅游人数全面下降。其中，外国人下降幅度最大，同比降幅高达5.2%。

入境花费方面，2013年入境过夜游客在华每天人均花费200.17美元，比上年增长2.4个百分点。得益于人均花费增加，2013年我国旅游外汇收入在面临入境人数和入境过夜人数下降的不利局面下，仍实现3.3%[①]的年增长率，达517亿美元，连续4年增长。从四大客源市场来看，外国人入境旅游市场外汇收入增幅为5.9%，达320亿美元，占全年入境旅游外汇总收入的61.9%，继续保持绝对量上的优势；中国台湾入境旅游市场外汇收入增幅高达6.9%，增幅居首位；中国香港入境旅游市场外汇收入则是四大客源市场中唯一出现下降的，同比下降4.2个百分点。

3. 在世界入境旅游稳中有升的背景下，我国入境旅游持续下降

在接待入境过夜人次数方面，2013年全球平均增幅为5.0%，其中西班牙、土耳其、英国、俄罗斯和泰国等世界排名前十的旅游目的地增幅均超过世界平均水平，甚至实现两位数增长。相比之下，2013年我国接待入境过夜游客人次数

---

① 扣除人民币升值因素，2013年以人民币计价的旅游外汇收入较上年增长1.4%。

较上年下降 3.5 个百分点,是十大旅游目的地中唯一下降的。此消彼长的状况下,我国已被西班牙赶超,失去了已经保持三年的世界第三大入境旅游市场头衔。令人担忧的是,入境旅游的下降趋势延续至 2014 年。据世界旅游组织公布的最新结果显示,2014 年上半年全球接待入境过夜人次数较上年同期增长 4.6 个百分点,其中亚太地区增长 5 个百分点,但同一时期我国入境过夜旅游人数同比下降 2.4 个百分点。

在入境旅游外汇收入方面,虽然 2013 年我国入境旅游外汇收入实现增长,较上年增长 3.3 个百分点,但仍低于全球 5.3% 的增长水平。值得注意的是,2013 年我国入境旅游收入在世界各旅游目的地中位列第四,排名与 2012 年持平,但仅比排名第五的澳门多 1 亿美元,两者差距已大幅缩小①。

4. 入境旅游占我国服务贸易出口比重继续下降,但仍居各子项首位

2013 年,入境旅游占我国服务贸易出口比重较上年下降 1 个百分点,延续了近年来的下降趋势,是有统计数据以来的历史最低点,但仍然是各服务贸易子项中份额最大的,比排名第二的运输多出 5.4 个百分点。事实上,服务贸易出口的"传统大户",如运输、建筑服务在 2013 年也遭遇份额缩水,占服务贸易出口比重分别较上年下降了 2.1 个百分点和 1.2 个百分点。相比之下,金融保险服务等新兴的、资本密集型的服务贸易则得到发展,其出口额占服务贸易出口比重较上年增加近 1 个百分点。

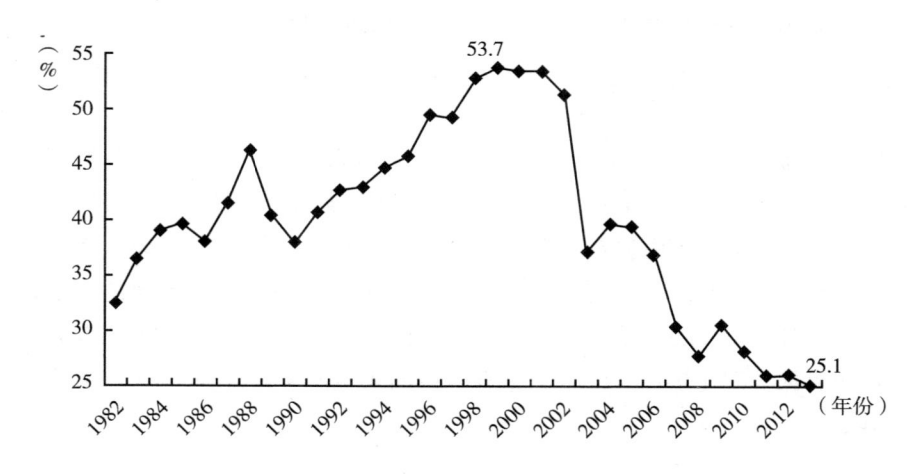

图 1 中国历年旅游外汇收入占服务贸易出口额比重

---

① 2012 年两者差距为 63 亿美元。

传统服务贸易出口份额下降、新兴服务贸易出口份额上升，说明在我国转变经济发展方式、实现产业结构转型升级的战略背景下，出口贸易结构也在逐渐发生变化，服务贸易出口将朝着多元化、资本密集化的方向发展。如何利用旅游业产业链长、融合度高的特点，借助金融保险等新兴产业的快速发展带动旅游服务贸易出口是我国旅游业发展面临的新课题和新任务。

三 主要客源市场分析

（一）中国香港市场

2013 年，来自香港的入境游客为 7688 万人次，较 2012 年下降 2.3 个百分点，降幅较 2012 年扩大。全年除 1 月和 3 月外，各月同比均呈下降趋势，其中 4 月同比降幅高达 10.2%。2014 年 1～8 月，来自香港的入境游客累计为 4996 万人次，同比下降 2.4 个百分点。香港市场 2014 年上半年依然延续了 2013 年的下降趋势，但是自 7 月开始出现触底企稳迹象。

香港入境旅游市场下行的影响因素主要有：2013 年 3 月底及 4 月，内地发现感染 H7N9 禽流感病毒病例，4 月香港同胞入境人次数即下降 10.2%；自 2014 年初以来，香港地区泛民主派就普选问题挑起事端，在两地居民间制造对立紧张情绪，令刚刚出现企稳趋势的香港入境旅游市场前景蒙尘。

（二）中国澳门市场

2013 年澳门入境旅游市场开局不利，1～4 月入境人次数较去年同期下降超 7 个百分点，降幅较大。自 5 月开始，处于小幅震荡运行阶段，各单月同比增幅均在 -2%～2% 的范围内波动。全年来自澳门的入境游客为 2074 万人次，同比下降 2 个百分点。2014 年上半年，澳门同胞入境旅游市场继续上年的震荡运行状态，自 7 月开始，随着整体入境旅游触底企稳趋势形成，澳门同胞入境人次数连续两个月保持同比增长。1～8 月来自澳门的入境游客累计为 1341 万人次，同比下降 2.7 个百分点。

（三）中国台湾市场

2013 年台湾来大陆的人次为 516 万，同比下降 3.3 个百分点，是三大市场中降幅最大的。2014 年 1～8 月台湾来大陆 353 万人次，同比增长 4 个百分点，是四大入境客源市场中唯一增长的，其中5、6月单月同比增幅分别高达17.5%及15.2%。但是影响台湾入境市场发展的不稳定因素依然存在。例如，受台湾地区反服贸协议事件影响，2014年3、4月台湾来大陆人数分别较上年同期下降5.3个百分点和1.9个百分点。

（四）外国客源市场

2013年，外国入境游客为2629万人次，同比下降3.3个百分点。其中入境过夜游客2081万人次，同比下降5.2个百分点。外国游客对旅游外汇收入的贡献为320亿美元，增长5.9个百分点。

2014年1~8月，外国入境游客为1698万人次，同比下降1.1个百分点。其中入境过夜游客1338万人次，下降1.5个百分点。外国游客对旅游外汇收入的贡献为206亿美元，下降1.5个百分点。

1. 韩国连续四年成为我国外国人入境市场最大客源国

2013年韩国来华游客人数降幅较上年有所收窄，同比下降2.5个百分点，全年来华游客人数为397万人次，自2010年以来，连续四年保持我国外国人入境市场最大客源国地位。经历2013年的小幅下滑之后，2014年韩国来华旅游出现回暖迹象，自2014年4月开始，已连续5个月入境人数同比增长。2014年1~8月，韩国来华游客271万人次，同比增长2.2个百分点，继续保持外国人入境市场最大入境客源国地位。

2. 日本旅华人数持续下降，但降幅逐渐收窄

2013年日本来华游客288万人次，同比下降18.2%。2014年1~8月，日本来华游客177万人次，同比下降6.9个百分点，降幅已较上年大幅收窄。日本来华游客数量下降主要受两国政治关系因钓鱼岛争端进入冰点、日元贬值、日本上调消费税打压日本民众消费意愿等因素综合影响。事实上，基于类似的原因，2014年日本游客访韩数量也出现显著下降。

3. 俄罗斯来华旅游人数持续下降，能否出现好转尚待观察

2013年俄罗斯来华游客为219万人次，同比下降9.9个百分点，在外国人来华市场中排名第三，但仅比排名第四的美国多10万人次。2014年1~8月俄罗斯来华游客为140万人次，同比下降1.9个百分点，目前仍以微弱优势继续保持第三大外国人来华市场地位。

俄罗斯旅华市场自2012年1月进入下降通道以来，目前累计降幅已达15%左右。从各月的表现来看，该市场处于震荡下行的态势，且振幅较大，单月最大增幅为31.3%，最大降幅为39.8%。

虽然目前俄罗斯旅华市场降幅有收窄趋势，但受经济增长乏力、通货膨胀高位运行以及欧美对其经济制裁等不稳定因素影响，该市场能否出现实质性好转尚待观察。

4. 美国有望在2014年超过俄罗斯，成为我国入境市场第三大客源国

2013年，美国来华游客209万人次，同比下降1.5个百分点。2014年1~8月，美国来华游客137万人次，同比下降1个百分点。随着美国经济复苏日趋稳定，消费者信心不断攀升，刺激美国居民境外旅游，美国有望在2014年超过俄罗斯，成为我国第三大入境旅游客源国。

5. 在入境旅游整体低迷的情况下，越南旅华市场表现抢眼

2013年，越南来华游客137万人次，同比增长20.1%。2014年1~8月，越南来华游客104万人次，同比增长20.3%。在我国入境旅游整体下行的情况下，越南旅华市场却表现出强劲而持久的涨势。事实上，自2011年起，越南在外国人来华市场的排名以每年递进一位的速度不断提升，截至2013年已成长为我国第五大外国人来华市场。从各月表现看，自2012年1月开始到2014年8月，越南来华人数同比增幅仅有两个月为负值，有23个月同比增幅达两位数。

四 中国入境旅游下滑影响因素分析

2013年至2014年上半年，受世界经济、国际政治、环境恶化、极端气候、突发事件等因素综合影响，我国入境旅游人数延续了2012年的下降趋势。

（一）世界经济复苏低于预期

2013年及2014年上半年，世界经济呈现出工业生产和贸易双疲弱、价格水平回落、国际金融市场持续波动、新兴经济体结构调整、宏观经济减速等特征，处于"弱复苏"的状态。2014年7月24日，国际货币基金组织（IMF）将2014年全球经济增长预期下调至3.4%。我国周边主要客源市场的宏观经济情况亦不容乐观：2013年日本经济高开低走，2014年该国又面临国际贸易收支恶化的局面；俄罗斯因乌克兰局势受西方国家制裁，资本外逃浪潮汹涌，经济增长率低位运行；世界银行下调2014年东南亚经济增速预期。由于世界经济复苏低于预期，各市场主体均对经济前景持观望态度，居民消费信心不足。

（二）旅华产品价格优势削减

受人民币升值、物价提升等因素综合影响，旅华产品价格优势削减。2013年，人民币兑美元汇率进入加速上升通道，全年累计升值1929个基点，升值幅度超3%，并40次刷新2005年7月21日汇改以来的记录。2014年人民币兑美元汇率虽有所回落，但仍在高位运行。人民币升值直接导致入境游客在华旅行成本增加。

2013年和2014年上半年我国居民消费价格指数（CPI）同比上涨幅度分别为2.6个百分点和2.3个百分点，处于温和上涨状态。但是，与旅游关系密切的食品价格、服务价格涨幅均超过平均水平。我国居民国内、出境旅游持续火爆更推升了机票、住宿、景区门票的价格，对入境旅游形成一定挤出效应。据东南亚市场反馈，东南亚居民感到来华旅游费用已与到日韩旅游费用相当。

（三）产业结构不合理，产品有待升级

产业结构方面，近年来我国居民国内旅游持续繁荣，形成显著的规模经济，使得我国旅游产业结构发展更倾向于迎合国内旅游需求，针对入境游客的产业结构调整、产品创新则相对滞后。相当一部分旅游企业仍有因循守旧心态，过分依赖观光型旅游产品，忽视度假型产品、专项型产品的开发。传统旅游目的地则存在配套设施不合理、服务体系不完善的弊端。例如：传统的京（北京）西（西安）沪（上海）桂（桂林）广（广州）、丝绸之路、长江三峡等线路有所老化，新开发的长城旅游带、长江旅游带、黄河旅游带、大运河旅游带等尚未形成较强的市场优势；截至2014年8月，我国共有12个城市获批实行72小时过境免签政策，在地理空间上也形成相当的辐射面，但由于针对性旅游产品开发不到位，配套服务不完善，目前72小时免签政策对入境旅游的带动效果尚未达到预期水平。

（四）极端气候、自然灾害、食品安全、公共安全事件等的影响

2013年我国极端气候、自然灾害、食品安全、公共安全事件频现，对包括入境旅游在内的旅游业产生了负面效应。

极端气候方面，根据2013年《中国气候公报》显示，2013年全国平均气温较常年高0.6摄氏度，是自1961年以来第四暖年，华北、西北、长江中下游、华南和西南地区温度普遍偏高，许多城市的夏季极端高温纪录被刷新；2013年

我国平均霾日数为36天，较常年多27天，创52年来最多，其中，江苏、安徽、浙江、河南、河北、北京、天津等地的部分地区霾日数超过100天。

自然灾害方面，2013年，我国大陆地区共发生5.0级以上地震43次，远超常年年均20次水平，4月20日四川省雅安市芦山县遭受7.0级强烈地震；7~8月，松花江、黑龙江发生流域性大洪水，辽河流域浑河上游发生50年一遇特大洪水，东北地区出现1998年以来最严重洪涝灾害。

食品安全方面，2013年春季我国出现H7N9禽流感疫情；5月湖南产大米在广东被查出镉含量超标；9月汇源、安德利和海升三大果汁巨头陷入"烂果门"；全国连续多地曝光掺假牛羊肉事件；2014年7月肯德基、麦当劳、必胜客等国际知名快餐连锁店曝出在华供应商使用过期肉类原料。

公共安全方面，近年来新疆分裂势力日趋猖狂，在多地制造严重暴力恐怖事件。如2013年4月24日，新疆喀什巴楚县恐怖案件；6月27日，新疆鄯善县恐怖暴徒袭击派出所、镇政府事件；10月28日，北京天安门暴力恐怖袭击事件；11月16日恐怖暴徒持刀斧袭击新疆巴楚县色力布亚镇派出所事件；12月15日新疆疏附县公安局民警遇袭事件；2014年3月1日昆明火车站严重暴恐事件；4月30日新疆乌鲁木齐火车南站暴恐案；5月22日新疆乌鲁木齐菜市场暴恐案；6月15日新疆和田暴恐案；6月21日新疆叶城县袭击公安机关暴恐案。

（五）国际旅游市场竞争加剧，入境旅游客源遭到分流

随着全球化日益深入，国际交往日趋频繁，国际旅游亦成为各旅游目的地重要的经济支柱和收入来源。为提高国际旅游竞争力，世界各主要旅游目的地纷纷从签证政策、产品价格、产品创新等方面入手，竭力吸引国际旅游客源，对我国入境旅游客源起到分流作用。

在签证方面，2014年韩国和俄罗斯推出互免签证措施，泰国8~10月对中国台湾游客免除签证费用，柬埔寨拟在飞机上为游客办理签证。在产品价格方面，日本地方政府陆续对入境旅游进行补贴，东南亚市场增开廉价航空，周边市场在国际上力推低价团。在产品创新方面，韩国推出首个医疗旅游特区，计划于2017年建成一个集医疗旅游基础建设、医疗旅游营销、医疗旅游食品开发、网络医疗旅游等4个领域共11个项目的综合医疗旅游区。韩国ktis公司推出集WiFi使用券、机场大巴使用券、音乐剧门票和部分观光景点入场券、机场无人税金返还机退税服务功能于一身的"观光护照"产品。

五 对2014年中国入境旅游业的简单预测

据最新数据显示,2014年9月单月,我国入境旅游人数同比增长2.2个百分点,继续保持自7月以来的触底企稳势头。照此趋势发展,2014年我国入境旅游降幅较上年将有所收窄,预计入境旅游人数和入境过夜旅游人数将较上年下降1个百分点,入境旅游外汇收入可与上年持平。

参考文献

《中国旅游统计》相关年份月度资料。
中华人民共和国外交部网站,www.fmprc.gov.cn。
中华人民共和国国家旅游局网站,http://www.cnta.gov.cn/。
中华人民共和国国家外汇管理局网站,http://www.safe.gov.cn/。
《旅游市场》相关年份月度资料。
《中国气候公报》,2013。
UNWTO,*Tourism Highlights 2014 Edition*.
WTTC,*Economic Impact of Travel & Tourism 2014 Annual Update*:Summary.

G.13
2013~2014年中国出境旅游发展分析与展望

杨劲松 蒋依依*

摘　要： 2013年中国出境旅游依然保持快速增长，增长以千万规模计。2014年预计将达到1亿人次的规模，中国日益展现其成为世界旅游市场重心的实力和潜质，出境旅游与入境旅游的深度互动也初见端倪。为应对当前形势，需要审视出境旅游在三大市场中的定位，需要升级ADS，需要全面审视出境旅游。随着"亿人次"时代的序幕开启，出境客源地加速向二、三线城市扩散，中远程市场的增长将增速，移动互联时代的电商发展将重新塑造出境旅游，出境旅游衍生产业发展将成为焦点。

关键词： 出境旅游　ADS　预测

从"欲走还休"到"想走就走"，出境旅游正在成为中国游客的平常体验。由此生成的庞大市场，加上快速推进的便利化措施，为出境旅游相关产业注入了源源不绝的动力，使其迸发出了前所未有的活力。新技术条件下，如何寻找出境游客和产业的痛点并给出解决之道已成为潮流。但见线上线下创意不绝，圈内圈外热潮澎湃，伴之而来的是中国游客出境成本的快速削减。大众出境时代，天涯原来真在咫尺之间。

一　2013年中国出境旅游发展总体概况

2013年中国公民出境人数达到9818.52万人次，比2012年增长18.0%，

---

* 杨劲松，旅游管理学博士，中国旅游研究院副研究员。蒋依依，生态学博士，中国旅游研究院国际所所长，副研究员。

延续了快速增长的态势,稳固保持了世界第一大出境客源市场的地位。同时,我国境外旅游消费增至1200亿美元左右,稳固保持世界第一大出境旅游消费国的地位。

总的来看,2013年中国出境旅游呈现如下特点。

一是日益展现其成为世界旅游市场重心的实力和潜质。规模和速度的持续快速增长,彰显出中国出境市场对世界旅游市场的重要性。2013年全球有10.87亿游客出境,中国占比9.02%,是10年前的9倍,超过美国、德国、英国和俄罗斯。在2013年产生的国际出境游客增量上,中国出境市场展现出非同寻常的成长性,增长速度是世界平均速度的3.6倍,占比28.85%。这意味着每三个新增出境游客中,几乎就有一位中国游客。不仅如此,中国游客的购物消费在千亿美元规模上继续保持强势增长,远超出境人数增长规模,得到了出境旅游目的地的普遍重视。在世界旅游重心逐渐东移的大潮中,中国出境市场显得格外耀眼。更重要的是,预计这种趋势在未来相当长一段时间内将持续保持下去。

二是与入境旅游的深度互动初见端倪。基于世界主要客源地和目的地的双重身份,在国际旅游市场上,与中国直接有关的游客规模已达1.54亿人次,占比为14.17%。巨量的游客流动和频繁的交流,为旅行社提供了整合出入境资源的条件。而入境旅游的相对低迷和出境旅游的高歌猛进,又促使旅行社业加快寻求资源整合的途径,以实现资源协同、市场协同和产品协同。出入境旅游地接和领队资源共享,并且在专业性和通用性、成本和收益方面寻求平衡。入境境外市场的推广同时为出境旅游寻求新市场开拓和新产品开发提供了可能,出境旅游获取的理念和资源反过来又为入境旅游的市场营销和产品开发提供新的发展空间。

三是大增小降,出境市场的不确定性突出。2013~2014年,出境旅游市场的基本面保持稳定,继续维持高速大规模增长。但是,局部区域的政局动荡、恐怖袭击和离奇事件,却几乎瓦解了中国游客前往这些地区的意愿。作为中国主要出境市场之一的东南亚受影响最大,泰国、越南和马来西亚均损失惨重。乐观的大势下需要保持更清醒的市场风险防范意识已然成为业内共识。

四是境外要素布局加速。在市场牵引和资本助力下,旅游企业围绕中国游客需求,加快海外布局步伐,深入渗透相关产业链。中国资本更多地介入餐饮、交通、住宿、娱乐、吸引物、购物等要素提供中,为出境游客打造完美体验。其中,酒店业成为关键的切入点。锦江之星与法国卢浮酒店集团、菲律宾上好佳集团深度合作,以品牌输出、品牌联盟的方式进行海外扩张。经济型酒店品牌格林豪泰已实现美国、孟加拉国、越南等地布点。苏州青旅早在2005年就投资2000

万美元建设SSS国际（斐济）大酒店，特别配备中餐厅，特聘资深厨师奉上苏、粤、川中式菜系及西式菜肴，力争满足中国人口味。2014年又将此模式扩展至加拿大，投资兴建酒店，打造海外"旅游基地"。2010年，复星国际成为地中海俱乐部第一大股东。2013年，开元旅业集团收购德国法兰克福金郁金香饭店。海航集团试图收购西班牙NH Hotels酒店集团20%股份。万达集团在西班牙和美国展开大规模酒店投资，并计划2020年在世界12~15个主要城市建设万达品牌的五星级酒店，打造具有国际影响力的中国高端酒店品牌。铂涛酒店集团与TripAdvisor开展战略合作，下属7天分店扩张版图计划已延伸至中国台湾、泰国、马来西亚和印度尼西亚等地区或国家。2014年首旅集团等5家中国企业联合在白俄罗斯投资的明斯克北京饭店开业，采用首旅建国管理体系和服务标准。

五是出境游电商力求创新以全方位提升游客体验。出境游市场的持续繁荣，牢牢吸引了电商的注意力。移动互联的大环境，又为电商提供了难得的机会。除了"BAT"高调介入出境游市场之外，蚂蜂窝、穷游网、携程、同程、驴妈妈、途牛等电商产品也推陈出新，敏锐发觉游客"痛点"，创造性地推出解决方案，线上线下无缝对接，以用户体验为中心进行产品快速迭代，构成了出境旅游电商发展的支撑点，并形成了当前百舸争流的基本面。

二 对当前出境旅游发展形势的判断

2013~2014年，国际形势基本保持稳定，世界旅游业保持增长态势，为出境旅游创造了良好的外部环境。而我国经济总量持续增长，国民收入稳定提高。旅游便利化程度日益提升，旅游者的带薪休假逐步得到落实，又为出境旅游发展提供了源源不绝的强大动力，出境旅游的形势较为乐观。

（一）整体环境持续改善

在国际形势方面，发达经济体危机后首次同时向好并成为增长回升的主要驱动力。在经历5年金融危机后，世界经济正在缓慢复苏。国际形势总体平稳，局部动荡，国际力量对比渐趋均势。在对外交往上，我国积极运筹与主要大国关系，全力稳定和拓展周边睦邻友好关系，大力加强与发展中国家友好合作，深入参与和引导多边外交进程。国家领导人同100多位外国元首和领导人会见接触，有力促进了我国与世界各国的友好往来和务实合作。以上为出境旅游发展提供了较好的外部条件。

在内部经济支撑方面,2013年我国国民经济平稳较快增长,国内生产总值达到568845亿元,约合9.3万亿美元,比上年增长7.7%。其中,第一产业增加值占国内生产总值的比重为10.0%,第二产业增加值比重为43.9%,第三产业增加值262204亿元,增长8.3%,比重为46.1%,第三产业增加值占比首次超过第二产业。2014年1~3季度国内生产总值保持7.4%的增长速度,为419908亿元,全年有可能突破10亿美元大关。2013年城镇居民人均总收入29547元。其中,城镇居民人均可支配收入26955元,比2012年名义增长9.7%,扣除价格因素实际增长7.0%。农村居民人均纯收入8896元,比2012年名义增长12.4%,扣除价格因素实际增长9.3%。城乡居民收入水平不断上升,为出境旅游增长提供了经济支撑。

世界旅游业发展继续保持增长态势。2014年上半年全球入境旅游增长了4.6%。由于经济复苏,意大利、澳大利亚、美国、韩国、中国台湾以及西班牙和葡萄牙等国家和地区的旅游发展有向好趋势。预计未来20年全球入境旅游年均增长率在3.3%左右,2020年将达13.6亿人次,2030年将达18亿人次。其中,中国所处的亚太区域旅游业发展较为乐观。目前亚太已经形成了全球最大的航空市场、最大的国际目的地市场,也成为全球发展最快、最受关注、最有潜力的旅游客源地市场。

在政策支撑方面,2013年,国务院办公厅发布《国民旅游休闲纲要(2013~2020年)》,同年中国第一部《旅游法》出台。2014年8月,国务院出台《关于促进旅游业改革发展的若干意见》,提出要切实落实职工带薪休假制度,鼓励职工结合个人需要和工作实际分段灵活安排带薪年休假,为缓解出境旅游的时间约束提供了前提。提出支持有条件的旅游企业"走出去",积极开拓国际市场。完善国内国际区域旅游合作机制,建立互联互通的旅游交通、信息和服务网络,加强区域性客源互送,构建务实高效、互惠互利的区域旅游合作体。围绕丝绸之路经济带和21世纪海上丝绸之路建设,在东盟—湄公河流域开发合作、大湄公河次区域经济合作、中亚区域经济合作、图们江地区开发合作以及孟中印缅经济走廊、中巴经济走廊等区域次区域合作机制框架下,采取有利于边境旅游的出入境政策,推动中国同东南亚、南亚、中亚、东北亚、中东欧的区域旅游合作,这些又为市场开拓和产品开发提供了有力的支撑。

(二)出境旅游在三大市场中的定位

我国对出境旅游的政策在不断的调整中。20世纪80年代,我国奉行"大力

发展入境旅游，积极发展国内旅游，适度发展出境旅游"的政策。2005年，微调为"大力发展入境旅游，全面提升国内旅游，规范发展出境旅游"。2011年，调整为"全面发展国内旅游，积极发展入境旅游，有序发展出境旅游"。出境游在三大市场中的定位从控制转向保障、开放和带动，即从着眼于控制出境旅游的规模和发展速度，到着眼于保障出境旅游的品质，再到稳步、渐近地开放我国居民赴境外"自由行"，配合中国旅游及相关企业和服务"走出去"，充分发挥出境旅游的综合带动功能，推行世界旅游强国的国际服务品牌培育计划。尽管在不断调整，但一脉相承的是始终站在三大市场全局的高度综合审视出境旅游政策。出境旅游从来都不单纯以自身的规模和发展速度为优先考虑，而是力图作为国内市场和入境市场的支撑因素存在。出境旅游的发展很好地诠释了政策思路的正确性。规模庞大且快速增长的出境旅游市场，不仅有力提升了我国的国际旅游地位，还使更多国民通过"出境看世界"为其"大国公民"的养成提供给养，同时也吸引了大批有实力的旅游企业"走出去"，在国际市场上砥砺竞争力。

当前旅游服务贸易逆差引发多方忧虑，这种现象直观的原因是入境旅游和出境旅游发展速度差距过大。2013年，包含旅游、运输、建筑等项的传统服务出口总体比上年下降5.6个百分点。其中由入境游带来的旅游出口总额516.6亿美元，居各类服务之首，同比增长3.3%，在服务出口总额中的占比达24.53%，占据传统服务出口项的半壁江山。由出境游带来的旅游进口占我国服务进口总额的比重进一步提升。2013年旅游进口1285.8亿美元，继续居我国服务进口第一位，同比增长26.1%，占比由上年的36.4%提升至39.1%。2013年旅游服务贸易逆差为769.2亿美元，在逆差总额中占比为64.93%，同比增长48.08%，比服务贸易逆差增长平均水平高出15.98%。有人忧虑旅游服务贸易逆差高企将带来不可承受之重，因而希望采取包括征收"出境税"等多种手段加以遏制。

实际上，如果坚持并且强化出境旅游对国内旅游和入境旅游的支撑定位，有计划地加强三大市场的相互依存，就有可能为国内旅游和入境旅游的市场开拓和产品创新提供新的思路和手段。当前存在的巨额旅游贸易逆差，有入境旅游自身的产品和市场问题，同样也有与出境市场和国内旅游的联动不足的问题。出境旅游的市场影响力、市场潜力和获取的部分利润，应该与入境旅游发展有机联系起来。通过市场互补、产业互助、经验借鉴、综合统筹和协作发展提升入境旅游的吸引力，开发入境旅游的收入潜力。

出境旅游不仅在改善支付环境和退税方面的经验可以为入境旅游所借鉴，从而提升入境游客的消费水平，更重要的是，出境旅游的购物消费还可以通过免税政策的落实和创新转移到国内。在支付环境上，应该为VISA等国际通用支付平台的进入创造条件，为入境游客提供便利，就像我国出境游客在境外优先选择银联一样。在退税环境上，借鉴环球蓝联经验，针对境外游客提供多币种退税、回国退税、一卡通退税等多种形式。境外支付与退税环境的不断优化进一步促进了中国游客的购物活动。作为最主要的境外支付平台，中国银联2013年海外支付业务进一步扩展至142个国家与地区，为出境旅游持卡者提供了极大的便利。环球蓝联等退税企业也针对中国游客专门提供了人民币退税、回国退税以及环球蓝联卡等多项服务，在一定程度上促进了出境免税品购物的发展。如果说改革开放之初，我国发展旅游业的重要目标是赚取外汇，那么当前的巨额的旅游服务贸易逆差将会进一步促使入境旅游的强化与出境旅游的全面联动，从而提升自身的竞争力，这或许是解决旅游服务贸易逆差的关键途径。

（三）ADS急需政策创新

1983年，旨在规范我国大陆居民港澳台旅游的VFR（Visiting Friends/Relatives）实施，成为ADS政策的有益探索。1997年，ADS政策（Approved Destination Status）取代了VFR。中国香港、中国澳门、泰国、新加坡、马来西亚和菲律宾成为第一批ADS地区或国家。2000年以前，正式开展的ADS旅游目的地只有9个，出境旅游人次不足1000万。截至2014年9月，正式开展的ADS旅游目的地增加到117个。ADS不是孤立的，它既关系到作为既是世界重要客源地又是重要目的地的中国怎样协调入境旅游和出境旅游的关系，又关系到包括主体市场国内旅游在内的我国游客满意度水平。ADS协议的签署，对于推动我国与这些国家的外交往来，加强国际交流合作，发挥了积极的作用，并已逐步形成了具有鲜明中国特色的旅游外交政策和策略。特别是在建设人民群众更加满意的现代服务业过程中，相对推出之前相关签证的烦琐手续和苛刻条件，ADS政策的重要作用更加不可忽视。

但是，与ADS政策出台之初相比，在市场构成、旅游服务进出口形势、游客的期望、产业的诉求等方面发生了巨变，这既是ADS政策承受的压力，也是其寻求突破的动力所在：一是ADS已不能满足日益扩大的散客化市场需求。2013年不通过旅行社出境的游客比例为65.83%。其中，不通过旅行社赴港澳台的游客比例为84.92%，散客化趋势日益明显，而现有政策的"团进团出"要求给出境游组团社经营带来困难。虽然具体执行过程中，对团队规模有不同的限定，有些时候甚至可以把规模缩小到1~3人，但依然以团队方式操作。由于

ADS 条款的限制，自由行业务的产品大多处于灰色地带。而且，在当前的 ADS 框架下，游客在境外的行程需要全部预先确定，不能随机变动，也弱化了旅游产品的吸引力。与此形成鲜明对比的是，有些国家的驻华使馆或相关机构主动给予中国公民单独申请旅游签证，甚至给予落地签证或免签证的待遇，从而事实上已经突破了现行的 ADS 制度。二是 ADS 框架简单，难以应对复杂环境。ADS 没有深度涉及旅游安全问题、多元化旅游产品供给、改善中文接待环境等方面的内容。三是 ADS 的数量扩展空间受到限制，当前 ADS 基本上覆盖了世界主要国家，占与我国建交的 172 个国家的 81.39%。其中，与美洲建交国家签署 ADS 的比率为 100%；与欧洲签约率超过 90%；与大洋洲和亚洲签约率超过 70%；与非洲建交国家的签约率也超过了 50%。2013 年仅有卢旺达共和国 1 个国家正式开展组团业务，2014 年至今也只有乌克兰 1 个国家正式开展组团业务。

（四）出境旅游的关注点

入境旅游的低迷和旅游服务贸易逆差的快速增长容易使人们更多地关注出境旅游的经济功能，而忽视了出境旅游在外交促进、投资环境优化、合作氛围优化和"大国公民"养成等方面的战略性作用。

ADS 协议的签署，对于推动我国与这些国家的外交往来，加强国际交流合作，发挥了积极的作用，逐步形成了具有鲜明中国特色的旅游外交政策和策略。通过入境与出境市场的双向交流，不仅增加了外来者好感，又达到了扩大经济交往、增进双边投资、促进双方合作、增进长期友谊的目的，扩大了中国的国际影响。2003 年内地居民赴港澳"个人游"以及 2008 年大陆居民赴台旅游活动的启动，不仅有力支撑了我国港澳台地区经济的持续发展，同时在促进文化交流、争取民意等方面发挥了润物细无声的效果。正是因为出境旅游的巨大推动力，使得我国的国际旅游合作从单纯的参与开始向引领国际旅游合作转变。

出境旅游在"大国公民"养成方面发挥了重要作用。出境游庞大的市场推动了境外目的地越来越重视如何保障中国公民在旅行与旅游活动中得到公正、公平、优惠的待遇，包括提供更宽松优惠的签证权利、更多的中文标识和服务、更符合中国人喜好的产品等。迄今已有马尔代夫、韩国济州岛、塞舌尔、墨西哥、爱尔兰、斯里兰卡、俄罗斯、毛里求斯、瓦努阿图、安道尔、马来西亚、哥斯达黎加、柬埔寨、肯尼亚、牙买加等多国推行免签政策。对持普通护照的中国公民施行落地签、免签的国家（地区）增至 49 个。2013 年 11 月起，英国、意大利、德国等国再次放宽对中国的旅游签证门槛。2014 年，俄罗斯实行了对中国团队游客的免签政策。英国推出"贵宾移动签证""签证期间护照返还"等便捷服务。法国、荷兰、瑞士、意大利等欧洲国家的团队签证在材料提供方面也相对降低要求,原先需冻结5万元人民币做资产担保,现在只需去银行打印个人流水账单,证明有固定收入即可顺利办理。土耳其和卡塔尔分别向中国游客推出电子签证政策,游客不再需要前往领事馆面签,只要在使馆官方网站上完成相关手续即可。办理赴美签证的手续也有所简化,除电话预约外,还可通过互联网预约面谈、在线支付签证手续费及查询护照办理进度等;出境游庞大的人群使得政府不仅越来越重视完善事先预警和领事保护,还力求加强行业监管,提高出境游客的满意度。2013~2014年间,外交部、国家旅游局多次及时发布旅游警示信息,内容涉及越南动荡、墨西哥证件准备、非洲埃博拉病毒、安哥拉治安、马尔代夫员工罢工、也门街头示威、利比亚武装冲突升级、乌克兰东南部地区局势恶化、以色列军队与加沙武装派别爆发严重冲突等多个方面。在保障服务水准方面,国家旅游局在2014年1月正式发布实施了《出境游优质服务供应商认定与测评标准》,并通过实施"出境旅游优质服务供应商计划"(即QSC计划),对境外接待中国游客的供应商进行"QSC优质服务认证";越来越容易、越来越频繁,同时也越来越平常的出境行程将在未来使中国游客与世界充分接触、互动,有助于"大国公民"的养成。当前中国出境游客"不文明行为"实际上与跨文化交流不充分关系密切。通过频密的互动,深入了解目的地的文化背景和生活习俗,"不文明行为"将越来越少见。而及时的预警和充分的领事保护,将在提升安全系数的同时留给出境游客更多的从容空间。

三 2015年中国出境旅游发展展望

2015年是"十二五"规划的收官之年,2016年是我国"十三五"规划的头一年。未来几年,社会经济的发展将会抵达更优水平,旅游便利化程度将进一步加深,再加上移动互联技术的大规模应用,出境旅游将会呈现出更具活力的态势。

(一)"亿人次"时代的序幕开启

2014年,我国出境旅游人次将突破1亿人次,这是国内旅游、入境旅游和出境旅游三大市场首次同时突破1亿人次大关。这意味着大众化时代的三大市场将有更多的协作空间,从而出境旅游将继续保持较高的增长速度。当前出境旅游与国内旅游之比为3%,平均增长率为2%左右。出境旅游与入境旅游之比为

75.97%，平均增长率为15%左右。可以预料，未来5年出境旅游与国内旅游之比将突破4%，与入境旅游之比将突破100%。就近期而言，2014年将继续保持千万规模人次的增长，突破1亿人次大关，而增长速度将继续在16%以上。

（二）出境客源地加速向二、三线城市扩散

二、三线城市的重要性将日益凸显。成都、重庆等区域城市将继续保持快速增长势头。随着使领馆的区域分布不断优化，地区直航航班的不断增加，特别是高速交通体系的初步建成改善了客源城市与出入境口岸城市之间的交通状况，西南、西北、东北等区域的出境客源比重将持续上升。围绕丝绸之路经济带和21世纪海上丝绸之路建设，在东盟－湄公河流域开发合作、大湄公河次区域经济合作、中亚区域经济合作、图们江地区开发合作以及孟中印缅经济走廊、中巴经济走廊等区域次区域合作机制框架的指引下，各种有利于边境旅游的出入境政策将有较大的优化空间，边境出境旅游将有明显的升温。

（三）中、远程市场的增长将增速

2014年，近程市场依然是出境旅游的主体，但是美洲和非洲的市场增长有可能超出平均水平。首次出境游客的目的地多为亚洲国家，随着自由行的方式越来越深入，北美深度游越来越受欢迎，多次出境游客更倾向于选择欧美国家，其中北美表现比较突出，纽约、洛杉矶、旧金山、温哥华、多伦多、芝加哥等地的增幅不俗。在签证更为便利和直航航班加密的大背景下，未来有较大的增长空间。随着多次出境游客的不断增多，拉美和非洲目的地的增幅将持续领先。

（四）移动互联时代的电商发展将重新塑造出境旅游

当前既是移动互联的时代，也是散客化的时代，市场与技术的结合必将推动电商进入更高层次，在品牌推广、产品研发、资源整合、数据分享等各个方面重新定义出境旅游。从旅游信息查询、产品购买，到利用大数据深度挖掘旅游者的消费方向、方式、规模和目的地关联消费等信息；从网络社交到自媒体运用；从聚焦机票、酒店、景点等核心旅游要素到囊括旅游业全部要素；从单环节参与到全链条介入，旅游业电商已经越来越深入地融入出境旅游发展的全过程中。未来线下和线上企业将会加大相互渗透合作的力度，充分挖掘协同效应，共同探索互利共赢的O2O模式。而伴随着电商产业进展的是出境游客的行程越来越个人化，强有力的技术和产业支持将在未来几年重新塑造出境旅游。

（五）出境旅游衍生产业发展将成为焦点

2013年，WIFI的需求大热打开了更多投资者的思路。可以预料，未来将有更多出境旅游的潜在投资者进入，出境旅游衍生产业发展将成为投资热点。国际连锁酒店、游艇公司、信用卡公司和其他传统上不直接提供旅游服务的企业将进入这片市场，产业融合或许会在更广阔的舞台展开。

结　　语

在出境旅游领域，市场与产业互动的精彩故事时时刻刻都在上演。成长中的市场、成长中的产业和成长中的游客是当前出境旅游的现实。怎样使得演出更精彩、成长更放心，却是政府需要大力保障的事情。从ADS升级到跨国合作开发，从产业引导到行业监管，从公共服务提供到游客权益保障，工作已经做了很多，工作还有很多要做。从"欲走还休"到"想走就走"，还需要政府、产业和游客的共同努力。

·改革创新·

G.14
对旅游综合改革有关问题的思考

曾博伟*

摘　要： 旅游综合改革是促进旅游业发展的重要方式。旅游综合改革的主要对象是政府，旅游综合改革需要以统筹协调为主要方式予以推动。职能整合、区域整合、规划整合、建设整合、资源整合、管理整合、政策整合和营销整合是开展旅游综合改革的主要领域。

关键词： 旅游　综合改革　统筹协调

2013年11月，中国共产党十八届三中全会的召开，标志着中国进入全面改革的新阶段。三中全会共确定了336项改革任务，其中在"沿边地区实行包括旅游在内的特殊方式和政策"这一项任务里直接提及旅游业。但是这绝不意味着旅游业只要做好沿边开放，就算完成了改革任务。从属性看，旅游业是综合性产业；从功能看，旅游业的综合带动作用很明显，与国家经济、政治、社会、文化、生态文明"五位一体"建设都有非常紧密的关系。因此，旅游业的改革需要放到国家整体改革中进行审视。从这个意义上讲，只有从全局着眼对旅游业进行改革，才能释放旅游生产力，才能实现旅游业的快速发展，也才能为国家整体改革发展做出贡献。因此，探讨旅游综合改革"改什么""怎么改"两个问题极为重要。

一　旅游综合改革的主要对象

旅游综合改革首先要明确"改什么"的问题，只有明确了目标，才会有的

---

* 曾博伟，博士，国家旅游局政策法规司政策研究处副处长，长期为《旅游绿皮书》撰稿，并参与国家旅游局重大政策的研究和制定。

放矢。党的十八届三中全会明确提出，改革既要充分发挥市场在资源配置中的决定性作用，又要更好发挥政府的作用。因此，厘清政府和市场的关系是旅游综合改革必须解决的问题，也是思考改革对象的起点。

从旅游业供给角度看，市场主体、中介机构和政府部门都分别发挥着不同的作用。

其一，充分发挥市场主体的作用，对旅游业发展至关重要。而要实现市场对资源配置的决定性作用，取决于市场主体自身产权的明晰和内部治理机制的完善。从我国旅游业发展情况看，市场主体中除了大量的民营企业之外，国有旅游企业数量也不少。当然，如果国有旅游企业有科学的内部治理结构，其市场表现并不比民营企业或外资企业差（比如国有企业华侨城在主题公园建设经营方面就取得了不俗的业绩）。目前，国有旅游企业治理结构有待完善的，主要是一些政府下属的宾馆，以及一些事业单位管理的景区等，对这部分市场主体的改革主要应由政府来推动。因此从这个意义上来说，改革的关键还是在于政府，此外，实现市场对资源配置的决定性作用，也取决于市场竞争的环境是否充分。这就需要政府优化市场环境，进而实现市场主体的优胜劣汰和土地、资金、技术、劳动力等生产要素的自由流动。因此，改革的问题虽然反映在市场领域，但是改革的方向却是在于政府能否真正扮演好市场"守夜人"的角色。

其二，旅游中介组织也是旅游业发展的重要参与者，因此涉及旅游协会的改革也是旅游改革的内容之一。旅游行业协会改革的目标和方向已经确定，就是要坚持协会改革与政府职能转变相协调，发挥协会联系政府、服务会员、促进行业自律的作用。客观来说，目前的旅游协会"官办"色彩还很浓，因此，协会的改革实际上也是政府主导下政府和协会职能重新定位的过程。这就意味着协会改革能否成功主要取决于政府。

其三，旅游业（特别是旅游吸引物）投资回收期较长，完全靠市场化不一定能吸引到旅游投资，旅游业总体上又是一个正外部性很强的领域，因此地方政府需要直接参与到旅游业发展中，才能够更好调动市场主体的力量，进而增强旅游目的地的吸引力。同时，随着旅游成为城乡居民日常生活的一部分，旅游业既表现出产业属性又表现出事业属性，如果以事业发展来要求，必然需要政府从游客的角度出发，提供尽可能完备的公共服务，不断提高游客的满意水平。要解决这些问题，就必须要针对政府进行改革。所以，旅游综合改革的发起者是政府，其改革的主要对象也应该是政府。

随着旅游业散客化时代的到来，以市和县为载体的旅游目的地成为旅游业发

展的主战场。旅游目的地政府既是旅游业发展的重要责任者，也是旅游业发展成果的重要受益者。因此，旅游综合改革的对象不是泛泛的政府，而主要是指旅游目的地政府。基于此，旅游综合改革的重要目的就在于根据新时期旅游业发展的要求，针对目前制约旅游业发展的主要矛盾，探索建立与旅游业综合性特征相适应的旅游产业与旅游事业运行机制，推动实现旅游资源的科学配置，进而提高旅游目的地的综合竞争力。

二　旅游综合改革的主要方式

旅游综合改革的关键在于"综合"二字，即通过综合的方式改变旅游业发展的体制机制，推动旅游这个综合性产业（事业）发展，进而发挥旅游业的综合性作用。要达到这个目标的基本方式应该是统筹协调。所谓统筹，就是要用整体观念、系统思维，统一考虑、统一谋划，要把旅游业放到地方经济社会改革发展的总体战略中予以考虑，而不能把旅游业看成一个简单的行业来抓。也只有这样，旅游业的综合改革才能摆得上位置，旅游综合改革才能获得地方党委政府的支持。所谓协调，就是理顺内部运行机制，这就需要各方互相配合、互相支持，进而形成旅游业发展的合力。从现实情况看，旅游业的整体发展和旅游管理的职能分割是天然的，因此协调是旅游业发展中非常重要的内容。可以说，旅游业发展好不好，主要看统筹协调得好不好，而旅游综合改革成不成功，主要看统筹协调得成不成功。需要指出的是，统筹协调不是对市场规则的取代，而是为市场机制更好发挥作用创造条件和提供保障。此外，政府之所以要强调统筹协调的方式来发展旅游业，是希望将其"有形之手"变成"综合之手"，同时用这样"一只手"来弥补市场的缺陷。当然，统筹协调不是目的，而是手段。随着旅游业发展更加规则化、法治化，特别是随着旅游业发展的诉求全面准确地反映到旅游目的地相关职能部门，统筹协调的方式也就会逐步弱化。不过在中国目前发展相当长一段时期内，统筹协调依然会成为政府推动旅游业改革发展的重要方式。

大体而言，统筹协调旅游业发展比较典型的有两种方式：一是建立跨部门的统筹协调机制，二是直接赋予旅游部门更多统筹协调职能。

（一）建立跨部门的统筹协调机制

在部门职能分割客观存在的情况下，成立相应的跨部门旅游协调机构是许多国家的做法。在中国旅游业发展之初，也设置了旅游业发展的协调机构。1978

年，中央成立旅游工作领导小组；1986年，国务院又重新成立了旅游协调领导小组，决定旅游发展的大政方针，协调各方面的关系，由办公室操作具体事务；1988年，国务院撤销了旅游协调领导小组，成立了旅游事业委员会。旅游事业委员会自成立以来共召开了12次会议，解决了旅游业发展中存在的一些突出问题；国家旅游事业委员会在国务院清理非常设机构中被撤销以后，1999年针对全国休假制度调整后假日旅游迅猛发展的问题，国务院又设立假日旅游部际协调会议；2014年为落实《旅游法》"国务院建立健全旅游综合协调机制"的规定，又成立了由分管旅游业的副总理任召集人、28个成员单位参加的国务院旅游工作部际联席会议。

在地方层面，28个省（区、市）都成立了高规格的旅游业发展领导小组，其中有12个地方是省长（主席、书记）担任产业发展领导小组组长，另外16个省（区、市）是由副省长（副主席、副市长）牵头。虽然许多地方都有旅游业发展的统筹协调机制，但由于这些领导小组都是非常设的临时机构，如果担任领导小组组长的领导重视不够（在现实中，政府高层领导往往担任多个非常设机构的兼职领导）且缺少需要统筹协调的重大议题，这类机构发挥的作用往往有限。因此，对地方旅游业发展来讲，重要的不是有无统筹协调机构，而是能否很好地发挥统筹协调机构的作用。

（二）赋予旅游部门更多协调职能

成立高规格的旅游综合协调机构有利于解决旅游业发展中的重大问题，但是由于高规格的协调机构往往是通过会议的形式来就重大问题进行决策部署，而召开会议的次数不可能过多，因此对旅游业日常发展中需要统筹协调的事务，就有必要赋予一个部门一定的协调职能来推动。从各地的实践看，比较典型的做法是将旅游局升格为旅游委，以此为平台来提高旅游部门的综合协调能力。

比如，2001年，杭州市将"杭州市旅游局"升格为"杭州市旅游委员会"，列入市政府组成部门。建立了以旅委为牵头单位，涵盖旅游管理、园文管理、贸易管理、工商管理、会展管理、旅游度假、商业资产、旅游集团等九个局级单位组成的全市旅游商贸系统。2009年，为推动海南国际旅游岛建设，海南省委、省政府在机构改革中将海南省旅游局升格为海南省旅游发展委员会，纳入省政府组成部门，赋予省旅游委统筹协调全省旅游业发展、编制旅游功能区规划和组织重要旅游项目建设论证及审核、牵头组织推进国际旅游岛建设、协调旅游产业对外开放、组织协调重大旅游节庆活动、旅游宣传推广以及旅游市场规范管理等

14项职责。2011年，北京市从首都建设的大局出发，对现有的旅游机构进行改革，成立了北京市旅游发展委员会，改变了过去单一部门单打独斗的局面，强化了在资源整合、产品开发、服务创新、市场监管等方面的协调配合。此外，还初步建立起市交通委、商务委、文化局等6个部门的相关负责人担任旅游委兼职委员和领导班子成员的制度，进一步增强了旅游委的协调能力。其后，云南省又成立了由更多部门负责人担任兼职委员的旅游发展委员会，不断探索旅游部门统筹协调旅游业发展的新机制。

三 旅游综合改革的主要领域

每个旅游目的地在旅游业改革发展中面临的问题各不相同，推进旅游综合改革不能一概而论和简单照搬，而是应该结合自身的实际，"量体裁衣"进行改革。从旅游业发展的需要和各地的实践看，有八个方面的整合值得在旅游综合改革中予以关注。

（一）职能整合

传统旅游部门的职能主要是对旅行社等旅游企业进行管理，但是对重要旅游吸引物的管理缺少发言权。目前，旅游资源的管理权由不同的部门掌握。各个旅游资源管理部门"各自为战"，既不利于旅游资源的有效保护，也会削弱旅游目的地的整体竞争力。通过整合部门职能的方式来推动旅游改革，有助于部门之间的外部矛盾在机构内部得到协调和化解。目前比较普遍的做法是，根据旅游目的地的旅游资源禀赋，对资源管理的职能进行重组和调配。在县一级，比较典型的做法是推进旅游资源的一体化。早在1998年，浙江省委、省政府就明确提出："县（市）一级根据风景与旅游一体、产品与市场结合、开发与保护统一的原则，可以结合当地实际建立有利于旅游发展的、统一的管理机构。"按照这一要求，浙江多数县（市）都已经成立了风景旅游局或者文化旅游局。除浙江外，全国不少地区也在通过旅游职能重组进行改革，像江苏无锡的江阴市园林旅游局、山东济宁的曲阜文物旅游局、四川成都的崇州市林业和风景旅游局都是如此。在市一级旅游目的地，也有类似职能重组的探索。比如安徽的亳州市文化资源丰富，在全省文化体制改革中，以原市文广局和市旅游局为基础组建了亳州市文化旅游局，统管全市文化旅游业发展，为文化旅游资源的优化配置提供了组织保障。相对于县一级，市一级的职能重组更为复杂，因此一些地方更多是通过职能重新调配的方式来创新体制机制。比如，浙江杭州市明确将"两江一湖"国家风景名胜区管委会办公室从市城乡建委调整至市旅委；浙江舟山将风景名胜区的管理职能从建设部门调整到了旅游部门。需要指出的是，职能整合不能简单地理解为旅游部门以旅游资源一体化为由扩张"地盘"，侵蚀其他资源管理部门的权力，而应该看作符合旅游目的地发展需求的一种制度创新。

（二）区域整合

从实际情况看，在所有区域发展旅游业并不现实，因此选择在一些旅游资源丰富的区域重点发展旅游业是符合实际的。但旅游资源的分布与行政区划的分布往往不一致，这就需要通过区域整合的方式进行改革。大体而言，主要有以下三种方式。

第一种是通过调整行政权限或区划，将旅游资源丰富的区域单独划出来进行管理和开发。比较典型的是秦皇岛市北戴河新区。为有效利用秦皇岛高品质的沙滩、大漠、泻湖、沿海林带等滨海旅游资源，河北省将秦皇岛原隶属昌黎县3个镇、2个乡，原隶属抚宁县的2个镇以及团林、渤海两个林场，南戴河、黄金海岸两个旅游度假区进行整合合并，组成425.8平方公里的北戴河新区。新区的定位是沿渤海发展布局中担负调整结构重任的新型旅游特区。为便于推动新区建设，秦皇岛为新区还设置了副厅级的管委会行政序列，并赋予其市一级行政经济管理职能权限。当然，行政区划的调整颇为不易。按照《国务院关于行政区划管理的规定》，哪怕乡镇一级的设立、撤销、更名和行政区域界线的变更，都需要由省、自治区、直辖市人民政府审批。因此，这种方式的大面积推广存在一定的局限。

第二种是通过旅游功能区的方式来进行区域整合。比较典型的是成都市的做法。为推动山区旅游业发展，2009年成都将国土面积一半的龙门山和龙泉山划分为生态旅游功能区。龙门山功能区涉及成都六个区（市）县，龙泉山功能区涉及五个区（市）县。成都市为推动这两个功能区形成以旅游产业为主导的发展格局，专门在功能区设立了旅游部门牵头、相关部门参与的工作机构。除成都外，广东梅州整合周边两县八镇2000平方公里打造的文化旅游特色区，也是旅游功能区的模式。这种模式虽没有调整区划，但是在一定程度上有利于旅游资源的整体保护和开发，有较强的创新性和较广泛的适用性。

第三种是用旅游产业聚集区的方式来整合区域。较之于前面两种方式，旅游产业聚集区尺度相对较小，一般是从一片区域当中划定一个范围，集中进行旅游

方面的开发，这有助于在较短的时间内形成丰富的旅游供给。由于这种方式对现行体制触碰较少，比较便于操作。

（三）规划整合

规划是政府对经济社会发展做出的总体安排，是政府推动发展意志力的直接体现，当然也是政府公共管理的职责所在。鉴于规划的重要地位，规划方式和规划体制的改革对旅游综合改革具有深远的影响。根据目的地旅游业发展水平的不同，改革可以考虑从以下三个层面予以突破。

第一是在旅游业居于主导地位的区域，探索以旅游业为核心、编制综合性发展规划并统筹相关规划的编制。最典型的例子是海南。为加强对全省旅游产业发展的规划统筹，2010年9月，海南省委、省政府批准设立海南省旅游规划委员会。主任由省长担任，副主任由分管旅游工作的副省长担任，旅规委成员由省发展改革委、省旅游委、省农业厅、省财政厅等10余个相关部门主要负责人组成。旅规委下设办公室，设在省旅游委，由省旅游委主任兼任，负责旅规委的日常工作。2011年1月，海南省人大颁布实施《海南国际旅游岛建设发展条例》，明确要求省旅游规划委员会负责审查并组织实施全省重点旅游景区、度假区、旅游开发区的发展规划，重大旅游项目和重要旅游资源开发的规划以及与旅游直接相关的专项规划；省旅游发展委员会负责国际旅游岛建设规划编制、旅游资源管理和旅游项目审核的统筹协调工作；省政府有关部门应当根据国际旅游岛建设发展规划纲要组织编制相关专项规划和旅游区域规划，经省旅游规划委员会审查后，报国际旅游岛建设发展领导机构审定；县级以上政府及其相关规划主管部门应当按照各自的职责加强对海南国际旅游岛建设发展各项规划的编制、审批、实施、修改的监督检查，及时查处违反规划的行为。在规划体制调整的基础上，2010年，海南省旅游委牵头组织有关部门编制了《海南国际旅游岛建设发展规划纲要》，对海南以旅游业为核心的经济社会发展做出了总体安排。

第二是在旅游资源丰富的区域（比如旅游度假区、旅游功能区）中，重点围绕旅游业发展需要，探索"多规合一"的规划方式，或者通过置顶性的总体规划，将旅游规划与其他相关规划有机衔接起来。比如，成都龙门山生态旅游功能区规划就不是单纯的旅游产业规划，而是以保护生态本底为前提，以旅游业为主导产业的区域战略性规划。这一规划不是取代其他规划，而是统领和协调区域发展中涉及的主要规划。龙门山的规划涵盖了生态环境保护、历史文化保护、旅游核心吸引物体系、体育产业、旅游休闲产业、土地利用、旅游城镇体系引导、景观风貌与控制引导、基础设施配套、管理与服务引导规划等与旅游业发展相关的规划内容，实现了旅游业和相关领域发展的有机衔接。

第三是将国民经济社会发展规划、城乡规划和土地利用规划与旅游规划有机衔接，或者是在这些规划中充分考虑旅游业发展的需要。比如，北京在旅游综合改革中就提出，按照现行政策，城市人均建设用地指标的人口基数是常住户籍人口。目前北京国内旅游已经突破2亿人次，超过常住人口的10倍。由于城乡规划和土地规划没有充分考虑到这个问题，使得旅游项目和旅游公共服务设施建设很难落地。因此，北京希望通过改革，能在城乡规划和土地规划中统筹考虑居民和游客的需要。此外，像秦皇岛旅游部门被纳入城市规划委员会的做法，也有助于将旅游发展的需求更充分地反馈给相关规划部门。

（四）建设整合

旅游建设项目的落地对于旅游目的地发展具有重要的意义。让哪些项目落地，如何通过旅游项目建设调整旅游产业结构和提高旅游业竞争力，对于旅游目的地的发展具有很大的影响。相较其他部门而言，旅游部门对旅游需求更加了解，对目的地旅游产业整体的发展也有通盘的考虑，因此有必要改革旅游项目建设的把关机制，在旅游项目建设方面赋予旅游部门更大的话语权。比如，2002年杭州市人民政府专门下发了《关于调整西湖风景名胜区建设项目立项联席办公会议成员单位的通知》，将杭州市旅委增加为联席会议成员单位。同时由杭州市旅游委员会负责召集市计委、市建委、市规划局、市园文局、市土管局、市环保局（简称"三委四局"联席会议），对西湖风景名胜区建设项目的审查，这一方式，从西湖管理全局出发，严格控制了名胜区内的建设项目与规模，为西湖旅游业发展和申遗成功奠定了重要的制度基础。再比如，舟山在旅游综合改革中，对重要旅游项目由市政府召集旅游、发改、规划等部门共同商讨，同时强化了旅游部门对旅游项目开发建设的统筹协调职能，明确旅游项目在审批前先由旅游部门会审，这一举措对推动舟山旅游业的有序发展产生了积极作用。

（五）资源整合

随着旅游业的发展，旅游资源的边界也从过去的名山大川扩展到各类资源，同时旅游者对旅游的需求也从过去参观景点逐渐转变为对旅游目的地自然、人文的深度体验。因此，通过改革实现各类资源的旅游化利用，进而推出更丰富的旅游产品就很有必要。整合旅游资源，既要盘活存量的旅游资源，又要拓展增量的旅游资源。在盘活存量旅游资源方面，需要将一些分散的旅游资源重新打包、组合，串成线、连成片，从而实现旅游资源更有效的利用。比如，安徽亳州市将花戏楼、曹操运兵道、华祖庵、南京巷钱庄、道德中宫、张园汉墓、曹操纪念馆、江宁会馆等原属于文物处、市住建委等单位管理的旅游资源经营管理权集中整合，由市政府出资1500万元注册成立的亳州市文化旅游发展有限责任公司统一管理经营，从而打破了条块分割、条条分割的界限，使得旅游资源能够更好地转化为旅游产品。在发展增量旅游资源方面，通过改革，将大量的社会资源转化为独特的旅游产品，将极大地丰富游客对目的地的体验。比如，早在2004年，杭州就秉承给游客提供最生活化、最原真旅游体验这一理念，推出包括文教体育、司法机构、特色街区、农贸市场、社区家庭等在内的27类100个社会资源访问点，使得杭州城市旅游的内涵更加丰富。再比如，2012年，北京市政府出台了鼓励企事业单位和政府部门设立旅游开放日的文件，推动市内100多家社会单位设立了旅游开放日；为更好地挖掘北京独具特色的四合院资源，北京还通过设立"北京人家"等创新举措，将四合院的保护和旅游开发有机地结合起来。在推动资源整合方面，比较常见的做法是通过旅游部门与相关资源管理部门的合作，共同将一些特殊的资源推向旅游市场。比如浙江省旅游部门就通过与经信、农业、林业、海洋渔业、卫生、文化、体育、老龄等相关厅局签订战略合作协议的方式，以创建工业旅游示范基地、农业休闲旅游基地、中医药文化养生旅游基地、老年养生示范基地等为平台，推动了文化、工业、农业、林业、渔业、医药等资源转化成旅游产品。此外，为了更好地将旅游部门与资源管理部门的意志结合起来，一些地方还尝试相关部门共同编制和推行标准的做法，以此来促进旅游资源的整合。比如，舟山旅游部门与海洋相关部门编制海洋旅游标准，形成了由325个国家、行业、地方、企业标准组成的海洋旅游服务标准化体系。秦皇岛市将标准化工作扩大到城市主题公园、博物馆、商场、餐饮企业、出租车等各涉旅行业，既促进了各类资源的旅游化利用，也提高了相关领域的旅游服务水平。

（六）管理整合

随着旅游业规模的不断扩大，相应的市场监督管理和公共服务管理任务也更加繁重。旅游目的地政府是承担旅游管理的直接责任者。按照《旅游法》的要求，市/县政府有责任建立旅游市场联合执法监管机制、旅游投诉统一受理机制和旅游安全综合管理机制。地方政府只有改革传统的管理方式，打破部门的界限，建立这样的综合性机制，才能更好地营造良好的旅游消费环境。市场监管方面，当前国家改革的一个基本方向是要从事前审批的管理方式转变为事中、事后监管的管理方式。对旅游业来说，对旅游企业的审批本来就很少，因此未来旅游改革的一个重要内容就是要整合各方面的管理力量，从事中、事后管理入手，取得突破。具体而言，就是要按照国务院《关于促进旅游业改革发展的若干意见》要求，以社会信用体系建设为契机，加快完善旅游相关企业和从业人员诚信记录。在此基础上，旅游相关的执法部门可以通过共同分析信用体系，进而明确监管和执法的重点。与此同时，还要推动各部门建立针对各类旅游企业的违法信息共享机制，通过公布"黑名单"等方式，曝光违法的旅游企业。另外，还需要继续推动旅游市场联合执法和综合执法。由于旅游消费涉及众多领域，只有通过整合各部门的执法力量，才能净化旅游市场环境。比如，黄山市政府成立了21个职能部门成员单位组成旅游市场联合执法办公室，负责全市的旅游联合执法、受理投诉、联席会议、工作通报等工作，在实践中取得了良好的效果。公共服务方面，无论是旅游公共资讯服务还是旅游安全服务，都需要整合各部门的力量才能很好运转。特别是伴随散客旅游时代的到来，单个部门的公共服务很难对散客产生效果。比如旅游公共资讯，游客对一个旅游目的地需要的信息不仅涉及景区还涉及住宿设施、交通、特色餐饮、购物场所、娱乐场所等，因此，有必要整合这些分散、零碎的旅游资讯，为游客前往目的地旅游提供更多便利。实现这一目标，就需要通过改革提高旅游公共服务水平。

（七）政策整合

旅游业发展需要各个方面的政策支持，但由于旅游业分散在各个领域，往往被相关的支持政策所忽略。比如过去国家出台扶持中小企业发展的政策，由于政策的主导部门是工信部，其扶持的中小企业基本局限在工业领域，旅游中小企业就很少受益。此外，有些普适性政策由于与旅游业自身特点不符，反而束缚了旅游业的发展。比如，建设部门从节约用地的角度出发，规定房屋建筑的容积率不能低于1.0；但是基于游客休闲度假的需要，许多旅游设施又需要低密度的低层建筑才能给游客带来舒适的感受，这就造成了政策和现实之间的矛盾。还需要提及的是，旅游部门作为指导旅游业发展的职能部门，基本不掌握促进旅游业发展的政策，因此改革应该通过政策的整合来共同推动旅游业的发展。具体而言，政策整合可以考虑从两个方面入手：一是在制定和推行相关政策的时候将旅游业纳入其中。比如杭州市为支持旅行社发展，将杭州对工业和高新技术产业的优惠政策，统统移植到对旅行社的扶持上来，极大地促进了旅行社业的发展。二是根据

旅游业自身特点，优化调整现有土地、财税、金融、建设等方面政策。比如，目前桂林市和秦皇岛市正在试点国土资源部的旅游用地政策，以期在旅游用地政策方面取得突破。此外，一些地方旅游部门和相关部门也在探索出台一些专项的旅游扶持政策。2012年，成都市发改委、金融办、旅游局与人民银行成都分行营业部就制定了《做好金融支持旅游业加快发展工作的通知》，要求各金融机构要将旅游业列为重点支持行业、积极创新旅游企业融资的抵押担保方式、不断拓宽旅游企业的融资渠道、不断创新适合旅游业的特色金融服务。

（八）营销整合

旅游营销是目的地开拓旅游市场的重要方式。与其他领域市场营销的主体是企业不同，旅游营销由于牵涉面宽、受益面宽，普遍的做法是由政府牵头，整合各方面力量，共同开展旅游目的地营销。就体制改革而言，旅游目的地的营销整合，需要重点抓好两个内容。一是横向整合旅游、外宣、文化等部门的宣传力量，共同打造旅游目的地形象品牌。目前，旅游、外宣、文化等部门大都配备有相应的宣传经费和人员，但是在实际运行中，却不同程度存在各自为战的情况。这就需要统筹考虑旅游目的地对外传播的形象，让相关部门围绕这个形象，通过各自的渠道，开展目的地营销，从而提高旅游目的地的吸引力。二是纵向整合旅游部门和重点旅游企业的力量进行市场宣传。比如瑞士，专门有联邦政府、州政府以及航空公司、大的旅游企业联合组成的国际旅游营销机构。该机构以董事会的方式进行运作，共同制定营销计划，评估营销成效。另外像国内的成都市，在市人民政府支持下，由成都市旅游局、成都市旅游协会、携程、香港国旅、亚洲旅游、成都青旅和都江堰市人民政府共同发起成立了有数百个单位参加的最佳旅游联盟。联盟通过联合发行熊猫卡给予旅游者折扣优惠和积分奖励等方式开展营销，取得了不错的效果。总之，目的地政府需要通过改革整合更多的宣传营销资源，才能实现营销投入产出的最大化。

G.15
新时期中国旅游投资创新发展

刘 锋*

摘 要： 旅游投资的健康持续发展对旅游业具有深远影响。为了促进旅游投资更好地运行发展，有必要对旅游投资的发展环境、特征及存在问题，有针对性地提出发展建议。建议要破解制约旅游投资的体制瓶颈、推进投资与投智并进、规划与运营同步、政府与企业共赢，开展一站式服务、全产业链运营的模式，用智慧引领中国旅游投资的创新发展。

关键词： 旅游投资 模式 创新

新常态下，中国经济正处在增长速度进入换挡期、结构调整面临阵痛期、前期刺激政策消化期的三期叠加的发展阶段，面临巨大的挑战和机遇。旅游业因其强大的综合带动性使其成为当前缓解产能过剩的重要抓手、拉动内需消费的重要引擎、转型升级的重要产业，旅游业的蓬勃发展为旅游投资的成长壮大奠定了坚实的基础，形成了强大的推动。近来旅游投资市场空前火爆，大量的投资商纷纷转型介入，万达、复星、中信华强、海昌等集团强力进军文旅产业发展，途家、蚂蜂窝、世界邦、在路上等创业企业异军突起，传统旅行社、酒店联手向淘宝模式转变，携程、同程携手，投资规模不断壮大、投资领域更加多元、投资布局迅速铺开、投资主体更加跨界化。因此，结合当前旅游投资大势，探索旅游投资的创新发展的方法和模式，对中国旅游投资发展具有一定的借鉴意义。

---

* 刘锋，北京巅峰智业旅游文化创意股份有限公司首席顾问，教授，博士。

一 当前我国旅游投资现状特征

(一)旅游消费快速增长催旺旅游投资

1. 大众化旅游市场已然形成

目前我国旅游正处于一个大众化出游的深化阶段,已形成全球最大的国内旅游市场和世界第一大出境旅游消费市场。近10年来,我国人均出游率不断提升,从1999年的0.57人次增长到2013年的2.5人次,2020年将达4.5人次,比照发达国家美、日、韩年人均出游的5~7次,这意味着国内一个巨大的旅游需求市场将加速形成(见图1)。我国出境游人数和出境消费连年增长,出境游人数从2005年的3103万人增长到2013年的9819万人,出境游消费2013年已达1287亿美元,世界第一大出境旅游消费市场已然形成。预计2014年中国出境旅游超过1.1亿人次,出境旅游花费将达到1550亿美元(见图2)。境内旅游消费总额也保持高速增长,2010年境内旅游总消费是1997年的6倍,预计2014年为3.1万亿元(年人均旅游消费2380元),2020年将达到5.5万亿元,境内国民旅游消费所占比重越来越高(见图3)。中国已经真正进入大众旅游阶段,旅游消费日渐成为老百姓的日常刚性消费,国民旅游消费投资也成为热点。

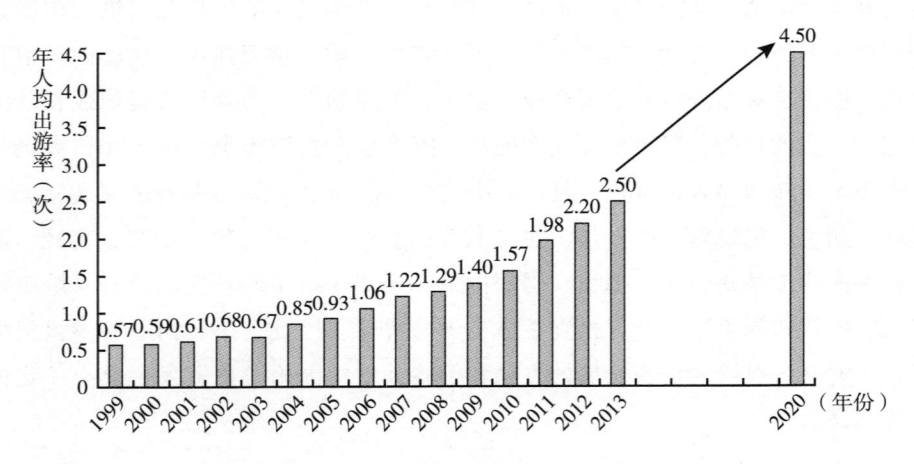

图1 近年来中国出游率统计及趋势预测

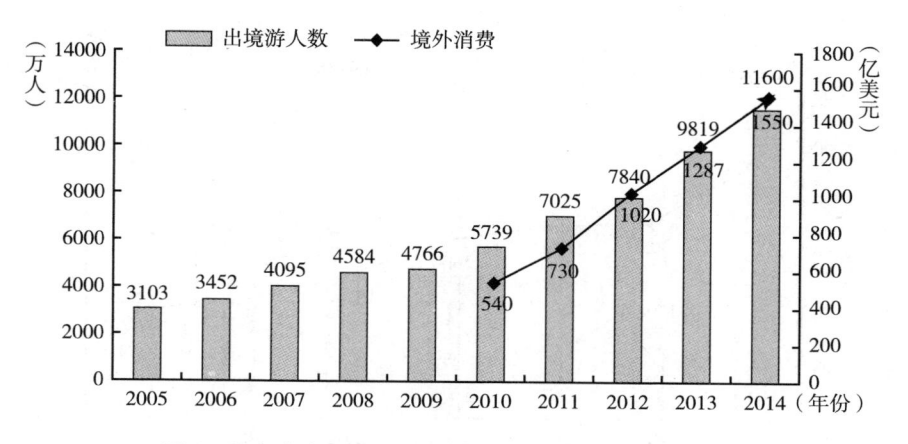

图2 近年来中国出境游人数、境外消费及2014年预测

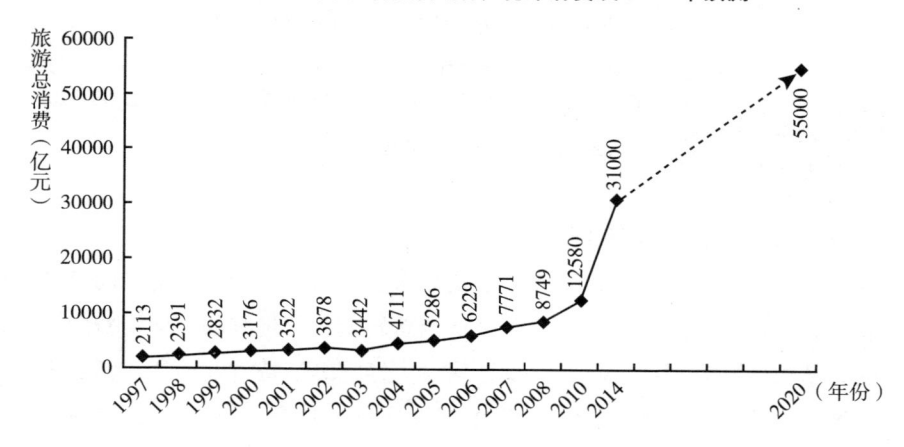

图3 近年来中国国内旅游总消费及趋势预测

2. 个性化旅游方式日益普及

当前国内游客构成逐渐从团队出游向散客出游转变，多数知名景区的团队游客与散客比例接近3∶7，尤其《旅游法》实施和八项规定等的出台，传统的观光团队游客大大减少，散客出现了前所未有的井喷，以线路为主导的团队旅游模式向以目的地为主导的散客旅游模式转变，自驾游、自由行、深度游等旅行方式越来越受欢迎，个性定制、自助出行正逐步成为一种常态。新常态需求下，中国的在线旅游发展迅猛。2013年中国在线旅游市场交易规模达2204.6亿元，较2012年增长29%，并且将持续保持高速增长。传统旅行社全面转型，自助预定、自愿组合、自由行程已经成为不可逆转的潮流，各种类型、各种层次的在线旅游产品及服务也将成为投资热点（见图4）。

图 4　近两年在线旅游市场交易规模及趋势预测

说明：①在线旅游市场交易规模指在线旅游服务提供商通过在线或者 Call Center 预订并交易成功的机票、酒店、度假等旅行产品的价值总额；②包括供应商的网络直销和第三方在线代理商的网络分销。

资料来源：艾瑞网。

3. 体验化旅游需求全面增长

体验经济时代已经来临，游客的消费需求正在从单一的初级消费向综合体验消费转变，从简单的实物消费向服务经济消费转变，从传统的游览消费向生活消费转变，从单纯的好看向好玩、好享、好住、好吃等消费方式转变。消费需求的新变化客观上要求新业态的产品、新模式的突破、新创意的亮点、新领域的突破，这也给旅游投资提出了新的发展要求和方向。

（二）新时代背景下旅游投资特征鲜明

1. 旅游投资规模不断壮大

近年来我国旅游投资市场持续走红，项目投资总额从 2011 年的 26700 亿元增长到 2013 年的 68482 亿元，当年完成投资额度从 2011 年的 2065 亿元增长到 2013 年的 5144 亿元，同比增长均超过 25%（见图 5）。与此同时，大项目投资层出不穷，总投资 50 亿及以上的在建旅游投资项目共计 295 个，涉及项目总投资达 34178.1 亿元，占全国项目总投资的 49.9%；100 亿以上项目达 127 个，2014 年上半年增长到 151 个，各地越来越重视大项目的建设，以期带动区域旅游经济的发展壮大。

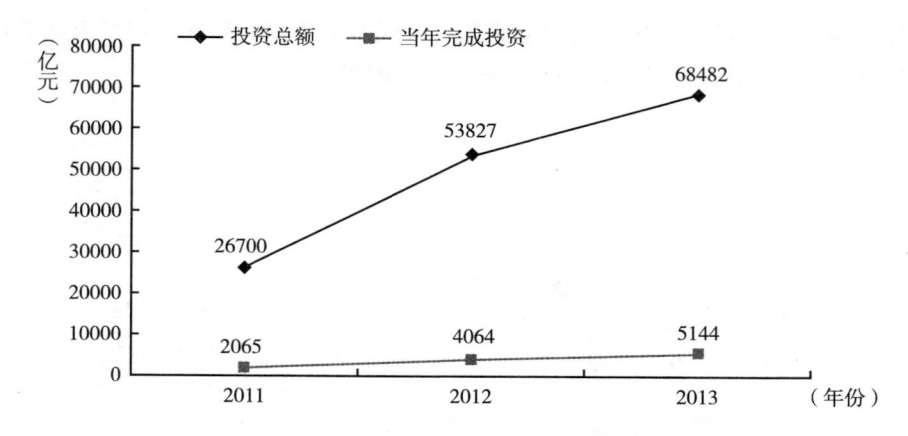

图5　2011～2013年旅游投资总额及当年完成投资额

资料来源：历年旅游投资报告。

2. 旅游投资主体更加多元

旅游消费需求的多元化促使了旅游投资领域的多元，也推进了投资主体的多元跨界。旅游投资主体的跨界主要体现在两个方面。一是跨行业，不同行业主体投资融合。各行业企业纷纷开始涉足旅游市场，如阿里巴巴投资在路上和穷游网，百度投资去哪儿网成为第一大股东，腾讯联合晨兴创投2000万美元到美国游平台我趣旅行网，万达、华侨城、方特、海昌等地产集团引领文旅发展等。二是跨体系，政府与企业及国有与民营融合。从2013年我国旅游投资资金来源比重看，民营资本占57%，增幅达13.3%。民营资本、外资、社会资本的进入也促进了多主体的合作，如上海迪士尼、乌镇、长隆等都体现了跨体系的融合。

3. 旅游投资格局全面铺开

我国幅员辽阔，东中西部各地经济发展水平不一，旅游产业亦如此。具体体现在如下几个方面。其一，东部地区投资增长稳健，中西部地区增长更为显著。虽然从旅游项目总投资所占比重来看，依然是东部地区（占59%）遥遥领先，远高于中部地区（24%）和西部地区（17%）。但从项目总投资增幅的角度来看，2013年，西部地区项目总投资增幅最大，同比增长52.1%；其次为东部地区，同比增长25.2%；增幅最小的为中部地区，同比增长18.7%。其二，大型企业全国布局，发达地区投资密集。国内知名的华侨城集团、方特集团，以及近年来高调进军文化旅游业的万达集团，都已通过多年投资建设大型旅游项目基本形成了全国性的旅游发展布局，并且三者投资建设的旅游项目绝大多数都是集中

于发达地区（见图6）；国内的海航集团、开元旅业集团、绿地集团、万达集团等旗下实力雄厚的本土酒店品牌都在积极进行海外投资和并购。

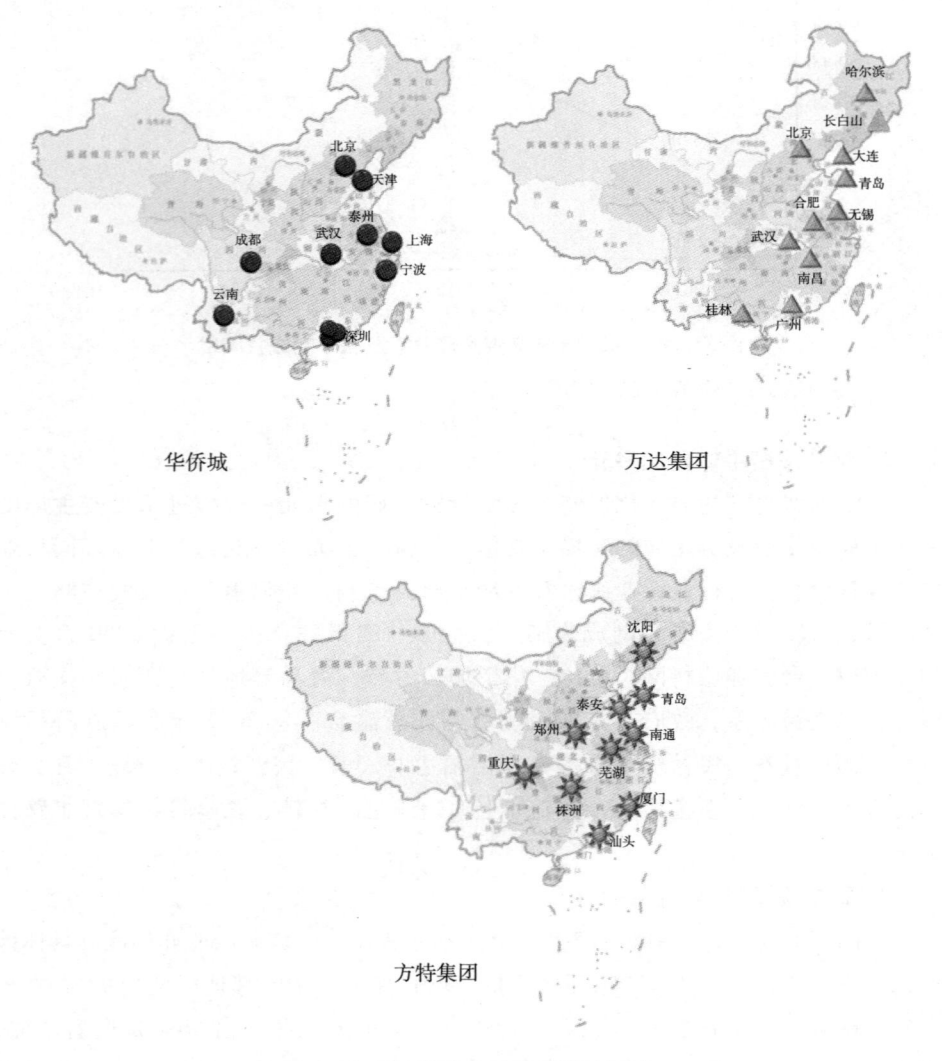

华侨城

万达集团

方特集团

图6　大型旅游企业的全国布局示意

资料来源：各大企业官网。

4. 旅游投资方向体现融合

从2013年各地投资的大型旅游项目及其涉及的旅游业态来看，我国旅游投资方向迎合旅游市场趋势潮流，呈现融合特色。大量资金持续涌向旅游与其他产业融合后催生出的新业态之中，与文化、城镇、地产、商业、科技等的融合特色鲜明。大型综合类项目居高不下，集旅游、文化、餐饮、住宿、娱乐等诸多产业形态于一体的城市休闲、生态度假、文化旅游等的大型主题类游憩项目较为火热。通过对全国20强景区进行分析发现，投资主题游憩项目成为新兴景区崛起的重要途径。主题游乐型综合度假区受市场追捧，华侨城和长隆连续两年进入前三名、横店连续三年进入前十；华侨城、长隆、横店、宋城4家新兴景区中100%以主题游憩型项目为核心，游客量占前20景区总和的24%。这与当前个性化、综合化的旅游消费特征是密不可分的（见表1）。

表1 2010~2012年中国旅游景区20强对比分析

单位：万人次

2010年前20名		2011年前20名		2012年前20名	
景区名称	旅游接待人数	景区名称	旅游接待人数	景区名称	旅游接待人数
北京故宫博物院	1230	深圳华侨城旅游度假区	1380	北京故宫博物院	1420
张家界武陵源	1160	北京故宫博物院	1350	深圳华侨城旅游度假区	1210
北京颐和园	1050	广州长隆旅游度假区	1190	广州长隆旅游度假区	1080
横店影视城	841	北京颐和园	1160	广州白云山	1030
八达岭长城	685	北京天坛公园	980	北京颐和园	990
韶山	650	横店影视城	847	横店影视城	923
周庄古镇	592	八达岭长城	803	北京天坛公园	840
圆明园	550	韶山	790	八达岭长城	812
乌镇古镇	531	井冈山	670	庐山	720
同里古镇	523	庐山	661	黄果树瀑布	680
凤凰古城	520	张家界武陵源	616	韶山	660
黄果树瀑布	511	凤凰古城	590	同里古镇	657
庐山	483	圆明园	580	苏州园林	641
明十三陵	482	普陀山	579	杭州宋城	640
普陀山	478	黄果树瀑布	570	九华山	615
井冈山	453	峨眉山-乐山大佛	535	三清山	611.3
灵隐飞来峰景区	442	秦始皇帝陵博物院	527	峨眉山-乐山大佛	607
九华山	423	乌镇古镇	525	乌镇古镇	590
衡山	420	明十三陵	505	衡山	578
秦始皇帝陵博物院	401	衡山	503	普陀山	556

二 旅游投资瓶颈凸显

（一）旅游营利模式缺乏

旅游投资存在投资额度大、回报周期长、涉及领域广、综合要求高的特点，从某种意义上说，投资旅游比投资房地产要难很多，因为涉及面更广，整合资源更多，对于人才的要求也更加复合多元。目前多数旅游项目的盈利点主要是依靠门票和旅游地产，大型旅游投资项目更多是靠土地这根拐杖。随着当前地产业日趋进入下行通道，在旅游投资过程中，尤其应重视项目建成后的营利模式的构建。以主题公园为例，我国主题公园数量庞大，但目前只有1/4能盈利，其余都接待人数不多，盈利能力不足。国内主题公园门票收入与餐饮、商品经营收入的比重大约为8:1:1，而国外则各占1/3且产业链条长，抗风险能力强。因此，旅游项目投资亟待完善对各类旅游项目营利模式、商业模式的研究与构建。

（二）投后运营管理薄弱

当前我国旅游投资市场面临的一大难题是缺乏专业的运营管理团队，尤其是项目的专业负责人。随着越来越多的跨界进入旅游投资领域，这方面的短板愈发凸显。另外，受传统认知的局限，往往更重硬件建设投资，而忽视研发、营销、管理的投入。由于整体旅游发展阶段所限，投资资金多集中在传统旅游景区类型项目中，大量的资金用于旅游项目的硬件设施建设，忽视了在软性运营服务方面的投入。据不完全统计，2013年完成投资的5144.4亿元中，用于旅游景区建设的有3116.2亿元，占60.6%。未来旅游的发展必然以基于消费价值的服务运营为主，因此在旅游投资方向上应具有一定前瞻性，投资商应更多关注一些侧重运营服务而非硬件设施的旅游新业态方向。

（三）资本资源难以对接

资源与资本难以形成有效对接，一方面是政府方有资源缺资金，普遍存在招商难的问题；另一方面，投资方有资本缺好项目。我国大多数旅游资源特别是高等级景区往往采取属地管理的国有垄断与行政化管理体制。风景旅游资源属于国家，管理单位为全额拨款事业单位，但国家对高等级景区的财政拨款严重不足，反而要依靠景区门票和经营收入补充地方财政，一般景区门票收入的50%甚至更高均须上缴地方财政,由此造成自身投资能力严重不足。各景区企业大多规模小,融资能力差,投资力度弱,运营水平良莠不齐,很少有资产过亿的旅游景区开发和运营企业。与此同时,民营资本进入景区开发多方掣肘。在风景旅游资源的天然垄断属性和事业单位、多头管理体制的综合影响下,景源的产权和使用权缺乏清晰的界定,民间资本获取特许经营权和进入景区开发受到多方限制,大多处于"想介入"又"怕介入"的两难境地。

(四)资源价值估值甚难

旅游资源因其生态、文化、公益等要素难以量化,因此在进行资源估值时难以形成像其他行业资源那样明确的规范。目前我国在旅游投资市场中并没有统一规范的旅游资源估值标准,主要是基于区域现状、资源禀赋、基础配套或是单期收入,但也并未形成统一意见。我国一直没有建立起真正意义上的旅游产权交易中心,很多地方旅游资源在招商过程中漫天开价,主观性地将资源估值定为天价,让开发商望而却步,因此引入和应用客观、科学、合理、规范的旅游资源估值标准方法是非常有必要的。

三 促进旅游投资的几点建议

(一)破解投资体制障碍

改革景区管理体制,重点是推动景区风景旅游资源所有权、管理权和经营权的分离,明确"资源归国有、管理归地方、经营归企业"的改革思路;明确地方政府对景区的发展规划、日常管理、资源保护、市场执法等方面的责任;扩大和规范特许经营权,鼓励各类资本,尤其是民营资本进入景区开发和投资,严格保护民营资本产权,并在特许经营的框架下上缴保护经费。鼓励民营资本在不触动不可再生核心旅游资源的基础上,于城市、景区周边,充分利用不适宜城市建设用地,开发多种类的旅游、休闲、度假等旅游景区和旅游产业链延伸项目,以缓解旅游景区和产品的供需失衡;鼓励民营资本参与景区的运营、管理,提高景区效率,促进地方就业和税收;鼓励公共和民营资本加大对市内公园、博物馆、文化馆等休闲文化设施的投资,丰富文化旅游、修学旅游等旅游产品,分流核心景区旅游接待压力;进一步探讨旅游投融资制度和土地制度的改革,重点探索民间资本进入景区开发的范围和途径以及金融资本对旅游发展的支持途径;探索放

宽利用荒地、山地、废弃地、复垦地、盐碱地和石漠化用地等特殊用地指标开展旅游活动的途径，并结合农村集体土地产权制度改革，推进乡村旅游以及旅游产业和其他各项产业的融合。

积极促进各类旅游投资综合服务平台的搭建，实现信息渠道、支持政策、产品需求等有效对接，让政府与投资商、开发商实现在同一语境下的对话、交流与合作，做到两大主体的信息对称，引导资金池、项目池在区域需求范围内高效对接。旅游投融资公司统一协调规划、审慎利用资金、发挥投融资效益，投资担保支持；旅游招商中介机构沟通联动招商方和投资方，变政府主导为市场主导进行招商引资；旅游产业基金设立管理专项的基金；信息服务和管理平台构旅游信息发布资料库，对接市场与需求；积极召开投资洽谈会、项目研讨、政策协调、审定发市优先项目等。

（二）强化营利模式设计

营利模式是投资商最为关注的，也是旅游投资最为关键的。要重视推进从门票经济到消费经济的转型，构建多元化的盈利模式；要从产业规划、收入模式、投资分期、营销模式、融资模式、管理模式、保障实施等方面进行综合构建，实现产业链条整合化、收入模式多元化、产品功能复合化、管理模式一体化、投资分期组合化、融资模式多样化、营销战略品牌化、保障实施综合化。目前国内旅游投资主要有三大营利模式类型，包括运营获利型、地产变现型、交易溢价型。

1. 运营获利型

这种方式是通过运营开发打造围绕旅游"十二头"（有看头、有玩头、有住头、有吃头、有买头、有说头、有拜头、有疗头、有行头、有学头、有享头、有回头）的多元消费点、盈利点，形成综合收入结构；通过运营管理，输出管理模式，实现连锁经营并获利。乌镇是中国景区运营获利的典型代表，主要的盈利点集中在门票、酒店、车船、会务四个方面，并延伸其他的旅游需求消费点，2013年乌镇景区净利润超过其他的上市旅游景区公司排名第一。同时，景区采取政府主导，企业运作，引入中青旅管理运营，实现所有权、管理权与经营权的分离，并实现科学管理输出的连锁经营，以"乌镇模式"打造"古北水镇国际旅游综合度假区"项目，市场效果显著。长隆集团也是运营获利的典范，2012年门票综合收入达到9.65亿元，取得了很好的经济效益。长隆集团集长隆欢乐世界、长隆野生动物世界、长隆水上乐园、长隆国际大马戏、广州鳄鱼公园五大主题公园，长隆酒店、香江大酒店、香江酒家三大酒店餐饮打造了一站式欢乐体验的综合性旅游娱乐业态，珠海横琴长隆国际海洋度假区也已建成并运营，是值得推崇的民族品牌旅游的典范。

2. 地产盈利型

这种方式主要是通过旅游与地产的真正互动实现项目开发的盈利。华侨城是旅居互动开发模式的典型代表，通过旅游获得大面积低价土地和当地政府的支持，营造良好环境和品牌提升房地产土地价值，并以持续、稳定的现金流对房地产提供支持；通过地产快速回现，规避风险，为旅游业的发展提供资金支持，实现后期收益最大化。华侨城模式注重区域综合运营，注重规范专业管理，注重模式复制和品牌延伸，更注重文化和品质的培育，国内不少大型旅游综合体和旅游地产项目都是属于这类。

3. 交易溢价型

由于旅游资源的稀缺性和不可再生性，旅游投资商对于旅游资源的追求趋之若鹜，导致旅游资源的溢价升值。目前随着中国经济发展方式的转型、跨界融合的增加，很多传统的能源企业、制造业企业、房地产企业和煤老板等开始介入到旅游行业，客观上导致旅游资源需求的激增和资源的溢价，这也是一种比较典型的盈利方式（见图7）。

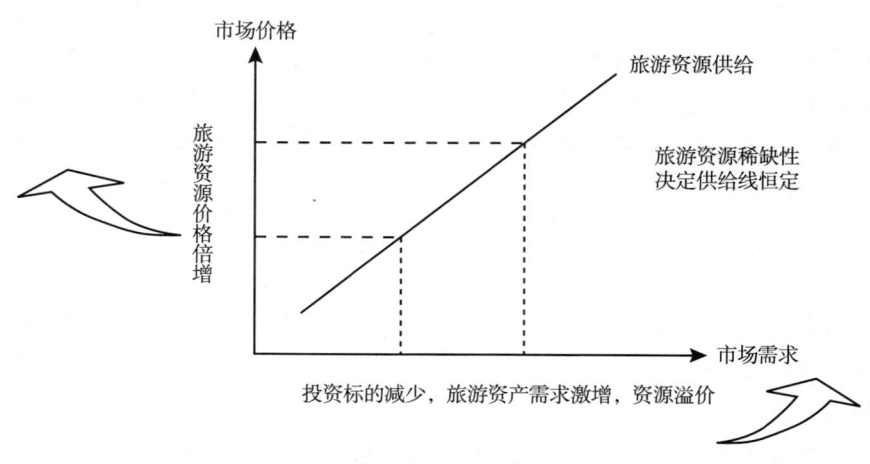

图7 交易溢价型盈利示意

（三）重视专业运营能力

1. 重视专业运营能力

过去很多旅游投资往往更多地关注了项目的定位，明确了做什么、卖什么，

但忽略了谁来做、谁来管、谁来卖的问题，因此要关注和重视有专业运营力的旅游投资商和运营商，如中华恐龙园、无锡灵山大佛、海昌、巅峰智业等都在探索管理输出的旅游投资运营商，引导强化，形成对旅游投资行业的有力带动。

2. 重视智力投资引入

推进政策招商向规划招商转变，以智力注入做好项目的策划和包装，实现盈利。首先制定投资规划，科学明确投资项目类别、投资额度、产业投资比例、投资渠道、投入产出和营销推广等；其次做好项目规划，高度重视项目的策划、规划、设计和包装，以密集化、高要求投入"智力"资本，做专业的项目规划设计，实现规划"教科书"向"操作手册"转变，有效推进旅游项目投资选择与落地。再次做好收入模式设计，从传统的一票（门票）、二道（索道）、三餐（内部餐饮）、四购（购物亭）的观光型的收入模式向注重综合体验消费和区域带动的旅游收入模式转变，形成综合性收入结构。

3. 重视旅游投资方向

随着我国旅游产业发展的日益成熟，基于消费价值的旅游产业综合运营方向，将成为未来旅游产业投资所应关注的重点，这不仅有利于强化投资运营服务水平和投资软实力的提升，还有利于投资的多元化和主题化。结合当前国家各项政策和发展趋势，旅游投资的热点领域和未来旅游投资的增长点应主要集中于以下几个方面：度假类产品有乡村旅游、医疗健康旅游、养生养老旅游等，主题游憩类产品有大型主题公园、主题演艺、主题景区等，户外旅游类产品有游艇俱乐部、房车营地、通用航空旅游服务等，新兴管理类产品有景区连锁经营、在线旅游、智慧旅游等。

（四）明确投资价值

明确投资的价值，需要做好旅游资源的估值。旅游资源的估值具有特殊性，其投资价值既包括资源本身，也包括资源利用而产生的价值，国际上有很多相关的估值方法，旅游费用法、机会成本法、费用支出法、市场价值法、享乐定价法、条件价值法、选择实验法等，其中 TCM 旅行费用法、CVM 条件价值法是比较主流的。但在实际的旅游资源项目投资过程中，进行估值量化是更市场化的过程，需要与市场盈利紧密结合。

1. 已开发资源的估值

以黄山为例，其资源市场价值很难估计，因为在某种意义上它包含了国家历史、国家精神。但是黄山旅游已经上市，通过现有市场的估值方法，利用 2014

年6月11日收盘数据中的净利润（1.68亿元）×市盈率（34.27），就可以计算出黄山旅游大概的市场价值，约为54.77亿元。也就是说资源如果有了可依附的产品、实际的营收、交易的平台，就可以计算资源经营权的市场价值。

2. 未开发资源的估值

由于旅游资源形成的非人为性和大部分旅游资产产权的不可转移性，我们建议在此引入传统的投资估值DCF估值法（Discounting Cash Hlow），通过资源的各类产品现金流收益折现来进行估值。DCF估值法是将一项资产在未来所能产生的自由现金流，根据合理的折现率（WACC）折现，得到该项资产在目前的价值。

利用DCF估值法进行没有开发经营资源的估值主要有以下步骤：

旅游资产的自由现金流测算=
预期市场规模（客流量）×消费深度（人均消费）×经营能力（毛利率）

⬇ 折现率=资金成本率

旅游资产的折现现金流之和=资产的当期价值

当然DCF也并不是未开发旅游资源最好的评估方法，但具有一定的适用性，在实际操作过程中可引入专业的投资服务商，通过资源禀赋、区域经济、可进入性等对市场规模进行预判、合理规划，判断未来可打造产品的消费深度，通过大量运营数据和实战经济的积累，来对未开发的旅游资产经营权价值做出清晰判断。

四　创新旅游投资模式

旅游投资是旅游开发的关键环节，也是一个综合性的系统体系，要想做好旅游投资就要打通系统内的各个要素，搭建好政府与投资商的联动桥梁，做好投资、建设、运营等全过程服务，通过专业化的机构来实现整个投资过程的无缝对接，实现不同话语体系的有效衔接，形成一站式、全过程的投资管理模式，进而实现旅游投资过程的科学化、效益化。

（一）投：投资与投智"齐投"并进

具体包括两个方面。一是智慧投资。投资投什么一直是旅游投资的难题，土地作为过去十年我国的投资热点，在新常态的经济背景下正在失去优势，如何寻

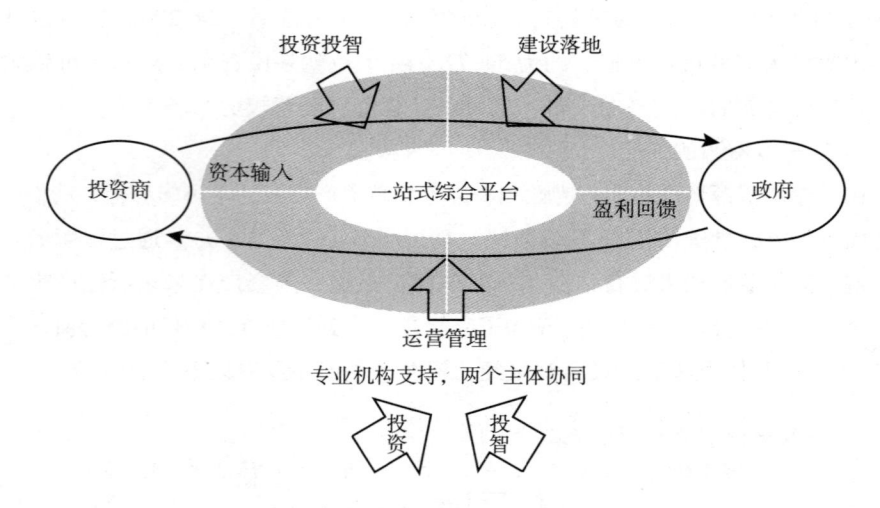

图8 旅游投资模式创新示意

找新的投资热点、放大投资效益,智慧投资成为关键。未来结合新的消费需求,要投资品质卓越的生活方式,要投资不同凡响的旅游体验,要投资特色鲜明的文化消费,要让投资以人为本,让投资智慧高效。二是科学投资。旅游投资是一门科学,需要科学引导和智力支持,要制定科学的投资规划、投资估算、项目规划、营利模式,以提升投资的品质和效益。

(二)建:硬件与软件"软硬"兼施

具体包括两个方面。一是硬件保障。硬件是基础,对于企业来说要做好、做硬、做实业务支撑,对于景区来说要做好不同发展阶段的硬件设施,对于项目来说要做好主体建设和基础建设,有常规、有提升、有步骤、有创新,做到投资有保障。二是软件提升。软件是动力,是品牌,是服务,以制度建设为基,建立健全有效的管理体制和经营机制;以人力建设为重,有效落实人员的薪酬、奖惩、预算、成本及培训管理;以品牌建设为要,做好品牌建设的基础工作和常态工作。

(三)运:管理与营销"双管"齐下

旅游项目的运营要做到专业管理和智慧营销"双管"齐下。所谓专业管理,是指科学的投资注重全过程服务,传统的投资机构会提供"投后服务",做好投资后期的管理。在操作过程中可借鉴和运用专业管理团队的智慧,通过专业的后期管理实现资产快速增值，一般包括目标管理、标准管理、文化管理等。所谓智慧营销，是指无论是景区、项目还是企业业务，营销都是核心关键，要把握当前的营销趋势和营销技术，推进从分散到整合、从粗放到精准、从平常到精彩的营销路径，以有力的营销实现投资效益的最大化。

参考文献

彭德成：《我国旅游投资新特点新领域新趋势》，《中国旅游报》2014 年 9 月 24 日。
樊妍芳：《旅游景区价值评估研究——以云凤山风景区为例》，西北师范大学，2009。
刘锋：《刘锋讲旅游》，中国旅游教育出版社，2012。
朱文明、廖文军、陈晓峰：《论 DCF 模型中自由现金流量的合理估算》，《湖南工程学院学报》（社会科学版）2007 年第 3 期。
刘锋、黄斌：《"长假综合症"的应对建议》，《国务院发展研究中心调研报告择要》，2012 年 10 月 29 日，第 167 号（总第 1953 号）。

G.16 旅游行业协会改革的分析与展望

戴 斌　胡抚生*

摘　要： 当前，我国旅游行业协会改革到了关键时刻，既要尽快回应中央对于协会改革的要求，又要通过改革提升适应市场的能力，寻找新的生存空间。缺乏超越利益的改革推动者，改革配套条件不充分，服务创新能力不足以及专业人才队伍建设滞后，严重影响了旅游行业协会的改革进程。在市场化基础之上，要明确旅游行业协会的改革路线图和时间表，做好改革时序安排、可操作性改革方案制定、服务职能创新、竞争机制引入等系列工作，重构协会的生存和发展体系。

关键词： 旅游行业协会　改革　发展

一　旅游行业协会改革到了关键时点

（一）中央关于行业协会改革的要求需要尽快回应

2013年11月召开的党的十八届三中全会开启了中国改革开放的历史新时期，根据全会通过的《中共中央关于全面深化改革若干重大问题的决定》，处理好政府和市场的关系是重中之重，提出"要正确处理政府与社会的关系，加快实施政社分开，推进社会组织明确权责、依法自治、发挥作用"。国务院在2014年8月出台的《关于促进旅游业改革发展的若干意见》中明确提出"加快推进旅游领域政企分开、政事分开，切实发挥各类旅游行业协会作用，鼓励中介组织

---

* 戴斌，管理学博士，中国旅游研究院院长，教授，博士生导师；胡抚生，管理学博士，中国旅游研究院副研究员。

发展"。民政部也正在研究制定减少审批、承接政府转移职能、政社脱钩等涉及行业协会改革的相关政策，促进行业协会商会成为独立运作的法人主体。此前国务院在2009年出台的《关于加快发展旅游业的意见》已对行业协会改革提出明确要求，"五年内，各级各类旅游行业协会的人员和财务关系要与旅游行政管理等部门脱钩"。2014年是落实该项任务的最后一年，旅游行业协会改革必须有实质性的举措。

（二）在传统业务不断被蚕食的背景下，如果不加快改革协会将面临难以生存的危险

改革开放以来，旅游行业协会伴随着我国旅游业的发展而成长，经过近30年的培育和发展，已成立5家具有独立法人资格的"中"字头协会，全国31个省区市和90%以上的城市都成立了旅游协会。旅游行业协会在沟通政府和企业、推进行业自律、促进交流与合作等方面发挥了重要作用，在此过程中形成了会议培训、评奖评级、信息发布等工作抓手。但随着我国市场化改革的深入，旅游行业协会的上述传统业务不断被民间组织和商业机构蚕食，如果不加快改革，提升适应市场的能力，旅游行业协会的发展空间将受到进一步挤压，甚至面临生存的困境，更谈不上发展的可能。

二 国内其他行业协会及国际性旅游协会经验借鉴

（一）国内行业协会不断增强行业服务功能

国内行业协会主要有四种类型：第一类是原部委撤销后形成的专业性协会，如中国钢铁工业协会；第二类是政府成立并主导的协会，如旅游行业协会；第三类是政府主导、市场运作的协会，如中国饭店协会；第四类是民间自发成立的协会，如温州打火机协会。国内各行业协会发展主要有以下值得借鉴的成熟经验。

1. 民间自发形成的协会自觉以服务行业为首要职能

民间行业协会由于其先天的市场化特征，能够自觉服务行业发展，表现出极大的发展活力。如温州打火机协会针对欧盟2001年启动的抑制中国打火机技术壁垒程序，集资200多万元聘请国际精通WTO事务的律师积极应诉，最终赢得国际贸易纠纷的胜诉。又如温州烟具行业协会针对一些烟具企业偷工减料、竞相杀价的现象，将企业审批、产品质量监测、制定最低保护价，以及保护新产品知

识产权等作为协会的核心职能,对温州烟具产品的生产、销售和出口秩序起到了至关重要的作用。还有一些有影响力的民间行业协会承接部分政府转移职能,加强行业自律,更好地服务于行业的发展,如温州市鞋革协会承接了筛选鞋革行业职称评定初审、行业名牌产品申报初审、行业小微企业所得税优惠资格初审、省级新产品计划项目的验收与鉴定、行业对外贸易壁垒预警及应对、产业损害调查等政府职能。

2. 政府背景的行业协会纷纷加快转型,以强化行业服务为创新取向

从发展趋势来看,国内基于政府背景的行业协会近年来也纷纷加快转型,在提升为行业服务的能力方面做了大量创新性工作。如中国钢铁工业协会为了协助钢铁行业应对国际金融危机的严峻挑战,积极向政府部门反映钢铁企业诉求,为国家出台行业扶持政策提供参考依据;针对钢材出口大幅萎缩的情况,积极开展行业自律协调,建立重点会员企业钢材出口协调机制,避免无序竞争。此外,钢铁工业协会还通过加强市场调研和市场供需监测、组织企业做好反倾销工作、开展进口铁矿石价格谈判等工作,创新行业服务职能,在钢铁行业树立了较高的权威。

(二)国际性旅游协会组织自主性强,展现出极强的专业能力,在政府和企业之间扮演了重要角色

发达国家和地区的旅游行业协会以及世界旅行与旅游理事会(WTTC)等全球性旅游协会组织、亚太旅游协会(PATA)等区域性旅游协会组织,它们的成功发展为我国旅游行业协会改革提供了许多可资借鉴的经验,它们的今天在很大程度上就是我国旅游协会的明天。国际旅游行业协会主要有四大类型:第一类是多边地区性旅游协会,如WTTC;第二类是区域性旅游协会,如PATA;第三类是发达国家的行业协会,如美、德、日、韩的旅游行业协会;第四类是港澳台旅游协会,如香港旅游议会、台湾旅游品质保障协会。尽管不同类型的国际性旅游协会组织的发展模式有所差异,但总体上都体现了自主性强、专业能力强、市场化程度高的特点。

1. 行业协会运作完全采取市场化的运作方式,自主性强

WTTC、PATA是旅游行业国际会员自发成立的组织,其运作不受任何国家或国际组织的干预,自主性非常强。日本、德国、美国、韩国等国家以及中国香港、中国台湾地区的旅游行业协会,通常由旅游企业自发成立,政府不对协会的日常运作进行干预。

2. 政府对行业协会发展给予资金或政策支持

如日本、德国政府对于行业协会的发展会给予一定的资金支持；而美国政府虽然不给予协会资金支持，但对协会的运作在税费方面进行减免。

3. 注重专业能力的发展

国际旅游行业协会的从业人员素质较高，一般均为相关领域的专家行家，能够为会员企业提供前沿、专业的服务。如美国旅游协会拥有一批旅游经济研究方面的专业人士，在市场促销和旅游增长，研究、分析和预测旅游产业发展等方面形成了权威。台湾旅游品质保障协会理事会下设14个专业委员会，由专业人员负责旅游纠纷协调、对会员的内部约束、保障旅游消费者权益、服务品质认证等业务。

4. 在充当行业代言人的同时积极承担一定的社会职能

发达国家和地区的旅游行业协会首先是行业利益的代表者，其一个重要职能就是代表行业和政府以及社会进行沟通。如德国旅游协会通过游说各联邦州政府调整学校放假时间，延长假期跨度，从而提高各地区在夏季假期内的客房出租率。美国旅行商协会为维护会员利益，向美国国会提交保护旅游者权益和终止航空公司独占权的立法报告。另一方面是承担相应的社会职能。日本、德国、中国香港特区政府主要通过向旅游行业协会授权方式管理行业发展。日本旅游协会受政府委托，主要负责一般旅行业的日常管理事务，并用业务保证金加强对协会会员的管理从而对旅行业实施监督和管理。在德国，国家制定基本的法律和法令，而不负责实施。具体的实施由旅游协会负责，并对服务质量、方式和效果进行测试和认证，向社会公布结果，实行行业监督和社会监督。香港旅游业议会受政府委托，负责与旅行代理商注册处以双层监管方式规管香港经营旅行代理商业务的旅行社、领队及导游的发牌事务。

三 旅游行业协会改革的现状评估

（一）行业主管部门和协会对改革均存在观望心态，需要建立起超越利益的推动者

从旅游行政主管部门来看，长期以来形成了以旅游饭店星级评定、景区A级评定、规划资质认定等为核心的工作抓手，对于相关职能转移给行业协会后，如何建立新的工作抓手有顾虑，改革协会的动力不足。从各级旅游行业协会来

看，在人员、财务、办公条件等方面对旅游行政主管部门仍然存在较大的依赖，在尚未形成市场化的运作机制之前，存在风险规避心态，对自身的改革缺乏积极性。由于改革主体、改革对象均缺乏改革的动力，只有建立超越利益的推动者，才能加快推动行业协会的改革。

（二）外部支撑条件不足导致协会改革不能动、不敢动

旅游行业协会的自身发展基础薄弱，改革的外部支撑条件不充分，在人员、财务、办公条件、税费减免等方面缺乏过渡时期的配套政策支持。如果不能有效解决好人往哪去、财从哪儿来等关键性问题，就以"一刀切"的方式推动协会的改革，将严重影响协会的正常运作和工作的延续性。此外，行业协会主管部门民政部正在加紧部署各级各类行业协会的改革，但改革的相关政策尚未出台，导致旅游行业协会不敢贸然推进改革。

（三）片面地强调政府让权和放权而缺乏主动创新对接市场的意愿，协会尚未真正树立起服务意识

从协会的改革方法路径上来看，仅仅着眼于以政府让权、放权为主的存量调整，但期望承接的职能又与实际存在较大的落差。而增量创新上也得不到突破，自身社会专业服务的创新能力不足，找不到或者不愿意去寻找市场生存的动力。从旅游行业协会改革的运作方式上来看，仍然停留在会员管理、行业互助、信息服务为主的方式，服务创新意识较弱，未能充分认识到在市场化基础之上，只有不断提升对行业的服务层次，重构协会的合法性，才能有新的生存和发展空间。由于对接市场意愿较弱，服务创新能力不足，不能积极响应行业的发展诉求和争取行业利益，因此无法成为行业的代言人，旅游公共管理服务和中介作用也不显著，缺乏社会公信力和国际影响。

（四）专业人才不足导致改革难以朝着专业化能力提升的方向深入

各级各类旅游行业协会专职人员均较少，人员组成更多是没有地方安排、不好安排或临时需要安排的人员，人才社会化难以实现，不具备充分的条件吸引优秀的专业人才，既缺乏具有社会企业家性质的领导集体，也缺乏敬业的专业工作人员。由于无法从体制外吸引优秀人才，最终会陷入"创新能力不足→经费来源不足→引不进优秀人才→创新不了业务→有存在无发展"的半死不活

恶性循环，不仅影响了协会的专业服务能力，也制约了协会行业领导力和影响力的提升。

四 明确旅游行业协会改革的路线图和时间表

（一）明确改革的指导思想

旅游行业协会改革的基本思路就是在市场化基础之上，在服务会员过程中，重构协会的合法性，重新寻找生存和发展基础。因此，要积极借鉴国际国内经验，明确近期改革任务目标以及中长期发展战略，改变当前协会不知道如何主动服务于行业、服务于市场的局面，要以更加市场化的思维、专业的能力、灵活的体制机制服务于各方需求，充分发挥协会在联系政府、服务会员、促进行业自律方面的优势功能，逐步建立体制合理、功能完备、结构优化、行为规范的协会体系。

（二）做好改革的优先顺序和时间安排

协会改革的顺序上，建议先进行全国性旅游行业协会的改革，再进行地方性旅游行业协会的改革；先进行专业协会的改革，再进行综合性协会的改革；先着手存量的改革，加快政府职能转移，再进行增量创新的改革，不断扩大协会行业服务职能。要制定旅游行业协会改革的时间表，年内完成全国性行业协会的人员财务脱钩，到"十二五"期末在专业化能力方面有明显提升。与此同时，积极推动地方性旅游行业协会改革。

（三）制订可操作性的改革方案，一揽子解决好人员、财务、资产等关键问题

旅游行政主管部门和协会高层要共同设立行业协会改革领导小组，研究制订完善的行业协会改革方案，并联合推动实施。对于人员、财务、资产等方面的脱钩，不能采取简单剥离、一放了之的方式，而要设立协会改革过渡时期，在2~3年内对旅游行业协会的改革给予一揽子政策支持，实现改革的平稳过渡。人才队伍建设先做增量改革，再做存量改革，既要从社会引进更多的专业人才，又要保持协会现有人员队伍的稳定性，分类分阶段做好公务员、事业编制员工的安置和身份置换工作，确保协会工作开展的延续性。资产归属方面，对于由旅游行政

主管部门提供协会使用的办公用房、办公设备等固定资产及其他资产，2～3年内继续给予支持，到期后可以采取租赁使用方式。经费来源方面，建立健全政府"购买服务"方式，旅游行政主管部门委托协会承担的行业管理职能、业务活动和咨询服务，要给予财政经费保障，并积极引导旅游行业协会开展培训、咨询、会展等多种形式的有偿服务，增强自我造血功能。此外，政府还要在税费减免、利益协调以及业务指导等方面给予政策支持。

（四）以代表行业利益为核心，在参与旅游公共事务管理、社会中介方面发挥作用

从旅游行业协会现有会员数量上来看，覆盖面窄，代表性不足。全国各级各类旅游行业协会会员总数仅有2万多家，还有大量的旅游企业未加入旅游行业协会。因此，要广泛吸收各类企业加入旅游行业协会，尤其是要有效吸收代表先进生产力的旅游电商等新业态企业，更应泛地代表行业利益。在此基础上，旅游行业协会要明确自身的角色定位，积极充当行业利益的代言人，敢于站出来为行业的正当利益发声。同时，要积极参与旅游公共事务管理，充分发挥社会中介职能，在国家旅游形象宣传、旅游目的地发展、旅游资质和标准认定、旅游品牌建设、行业规划和发展战略、行业政策法规等方面给予旅游行政主管部门必要的信息和咨询支持，及时向政府反映旅游企业的意见和诉求。

（五）探索引入竞争机制

在改革创新精神的指引下，在现行法律框架内，鼓励探索"同业多会""一地多会"，鼓励不同类型中介组织的发展，支持各类旅游中介组织之间的良性竞争。同时，健全政府职能向社会转移机制，以社会组织公开竞争方式，将政府职能转移给旅游行业协会。

参考文献

汤蕴懿：《行业协会组织与制度》，上海交通大学出版社，2009。

徐家良：《互益性组织：中国行业协会研究》，北京师范大学出版社，2010。

关于建设中国边境旅游自由贸易区的初步研究

张金山[*]

摘　要： 深化改革、扩大开放是新一届政府施政的主旋律，党的十八届三中全会报告提出要加快实施自由贸易区战略。伴随着上海自由贸易区的试点建设以及"一路一带"战略的实施，预示着中国的对外开放水平已经步入以自由贸易区为代表的新时代。边境城市充分发挥在旅游方面的优势，大力削减跨境旅游服务贸易壁垒，通过实施互免旅游签证、货币自由换汇、车辆自由通行、货物自由流通等方面的特殊政策，建设以旅游为切入口的自由贸易区，对于进一步扩大对外开放水平，缩小与东部地区的差距具有重要意义。

关键词： 边境旅游自由贸易区　扩大开放　初探

面对复杂的国内外政治经济形势，新一届政府做出改革是中国发展最大红利的判断，而推进自由贸易区建设成为深化改革和扩大开放的重要举措。党的十八届三中全会报告提出，要加快自由贸易区建设，坚持双边、多边、区域次区域开放合作，以周边为基础加快实施自由贸易区战略。2013 年 8 月，上海自由贸易区经国务院批准正式设立。继上海自贸区正式获批之后，全国多地涌现起申报自贸区的热潮。目前沿海、中部、沿边的十余个地方纷纷把申报自贸区列为重点工作。[①] 2013

---

[*] 张金山，产业经济学博士，北京联合大学旅游学院/旅游发展研究院旅游产业经济研究所所长，主要研究领域为城市发展与旅游经济、旅游规划、旅游房地产等。

[①] 新浪财经：《12 个地方自贸区获国务院批复　重庆申报可能提速》，http://finance.sina.com.cn/money/forex/20140122/082118040343.shtml。

年9月，李克强总理在出席第十届中国东盟博览会期间，提出要打造中国－东盟自由贸易区升级版。2014年7月，习近平总书记出访韩国期间提出要加快中韩自由贸易区的谈判进程。同年10月，中央全面深化改革领导小组审议的《关于中国（上海）自由贸易试验区工作进展和可复制改革试点经验的推广意见》提出，已经取得的经验需要在更大范围内进行推广。一系列自由贸易区建设将会对现有的开放格局构成重大影响。

在加快自贸区建设的同时，十八届三中全会报告还提出要加快沿边开放步伐，允许沿边重点口岸、边境城市、经济合作区在人员往来、加工物流、旅游等方面实行特殊方式和政策。中国有14个陆上邻国，陆地边界线总长度达2.2万多公里，是世界上陆地边界线最长的国家。[1] 边境地区旅游资源丰富、异域风情浓郁、民族风情浓厚，依托边境城市和口岸发展的出入境旅游对国内外旅游者有着巨大的吸引力。在国家大力推进自由贸易区建设的战略机遇期，充分发挥边境地区的旅游吸引力，推动以旅游服务贸易为切入口的自由贸易区建设，对于扩大边境地区的对外开放，具有重要意义。

一 自由贸易区概述

（一）自由贸易区的概念

自由贸易区包括两类概念，一类为FTA（Free Trade Area），一类为FTZ（Free Trade Zone），这两类自由贸易区存在较大区别，但都属于中文翻译的自由贸易区的范畴。

FTA源于世界贸易组织（WTO）有关"自由贸易区"的规定。1947年10月签订的《关税与贸易总协定》提出，"自由贸易区应理解为由两个和两个以上的关税领土所组成的一个对这些组成领土的产品的贸易，实质上已取消关税或其他贸易限制的集团"。其特点是由两个或多个经济体组成集团，集团成员相互之间实质上取消关税和其他贸易限制，但又各自独立保留自己的对外贸易政策。其中欧盟、北美自由贸易区以及东盟自由贸易区是典型代表。

FTZ源于世界海关组织1974年9月制定并正式生效的《京都公约——关于

---

[1] 杨恕：《寻求中国地缘大战略》，《财经》2014年第25期；维基百科：《中国边界线》，http：//zh.wikipedia.org/。

简化和协调海关业务制度的国际公约》。根据《京都公约》,"'自由区'是指一国的部分领土,在这部分领土内运入的任何货物,就进口税及其他各税而言,被认为在关境以外,并免于实施惯常的海关监管制度。"其特点是一个关境内的一小块区域,是单个主权国家(地区)的行为,一般需要进行围网隔离,且对境外入区货物的关税实施免税或保税,而不是降低关税。其中以许多国家建设的自由港、自由贸易区为代表。中国建设的系列海关特殊监管区大多隶属《京都条约》界定的自由贸易区的范畴。

(二)自由贸易区的发展

自由贸易区是由自由港发展而来的,通常设在港口的港区或邻近港口的地区。世界上最早的自由港是1547年在意大利设立的热内亚湾里窝那自由港。据不完全统计,目前全球已有1200多个自由贸易区,其中15个发达国家设立了425个,占35.4%;67个发展中国家共设立775个,占65.6%。[①] 目前,中国已经建设的第一类自由贸易区(FTA)主要为中国-东盟自由贸易区,正在建设的上海自由贸易区属于第二类自由贸易区(FTZ)。同时,自20世纪90年代以来,中国先后设立了保税区、出口加工区、保税物流园区、保税港区以及综合保税区等若干海关特殊监管区域。目前,中国已建设有海关特殊监管区域(不包含港、澳、台地区)130个,其中保税区15个、出口加工区57个、保税物流园区9个、保税港区14个、[②]综合保税区35个。[③] 从区位布局情况来看,这些海关特殊监管区主要集中在东部地区,西部地区仅有的一些海关特殊监管区,在政策优惠方面与东部地区也存有很大差距。中国自20世纪90年代开始设立的系列海关特殊监管区,随着深化改革和扩大开放的需要,其在功能定位、区位布局、政策、产业发展等方面处于不断的发展变化中。其未来的发展应该向着与国际惯例相符的、实行"境内关外"运作的特殊经济区方向运行。"境内关外"的运作模式,是指在国境之内,海关开辟出一块专门的区域,在该区域内活动的法人和自然人都必须遵守我国的法律和法规,接受我国区域内管理当局的管理。同时该区域又属于海关管辖界线之外,实行一系列特殊的管理政策,比如境内其他地区进入该区域的货物相当于出口,享受出口退税政策;从该区域销往国外或者由国外进入该区域的货物免于向海关申报。

---

① 网易新闻:《自由贸易区》,http://help.3g.163.com/13/0830/00/97G2F42000963VRO.html。
② 刘玉江:《舟山群岛新区创建自由贸易区的战略研究》,浙江大学硕士学位论文,2013年5月。
③ 百度百科:《综合保税区》,http://baike.baidu.com/view/2137434.htm? fr = aladdin。

二 我国边境旅游发展与沿边地区开放

我国边境旅游的发展与沿边地区的对外开放是相互交织在一起的，边境旅游的开展也是作为沿边地区对外开放的一部分而出现的，并且边境旅游的开展也经常被当作沿边地区对外开放的突破口。新中国成立后至改革开放的一段时期，中国与邻国的关系相对紧张，中苏、中印、中越之间还曾一度爆发战争，当时并不具备开展边境旅游的国内条件和国际环境。20世纪80年代中期以来，中国先后与东盟国家恢复了外交关系。苏联解体后，中俄关系在新的基础上重新确立，与中亚、越南等国家的关系也有所缓和。与此同时，邻国边境地区相互了解、相互接触和相互合作的愿望与日俱增。20世纪80年代，国家开始大力推进旅游事业的发展，在该阶段针对边境旅游国家还没有明确的政策，但边民之间的接触、边贸和边境旅游已有了初步的萌芽，而真正的边境旅游从90年代开始。我国知名学者张广瑞对边境旅游的早期发展历史曾进行过详细的梳理。①

（一）1985~1990年是以试探性接触为特征的探索发展阶段

为进一步增进中朝两国边境地区人民之间的友谊，1987年11月4日，国家旅游局和对外经贸部联合发文《关于拟同意辽宁省试办丹东至新义州自费旅游事》，同意辽宁省丹东市和朝鲜新义州市将过去双方互派友好参观团活动（即一日游）改为试办丹东至新义州自费旅游，这成为政府主管部门正式同意开展边境旅游的开端。随后，又批准了黑龙江、吉林和内蒙古等省区的黑河、同江、哈尔滨、绥芬河、延吉等城市开展边境旅游。该阶段的边境旅游发展处于探索发展阶段，双方互派的旅游团人数规模很小，主要集中于东北与苏联及朝鲜接壤的地区，开展边境旅游主要是基于邻国之间的试探性接触、缓和关系、加深友谊、奖励员工等方面的目的，边境旅游的经济功能是次要的。

（二）1991~2005年是以扩大沿边开放为特征的快速发展阶段

进入20世纪90年代以后，东欧剧变、苏联解体，国际政治经济局势发生巨大变化，1992年邓小平南方讲话，新一轮的改革开放大幕随之拉开。同年6月，国家开始大力实施沿边开放战略，国务院发文陆续批准珲春、黑河、绥芬河、满

---

① 张广瑞：《中国边境旅游发展的背景及简要过程》，《经济研究参考》1996年第6期。

洲里、二连浩特、伊宁、博乐、塔城、畹町、瑞丽、河口、凭祥、东兴、丹东共14个沿边开放城市，并给予一些优惠政策。沿边开放战略的实施对边境旅游的发展产生巨大的推动作用。

伴随着沿边开放战略的实施，相关边境省份和边境城市的旅游及相关部门迅速行动。1992年4月8日，内蒙古自治区外事办公室、旅游局、公安厅联合发布了《中蒙多日游暂行管理办法》和《中俄边境旅游暂行管理办法》；同年9月，吉林省旅游局发布《吉林省边境旅游暂行管理办法》，广西壮族自治区旅游局、公安厅发布《关于开展中越边境旅游业务的暂行管理办法》；1993年2月，云南省旅游局、公安厅发布《关于云南省中越、中老、中缅边境旅游管理有关问题的通知》；为了规范全面边境旅游的开展，1996年3月，国家旅游局、外交部、公安部、海关总署共同制定了《边境旅游暂行管理办法》。

异地办证是系列边境旅游管理办法的重要政策内容。以黑河市为例，早在1988年9月24日，黑河市率先开通"中苏一日游"异地办证工作，这开创了中国与苏联边境旅游的先河。截止到2005年8月，黑河市先后接待国内外边境跨国旅游游客364万人次，旅游收入达55亿元人民币，黑河的边境贸易也随之飞速发展。① 在该阶段，依托沿边重点开放城市和国家级边境经济合作区的建设，从南到北，边境旅游轰轰烈烈的开展起来。在出游时间、出游规模、出游距离等方面都有了极大的扩展，边境旅游的经济功能凸显。边境旅游的开展与边境贸易、边境地区的对外开放构成相互促进的关系。

（三）2006年至今是以治理整顿为特征的调整发展阶段

2004年12月下旬，中国政府决定在全国开展禁赌专项整治工作。2005年2月，公安部下发《关于进一步严格工作措施坚决遏制我国公民出境参赌活动的通知》，通知要求各地公安机关要严格边境游证件办理工作，对境外有赌场的边境地区坚决停止边境游异地办证。针对少数人借出境旅游、边境旅游赴境外参赌的情况，同年6月，国家旅游局下发了《关于禁止出境旅游团队参与境外赌博活动的规定》。伴随异地办证政策的取消，云南的西双版纳、瑞丽，广西的东兴、凭祥，辽宁的丹东，黑龙江的黑河、牡丹江等城市的边境旅游发展跌入低谷。以凭祥市为例，停止边境地区旅游异地办证前，凭祥市日接待中越

---

① 国家旅游局网站：《黑河市正式开通边境旅游异地办证》，http://www.cnta.gov.cn/html/2013-9/2013-9-6-10-57-43606.html。

边境游游客大约 5000 人次，每年总人数大约 12 万人次。取消异地办证之后，边境旅游门可罗雀。

随着边境地区赌博及赌场问题的不断治理整顿，为了重新启动边境旅游的发展，为了通过边境旅游带动边境城市经贸的发展，边境城市争取异地办证政策的呼声日趋高涨。2009 年 3 月，公安部、监察部、旅游局又联合开展边境旅游异地办证试点工作，广西崇左市、辽宁丹东市、黑龙江黑河市和牡丹江市成为第一批试点的城市。2013 年 7 月，公安部、国家旅游局等 14 个部门联合印发《关于规范边境旅游异地办证工作的意见》，又同意内蒙古、黑龙江、广西三省份共计 15 个市县开展边境旅游异地办证工作。同年 12 月，云南的文山、红河、西双版纳、保山、德宏 5 州市获批开展边境旅游异地办证试点。伴随着边境旅游异地办证试点工作的启动，曾经一度中断的边境旅游又开始蓬勃发展起来。

三　新形势下建设边境旅游自由贸易区的必要性

（一）区域均衡发展的需要

中国的边境地区，由于历史和自然的原因，除个别地区外，长期以来交通闭塞，文化教育水平低，经济比较落后，很多地区仍然贫困。实施西部大开发以来，虽然在官方政策倾斜下，西部地区与东部地区的经济相对增长速度差距在缩小，但绝对差距仍在扩大。刚开始实施西部大开发的 2000 年，西部和东部的人均 GDP 相差 7000 元，即使实施西部大开发十年后，这一差距仍然扩大到了 21000 元。改革开放以来，东部沿海地区率先开放，率先发展。在新一轮的改革开放格局中，边境地区非常有必要实施赶超型的发展思路，从而避免在深化改革扩大开放的大趋势中可能出现的进一步被边缘化的风险。

（二）"一路一带"建设的需要

2013 年 5 月，李克强总理在访问印度期间提出了建设"孟中印缅经济走廊"的倡议；同年 9 月，习近平主席在访问哈萨克斯坦期间，提出了共建"丝绸之路经济带"的倡议；10 月，习近平主席在访问印度尼西亚期间，又提出了共建"21 世纪海上丝绸之路"的倡议。相关倡议的提出得到中亚、东南亚以及南亚等相关邻国的积极响应。2014 年 11 月在北京召开的 APEC 会议又将推动区域经济一体化列为关键议题。可以说，"一路一带"等系列与周边国家区域一体化建设战略成为新一届政府构建对外开放格局的重要着力点。"一路一带"等新型对外开放格局的建设为边境旅游的升级发展带来契机，而边境旅游自由贸易区的建设可以成为"一路一带"建设的重要抓手，符合"一路一带"建设以及国家实施自由贸易区战略相互叠加的要求。

（三）沿边地区突破性发展的需要

旅游业在改革开放的发展历程中，经常扮演独特的战略性作用，经常发挥改革开放先遣队的角色。为了推动改革开放的进展，1980年4月21日，国家外国投资管理委员会批准北京建国饭店成为由国家批准的第一家中外合资饭店，而这开启了大力引进外资、中外合资办企业的先河。新中国成立以来，中央政府采取了开展民族贸易、发展现代工业、加大财政支持、开展对口支援、加强扶贫工作、实施西部大开发战略等扶持西部地区发展的策略。实际上，输血式的扶持策略更应该向造血式的策略转变，那些能够充分发挥沿边地区自身优势、培育内生增长动力的策略，能更好地起到扶持发展的效果。在新的时代背景中，建设边境旅游自由贸易区可以成为扩大沿边开放、建设"一路一带"、培育内生增长动力的结合点。

四 建设边境旅游自由贸易区的设想与对策建议

（一）边境旅游自由贸易区的内涵

边境旅游自由贸易区是指以促进国内外游客在边境地区的便捷化双向流动为目标，大力削减跨境旅游服务贸易壁垒，通过实施互免旅游签证、货币自由换汇、车辆自由通行、货物自由流通等方面的特殊政策，实现旅游服务贸易便利化、自由化的地区。

中国已经建设的系列海关特殊监管区，在货物贸易便利化方面已经取得很大的成绩，货物贸易的通关便利化程度比人员或游客通关的便利化程度要高很多。当前，服务贸易自由化或者是服务贸易在自由贸易区中所占的比重呈不断上升的趋势，而边境旅游自由贸易区就是典型的以服务贸易自由化为切入口的自由贸易区，边境旅游自由贸易区也配合了服务贸易不断自由化的发展趋势。

（二）边境旅游自由贸易区建设的对策建议

1. 建设跨境旅游合作区，实施"境内关外"运作

跨境旅游合作区的建设可以依托沿边开放城市以及边境经济合作区。边境经济合作区是中国沿边开放城市发展边境贸易和加工出口的区域，自1992年以来，经国务院批准的边境经济合作区有16个（如表1所示）。沿边开放城市以及边境经济合作区是指对周边国家开放基础条件相对较好的地区。由于游客的流动范围要比边境经济合作区的范围要大，因此可以考虑将设立边境经济合作区的城市整体划定为跨境旅游合作区。那些边境地区旅游资源丰富、边境旅游开展比较好的地区，比如西双版纳，当前虽然没有被列入边境经济合作区的范畴，也可以成为跨境旅游合作区的重点建设区域。

跨境旅游合作区的建设可以部分借鉴海关特殊监管区"境内关外"的运作模式，比如从相邻国家或者进入相邻国家的第三国旅游者可以免签进入跨境旅游合作区，中国公民进入跨境旅游合作区后，可以通过异地办证便捷地进入相邻的国家。借鉴上海自由贸易区实施的"一线放开，二线管住"的政策，将跨境旅游合作区的口岸（包括陆路口岸、航空口岸以及河运港口）逐步对邻国游客彻底放开，而对二线（与非跨境旅游合作区的连接线）有效管住，国际游客在跨境旅游合作区内可以自由流动。

表1 国家级边境经济合作区基本情况一览表

省份	边境经济合作区	设立时间
黑龙江省	黑河边境经济合作区	1992年3月
	绥芬河边境经济合作区	1992年3月
内蒙古自治区	满洲里边境经济合作区	1992年3月
	二连浩特边境经济合作区	1993年6月
辽宁省	丹东边境经济合作区	1992年7月
新疆维吾尔自治区	博乐边境经济合作区	1992年7月
	伊宁边境经济合作区	1992年8月
	塔城边境经济合作区	1992年12月
	吉木乃边境经济合作区	2011年9月
云南省	瑞丽边境经济合作区	1992年6月
	畹町边境经济合作区	1992年9月
	河口边境经济合作区	1992年9月
	临沧边境经济合作区	2013年9月
广西壮族自治区	凭祥边境经济合作区	1992年9月
	东兴边境经济合作区	1992年9月
吉林省	中国图们江区域(珲春)国际合作示范区	2012年4月

资料来源：商务部网站，http://www.mofcom.gov.cn/。

2. 实施签证便利化政策，助推游客在边境城市的双向流动

西方发达的旅游国家普遍实行便捷化的签证政策。根据《申根协议》，欧洲的 26 个申根国家，只要任何一个申根成员国签发了签证，在所有其他成员国也被视作有效，而无须另外申请签证。在保证边境稳定和安全的前提下，比如积极推动与东盟成员国、APEC 成员国或者上海合作组织成员国签订类似申根签证的协议。类似的签证协议可以包括四类目标的签证便利化内容：第一方面，实现国内游客通过边境城市出境签证的便利化；第二方面，实现邻国游客进入边境城市签证的便利化；第三方面，实现进入邻国第三国游客进入边境城市签证的便利化；第四方面，对邻国游客或者是国际游客实施落地签证政策。

当前，东南亚地区是欧美等国际游客的重要旅游目的地，在云南、广西选择旅游基础条件好的边境城市，借鉴北京实行 72 小时过境免签政策的做法，对那些需要在边境城市不论是通过陆路口岸、航空口岸还是河运口岸进入边境城市短暂停留，且停留时间不超过 72 小时的国际游客，无须申请过境签证，只在口岸的边检机关申请办理 72 小时过境免签手续即可。72 小时过境免签政策，可以适用于那些从边境城市入境，在结束短时停留后，仍从该边境城市离境的外籍人士。

3. 放宽对自驾车游客的限制，实现自驾车游客的便捷通行

伴随着国家"一路一带"开放战略的实施以及亚洲基础设施投资银行的成立，与周边国家的互联互通建设将不断取得新突破。以云南边境地区为例，昆曼国际公路已经贯通，作为泛亚铁路中线国内段的玉溪至西双版纳磨憨口岸的铁路已经获得批复。中国将不断搭建起与周边国家互联互通的高速公路、高铁网络。目前，自驾车游客在边境地区的出行需求不断高涨，而针对自驾车游客群体的限制却颇多。比如广西东兴，当前只有跨国客车可以自由进出，而旅游大巴和自驾车还不能自由进出。自驾车来云南旅游需要交 5 万元押金，已经实施的异地办证政策，流程过于复杂。在西双版纳的调研发现，现在的异地办证，一个旅游团最快也需要 2~3 个小时，自驾车游客也需要通过旅行社组团才能出行，这极大地限制了自驾车游客的出行意愿。

当前，国家旅游局已经将"旅行社经营边境游资格审批"调整为后置审批，在此基础上，可以考虑赋予边境旅游自由贸易区自主审批跨境旅游线路和跨境自驾车旅游线路权限。根据 1992 年中俄两国《中华人民共和国政府和俄罗斯联邦政府汽车运输协定》规定，只允许不少于 8 个座位的客车（驾驶座除外）进出，而自驾游车辆一般只有 2~4 个人。在大力削减异地办证流程的基础上，对于边

境旅游自由贸易区，应该大力放宽针对自驾车游客的种种不利限制，比如可以开展针对自驾车游客的"一站式"服务，甚至可以针对与边境邻国的关系与国际局势的变化，直接放开自驾车游客也需要通过旅行社组团的限制。

4. 推动跨境旅游服务贸易人民币结算试点，不断提高人民币结算的广度和深度

近些年来，人民币国际化的步伐不断加快。2009年7月，由中国人民银行等六个部门共同制定的《跨境贸易人民币结算试点管理办法》正式发布，标志着跨境贸易人民币结算试点正式启动。目前，跨境贸易人民币结算境内地域已扩大至全国。大力开展边境旅游和建设边境旅游自由贸易区是实现人民币国际化的有效手段，人民币在边境地区和邻国的自由流通和兑换也是人民币国际化的重要标志。比如在20世纪90年代边境旅游快速发展的过程中，在中越、中缅、中老边境地区，人民币就已经成了"自由货币"，几乎所有的交易都可以通过人民币结算。可以说边境旅游的开展成了提高人民币在邻国影响力的重要措施。

在建设边境旅游自由贸易区的过程中，以边境旅游自由贸易区为载体，积极开展与相邻国家在旅游服务贸易领域实行人民币结算，以不断提高人民币结算的广度和深度。

5. 试行旅游购物退（免）税政策，大力提高边境旅游自由贸易区的购物消费水平

边境旅游自由贸易区也应该成为旅游购物的集中区域和旅游商贸繁荣的重点区域。2009年12月国务院发布《关于推进海南国际旅游岛建设发展的若干意见》，该意见提出在海南岛要积极发展大型购物商场、专业商品市场、品牌折扣店和特色商业街区，建设和经营好免税店，完善旅游城镇和休闲度假区的商业配套设施，逐步将海南建设成为国际购物中心的目标。为了保障国际购物中心的建设，在海南岛开始试行境外旅客购物离境退税政策（简称离境退税）和离岛旅客免税购物政策（简称离岛免税）。

离境退税政策是指对境外旅客在退税定点商店购买的随身携运出境的退税物品，按规定退税的政策。离岛免税政策是指对乘飞机离岛（不包括离境）旅客实行限次、限值、限量和限品种免进口税购物，在实施离岛免税政策的免税商店内付款，在机场隔离区提货离岛的税收优惠政策。边境旅游自由贸易区的建设，可以参考海南岛已经开展离境退税政策和离岛免税政策的成功经验，将边境旅游自由贸易区建设成为境外游客购物离境退税和离岛游客免税购物的区域，进而大力提高国内外游客在边境旅游自由贸易区的购物消费水平和意愿。

·行业热点·

G.18
从典型案例看中国旅游地产发展新趋势

吴金梅 李 阳*

摘　要： 在中国经济发展步入新常态、房地产业深度调整、旅游产业转型升级、文化事业蓬勃发展的大背景下，越来越多的资金进入旅游房地产领域，这些或全新呈现或遵循传统或代表国际水准或体现历史精髓的旅游地产项目，无论是投资主体、运行模式、项目组合，还是文化内涵上都呈现了新特点。本文通过不同类别旅游地产项目的案例，对解析了旅游地产发展的新特点和趋势进行了剖析。

关键词： 旅游房地产　典型案例　趋势

在旅游与房地产两个产业的交叉与汇合中，中国旅游地产从探索前行到快速成长，走出了一条具有中国特色的发展之路。旅游企业在发展中加大了基础设施建设的投入，中国上万家房地产企业大部分都涉足了旅游房地产的开发，更有很多其他领域的资金以旅游地产的形式进入到旅游产业。其中，有旅游项目的平地而起、成功运营，也有以旅游之名进行房地产开发、以既得利益为目的的案例。不论是大企业、大资金的进入，还是新项目、新模式的运行，都不断引发人们的关注与热议。

旅游地产作为一个跨界的概念，从不同的角度可以有不同的定义方式。从

---

* 吴金梅，旅游管理学博士，高级经济师，副研究员，中国社会科学院旅游研究中心副主任；李阳，《中国房地产报》高级记者，中房报文旅地产研究中心副主任。

广义上说，旅游地产指与旅游活动相关的房产和地产的总称。旅游房产是指建筑在土地上的与旅游活动相关的各种房屋，包括酒店、住宅、商业和旅游相关服务用房等；地产是指土地及其上下不一定的空间，包括地下的各种基础设施、地面道路等。从狭义上看，产权酒店、时权酒店、景区住宅、度假村、旅游物业、休闲房地产、第二居所、分时度假……这些概念从不同的角度表述了旅游地产的不同类型。当前普遍应用的旅游地产分类为旅游景点地产、旅游商务地产、旅游度假地产和旅游住宅地产。随着旅游房地产领域跨界情况的愈发普遍，旅游房地产的形态更加多样，现在人们也会从产品类别、资源类型及经营模式三个维度来对旅游房地产进行划分：第一类从产品形态分，旅游房地产可以分为5级景区、创意农业、历史文化遗产、温泉、主题商业、滨水、文化创意、宗教文化、高尔夫、滑雪、主题公园等；第二类从资源形态分，旅游房地产可以分为，山地、滨水、高尔夫、滑雪、温泉、古镇古村落等；第三类从经营模式分旅游房地产可以分为：主题公园、古镇古村落、主题酒店、旅游综合体、影视地产、销售型旅游地产等。旅游地产的类别划分并不绝对，不同的类别之间有交叉也可能会转化。本文以广义旅游地产为研究对象，还涉及了旅游地产项目的规划、建设及经营。

一 中国旅游地产发展的历程与背景

（一）中国旅游地产的发展历程

1. 中国旅游地产的初步兴起

20世纪80~90年代，随着人们生活水平的提高以及对房地产市场前景的看好，房地产开始被人们赋予更多的投资属性。一边是旺盛的市场需求，一边是很多沿海不发达城市希望通过出让土地增加政府财政，两者不谋而合。一时间，山东半岛、辽东半岛、海南岛等地一片片海景房拔地而起。画面优美的海景房广告塞满了城市的大街小巷，这些沿海城市吸引了来自东北三省、新疆、山西等地的看房团，海景房成为中国最初意义上的旅游地产。

不过很快问题也随之而来。这些所谓的旅游地产除了靠近大海以外并不具有其他旅游功能，加之这些地区的市政配套并没有跟上房地产急速发展的节奏，很多公共服务功能是缺失的。购房者并不会选择常年在这些地方居住、生活，这些海景房的使用率极低。另外，产业的空心化使得这些地区的常住人口极少，因此，这些成片的海景房也就变成了"空城""鬼城"。对于当地政府来说，除了一次性的土地财政收入，这些项目并没有带来就业、税收和长期财政收入。这样的发展方式直到21世纪初仍在很多地方继续。难得的是，有些地方政府和房地产开发企业开始寻求改变，在最初的海景房基础上增加更多具有旅游休闲功能的项目和服务设施。

除了海景房，在20世纪末21世纪初，主题公园也成为很多企业投资的一种旅游地产形态。但是，由于主题公园沉淀资金较多、回收周期长，且对专业的经营能力有很高的要求，很多主题公园在游客们失去猎奇心理后纷纷倒掉。

2. 中国旅游地产的转型发展

2010年以来，中国人的旅游需求开始发生明显变化。旅游方式从以跟团为主要形式的观光游逐渐向以自由行为主的休闲度假转变。旅游地产开发商开始增加能够满足人们更多休闲需求的服务产品和项目，如高尔夫、温泉、滑雪、马术、低空飞行、邮轮等等。

打着旅游名义赚房地产销售的钱的旅游地产时代逐渐结束，真正的旅游地产项目开始形成。开发主体也开始变得多元，既有传统的房地产开发企业，也有传统旅游企业，甚至出身于农业、家电行业的人都开始来分旅游地产的一杯羹。市场化的竞争使得中国的旅游地产以较快的速度呈现良性发展的态势。开发企业从拼设备、拼地理位置开始更多关注产品创新、文化和人们的个性化需求。近年来，互联网的发展也开始体现在旅游地产领域，多种形态的旅游地产变得更加智慧和方便。

（二）现阶段中国旅游地产发展的背景

1. 经济社会发展进入新常态

经过改革开放以来的持续快速发展，中国已经成为世界第二大经济体。当前，在内外各种因素相互交织的共同影响之下，我国经济发展步入了一个新的阶段——经济发展的条件和环境转入"新常态"。我国经济社会新常态，主要体现为如下四个方面：其一，中国经济增长的速度放缓，由高速向中高速换挡；其二，增长的动力机制逐渐改变，原有的要素驱动向创新驱动和消费驱动转变；其三，经济结构发生变化，服务业的比重快速上升超过第二产业；其四，市场机制在资源配置中发挥决定性作用。经济社会的调整对旅游和房地产行业产生了深刻的影响。

2. 房地产业仍在深度调整

中国房地产业在近十年的发展中受多重因素影响，经历了快速增长、危机泡沫、回暖上行、密集调控、市场遇冷等波澜起伏的不同阶段，现在仍处在深度调整时期。从政策层面来看，多地释放房地产政策微调信号，未来政策预期不稳；从购买力上来看，信贷虽有松动但消费者购买力未有显著提升；从开发商角度来看，市场供应增大，市场需求释放不足，市场供过于求的基本态势还在延续。当前的房地产市场遇冷，与以往有差别，现在市场萧条与政策的关联性已经大大减弱，因此这个时期是市场自我调整的一个机会，而且或许将持续相当长的一段时间。在转折性的调整中，对于房地产业来说，需求巨大的旅游产业无疑具有非常大的吸引力。

3. 旅游产业转型升级

十八大报告强调要把生态文明建设放在更加突出位置，努力建设美丽中国，给子孙后代留下天蓝、地绿、水净的美好家园，这为我国旅游产业发展带来了重要的战略机遇。从外部环境来看，全球旅游的融合化发展趋势明显，中国旅游业的外部环境进一步优化；从内部需求上来看，国民休闲旅游消费增长势头强劲，大众旅游成为主流；从政策层面上看，《旅游法》《国民旅游休闲纲要（2013~2020）》和2014年国发31号文件的出台，为旅游产业发展提供了良好的政策环境；从产业层面上来看，旅游企业动力十足，投资者热情高涨。随着国民大众旅游消费时代的到来，旅游业发展方式在悄然转型。从长期看旅游消费需求将维持中速增长，老百姓常态化的旅游需求及其增长，将是未来一段时期我国旅游市场需求的主力。虽然从总体上来看我国旅游产业已经取得了长足的发展，但在产业结构、市场体系、企业能力、产品供给、人才培养等方面还存在诸多问题，不能够满足日益多元化的旅游需求，亟待加快旅游产业的转型升级。

4. 文化事业蓬勃发展

在中国经济持续增长的大背景下，我国群众精神文化消费需求快速上升。近几年出台的《文化产业振兴规划》以及《国家及地方文化产业"十二五"发展规划》为我国文化产业的发展创造了良好的发展环境；公共文化服务体系的建设为我国文化事业的发展提供了支持和保障；市场体系的建设和文化产业市场化运行机制的不断加强，促进了文化市场的健康发展。我国文化产业的市场规模呈高速发展的状态。在发展中，文化与各项事业的融合不断加强，尤其是与旅游产业的交汇与融合日益加深。

二 中国旅游地产开发实践：典型案例分析

本文从不同经营模式的旅游地产中，分别选取了主题公园、古镇古村落、旅游综合体、影视地产、主题酒店、销售型旅游地产等的实际案例进行分析。

（一）主题公园的开发与实践——以华侨城为例

1989年9月，由华侨城集团建设的中国第一座主题公园"锦绣中华"正式对外开放，成为中国主题公园发展史上的里程碑；1994年，华侨城斥资5.8亿兴建的"世界之窗"对外开放；1998年，"欢乐谷"主题公园举行开业庆典。华侨城的欢乐谷主题公园产品从2000年走出深圳后，开始在全国不同区域实施开发和建设。至2014年，已在北京、上海、成都、武汉、天津、重庆、福建等8个城市进行了布局，上海欢乐谷二期、北京欢乐谷三期也在2014年陆续开园，重庆、宁波、顺德等地项目同步推进中。其中，北京的欢乐谷三期项目融入更多科技互动元素，将主题公园放在室内，更加强调游客参与度，并减少北方城市季节性变化对主题公园的影响。虽然全国布局已经初见规模，但与2003年才开始跻身主题公园领域的华强集团用十年时间就布局了10个城市相比，华侨城的发展依然表现出了国有企业特有的稳健和保守。华侨城旅游和地产业务共占其总营业收入的97%以上。2013年，两项业务占比为97.3%，但旅游产业的收入仍未超过房地产行业，占比分别为46.9%和50.4%。目前华侨城正在逐渐从门票经济向多元化经营收入转变，欢乐谷中的卡通形象纪念品、文化演艺等的收入都在增加，但是，迪士尼主题公园50%以上的收入来自文化衍生产品，与之相比，欢乐谷还有很大的差距。

华侨城所形成的"主题公园＋地产"的模式已经成了国内主题公园开发商的主要选择。华侨城选择了成片综合开发的模式，以欢乐谷主题公园为核心和主要吸引力，在其周边配建酒店、住宅和商业类地产项目，通过不同产品功能的配合，实现资金平衡，同时形成协同效应和集群优势。华侨城将欢乐谷产品选在一线城市和区域中心城市，这就使得华侨城的产品不可能像万达地产所做的万达文化旅游城一样动辄近万亩，随着欢乐谷产品的更新和升级，也会逐渐加开二期、三期项目，但面积均控制在千亩左右。

目前，国内的华侨城欢乐谷、华强方特、海昌极地海洋世界、宋城乐园、长隆主题乐园等陆续亮相。近几年，迪士尼、环球影城、派拉蒙、美国六旗、太阳马戏团等国际主题公园品牌也陆续来中国寻土落地。

（二）古镇古村落开发——以中坤为例

国内的古镇古村落开发类旅游地产项目，从存在形态上可以分为修复存在和人工建造两种，前者以中坤集团的宏村景区为代表，后者中的成功项目以乌镇为最。

因安徽宏村一举成名的中坤古村落系列项目，其"景区+地产+演艺"的模式已逐渐清晰。通过一个个古村落"修旧如旧"的保护，将其周边多个景区联成体系。随着人气的增加和旅游市场的需要，在景点周边进行星级酒店、旅游小镇、高端物业等地产的配套建设，再以当地文化故事为背景，打造一场大型实景演出在景区上演，既可提升景区文化氛围，也能够带动景区和酒店人气。中坤集团旅游综合体先通过古村落等景区的打造，聚拢一定人气后再进行物业开发和销售。因中坤集团所做项目之前多为非成熟的旅游市场，这样的开发节奏其实是被动选择，当然，也得益于保护型景区所需的维护费用仅为千万元级别，与主题公园等需要数亿元资金沉淀相比，中坤集团前期所需资金投入并不大。

截至2014年，中坤集团已经布局安徽宏村、安徽桐城孔城老街、湖南张谷英村、北京门头沟、康西草原、新疆喀什老城、普洱旅游度假区等多个地区共数十个景区。随着各景区的成熟，中坤开始进入通过房地产项目回收资金的阶段。但是，受房地产市场调控影响，先发展景区，后通过房地产项目大量回收资金的模式使得一个项目回收成本周期长达十年左右，且每年都必须有持续的投入。目前，仍在扩张中的中坤集团开始考虑引入战略合作伙伴。同时，仅通过门票收入的景区也开始筹备通过开发旅游商品等方式延伸旅游产业链。未来，企业可以在灵活运用社会资本、景区房地产项目市场定位、以文化为核心的文化产品延伸上做更多文章。

（三）旅游综合体的开发与运营——以万达集团为例

万达所进行的旅游综合体开发是传统旅游综合体开发的升级，既有"别墅+酒店+高尔夫+温泉""三菜一汤"式的传统产品，也同时有滑雪场、剧场、主题公园、度假酒店、购物中心，甚至包括三甲医院等其他配套。万达集团将其这类产品称为一座万达文化城，也就是说，一个项目已经基本包含了一个小城镇的所有功能和形态。2009年，万达集团选择在长白山进行第一个旅游综合体项目的建设。意识到万达将在此成就一个世界度假目的地的吉林省也将长白山管委会从处级升级到厅级，有联想控股、泛海集团、万达集团等形成的投资体做资金后盾，有政府一路绿灯，万达长白山项目用了3年的时间顺利建成。由于人气尚未形成、住宅产品后期销售乏力等，曾一度引来业内对万达模式的质疑。万达在吸取第一个项目教训的基础上不断调整产品和设计，2012年4月，占地6平方公里的万达西双版纳项目开工，预计2015年建成；2014年底，武汉项目将全面落成；2013年，万达青岛东方影都项目动工，预计2016年建成；目前，万达文化城还同时布局了无锡、南昌、武汉等城市，并计划在全国布局7~8个旅游综合体项目。万达集团投资的每个旅游综合体项目均动辄数百亿，粗略计算，其投资的旅游综合体项目总投资额已经超过2000亿元。

万达集团在项目地选择时并不注重其是否有悠久历史或是否有人文故事，只要具有把简单的旅游要素用更强有力的手段组织在一起的条件，就可以形成一个有影响力的旅游区。万亩级的项目、动辄数百亿元的投资规模、大手笔的海外收购以及3年时间连下近10城，在外界看来，万达集团在文化旅游地产方面的动作几近疯狂。然而，表象背后，万达严格的财务管控、用到极致的金融杠杆、成熟的运作团队、稳固的合作联盟和雄厚的资金支持则更真实地展示了一个大企业的竞争实力。

在"小投入，无产出；中投入，小产出；大投入，大产出"的理念下，同样追求卓越的万达集团和万科集团选择了大手笔投入的综合体项目，还有坦言要追随万达脚步的中弘地产。

（四）影视房地产的开发与实践——以观澜湖·华谊·冯小刚电影公社为例

影视房地产是以影视元素和影视概念作为项目的主打招牌，同时是以地产产品为依托的项目。国内的西溪湿地、宏村甚至长城，在一定程度上都是影视作品的聚集区，但因其并非为影视创作而建，而是先天具有影视取景元素，因此不在影视房地产分类之列。

2009年上市之前，华谊兄弟传媒股份有限公司（简称"华谊兄弟"）就尝试在国内进行影视概念主题公园项目投资，但由于缺乏资金、专业团队缺失、土地获取不顺利等问题，多个目标项目流产。2011年6月以来，虽先后在上海、苏州、深圳、海口等城市成立了项目公司，但直至2014年6月7日海口观澜湖·华谊·冯小刚电影公社开业，华谊兄弟第一个实景娱乐项目才算落地。2014年，华谊兄弟正式宣布将电影公社、文化城、主题乐园等业务为代表的实景板块作为华谊兄弟未来业务布局的新"三驾马车"之一，并由公司董事长王中军亲自掌控。在海南项目操作中，华谊兄弟作为品牌授权方，观澜湖作为项目建设方，冯小刚作为艺术指导，共同出资，使得华谊兄弟的品牌授权费基本可以与出资抵消。这样，华谊兄弟就将一个重资产的地产项目投资变成了品牌输出的轻资产模式。

经过多次的项目流产后，华谊兄弟选择了多方合作的方式，选择一家当地有较好政府背景的房地产企业牵头，将重资产投资模式变为仅进行知识产权（IP）输出的轻资产模式。华谊兄弟高层坦言，其资金实力上的不足是一个重要阻碍。2014年6月，华谊兄弟进行影视旅游项目投资的唯一平台天津实景娱乐公司将其49%的股权转让给了一家名不见经传的企业，试图借助这一新的融资平台加快实景娱乐项目发展。

冯小刚电影公社是以冯小刚拍摄的电影《1942》为题材主线进行修建的，但是，国内的影片中，具有建成一个旅游景点的作品并不多，这样的项目建成后，如果作为仅靠门票经济支撑的观光景点恐怕并不是好的商业模式。既有观赏价值，又有系列的商品和体验项目，甚至能够成为未来影视拍摄的取景地，才能够形成比较好的经营模式。

国内同类产品还有中弘地产携手上海电影集团，计划建设开发"上影安吉影视产业园·新奇世界文化旅游区"。根据该项目规划，其产品除影视概念的地产之外还有主题公园、酒店、住宅等产品。

（五）度假酒店的创新与实践——以今典红树林度假酒店项目为例

2007年，当亚龙湾红树林已经实现了较好盈利时，今典集团毅然决定转型做有创意的文化消费式度假酒店——度假酒店中的"奢侈品"。继亚龙湾红树林之后，今典集团做了三亚湾红树林项目，该项目采取了产权式酒店的经营模式。业主购买酒店产权后交给今典集团进行酒店式管理，今典集团根据经营业绩对业主进行分红。2013年，三亚湾红树林一期项目的第一个经营年度便实现了盈利和分红，在近两年高端酒店市场受到政策影响而走下坡路的背景下，这样的经营业绩已经实属难得。但是，三亚湾红树林一期项目仍没有达到今典集团的要求，用今典集团董事长张宝全的话说，这个项目仅做了红树林度假酒店的1/4。2014年10月，三亚湾红树林二期项目已经落成且逐渐揭开面纱，电影工坊、奢侈品免税店都已经开始试营业。三亚湾红树林二期是第一个标准的红树林度假酒店项目，2014年底将全部完成并开始营业。

目前，今典集团同时在青岛、杭州、无锡、广州、三亚海棠湾进行红树林项目的布局。未来两年，今典集团还要有300亿~500亿元的投入。根据今典集团的计划，在几个项目都投入运营并实现稳定的盈利之后，今典集团的度假酒店业务将寻求上市，之后还会进军国际市场，通过在悉尼、日本、美国等地的收购继续做红树林产品。

（六）销售类旅游住宅房地产的发展——以碧桂园为例

以居住为主要目的，以销售为主要经营收入，虽然以传统的住宅开发为内容，但因拥有很好的山地、湖海资源而被称作旅游地产，如海景房、山体别墅等等。这类产品是否为旅游房地产曾在业内饱受争议，也有因为产业缺乏而形成常年空城的情况。这类项目的代表开发企业有保利地产、龙湖地产、中信地产、碧桂园、雅居乐、绿地、港中旅、云南城投等。

碧桂园集团成立于1992年，有地产、酒店、物业、建筑四大产业，是国内旅游住宅类房地产开发较早的实践者。碧桂园的项目中，产品不仅是高端住宅，还同时配套有学校、医院、交通、商业、五星级酒店等，碧桂园提出了"五星级的家"的理念。由于是大品牌开发商，产品质量和物业服务等品质较好，加之过硬的营销手段，碧桂园项目在近年来取得了非常好的市场销售成绩。

显然，碧桂园的核心竞争力是住宅产品质量和营销方式。虽然碧桂园方面强调不只是卖房子，但其房地产销售收入仍然是最主要的收入来源。纵观近年来碧桂园的发展，除了项目配套、产品质量广受好评外，灵活多样的销售策略及推广活动也备受瞩目。从"夜间营销""立体营销""圈层营销"到"全民营销"，每一次营销方式的转变都会引起业内瞩目，效果也让其他房企羡慕不已。目前，碧桂园在中国珠三角、山东半岛、渤海湾等片区均有超级旅游住宅大盘布局，同时，碧桂园还成功走出了国门，在澳大利亚、越南、老挝、新加坡、美国、加拿大、俄罗斯等地有项目落地。随着房地产市场的变化，碧桂园自2014年以来也明显放慢了开疆拓土的脚步。

三 中国旅游地产的特征与趋势

当前，在多重因素的共同作用下，旅游行业成为国内投资的热土，旅游地产项目的开发运行则更是热点中的焦点。从以上案例可以看出，中国旅游地产发展从战略布局到投资规模、从文化内涵到跨界融合现阶段都呈现出了新的特征。

（一）企业战略：品牌扩张与全国布局

无论是华侨城的主题公园开发、万达的旅游综合体建设，还是古村落的产品延伸，从旅游地产建设的主体企业身上可以看到最显著的两个战略特征，一是注重企业品牌的发展，二是在战略上进行全国布局（甚至走出国门）。这与中国旅游地产发展之初，企业以项目开发为核心的方式已经完全不同。对于选择了旅游地产作为发展方向的企业来说，企业的发展关注的不仅是项目的开发，更是品牌的运行，核心是在更大的空间内获取资源抢占市场。可以预期，在未来的几年中中国旅游地产开发的主力企业们，将继续把战略关注的重点放在品牌扩张与抢占资源全国布局。

（二）产品定位：文化挖掘与系列化

以古村镇、古街区等旅游项目的开发为代表，现阶段的旅游地产呈现强烈的对历史与文化的追崇，这种以文化为内涵的项目定位，成为旅游产品开发的普遍选择。这类旅游地产项目的文化内涵打造大致有以下三种方式：一是对历史文化的挖掘，即通过真实的历史再现与加工，赋予旅游地产项目内涵；二是对文化的创造，即对于真实历史不丰富的项目，通过主体风格的构建借用众所周知的主题，进行文化的再创造；三是对文化的移植，即将已有的真实的文化通过复制，在新的项目中再现。当前，产品系列化，已成为旅游地产开发主体成长与扩张的重要选择。以乌镇开发模式为代表的乌镇产品系列，打破了原有地域的限制，通过不断的复制与延伸，使一个成功的产品向一个产品系列扩展，并形成了更大的影响力与市场空间。这一转变从根本上改变了单一的以自然资源为主要依托进行旅游项目开发的既定模式。

（三）发展模式：产业联姻与跨界组合

以影视拍摄基地、创意产业园（如798）等为代表的旅游地产的文化联姻与跨界组合已经成为被大众接受的旅游地产开发运营模式。在这种模式下不仅仅是跨界的进入，更核心的是不同产业的共生共赢。文化与旅游两大产业的机会与空间的交汇，提供了旅游地产通过联姻、组合共同发展的外部环境，但从华谊兄弟与冯小刚、观澜湖的合作历程可以看出，在外部环境具备的情况下，具体条件的实现还有待探索和实践。在经济、文化、旅游、房地产等不同行业的共同作用下，跨界融合已经成为旅游地产发展的重要模式。

（四）市场定位：差异化与"奢侈品"

从今典红树林项目的开发与运营中可以看到，旅游地产开发正在寻求差异化的市场定位，并希望在差异化的市场中获得更好的市场空间与经营业绩。中国旅游经过几十年的发展，适合大众旅游需求的服务与设施已经基本饱和。面对日益提升的旅游需求，红树林打造旅游房地产高端产品的实践已经取得了初步的成效，这种差异化的产品定位是一种理智的选择，而"奢侈品"的打造则更期待市场的认可。从同质化的旅游地产项目建设，到如今的差异化定位、高端奢侈品的打造，说明中国旅游地产的市场正在更加细分，产品系也在日渐丰富。

（五）投资策略：巨额投资与巨型项目

以万达为例的一个又一个大型旅游综合体的建设，一次又一次地成为旅游的热点新闻，这种巨额投资与巨型项目的运作，打破了我国之前的旅游地产项目的开发运营模式。从投资策略上来看，选择进行对巨大旅游区域进行开发、全面实现综合服务的各种功能，实际上是自己打造了一个旅游项目生存的小环境，这是一种差异化的投资选择。巨额投资进入旅游产业的直接结果是，即时改变了旅游地既有的旅游产业格局，这种新的旅游生态平衡的建立需要一个过程，但总体上，对于旅游地来说更是一种旅游发展的推动。万达超千亿的旅游地产及其他旅游产业投资，从资产上已经使其成了名副其实的旅游大企业，这种投资是一种项目的建设，更是对产业的进入，其营利模式已经脱离了单纯的房地产获利，而转向旅游产业经营收益。这种模式正在被其他大企业研习和复制，如此，中国旅游企业的市场格局将要，或者已经面临调整。

综上所述，经过近20年的探索与实践，中国旅游地产走出了一条有自己特点的发展道路，满足了人们的需求，但同时也存在着对政府关系依存度大、缺少国际品牌、文化挖掘不够、旅游专业经营水平不高等问题。旅游地产的开发、建设与运营，是旅游产业发展的基础，是满足人们日益增长的旅游文化需求的必要条件。在旅游业快速发展、旅游产业转型升级的时期，希望有更多的投资者进入到旅游地产的开发、建设与运营中来，不断提升旅游产业的服务设施和服务水平。未来旅游地产的健康发展有赖于如下五个方面的共同努力：第一，需要地方政府在区域发展的规划与建设上有超前的思路和清晰的想法；第二，要对旅游地产项目给予政策的支持和科学调控；第三，从产业发展的角度，相关部门要支持

鼓励中国的企业走出国门，进行旅游房地产等相关旅游产业的投资与运营；第四，要倡导开发建设与传承文化、环境保护并重，要吸取单纯房地产占用资源建设的教训，实现可持续发展；第五，学界、业界的研究与创新要及时发声，中国旅游地产的发展之路没有完全可以照搬的榜样，跨界的运营又使得信息与调控相对滞后，前瞻性的思考、资讯与建议很有意义。

G.19 中国主题乐园的发展历程、现状与趋势

张凌云*

摘　要： 自20世纪80年代初以来，我国主题乐园的发展经历了三次投资热潮。随着国际巨头的进入，本土主题乐园集团形成了三足鼎立的格局。展望未来，世界主题乐园发展重心将转移到中国及亚太地区。2015年是全球主题乐园巨头大举进入我国主题乐园行业的元年，本土企业集团加快升级换代、全国连锁网点布局的进程，在此过程中，大型化、集群化、一体化、国际化的"迪士尼化"将成为重要的发展方向。

关键词： 主题乐园　历程　趋势

一　主题乐园概念辨析

（一）主题乐园的发展背景

一方面，由于自然和历史人文景区受资源禀赋影响，大多只能是在继承的基础上开发，具有被动性、不可移动性，有些景区还具有生态（包括自然和人文两个方面）的敏感性、脆弱性，开发利用与保护之间的矛盾比较突出。另一方面，有相当一部分景区距离人口密集的城市较远，进入性较差。因此，为了满足人们日益增长的休闲娱乐需要，人造景区应运而生。伴随着休闲旅游市场的需求不断扩大，人造景区在数量上和种类上不断扩张，包括各类主题乐园、游乐园、微缩景区、蜡像馆、动物园、水族馆等，还有一些是可移动的（如环球嘉年华）

---

* 张凌云，北京联合大学旅游学院副院长、教授、博士生导师，《旅游学刊》执行主编，中国社会科学院旅游研究中心特约研究员。主要研究领域为旅游管理、旅游经济和旅游信息化。

和临时性的（如巴黎每年夏季用1500吨沙子在塞纳河畔建成的人造沙滩——"巴黎沙滩"）设施，但其中主题乐园是目前旅游开发中最常见的项目形式。这类景区的特点是可以根据市场需要，在人口密集区或区位条件比较优越的区域兴建和布局，具有主动性和可控性，一般属于经济学上所称的私人产品，不具有公共产品属性和公益性，即景区产权的私有化和定价机制的市场化。因此，一般此类景区的门票价格较高。

（二）主题乐园与主题公园

我国旅游业界习惯将主题乐园称为主题公园。不过，这里的"公园"不是我们传统上理解的"公园"概念，尽管有些城市公园建园时，也有一定的主题，例如北京的紫竹公园、双秀园（中式和日式造园）等。有鉴于此，董观志（1999）提出"旅游主题公园"（Tourism Theme Park）这一概念以示区别，但由于"旅游主题"的概念也较难定义，容易引起歧义，故而未能在旅游业界推广开来。尤其是，"主题公园"（Theme Park）一词系外来语，而经我们加工成"旅游主题公园"（Tourism Theme Park）会在国际交流时产生困难，令人不知所云。

主题公园一词是从英语 Theme Park 直译过来的。从词源来看，park 一词除了有公园的意思外，还有其他释义。在陆谷孙主编的《英汉大词典》（上海译文出版社）中 park 的辞目下做名词用的共有11条解释。第一条是"公园：（国家）天然公园"；第二条是" = amusement park"（等于游乐园）。也就是说，park 一词本身就可以是游乐园的简称。同时，在该部大词典中还收录了 Theme Park 一词，对其的释义就是"……主题乐园"。此外，目前英美较为流行的两本辞典 *Oxford Advanced Learner's Dictionary* 和 *Webster's New World Dictionary* 对 Theme Park 的释义分别是："一种围绕某些中心主题，诸如梦幻乐园、未来世界或往日年代而建的游乐园"，"一种建立在一个或一组创意主题基础上的游乐园"。值得注意的是，在这两本辞典里都把 Theme Park 看作是带有主题的游乐园（Amusement Park）。因此，所谓"主题公园"实际上就是有"主题"的游乐园。《大英百科全书》《大美百科全书》这样的大型权威工具书中都没有 Theme Park 的条目，而这两本百科全书在迪士尼乐园的词条释义中都称其为游乐园（amusement park），而非"主题公园"（《中国大百科全书》也是如此），这也从反面印证了 Theme Park 一词应译为"主题乐园"是比较妥帖的。因此，我们建议用"主题乐园"、"主题游乐园"或"主题园"来取代"主题公园"这一容易引起歧义的名词。在这里需要说明的是，主题乐园只是人造景观的一种，两者的区别是显而易见的。

缺乏游乐功能或游乐功能不强的人造景观是不被算作主题乐园的。当然，也有学者把迪士尼乐园归类为现代综合性游乐园。

一般人们都把1955年美国最早兴建的迪士尼乐园作为现代主题乐园的代表和典型。自此至今，主题乐园发展的主流方向就是最大限度地满足游客在虚拟环境（如时光倒流、回归自然、进入太空、走进未来和梦临仙境等超时空氛围）里的特殊物理状态（如高速运动、骤然变速、失重、超重和太空环境模拟等）中的生理体验以及在虚拟环境下对恐惧、惊悚、冒险和梦幻等非常态条件下的心理体验，以产生新奇、刺激的快感或畅爽感。而主题乐园中的"主题"则是一种重要的包装形式和将各种游乐设施串联起来的艺术，也是吸引游客的噱头，更是企业参与市场竞争的品牌策略。

在国际游乐园景区协会（IAAPA）的游乐业经营统计中，有时虽将游乐园和主题乐园相提并论，但一般都不与其他人造景观合并。这说明在游乐业界实践中并没有将所有的人造景区都算作主题乐园。同时，也注意到主题乐园和普通游乐园之间的细微差别。在美国全国游乐园历史协会（NAPHA）的文献中，经常可以阅读到以下基本概念：游乐园、主题乐园、电车公园（Trolley Park）和家庭娱乐中心（Family Entertainment Center）等。美国游乐园历史协会对这些概念的定义分别为：游乐园是包括有各种乘骑设施、游艺机、餐饮供应以及文艺表演的娱乐场所；主题乐园是带有一个或一组主题的游乐园，其中的乘骑、景观、表演和建筑都围绕着某个或某组主题；电车乐园出现于19世纪末20世纪初，主要由电车公司经营的游乐园，目的是为了增加周末电车乘客人数；家庭娱乐中心是新出现的一种游乐场所，常见的游乐项目有游艺机、迷你高尔夫、儿童嬉戏区和观光马车等，规模较小的只比游戏厅稍大一点，规模较大的则与游乐园没有什么区别。

（三）主题乐园与人造景观

从上面这些定义看，目前我国绝大多数的人造景观都不能算是真正的主题乐园，像"小人国"之类的纯粹供参观游览的微缩景观与各种"民俗村""蜡像馆"一样，尽管曾被认为是主题乐园的发展雏形，但严格来讲，这些景区应属于广义上的、具有一定特色的博物馆。它们的共同特点就是景区以展示、表演"文化"为主，游客以观众的身份参观游览为主，这类景区往往宣传说教多于消遣游乐。这类景区不属于现代主题乐园的主流，不代表现代主题乐园的发展方向（在美国的有些主题乐园中，虽然也有微缩景观，但往往是作为一种包装手段，并配备各种乘骑项目）。不同性质的人造景区，其目标市场、游客规模、吸引强度和区位结构都不尽相同。因此，正确区分主题乐园、游乐园和人造景观之间的差别，成为我们研究主题乐园的首要前提。但是，考虑到我国目前大多数学者和业者已将有些人造景观视为主题乐园这一现实，我们将此类景区视作观光类主题乐园，而将有骑乘的人造景区称作体验类主题乐园。此外，人们习惯上也将有些人造景区列入主题乐园，如海洋公园、野生动物园等。

二 我国主题乐园发展历程

自改革开放以来，我国人造景区和主题乐园的建设先后经历了三次投资热潮。

（一）第一次热潮

第一次热潮开始于20世纪80年代初，主要集中于东部沿海开放城市，较为知名的包括广东中山市的长江乐园、广州东方乐园、上海锦江乐园、北京密云国际游乐场、珠海珍珠乐园、成都游乐园、西安北方游乐园、深圳的深圳湾游乐场和香蜜湖中国娱乐城等。此后，在全国各地陆续建立了数十个类似的游乐设施。这类度假村或乐园大多引进了一些诸如碰碰车、旋转乘骑、摩天轮和过山车等游乐设施，吸引的主要对象是当地的儿童和青少年。这一热度仅维持了几年就逐渐降温了，一些地理位置较偏僻的游乐园渐渐被人淡忘。

（二）第二次热潮

人造景区的第二次大规模投资热潮兴起于20世纪80年代末。1989年11月，深圳建成了全国第一个微缩景区"锦绣中华"。一般认为，这是我国现代最早的主题乐园（尽管还不是严格意义上的）。1991年10月紧邻锦绣中华一侧的中华民俗村建成开业，在近两年的时间里锦绣中华接待了650万中外游客，开业不到一年就收回全部投资。锦绣中华的成功轰动了旅游业界和社会各界，在其巨大的"财富效应"示范下（尤其是在当时宏观经济过热的特殊背景下），兴建人造景区的热浪迅速波及全国各地。据中国旅游协会的不完全统计，1990~1994年，全国建起了203个人造游览景区。有人估计，若包括那些已经停业和在建中的景区则有1000座以上。另一种说法是全国约有主题乐园2500座，这还不包括在建项目。据抽样调查，这些主题乐园70%亏损，20%持平，仅10%盈利。这些主题乐园从主题内容到表现形式都非常雷同，主要取材于中国古典名著而建的西游记宫、大观园、水浒城和三国城等。据不完全统计，最盛时，国内类似"西游记宫""大观园""三国城"之类的人造景观多达 729 处，总投资超过 1000 亿元。这一时期，以飞龙世界和世界大观为代表的一批珠三角地区主题乐园纷纷关门歇业，主题乐园又一次进入了萧条期。当然，也不乏成功的案例，如深圳华侨城的世界之窗、杭州的宋城、苏州的苏州乐园等。到了 20 世纪末 21 世纪初，除了那些获得持续资本注入并不断获得更新的乐园之外，大部分主题乐园也都进入了艰难经营时期。一方面是由于受到当时金融危机和"非典"的冲击，另一方面与主题乐园的产品单一和缺乏更新有关。此外，还有的是因为资金流断裂造成经营困难，深圳明斯克航母世界景区就是最典型的案例。

这一时期，造成我国主题乐园投资失误的原因是多方面的，一般认为，存在以下几个主要问题。

其一，主题模糊。国内许多所谓的主题乐园主题性不强，也很难深入人心，主题形象缺乏市场认同，生搬硬造。不是简单粗糙，就是牵强附会。一些以中国古典名著为主题的乐园，表现手段单一，缺乏创意，形式雷同，千篇一律。而像迪士尼、环球影城等世界著名主题乐园的主题形象就是儿童卡通片和好莱坞大片中人们耳熟能详的"明星"和精彩片段和情节，即先有主题，后有乐园。

其二，动机不纯。国内很多开发商建主题乐园是假，搞房地产是真，往往打着建设主题乐园的幌子上马项目，先圈地，再借建设主题乐园炒热地皮，开发房地产。其真正的动机并不是想做好一个主题乐园，仅仅是利用建设主题公园来争取优惠，抬升房地产的价值。一旦在房地产方面获取了高额利润就不再在乎主题乐园的生死。随着国家对于房地产开发政策的从严控制，一些房地产项目改头换面，以旅游地产或景观地产等名义瞒天过海。

其三，急功近利。在追求最短投资回报的当今社会，普遍缺乏成熟理性的投资预期。国外主题公园的投资回报期一般是在 6~8 年，甚至更长时间，而国内的投资商基本控制在 2~3 年。如果理性的投资预期都没有，更说不上再投入和可持续发展的问题。

其四，策划不力。策划人员缺乏直接从业经验，项目策划以静态的传统文化观光为主，对于现代的娱乐休闲功能认识不深。现代主题乐园都是依赖高科技和大型娱乐器材所实现的娱乐方式，而国内一些主题乐园的策划人员不了解这些领域。国内在这些器材装备、技术手段也远远落后于国外，所以设计出的主题乐园缺乏刺激和新奇感，很难吸引年轻人，而他们往往是主题乐园的主客和常客。

其五，无产业链。迪士尼有着自己非常完善的主题乐园产业链模式，主题乐园只是其中一个环节,而且不是驱动环节。影视娱乐（Studio Entertainment）、媒体网络（Media Networks）、主题乐园和度假村（Parks & Resorts）、消费产品（Consumer Products）这四项业务是相互支撑的,而中国的主题公园普遍缺乏一个完整而强大的产业链作支撑,这注定形不成规模效应,创新能力也无从谈起。

其六,后续资金投入匮乏。主题乐园是资金密集型行业,特别是对于大型主题乐园而言,必须有持续的投入和不断推出的后续项目来吸引回头客,巩固市场份额,国内有些大型主题乐园之所以开业火爆一阵后,很快就走向衰落,其中一个主要原因就是后续资金投入不足,投资方往往没有考虑二期、三期等后续项目,而是将全部资金投入一期项目后,就等着收回投资套取利润了。但事实上,一些非专业的投资者往往低估了主题乐园的营运成本和项目的投资回收期,不少主题乐园项目没能维持到收回投资,就已发生财务困难,出现资金断流,最后只能关门歇业。

其七,服务落后。主题乐园行业是非常专业化的服务行业,对从业人员有着非常高的要求。中国的主题乐园产业迅猛发展,却没有很好的人力资源支撑。从基层服务人员到高级管理人才都面临短缺。中国的大中专院校也没有培养专业化的人才。而迪士尼有自己的培训学校,服务人员具备了良好的交流沟通能力以及综合服务能力。例如迪士尼的一线员工会使用世界上所有照相机,以便帮助游客合影留念,还会逗孩子开心,讲故事,做表演。在迪士尼,一线员工被称为"演艺人员"（Actor）。反观中国主题公园的管理服务,连最基本的微笑服务都做不好。

（三）第三次热潮

进入21世纪以后,随着国民经济的快速发展,一大批主题乐园项目相继启动,特别是2005年后,主题乐园的建设明显加快,出现了新一轮的主题乐园投资热,特别是加大了对大型的主题乐园的投资建设。

这一轮新的主题乐园热潮有以下几个明显的特点:其一,主题乐园类型呈现出多样化,有游乐园、海洋公园、水上乐园和生态公园。但投资者不再热衷于建造纯粹以观光为主的人造景观,且呈现向度假目的地与景观地产、度假地产相融合的方向发展。其二,扩张速度快、范围广。旅游企业开始实施品牌连锁经营,如华侨城在短短几年里分别进军北京、上海和成都,大连海昌集团则进驻青岛、成都和武汉。其三,扩建周期（或称再投资周期）短。如2006年4月开业的广州长隆欢乐世界,在开业仅9个月后即开发了第2期,第3期也已在2008年1

月开放，2007年6月开业的长隆水上乐园2期于2008年5月开业。其四，投资规模大。投资额动辄过10亿元的项目比比皆是，深圳东部华侨城投资额更高达35亿元。其五，项目和园内景区设计起点高。新建的主题乐园大多是聘请国外顶尖的游乐项目和景观设计机构策划设计，项目的科技含量较高。其六，从众跟风。如众多的游乐园和极地海洋馆分别是继深圳欢乐谷和大连老虎滩极地海洋馆取得巨大成功的示范后出现的。

三　我国主题乐园的发展现状

（一）本土主题乐园三足鼎立格局基本形成

随着上海迪士尼竣工开园的日子日益临近，我国本土主题乐园企业在全国投资布局的步伐明显加快，经过市场洗牌，在全国范围基本形成华侨城、方特和海昌三大集团三足鼎立的格局。

华侨城是国内最早涉足主题乐园的龙头企业，以其第三代产品——深圳的"欢乐谷"作为母本，并以此品牌在北京、上海、天津和成都等一、二线城市布局设点。方特作为游乐电子设备商，具有研发优势。其母公司华强集团在主题公园建造技术方面的核心是特效影音的相关技术，包括立体电影技术、追踪电影技术、环幕电影技术、水幕电影技术、影视特技、影视后期制作等方面，其宣称的拥有自主知识产权的相关技术和设备也主要来源于影音方面。2002年华强集团在美国注册了"180度环形银幕立体电影成像技术发明专利"，通过该技术，华强集团在欧美建设60多所环幕4D影院。在这些核心技术的基础上，华强集团通过对其他公园、商场和投资商的技术输出，实现了小型娱乐场所"方特乐园"在全国的连锁发展。目前，华强集团在全国建设的方特乐园（或4D影院）已经达到了20多家，特效影音及相关技术已成为方特建造主题公园的核心竞争力。虽然方特进入主题乐园行业时间较晚，2007年在安徽芜湖兴建了首家方特欢乐世界主题乐园，但自2010年后，以"欢乐世界"和"梦幻王国"两大品牌在全国二、三线城市快速布局，短短的四年时间里，迅速在泰安、沈阳、株洲、青岛、郑州、厦门、天津等城市布点。海昌集团则是以"极地海洋世界"（极地海洋馆）和"渔人码头"作为品牌抢占二线重点城市（见表1）。在区域市场层面，长隆集团和宋城集团则是两大极具竞争力的主题乐园运营商。长隆集团2014年斥资200亿元修建的珠海横琴乐园，是目前国内单个主题乐园投资

表1 我国部分已建和在建（拟建）大型主题乐园基本情况

名　称	开业时间（年）	占地面积（万平方米）	投资额（亿元）	门票价格（元/人）
北京石景山游乐园	1986	34	0.4	10
世界之窗，深圳	1994	48	6.8	120
锦绣中华，深圳	1989	33	1.0	120
中国民俗文化村，深圳	1991	24	1.4	
杭州宋城	1996	40	1.6	120
苏州乐园	1997	54	4.0	60
中华恐龙园，常州	1997	40	3.0	80
长隆野生动物世界（原名香江野生动物世界），广州番禺	1997	133	10	250
深圳欢乐谷	1998	35	15	140
杭州乐园	1999	53	3.6	50
乐满地主题乐园，桂林	2000	60	21	110
大连老虎滩海洋公园、极地馆	2002	118	5	210
长隆欢乐世界，广州	2006	167	20	145
金石发现王国，大连	2006	47	10	145
青岛极地海洋世界	2006	21	2.0（亿美元）	180
凤凰山主题乐园，宁波	2006	26	8.0	150
北京欢乐谷	2006	100	20	160
神秘岛乐园，珠海	2006	50	3.5	110
青岛极地海洋世界	2006	21	16	180
长隆水上乐园，广州	2007	40	25	140
深圳东部华侨城	2007	900	35	180
芜湖方特欢乐世界	2007	125	15	160
国色天乡乐园，成都	2007	40	20	按项目收费
汕头蓝水星方特乐园	2008	24	8.2	160
成都欢乐谷	2009	47	25	130
上海欢乐谷	2009	90	40	200
泰安方特欢乐世界	2010	40	20	190
成都海昌极地海洋世界	2010	24	10	130
天津海昌极地海洋世界	2010	5	36	160
沈阳方特欢乐世界	2011	60	20	200
株洲方特欢乐世界	2011	60	25	200
青岛方特梦幻王国	2011	70	20	200
武汉极地世界海洋馆	2011	30	30	150

续表

名　称	开业时间（年）	占地面积（万平方米）	投资额（亿元）	门票价格（元/人）
烟台海昌鲸鲨馆（渔人码头）	2011	0.5	20	100
郑州方特欢乐世界	2012	70	25	200
厦门方特梦幻王国	2013	40	25	200
天津欢乐谷	2013	35	17	180
珠海长隆海洋王国	2014	132	200	350
长隆旅游生态城，广州	—	400	200	—
重庆极地海洋世界	2014	30	30	60
天津方特欢乐世界	2014	39	20	200
金满湖·地心世界心，浙江金华	2015	50	60	—
上海迪士尼乐园	2015	150	400	—
南京乐天世界	2015	5	—	—
青岛万达茂电影主题公园	2015	376	500	—
"大话西游"影视主题乐园	2015	70	15	—
浙江安吉乐翻天嬉水王国	2015	20	0.5（亿美元）	—
浙江安吉乐 Hello Kitty 主题乐园	2015	60	10（亿美元）	—
山水六旗小镇，拟选址京津冀地区	2018	—	300	—
万达文化旅游城，广州	2018	34.3	500	—
北京环球影城	2019	120	200	—

资料来源：本研究整理得出。

这三大集团在全国范围的快速扩张可以看作是迪士尼开业前，我国大型主题乐园国际化竞争本地化的预热，在与这些国际大集团的竞争中，我国本土主题乐园在"与狼共舞"的环境下，优胜劣汰，成长壮大。目前我国的华侨城、方特和海昌三大集团进入了全球主题乐园排行榜前10位，尤其是方特和海昌集团都是近一两年才进入全球前10强企业集团排行榜的（见表2）。

表2　2011~2013年全球前10位主题乐园集团情况

排序	连锁企业名称	2013年增长率（％）	接待人数（万人）		
			2013年	2012年	2011年
1	迪士尼集团，美国	4.8	13254.9	12647.9	12182.1
2	默林娱乐集团，英国	16.4	5980.0	5400.0	4640.0
3	环球影城娱乐集团，美国	7.9	3636.0	3451.5	3199.0
4	华侨城，中国	12.7	2632.0	2335.9	2173.1

续表

排序	连锁企业名称	2013年增长率（%）	接待人数（万人）		
			2013年	2012年	2011年
5	六旗集团,美国	1.4	2610.0	2575.0	2430.0
6	团园娱乐公园,西班牙	-4.1	2601.7	2713.0	2622.0
7	雪松会娱乐公司,美国	0.9	2351.9	2360.0	2340.0
8	海洋世界娱乐集团,美国	-4.1	2340.0	2431.0	2360.0
9	方特集团,中国	42.7	1311.8	919.3	—
10	海昌集团,中国	7.4	1009.6	940.0	755.0
	总　　计	5.4	37727.9	35784.3	—

资料来源：主题娱乐协会（Themed Entertainment Association，TEA），下同。

从上表中可看出，华特迪士尼公司凭借其雄厚的资本实力成为主题乐园行业的翘楚，在全球主题乐园行业华特迪士尼一直位列榜首，并遥遥领先于第二位。而2013年我国这三大集团接待的游客之和，仅5000万人次，相当于迪士尼集团的37.4%，迪士尼实力之强大，可见一斑。

（二）本土主题乐园国际竞争力相对较弱，仅在亚洲拥有一席之地

从单个主题乐园（单独发售景区门票）看，迪士尼主题乐园一般都是当地接待人数最多的景区（只有中国香港地区例外，屈居第二）。在全球排名前10位的主题乐园中，迪士尼占到9个，年接待游客基本都在1000万以上（见表3）。高居榜首的是位于美国佛罗里达州布纳维斯塔湖区的华特迪士尼世界，年接待人数高达1858.8万人次，日均接待游客达到5万人次，这可能是全世界接待人数最多的景区了。中国虽然有三大集团跻身全球前10，但从单个主题乐园看，除香港海洋公园和迪士尼乐园外，我国大陆还没有一家主题乐园进入前25名，但有些景区距这个排行榜仅一步之遥。

表3　2013年全球前25位主题乐园情况

排名	名　称	所在地区	增长率（%）	接待人数（万人）	
				2013	2012
1	华特迪士尼世界	美国佛罗里达州布纳维斯塔湖区	6.0	1858.8	1753.6
2	东京迪士尼乐园	日本东京	15.9	1721.4	1484.7
3	迪士尼乐园	美国加利福尼亚州阿纳海姆	1.5	1620.2	1596.3

续表

排名	名称	所在地区	增长率(%)	接待人数(万人) 2013	接待人数(万人) 2012
4	东京迪士尼海洋	日本东京	11.3	1408.4	1265.6
5	迪士尼世界未来世界	美国佛罗里达州华特迪士尼世界	1.5	1122.9	1106.3
6	巴黎迪士尼乐园	法国马恩河谷	-6.9	1043.9	1120.0
7	迪士尼世界动物王国	美国佛罗里达州华特迪士尼世界	2.0	1019.8	999.8
8	迪士尼好莱坞影城	美国佛罗里达州华特迪士尼世界	2.0	1011.0	991.2
9	日本环球影城	日本大阪	4.1	1010.0	970.0
10	迪士尼加州冒险乐园	美国加利福尼亚州阿纳海姆	9.5	851.4	777.5
11	冒险岛	美国佛罗里达州奥兰多	2.0	814.1	798.1
12	香港海洋公园	中国香港	0.5	747.5	743.6
13	香港迪士尼乐园	中国香港	10.4	740.0	670.0
14	乐天世界	韩国首尔	15.9	740.0	638.3
15	爱宝乐园	韩国京畿道	6.6	730.3	685.3
16	环球影城	美国佛罗里达州奥兰多	14.0	706.2	619.5
17	好莱坞环球影城	美国加利福尼亚州环球城	4.0	614.8	591.2
18	长岛温泉乐园	日本桑明市	-0.2	584.0	585.0
19	佛罗里达海洋世界	美国佛罗里达州奥兰多	-5.0	509.0	535.8
20	欧洲主题公园	德国鲁斯特	6.5	490.0	460.0
21	巴黎迪士尼影城	法国马恩河谷	-6.9	447.0	480.0
22	加利福尼亚海洋公园	美国加利福尼亚圣迭戈	-3.0	431.1	444.4
23	趣伏里主题公园	丹麦哥本哈根	4.1	420.0	403.3
24	艾夫特琳主题公园	荷兰卡谢乌韦尔	-1.2	415.0	420.0
25	横滨八景岛海洋公园	日本横滨	2.4	414.9	405.0
	总计		4.3	21470.8	20590.6

资料来源：同上。

从亚洲的前20大主题乐园看，包括香港两家主题乐园在内，我国共有11家主题乐园榜上有名，除了三大集团的主题乐园外，杭州宋城、常州恐龙园、广州长隆欢乐世界等也进入榜单（见表4）。

表4　2013年亚洲前20名主题乐园

排名	乐园	所在地	接待人数(万人) 2013	接待人数(万人) 2012
1	东京迪士尼乐园	日本东京	1721.39	1484.7
2	东京迪士尼海洋乐园	日本东京	1408.41	1265.6
3	日本环球影城	日本大阪	1010	970

续表

排名	乐园	所在地	接待人数（万人）	
			2013	2012
4	海洋公园	中国香港特别行政区	747.5	743.6
5	香港迪士尼乐园	中国香港特别行政区	740	670
6	乐天世界	韩国首尔	740	638.3
7	爱宝乐园	韩国京畿道	730.3	685.3
8	长岛温泉乐园	日本桑名	584	585
9	八景岛海洋乐园	日本横须贺	414.9	405
10	宋城主题乐园	中国杭州	410	380
11	东部华侨城	中国深圳	395	419.6
12	新加坡环球影城	新加坡	365	348
13	常州中华恐龙园	中国常州	360	340
14	欢乐谷	中国深圳	328	321.2
15	世界之窗	中国深圳	325	317
16	长隆欢乐世界	中国广州	320	297
17	欢乐谷	中国北京	310	305.5
18	郑州方特欢乐世界	中国郑州	285	NA
19	欢乐谷	中国成都	256	244.5
20	首尔游乐场	韩国京畿道	230	213
总计			11680.5	10868.9

资料来源：同上。

（三）我国主题乐园市场化程度相对较高，未来将面临重新洗牌

目前我国主题乐园已经开始呈现华侨城（欢乐谷）、方特、海昌、宋城和长隆五大集团的垄断竞争格局。近年来，宋城集团以"千古情"演艺秀品牌，在海南三亚和湖南张家界合作投资景区和旅游项目。2013年杭州宋城接待人数突破400万，成为全国主题乐园接待游客人数最多的景区。长隆集团是以野生动物园起家的大型主题乐园公司，其主要投资项目都集中在广东（广州番禺、珠海横琴岛等），也投资兴建了海洋动物园和水上乐园，与北方的海昌集团形成南北分野之势。这五家企业集团有大型央企（华侨城）、国企改制（方特）、中外合资（海昌）、民营企业（宋城、长隆）。由此看出，我国主题乐园的市场化程度较高，市场竞争比较充分，这种态势将随着世界著名大型主题乐园登陆中国市场，变得更趋激烈，我国主题乐园即将面临新一轮的重新洗牌。

四　我国主题乐园发展趋势与前景展望

（一）2015年是全球主题乐园巨头大举进入我国主题乐园行业的元年

在世界大型主题乐园集团中，率先进入中国市场的是默林娱乐集团旗下的杜莎夫人蜡像馆，2000年香港分馆开业（2006年扩展后重新营业），之后相继投资建设了上海分馆（2006年）、武汉分馆（2013年）和北京分馆（2014年）。但从总体上看，这些项目的场地规模、投资总额和接待人数都比较有限。2015年是全球主题乐园巨头大举进入我国主题乐园行业的元年，上海迪士尼乐园的开业，将彻底改变目前我国主题乐园的行业生态。继迪士尼之后，环球影城、六旗等全球知名主题乐园集团将纷纷加快进入中国市场的步伐。与麦当劳、肯德基快餐不同，这些主题乐园的全球化进程是较为缓慢的，对外输出也是非常艰难的。这些主题乐园不仅投资巨大，一般都超过200亿元人民币，而且属于本地化的大众旅游产品，一般年接待量都在1000万人次以上，最少也不能低于500万人次（目前我国各大主题乐园尚无一家达到这一最低标准），这就需要当地有一个收入稳定、人口基数巨大的中产阶层。迪士尼在整个欧洲也只是在1992年才开始在巴黎兴建了一座乐园，2002年才在迪士尼乐园旁举债兴建了迪士尼影城。巴黎迪士尼在开业后的很长一段时间都处于亏损状态，2004年累计负债已达20亿欧元，曾处于破产边缘。而在亚洲，1983年兴建的日本东京迪士尼作为美国本土外的第一个乐园大获成功，2001年又建了东京海上迪士尼，2005年在中国香港投资兴建了乐园，10年后才在上海新建了美国本土外的第6家主题乐园，目前亚洲是拥有除美国本土外迪士尼乐园最多的区域。迪士尼在欧洲遇冷，除了经济不景气外，还与欧洲游客对于迪士尼的主题文化较为排斥有关。比较而言，亚洲游客尤其是日韩游客出于崇美心理，对于美国文化基本是照单全收。环球影城在美国本土外也只是在日本大阪和新加坡圣淘沙兴建，且都建在亚洲。目前已规划与首旅集团合作在北京兴建亚洲第三家环球影城，计划于2019年竣工开业。六旗是做专业化经营单一品牌主题乐园规模最大的企业，共有30多家主题乐园、水乐园和动物园，其中24家乐园是六旗命名的。2009年受金融海啸冲击，公司负债达34亿美元，申请破产保护。并已撤出在欧洲的投资，目前只是在加拿大和墨西哥各有一个主题乐园。尽管如此，六旗也不愿意放弃中国市场，先后在

京津冀和上海周边选址建设山水六旗小镇，计划将于2018年先于环球影城开业迎客。此外，日韩的大型主题乐园企业集团也在我国沿海的一些经济发达的二线城市兴建乐园项目。

与旅游行业的其他业态不同，在20世纪80年代改革开放初，外资旅游饭店最早进入国内市场。21世纪初我国加入WTO后，外资旅行社也开始在中国有商业存在。但景区类企业是直到最近才开始大举进入中国市场，这主要是因为国内旅游消费市场需要有培育过程，而且大型主题乐园属于高资金投入、高科技应用、高密度客流的"三高"企业，也是高风险、高回报的行业。

（二）本土企业集团加快升级换代、全国连锁网点布局的进程

在外资大型主题乐园企业集团纷纷看好中国市场，斥巨资兴建主题乐园的同时，我国本土的企业集团也在加快升级换代、全国连锁网点布局的进程。除了以上论及的5家主题乐园企业外，也有一些实力雄厚的企业集团开始进入主题乐园行业，继广州长隆乐园群之后，首期投资高达200亿的珠海长隆抢先在2014年初开业。而观澜湖集团和香港兰桂坊集团联手打造的"观澜湖·兰桂坊·海口"项目也正式宣布基本落成并将于2015年开业。在兰桂坊项目营业之前，观澜湖已于2014年第二季度开放了其与华谊、冯小刚合作的"电影公社"首个景区。该项目总占地面积1400亩，包括1942民国街、社会主义老北京街和南洋街三条主街，及集合了冯氏贺岁电影经典场景的电影园林景观区，影人星光大道以及包含全球最大的8000平方米摄影棚在内的摄影棚及配套服务区。更大手笔的是房地产企业万达集团，2009年万达转型文化旅游产业，投资500亿元的武汉中央文化区、投资200亿元的长白山国际度假区已全面投入运营，万达西双版纳国家度假区将于2015年开业。2013年4月开始，启动建设哈尔滨、南昌、青岛、合肥、无锡万达城。九大城市文化旅游项目的布局，总投资额逾3250亿元。此外，万达在三亚投资6000万元的酒店驻场节目"海棠秀"，在连续三年的亏损后，于2014年8月宣布停演。但与此同时，总投资达25亿元的剧场演出《汉秀》也将于12月在武汉隆重登场。万达集团的发展战略是由房地产企业向文化旅游方向转型，以剧场、电影主题乐园、游乐园为中心，配套酒店、商业街构建起万达城、万达广场等城市综合体，到2020年万达集团的文化旅游的投入和收入规模要达到50%以上，超过房地产成为万达的主营业务。为此，万达集团进行了从旅游酒店、旅行社、主题乐园、大型剧场秀到度假区、高端住宅区和商业服务等全产业链的布局。万达集团的目标是要以"景区主题乐园酒店商业"的迪士尼

模式赶超迪士尼。到2020年，万达旅游项目将涵盖度假区、万达城、万达茂等，预计接待游客超过2亿人次，成为世界第一大旅游企业。

（三）未来世界主题乐园发展重心将转移到中国及东亚太地区

中国主题乐园的发展契合新型城镇化、文化产业和现代服务业建设等国家战略需要，可以获得政策性支持，也有助于进一步扩大内需，也可以将出境旅游中的主题乐园消费本地化。因此，未来世界主题乐园发展重心将转移到中国及东亚太地区（目前这一地区也是除美国本土以外，拥有迪士尼乐园、环球影城数量最多的区域），而在全球主题乐园集团TOP10的排行榜上中国的企业集团可望占到半数以上，这将从根本上改变全球主题乐园行业生态格局。

（四）大型化、集群化、一体化、国际化的"迪士尼化"是发展方向

随着2015年上海迪士尼的开业，中国主题乐园行业将迎来新一轮的投资建设高潮，竞争将日趋白热化，主题乐园的业态也将朝着大型化、集群化、一体化、国际化，即迪士尼化的方向发展。

所谓大型化，不仅是指项目的体量、规模和占地量大，更是投资额巨大。过百亿元投资，年接待游客超千万人次将成为新常态。所谓集群化，是指大型主题乐园布局开始出现空间集聚，如珠三角、长三角和环渤海等区域。其中珠三角地区因地处南方，全年适宜户外活动的时间较长，具有较为明显的自然区位优势，便于形成类似于美国佛罗里达那样的主题乐园集聚带。所谓一体化，是指主题乐园已呈现出与文化产业、房地产、住宿业、度假疗养、商业等产业融合发展趋势，形成新型的城市综合体；主题乐园的建设融入了新城镇的"造城运动"，如长隆旅游生态城、万达文化旅游城等。所谓国际化，是指中国将成为全球主题乐园业投资最密集、竞争最激烈的区域，全球最大的几大主题乐园集团和中国本土主题乐园同台竞争。目前中国的一些大型主题乐园集团在骑乘项目设计和园区规划上都已引进和聘请国际上最顶尖的专业团队亲自操刀，在设计理念和表现手法上已经完全与国际接轨，项目的资金投入甚至都超过了迪士尼、环球影城等国际著名主题乐园，已具备与国际一流主题乐园竞争的实力。

G.20 中国在线旅游的发展

杨彦锋　李书娟　王莺莺*

摘　要： 随着在线旅游的迅猛发展，技术与资本成为中国在线旅游发展的双引擎，共同驱动了在线旅游的渗透性和颠覆性变革。旅行服务业的内涵覆盖不断延伸，在线旅游业务和企业已经成为旅游经济活动的主流组成部分。在此时代背景下，本文对在线旅游的发展态势、业务情况和驱动要素进行了梳理与总结。

关键词： 在线旅游　旅行服务业　投融资　移动互联网技术

一　我国在线旅游的发展态势

（一）在线旅游企业成为旅行服务业重要经营主体

随着互联网的迅猛发展，在线旅游业务快速渗透。酒店和机票是最先被在线化的旅游产品品类，此外，旅游度假产品、租车、景区门票、签证等产品进入了快速在线化的进程。这些业务的经营主体，使得过去未纳入旅行社类别的多种旅游服务机构开始进入旅游服务业的范畴，传统旅行社的业务不断被新兴产业主体侵蚀，旅行社的外延正在经历被动扩充的历史阶段。从旅行服务产业链条来看，位于OTA前端的行业垂直搜索引擎去哪儿，工具类的在路上、面包旅行，攻略社区类的蚂蜂窝、穷游等典型业态不断丰富旅行服务业的内涵。新兴的在线旅游市场主体不但满足了新增的市场存量，更进一步挤占了传统旅行社的存量。传统旅行社业务的不景气与在线旅游市场主体的不断侵入，造成了

---

* 杨彦锋，理学博士，中国旅游研究院副研究员；李书娟，中央财经大学硕士研究生；王莺莺，河南大学硕士研究生。

旅行社行业普遍的焦虑。

在面临第三次工业革命的今天，旅游业作为典型的信息密集型和信息依托型产业，与电子商务有着天然的适应性，互联网变革孕育了丰富的旅游新业态，重新构建了旅游业的产业链条。一方面，新型的旅游电子商务公司开始成为旅行社业务的重要经营者，从市场主体发育来看，以携程等为代表的旅游在线运营商迅速壮大崛起，而去哪儿、欣欣旅游、同程、艺龙、驴妈妈、途牛等在线旅游供应商及平台同样发展迅猛，业务增速明显高于诸多传统出境组团社。另一方面，百度、淘宝、中航信，甚至Priceline、Expedia等国内外大型企业集团也都通过各种途径进军国内在线旅游市场。

（二）旅行服务不同类型企业间的市场份额动态消长

根据中国旅游研究院统计，旅游市场持续高速增长，预计2014年全年，旅游接待总人数37.6亿人次，同比增长10.8%；旅游总收入3.3万亿元，同比增长14.8%。其中，国内旅游人数36.3亿人次，同比增长11.4%；国内旅游收入达3.1万亿元，同比增长16.3%。入境旅游有望与去年持平；出境旅游人数1.16亿人次，同比增长18.2%，出境旅游花费1550亿美元，同比增长20%，旅游服务贸易逆差将突破1000亿美元。

与此同时，从统计公报看，2013年传统旅行社业务从"两升一降到两降一升"的态势转化，全国旅行社国内旅游营业收入1762.11亿元，同比减少6.19%；出境旅游营业收入1157.19亿元，同比增长23.62%；入境旅游营业收入270.15亿元，同比减少4.32%，国内旅游和入境接待业务下降的趋势在2014年愈发明显。

艾瑞的宏观数据显示，2013年中国在线旅游市场交易规模达到2204.6亿元，同比增长29%。其中，在线机票市场交易规模达1318.3亿元，在线酒店市场交易规模达485.4亿元，在线度假市场交易规模为303.0亿元。仅仅OTA市场营收规模就将达到117.6亿元。预计2017年市场规模将达到4650.1亿元，复合增长率达20.5%。从微观主体上来看，预计2014年，携程、途牛旅游度假业务将双双达到50亿元销售额规模，与去哪儿、同程、驴妈妈、淘宝旅行、欣欣旅游、在路上等新型业态共同瓜分传统旅行社的市场份额。

传统旅行社业务与宏观旅游增长态势之间的不同构，说明了传统旅行社业务在一定程度上的萎缩，与之形成鲜明对比的则是新兴在线旅行服务机构的崛起与明显的替代效应。

（三）移动互联技术和资本成为驱动变革的双引擎

互联网和移动通信相结合的商业应用发展迅猛，对旅游和旅行服务业的影响已经从辅助和配合的角色走向了前台，已经悄然演化为相对独立的业态创新支撑力量。在一定程度上，旅行社的货币资本、并购战略、人力资源等生产要素，市场推广、产品研发和服务流程设计开始围绕科技应用的方向配置。移动通信进入3G时代以后，特别是所谓的"云计算"进入了概念普及化阶段以后，客源市场的终端表现形式开始具化为智能移动终端。在越来越多的智能移动设备上安装包括电子地图、天气预报、航班动态、火车时刻表查询，以及包括景区、电影、餐饮、酒店、购物、主题公园的位置、项目和价格信息的APP，并且能够在数秒时间里完成预订与支付手续的应用场景下，互联网和智能手机不但改变了人际交往的方式，也改变着人们的旅游消费模式。

随着技术驱动和业务增长，旅行服务业在消费升级的时代表现出强劲的发展动力。资本在逐利的驱动下，快速涌入旅游服务业。其带来的旅游服务业的快速融合，体现为包括旅行社的大量相关业务组织的重组和并购行为。

2013年全国在线旅游领域全部投融资（包括VC、PE、IPO、债券、并购等）42起，超过千万元级别的典型企业投资8起，投资机构中除了VC（风险投资）外，携程、艺龙等旅游企业及BAT（百度、阿里巴巴和腾讯）三家均加入投资行列。出境旅游、旅游新业务、移动旅游、旅游社区及B2B旅游也受到业内青睐。截至2014年6月20日，国内在线旅游行业发生投资事件共计39起，数量与2013年全年基本持平。根据虎嗅网的统计，从2011年开始，也就是移动互联网浪潮兴盛开始，在线旅游的投资案例呈突飞猛进增长，2011年至2014年上半年，融资事件分别为16、22、39、38起。预计2014年上半年，融资金额累计超过50亿元人民币，而2013年全年，融资金额超过30亿美元，巨量的资本驱动了行业的变革和产业链条的重构。

（四）在线旅游新业态倒逼管理规制的变革

携程、去哪儿等一批基于互联网的旅行代理商的出现，让我们看到了科技应用和商业模式变革的进步。总体而言，26000余家正式注册的旅行社依然处于从传统服务业向现代服务业的过渡阶段。当前旅行社业态的多元化发展，已经倒逼旅游行政管理与时俱进，行业实践亟须新的宏观引导、分类指导和微观监管。

从这一意义上来说，旅游行政管理部门的工作应更加重视专业化的分类管理。针对新业态、新组织形式、新投资主体的旅行服务经营主体，要以开放的心态紧紧围绕旅行服务这个业务核心，将网络旅行社、旅行社网店、旅行社网络平台、旅游销售代理、旅游产品批发商、旅游保险及安全救助机构等纳入旅行服务业管理体系。

在旅行服务业外延扩大，在线旅游成为旅行服务业重要组成部分的态势下，政府及旅游行政主管部门应该积极迎接变化，不拘泥于旅行社的产业的既有定义，加快开放对不同资本属性和不同业态商业主体的准入，明确鼓励旅游服务业的信息化与电子商务建设，提供必要的政府公共平台支持，将旅行社在线企业纳入规范和管理的范畴，加强网络征信机制的建立和等级标准建设，鼓励以网络技术运用为特征的第三方平台、网络旅游运营商等新兴旅游业态的发展。

二 我国在线旅游业务板块的发展

（一）在线机票

根据劲旅咨询的统计，2013年，中国在线旅游市场总交易额约为2522亿元，其中，在线机票业务总交易额约为1544.6亿元，占据在线旅游市场61.2%的份额。

近年来，在线机票预订业务趋于成熟，在整体机票预订中渗透率较高，出现增幅放缓态势。2013年在线旅游机票市场交易额同比增长26.5%。从市场份额来看，据统计，首先是携程机票销售额约467.3亿元，排名第一，占整体市场的12.9%；其次是去哪儿网，交易额约293.4亿元；再次是淘宝旅游频道、同程网、腾邦国际，它们的交易金额处于80亿~120亿元。整体来看，五家核心企业的份额分别占机票市场交易额、在线机票交易额的29.1%和68.3%。

（二）在线酒店

根据劲旅咨询的统计，2013年，中国在线旅游市场总交易额约为2522亿元，其中，在线酒店业务总交易额约为614.6亿元，在在线旅游市场中占比为24.4%。

我国的酒店业集中度较低，除少数高档酒店及经济型连锁酒店外，中小单体酒店仍是酒店服务的主要提供商，目前酒店业渗透率仅2%左右。从市场份额来看，首先是携程在线酒店预订交易额约176.4亿元，排名第一；其次是艺龙和去

哪儿，交易额分别为86.7亿元和27.0亿元；再次是美团，交易额均约17亿元左右。前五家公司占据在线酒店预定市场一半以上的份额。

2013年，国内各类型酒店中，会议度假型酒店和国内外高星级酒店对在线旅行社的依赖相对最低，其次为国内经济型酒店和国际品牌的低星级酒店，国内低星级酒店和国内酒店式公寓对在线旅行社的渠道依赖相对最高（见图1）。

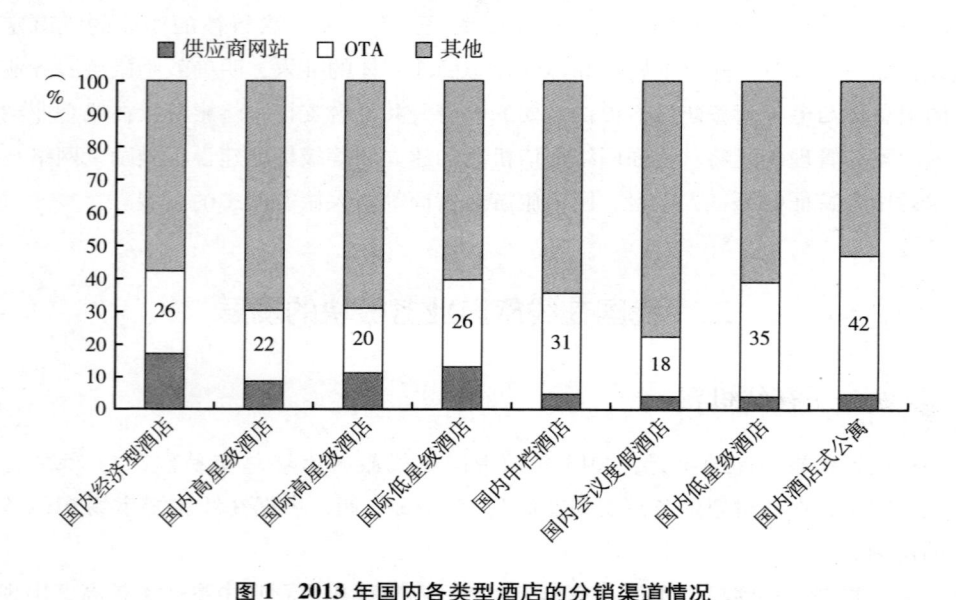

图1 2013年国内各类型酒店的分销渠道情况

资料来源：艾瑞网，国信证券经济研究所整理。

（三）在线度假

根据劲旅咨询的统计，2013年，中国在线旅游市场总交易额约为2522亿元，其中在线旅游度假业务总交易额占比为11.6%。相比机票、酒店和门票等标准化产品，在线度假市场内涵丰富，渗透率低（仅9.2%）。从市场份额来看，通过携程旅行网产生的旅游度假业务全年交易额约占在线旅游度假市场总交易额的23.3%，位居第一；途牛旅游网占比约为9.8%，排名第二；驴妈妈旅游网占比3.4%，位居第三。中国度假休闲游需求强劲，并进一步带动租车、度假公寓等业务增长。在线度假市场将成为在线旅游核心增长领域。

从交易额来看，2011年，在线度假市场在旅游产品中占比为10.4%，2012年占比12.4%，2013年占比上升到13.9%，在线度假市场整体呈现稳定上升趋势。

（四）在线门票

我国景区门票在线化率极低（2013年仅为2%）。但是，景区门票市场空间巨大（2013年国内景区门票销售收入达1300亿元以上）。2013年77.2%的用户线上预订过景区门票，同比增加8.8个百分点（艾瑞咨询）。在没有预订的人群中，32.4%的人是由于不知道线上可以购买门票。

从门票市场整体来看，2013年仅A级景区超过6000多家。2014年以来，门票在线预订量呈现高速增长趋势。根据携程发布的春节、清明、五一和端午门票在线预订报告，门票在线预订量均保持爆发式增长，除端午受多因素影响增长600%外，其他时段增长在800%～900%。门票通过手机APP预订在高峰期的占比超过50%。

一是从5A级景区可在线预订状况看，截至2014年，中国176家5A级景区在五家主要在线旅游网站的可在线预订状况监测显示，驴妈妈目前的覆盖率达到78%。从景区支付方式构成中看，驴妈妈主要采取预支付方式。

二是从国内主要旅游网站可在线预订门票景区数量看，截至2014年5月，同程签约可在线预订门票景点数量达到5350家。

三是从国内的景区公司在线化程度看，主题公园类景区在线预订比例可以达到12%～15%，自然山水景区在线预订比例仅2%～3%，古镇、古建筑类景区在线预订比例相对更低。提高景区公司的系统化程度有利于我国门票在线化的发展。

三 我国在线旅游行业的投融资和技术发展

（一）在线旅游的投融资概述

天使投资、风险投资及战略投资在不同程度上逐步成为商业模式创新及建构的重要推手，也形成了全新的经营逻辑及发展路径，为新经济发展及传统产业升级提供了一定的经验借鉴。

从2006年到2014年9月，投资事件共计215起（如表1），随着移动互联网浪潮兴盛开始，2011年之后的在线旅游的投资案例呈突飞猛进增长，2011年到2014年9月，融资事件分别为16、23、68、85起，投资金额也在成倍增长，2014年1～9月的总投资额已近120亿元。

表1　2006~2014年9月国内在线旅游行业投资事件次数和金额

时间	投资事件次数	融资金额(亿元)	时间	投资事件次数	融资金额(万美元)
2014年1~9月	85	近120	2009	5	1800
2013	68	约50	2008	3	1200
2012	23	约20	2007	1	1000
2011	16	约60	2006	1	200
2010	13	约14			

2013年中国旅游投资快速增长,据不完全统计,全年全国旅游直接投资达5144亿元,增长26.6%,旅游大项目明显增加,投资100亿元以上的项目达127个。

表2　2013年国内在线旅游行业重要投资事件

公司	融资时间	投资方	轮次	金额	类型
小猪短租	2013.01	晨星创投	A	近千万美元	短租
途家	2013.02	纪源资本、光速	B	—	短租
青芒果	2013.02	凯旋创投	A	200万美元	酒店OTA
蚂蜂窝	2013.04	启明创投	B	1500万美元	攻略/论坛/SNS
神州租车	2013.04	赫兹	—	3亿美元	租车
在路上	2013.04	阿里资本	B	数百万美元	攻略/论坛/SNS
穷游	2013.07	阿里巴巴	B	—	攻略/论坛/SNS
途牛	2013.09	淡马锡	D	6000万美元	度假
八爪鱼	2013.11	嘉御基金/软银中国	A	15000万美元	B2B
世界邦	2013.12	复星昆仲资本、ChinaRock	A	千万美元	P2P
六人游	2013.12	联创策源	A	300万美元	高端/定制旅游
易到用车	2013.12	携程、DCM、宽带	C	6000万美元	租车
浙江深大	2013.12	浙创投	A	2000万美元	旅游信息化
一嗨租车	2013.12	携程	—	1亿美元	租车

(二)移动互联网对旅游的影响

根据尼尔森(Nielsen)发布的《2013年移动消费者报告》,2013年,中国智能手机普及率已达66%,超越英国(61%)和美国(53%),仅居于韩国(67%)之后。

2013年10月,CNIT-Research对国内在线旅游市场无线客户端的市场占有率调查统计，去哪儿网以 38.60% 的市场占有率位居第一，携程以 27.75% 的占有率位居第二，蚂蜂窝以 9.87% 的占有率位居第三。酷讯、艺龙、同程、驴妈妈市场占有率分别为 7.65%、7.14%、4.76%、1.24%。

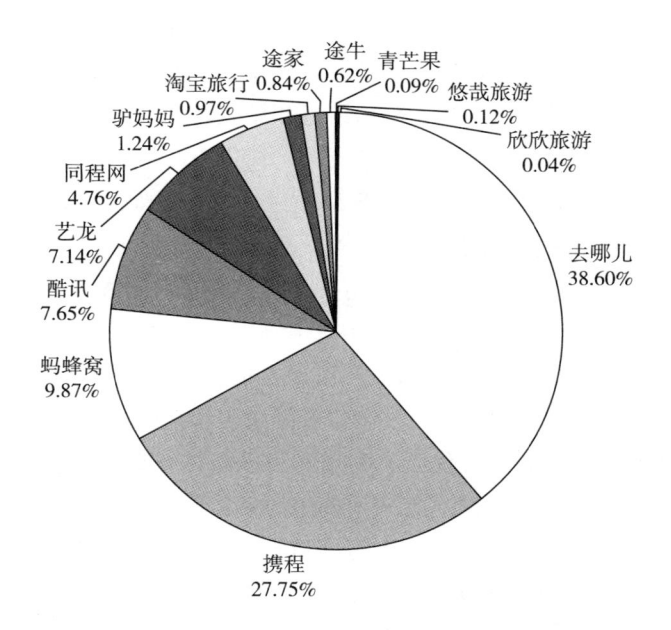

图 2　2013 年 10 月在线旅行社企业移动端市场份额情况

资料来源：CNIT-Research，中国软件资讯网，国信证券经济研究所整理。

移动通信技术将对现有的旅游在线业务模式形成巨大的冲击，旅行者通过手机随时随地浏览和预订旅行产品，将是更加轻松的方式。互联网的迅速普及，加速了移动互联网的快速发展，这给无线旅游业的发展带来新商机。

（三）其他在线旅游的新兴应用技术

1. 基于位置的服务（LBS）

作为地理信息服务产业发展重点的 LBS（基于位置的服务），在旅游信息化建设中有着举足轻重的作用，是智慧旅游的核心要素。

实时更新的详细交通数据以及云计算环境下手机三维地图的运用，使得旅游者能够非常准确而又轻松地选择适合的旅游路线。无论是团队旅游，还是自助自驾旅游，位置感知对交通、天气等情况的准确提供，都可以帮助其优化驾驶路线，从而实现最小化交通堵塞、最大化交通流量，并可以获得对所设定行进路线

的特定交通警示。即便旅游者不熟悉道路分布和路边标志物，也能快捷准确地到达目的地。

地理定位感测和强大的地理信息数据库可以根据旅游者的位置主动向其发送周边近距离范围内的所有旅游信息，包括交通（含停车）、餐饮、住宿、娱乐、购物、景点、旅游咨询等，根据旅游者的选择要求，可以对各类信息实体进行区分比较和优选推荐，并提供具体的距离信息和导航路线，通过手机支付平台还可以实现在线预订和支付功能，使得旅游者的选择随心所欲。另外，通过智能手机和二维条形码，旅游者可以了解所购商品的身份信息，如制造地点、运送里程、制造商的信誉、化学成分、碳足迹，等等，从而帮助旅游者进行选择判断[1]。

2013年4月，获得千万美元A轮融资的国内领先在线短租预订平台小猪短租网，联合百度LBS开放平台对外宣布双方达成合作伙伴关系。据了解，双方合作后，小猪短租网将依托百度LBS开放平台的位置数据存储和计算能力，解决日益增长的业务计算需求，用户基于位置的短租检索体验更优。同时也将为百度LBS开发者提供更为精准、优质、可靠的短租数据，实现资源共享。事实上，谷歌、苹果、微软、诺基亚、百度，巨头们都铆足了劲在LBS领域中展开竞争。出云咨询互联网行业分析师白东益认为，随着GPS硬件模块逐渐成为智能手机的标配，结合网络的AGPRS模式大行其道并衍生出许多新的用户，巨头们发现，每一个地图应用都是一个全新的移动互联网入口，手机用户除了开始通过地图看全世界，也在通过地图看移动互联网。

2. iBeacon

iBeacon是苹果公司2013年9月发布的移动设备用OS（iOS7）上配备的新功能。其工作方式是，配备有低功耗蓝牙（BLE）通信功能的设备使用BLE技术向周围发送自己特有的ID，接收到该ID的应用软件会根据该ID采取一些行动。比如，在店铺里设置iBeacon通信模块的话，便可让iPhone和iPad上运行一资讯告知服务器，或者由服务器向顾客发送折扣券及进店积分。此外，还可以在家电发生故障或停止工作时使用iBeacon向应用软件发送资讯。

iBeacon的主要优点包括：①功耗低，具有终端的可行性；②相对于GPS定位来说，iBeacon有着不可比拟的精确性，在每个景观点都可以安装一个小型iBeacon通信模块，它甚至可以设置距离在1米内还是1米外发送资讯。

万豪酒店和易捷航空开始通过iBeacon技术对旅行者的位置进行电子追踪，

---

[1] 陈兴、史先琳：《基于LBS的旅游位置服务思考》，《旅游发展与研究》2013年第4期。

从而向他们发送相关的通知消息。旅行者在酒店或机场内的位置可以通过苹果设备的 iBeacon 信号来被定位。这项新技术能够让 iOS 设备在使用者到达或离开 iBeacon 信号覆盖区域时向 APP 发送提醒。行业机构国际航空电讯集团（SITA）2014 年已经在 10 家机场部署了 beacon 技术，其中美国航空是其在达拉斯国际机场的合作伙伴。

3. 软件在线服务（SAAS）

SAAS 是一种基于互联网提供软件服务的应用模式。它为企业信息化提供所需要的所有网络基础设施及软件、硬件运作平台，并负责所有前期的实施、后期的维护等一系列服务。

2014 年 5 月，去哪儿网宣布已于 15 日下架携程与同程网未接入 SAAS 系统，且与其他供应商存在重复的门票资源，据分析推测，此次事件是去哪儿为进一步推进其 SAAS 系统的举措。而在 8 月，专注酒店在线分销技术服务，为酒店供应商和分销商提供互联网电商化解决方案的天下房仓研发团队在继 OTA 系统 SAAS、去哪儿 TTS 接口 SAAS 等系列产品之后，近日正式发布淘宝酒店 2.0 对接 SAAS。通过 SAAS，酒店供应商及分销商将可以实现从酒店产品库存管理－淘宝渠道上架到淘宝订单处理等全流程的技术打通与流程的自动化。房仓也真正意义上成为国内首家成功实现淘宝酒店 2.0 批量接入的在线分销技术服务商。

4. 百度直达号

2014 年 9 月 3 日，百度世界大会在北京中国大饭店举行，百度在大会上宣布推出直达号，为传统服务行业向移动互联网转型提供解决方案。直达号是商家在百度移动平台的官方服务账号。用户在百度搜索中以@账号搜索，或是百度地图和发现等入口，都可以随时随地直达商家服务页面，而且能下单支付，这一模式缩短了路径，提高搜索效率，让传统服务业有效直达客户。同时，直达号还引入了 CRM（客户关系管理）系统，商家可以实时在线、及时响应售前咨询和售后服务，并通过大数据获得关于用户属性的深度分析，加上正在推进的百度钱包，直达号可以实现移动端的下单、支付、评价全流程闭环体验。

搜狐快站与直达号达成战略合作，搜狐快站通过平台简单拖拽的建站方式和丰富的功能组件，为企业提供了一站式移动建站解决方案，有效降低企业移动化门槛，目前平台已有 9 万多用户，直达号是一个强大便捷和个性化的入口，有效实现网民和企业的强"链接"。目前双方的合作已初见成效，相信接下来双方将帮助更多的传统商户抓住移动互联网的新机遇，实现转型。至 2014 年 9 月，搜狐快站已有 1 万余家企业移动网站正式接入百度直达号，成为国内首家批量接入百度直达号的移动建站平台。即日起，用户只需通过手机百度或移动搜索"@站点名称"，即可直达各个在快站平台搭建的移动网站。

5. 微信支付应用

微信支付是由腾讯公司知名移动社交通信软件微信及第三方支付平台财付通联合推出的移动支付创新产品，旨在为广大微信用户及商户提供更优质的支付服务。用户只需在微信中关联一张银行卡，并完成身份认证，即可将装有微信APP的智能手机变成一个全能钱包，之后即可购买合作商户的商品及服务，用户在支付时只需在自己的智能手机上输入密码，无须任何刷卡步骤即可完成支付，整个过程简便流畅。

米途团队推出了一个基于微信的产品"微客栈"——微客栈是一个为客栈而制作的H5页面，上面包含了该客栈的简单介绍、房态以及价格信息，用户可以通过扫描二维码进入这个页面，从而了解一家客栈并且预订房间。当用户住店后，客栈老板还可以提供一些优惠券，刺激用户将自家店的微客栈页面分享到朋友圈，以提高门店的传播力度和预订量。

G.21
互联网时代智慧旅游建设的创新与实践：以四川为例

郝康理 黄 萍*

摘 要： 互联网特别是移动互联网的快速发展，对旅游业产生了深刻的变革性影响。面对消费市场需求结构、内容和形式的巨大改变，四川省坚持实施驱动创新战略、立足服务游客的宗旨，以重点项目为抓手，以数据整合和应用提升为核心，不断夯实基础设施和信息资源建设，大力推进旅游智能管理和智慧服务，积极创新网络营销和公共信息服务，构建起系统的智慧旅游建设思路框架，并在实践中取得了明显成效。

关键词： 互联网 智慧旅游 创新驱动 四川

2014年，国家旅游局将中国旅游主题确定为"智慧旅游年"。同年，国务院下发了《关于促进旅游业改革发展的若干意见》（国发〔2014〕31号），明确提出要"制定旅游信息化标准，加快智慧景区、智慧旅游企业建设，完善旅游信息服务体系"。这充分表明国家大力倡导和推动全国开展智慧旅游建设的策略导向。与此同时，全球互联网特别是移动互联网快速发展，不仅催生了旅游新业态，也显著改变了游客的消费行为，并推动我国跨入了散客自助游消费时代。在急剧变化的客观环境下，旅游业如何应用信息技术智慧发展，成为各级旅游行政主管部门的现实挑战，是推动旅游业由传统服务业向现代服务业转型升级发展的关键。

---

* 郝康理，研究员级高级工程师，四川省旅游局局长、亚太旅游协会（PATA）中国专家委员会专家委员，西南财经大学旅游管理兼职博士生导师，研究重点是旅游业发展规划与政策、智慧旅游理论与体系建设。黄萍，博士，成都信息工程学院管理学院院长、教授、硕士生导师，研究重点是智慧旅游标准、旅游信息化、旅游规划、旅游教育。

一 互联网对旅游发展的变革性影响

当前，全球互联网已经从基于 PC 终端的传统互联网演进到基于移动终端的移动互联网时代，在互联网即时、全球、互动、多媒体等特性基础上，移动互联网以其更加便携、实时、精准、个性等特征，推动了游客、旅游企业、政府旅游部门三个紧密关联主体行为方式的深刻变革。

（一）互联网对游客需求行为的变革影响

在传统时代，游客获取信息和分享旅行体验等需求，主要借助报刊、图书、广播、电视、电影等传统媒体或与亲友交谈、书信、电话等形式，信息渠道少、信息量有限、信息传播面窄。因此在旅游产品购买决策上，主要依靠各类旅行社提供的旅游产品来完成，常受供应商经加工的"诱导产品信息"影响，信息不对称且信息单向传播，往往造成购买决策的不确定性，甚或充满陷阱与风险，游客的个性需求得不到足够重视，也难以获得满意的旅游体验。在互联网时代，特别是移动终端的移动性及其拥有的拍摄、声音记录、文字输入、地理定位等应用功能，彻底让互联网"生动"起来，而最具颠覆性变革的是游客自身成了旅游信息的制造者、发布者，不仅极大地丰富和制造了旅游信息，而且也推动游客在线获取信息、定制个性化旅游产品、分享旅行体验逐渐成为常态。中国互联网络信息中心（China Internet Network Information Center，CNNIC）发布的统计报告显示，截至 2014 年 6 月，我国网民规模达到 6.32 亿人，其中手机网民规模达 5.27 亿人，占整个网民规模的 83.4%，我国成为全球第一大移动网络用户国家。在手机网民中，智能手机网民规模高达 4.8 亿人，占比 91.1%[1]。截至 2013 年 6 月，中国网民在网上预订过机票、酒店、火车票和旅行行程的规模达到 1.33 亿，占网民总数的 22.4%，其中手机预订用户占比 39.8%[2]。此外，2014 年中国游客有 89% 通过网络媒体获取信息，有 84% 的中国游客旅行中使用社交媒体，其用于发布旅行体验的时间几乎和旅行游玩时

---

[1] 中国互联网络信息中心：《第 34 次中国互联网络发展状况统计报告》，http://www.cnnic.cn/hlwfzyj/hlwxzbg/hlwtjbg/201407/P020140721507223212132.pdf，2014 年 7 月 21 日。

[2] 中国互联网络信息中心：《2012～2013 年中国在线旅游预订行业发展报告》，http://www.cnnic.cn/hlwfzyj/hlwxzbg/lxgb/201310/P020131022416024416760.pdf，2013 年 10 月 22 日。

间一样多，旅行者联网需求不断上升①。

互联网的普及，电子商务和移动 APP 的快速发展，给游客自主购买选择创造了巨大空间和自由度，也在一定程度上催生了大量的自助游、自驾游，助推中国快速跨入了散客自助游时代。在游客需求日益碎片化、个性化、体验化的影响下，需求内容也由传统的线下"吃、住、行、游、购、娱"六要素拓展为线上线下互动的"6 + N"需求要素，即扩展了游客"行前"的咨询、虚拟体验、在线旅行预订等，"行中"的旅游产品购买、即时旅游体验分享等，"行后"的游历分享、投诉等（见图1）。

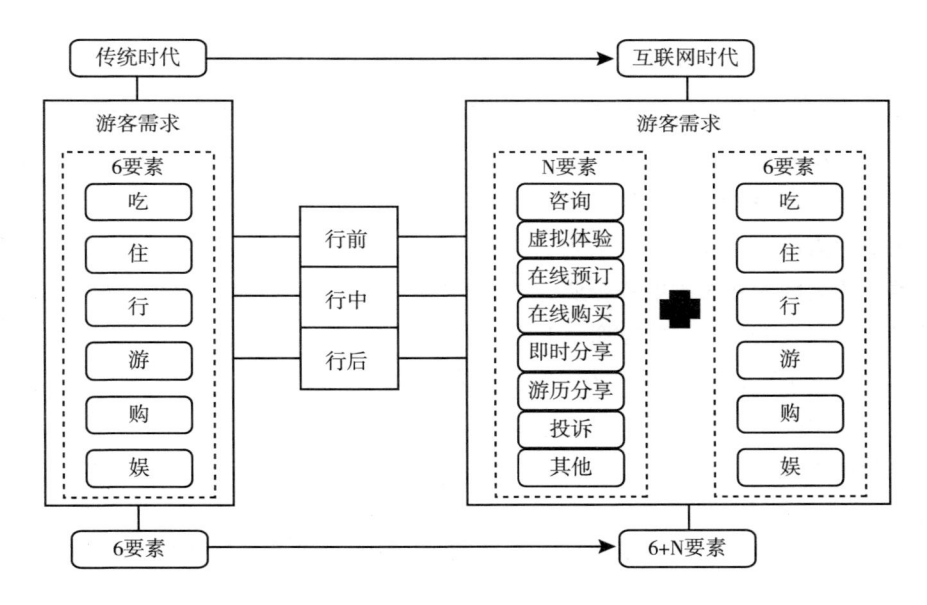

图 1　互联网时代旅游需求向线上线下结合的"6 + N"要素转变

（二）互联网对旅游企业商业行为的变革影响

在传统旅游时代，游客的需求要素提供主要依靠旅行社组团旅游来完成，在旅行社为龙头的业态商业模式下，旅游企业之间重点关注"一对一"的稳固合作关系，缺乏横向利益链上下游企业之间的双向或多向沟通机制，关联性虽然很

---

① 《雅高：中国游客旅行中使用社交媒体比例达 84%》，http://www.199it.com/archives/285032.html，中文互联网数据资讯中心，http://www.199it.com/archives/285032.html#comments，2014 年 10 月 22 日。

强，但是灵活性不足，企业难以跳过某个价值节点与其他企业保持灵动的联系和调节，旅游运营效率较低，相互制约大，一旦利益链上某个重要环节出现问题，整个利益链的商业运作就极易陷入整体瘫痪的绝境。因此，传统旅游企业普遍存在经营业务单一、规模较小、自我抗风险能力弱、竞争实力小等问题。

但在互联网时代，旅游景区、酒店等传统旅游企业一方面可以实现自身运营管理的信息化，包括企业资源管理（ERP）、客户关系管理（CRM）等，也可以借助互联网，将实体服务与虚拟服务相结合，从线下走向线上，通过开展电子商务，实现旅游产品与服务不经任何旅行社等中介机构而直接面对消费者，不仅使传统旅游时代产品和服务相对单一、公式化、同质化的现状得到改善，还实现了"一对多""多对多""多对一"的多样化合作机制，推动传统旅行社走向线上，实现传统业态的转型升级发展。同时，还催生了一大批基于互联网搜索、信息整合和专业服务的线上旅游电子商务企业，以及从事旅游APP软件开发等网络技术环境下的新概念企业，彻底改变了旅游业态原有的组合模式。一批在线旅游新巨头快速崛起，如以携程、艺龙、去哪儿等为代表的综合性旅游电商企业，以途牛等为代表的专业旅游电商企业，以蚂蜂窝为代表的旅游社交媒体，以驴妈妈、糯米等为代表的旅游团购电商企业等，近年来在我国电子商务界风生水起，品牌竞逐，拥有了较强的发展实力。根据中国旅游研究院发布的信息，2011~2013年，线上旅游企业挤进"中国旅游集团二十强"榜单中的数量和排名均有增加和提升（见表1）。

表1 2011~2013年度在线旅游企业在中国旅游集团20强排名中的情况

在线企业名称	2011年度排名	2012年度排名	2013年度排名
携程旅游集团	2	2	2
去哪儿	20	10	7
同程网	—	15	13
景域国际旅游运营集团	—	16	17

资料来源：根据中国旅游研究院发布信息整理，参见http://www.ctaweb.org/html/。由于此项排名是综合排名，如果仅从营收规模角度，艺龙网应该入围20强。

（三）互联网对政府旅游部门管理与服务行为的变革影响

政府旅游部门作为国家行政机构，其不仅在人们的旅游社会经济文化生活中扮演着管理者和协调员的重要角色，而且承担着大量旅游公众事务的管理和服务职能。互联网的高效性、交互性、集成性，为政府管理的科学化、高效化和前瞻化提供了前所未有的条件和便利，推动了我国旅游政府部门的信息化建设，构建起基于电子政务的包括政府对政府（G2G）、政府对旅游企业（G2B）、政府对公众（G2C）的"电子政府"新体系。

在传统旅游时代，政府的管理与服务是自上而下的层级体制，信息不对称、不及时、不透明，降低了决策的科学性、合理性，行政效能较低。而在互联网时代，面向公众开放的多元化旅游电子政务平台，不仅成为快速联系各地各级政府、旅游企业与游客的重要桥梁和纽带，而且也使政府旅游部门的管理与服务职能更加贴近用户需求。推动政府管理行为的透明化、公开化和国际化，对提高政府管理水平和效能，提升政府竞争实力和科学预见性，更好地发挥政府在促进市场对旅游业资源配置的决定性作用的保障上，确保旅游业在市场规律、行业规律下健康持续发展具有显著变革性影响。尤其是在管理与服务手段创新方面，互联网给政府旅游部门提供了大有作为的实践空间，可以通过建立旅游运行监控平台、安全应急指挥管理平台、户外应急救助平台、面向全球客户的旅游资讯平台、各种新媒体平台等等，在旅游目的地应急管理、形象塑造、营销传播及游客服务等方面形成有效的"推－拉"力量。

二 互联网思维下四川智慧旅游建设的创新思路

旅游业变革已经成为互联网时代的发展主题。2014年国务院下发的《关于促进旅游业改革发展的若干意见》（以下简称《意见》）标志着我国拉开了政府主导下的旅游业深化改革序幕，《意见》提出的"树立科学旅游观""创新发展理念""加快转变发展方式"等要求，为未来一个时期我国政府部门顺势而为、拥抱变革指明了方向。当然，互联网时代推动旅游业变革性发展，必须顺应"互联网思维"，积极探索旅游业的智慧发展。

（一）如何理解互联网思维

互联网思维是目前媒体和产业界谈得比较多的话题，但是，究竟什么是互联网思维，仍存在太大的分歧，众说不一，各执一端。我们认为，"互联网思维"包括四个方面的含义，即创新、用户、共赢、重构。其中，创新是动力，用户是核心，共赢是前提，重构是最重要的基础。"创新"的落脚点在于"新"，本质是突破，即突破旧的思维定式、旧的常规戒律，让一切合理的新思想、新理念、

新活动变为可能。"用户"就是以用户为中心，了解用户需求、引导用户需求、满足用户需求。"共赢"就是平等、开放，打破传统旅游时代产业内部及相关产业之间你死我活的竞争，转向合作共赢的良性发展机制。"重构"主要包括业态的重构、产品的重构、组织的重构、经营的重构等，通过重构可以给旅游业态创新、旅游产品创新、旅游服务模式创新等提供更多条件和机会，使一切围绕着用户需求的旅游创新想法在互联网思维下皆有可能，真正实现推动旅游业转型升级和跨越发展。

（二）智慧旅游建设体系

尽管国内旅游业界、学术界对智慧旅游的概念尚无统一认识，但是智慧旅游建设却在政府主导下已经起步，蔚然成风。2011年7月，国家旅游局提出我国将争取用十年左右的时间，初步实现基于信息技术的"智慧旅游"，使旅游企业经营活动全面信息化，基本把旅游业发展成为高信息含量、知识密集的现代服务业。随后，在《中国旅游业"十二五"发展规划信息化专项规划》中，国家旅游局将北京、成都等18个城市确定为首批国家智慧旅游城市试点城市，将四川省青城山－都江堰景区、峨眉山景区等22家景区确定为全国智慧旅游景区试点单位。2014年，全国旅游主题年又确定为"中国智慧旅游年"，各地以智慧旅游为主题，纷纷引导积极开展智慧旅游城市、智慧旅游景区、智慧旅游线路、智慧酒店、智慧餐饮、智慧交通等不同类型的智慧旅游建设。

然而，智慧旅游建设体系究竟包含哪些主体和内容，这个问题不梳理清楚，各地智慧旅游建设实践的推进就有可能走弯路，造成不必要的建设浪费。我们认为，智慧旅游不等同于旅游信息化，只有以服务游客为核心的旅游信息化才是智慧旅游，或者说智慧旅游是旅游信息化的高级阶段，主要体现在技术和应用两个层面。从技术层面而言，智慧旅游借助信息技术和网络平台，实现了旅游信息服务在旅游活动的全流程、全时空、全媒介、全关联利益群体之间的整合、协同、优化和提升，消除了旅游供需信息不对称、不完整现象，真正做到信息服务透明公开、共建共享、实时互动、高效利用。从应用层面而言，智慧旅游具有三个应用目标：一是为各类游客提供更加便捷、智能化的旅游信息服务和旅游体验；二是为行业管理提供更加高效、智能化的信息管理平台；三是促进旅游资源的整合和深度开发利用，创建高品质、高满意度的旅游新产品和旅游目的地服务体系。

可见，智慧旅游建设不仅是政府的职责，更是旅游市场主体的目标、游客的追求。因此，智慧旅游建设体系的主体包括政府管理部门、旅游企业和游客。其中，政府以提供旅游公共管理和公益服务为主，旅游企业以提供专业性商业服务为主，游客以分享智慧旅游体验、参与提供旅游信息为主。三大主体缺一不可，互相影响，互相促进。同时，在以服务游客为核心的智慧旅游建设体系下，围绕着建设目标，各地无论推进哪一类型的智慧旅游建设，都始终要满足三大应用功能，即智慧旅游管理、智慧旅游服务、智慧旅游营销；提供三大保障，即政策法规、标准规范、人才培养（见图2）。

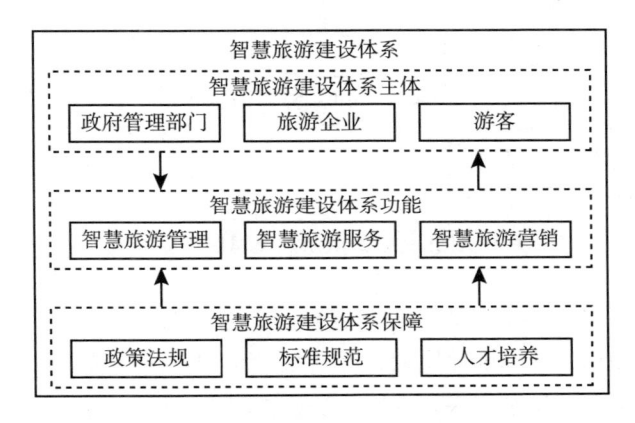

```
智慧旅游建设体系
  智慧旅游建设体系主体
    政府管理部门  旅游企业  游客
  智慧旅游建设体系功能
    智慧旅游管理  智慧旅游服务  智慧旅游营销
  智慧旅游建设体系保障
    政策法规  标准规范  人才培养
```

图2　智慧旅游建设体系

（三）四川省智慧旅游建设思路创新模式

四川虽地处我国西部地区，但是，近年来全省上下高度重视互联网对旅游业的变革性影响，主动顺应时代变化，充分利用新一代信息技术，加快创新全省智慧旅游建设模式，对促进全省旅游业迈上新台阶发挥了积极作用。2013年，四川旅游总收入在全国的排名直接上升了两位，从2012年的第九位跃居到全国第七位，在西部地区一直位居第一。

在智慧旅游建设中，四川省旅游局紧紧围绕省委、省政府提出的"推进旅游经济强省跨越，建设世界知名旅游目的地"的目标，按照"统筹规划、完善机制、政府引领、市场主导、全面建设、强化服务，充分发挥智慧旅游在旅游业转型升级的助推作用，以信息化为主要途径，全面提升现代旅游服务业发展水平，加快推进世界旅游目的地建设"的思路，构建起"以规划和标准建设为引领，以健全工作机制为基础，以重点项目为抓手，以数据整合和应用提升为核心，以先行先试、示范推广为突破"的智慧旅游建设创新模式（图3）。

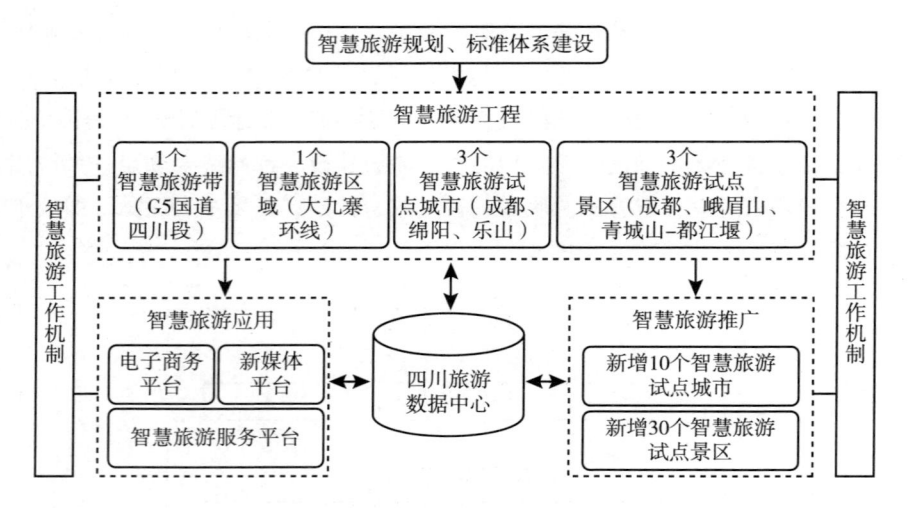

```
                    智慧旅游规划、标准体系建设
    ┌─────────────────────────────────────────────────┐
    │              智慧旅游工程                        │
    │  ┌──────┐ ┌──────┐ ┌──────┐ ┌──────────┐      │
智  │  │1个   │ │1个   │ │3个   │ │3个       │      │智
慧  │  │智慧  │ │智慧  │ │智慧  │ │智慧旅游  │      │慧
旅  │  │旅游带│ │旅游区│ │旅游试│ │试点景区  │      │旅
游  │  │(G5国 │ │域(大 │ │点城市│ │(成都、峨 │      │游
工  │  │道四川│ │九寨  │ │(成都、│ │眉山、青城│      │工
作  │  │段)   │ │环线) │ │绵阳、│ │山-都江堰)│      │作
机  │  └──────┘ └──────┘ │乐山) │ └──────────┘      │机
制  │                    └──────┘                    │制
    └─────────────────────────────────────────────────┘
    ┌─────────────────┐              ┌─────────────────┐
    │  智慧旅游应用    │              │  智慧旅游推广    │
    │ ┌────┐ ┌────┐   │   ┌─────┐   │ ┌─────────────┐ │
    │ │电子│ │新媒│   │   │四川 │   │ │新增10个智慧 │ │
    │ │商务│ │体平│   │◄─►│旅游 │◄─►│ │旅游试点城市 │ │
    │ │平台│ │台  │   │   │数据 │   │ └─────────────┘ │
    │ └────┘ └────┘   │   │中心 │   │ ┌─────────────┐ │
    │ ┌────────────┐  │   └─────┘   │ │新增30个智慧 │ │
    │ │智慧旅游服务│  │              │ │旅游试点景区 │ │
    │ │平台        │  │              │ └─────────────┘ │
    │ └────────────┘  │              │                 │
    └─────────────────┘              └─────────────────┘
```

图 3　四川省智慧旅游建设思路创新模式

该模式包括以下几个主要方面建设内容：一是智慧旅游规划、标准体系建设。以规划促建设，以标准促质量，既要编制统领四川旅游信息化的发展规划，也要重点分区突破，编制一系列区域性智慧旅游建设规划，建立各级各类智慧旅游建设标准，构建智慧旅游标准体系。二是建立健全智慧旅游工作体制机制。即构建省、市（州）、县（市、区）三级一体的智慧旅游建设体制，主动联合相关部门，整合旅游企业，实现纵横贯通、上下联动的智慧旅游建设工作机制。三是推动智慧旅游重点项目建设。即建设1个四川省旅游数据中心、1个智慧旅游带（G5国道四川段智慧旅游带）示范工程、1个智慧旅游区域（大九寨环线智慧旅游区）、1个旅游运行监管及安全应急管理联动指挥平台。四是智慧旅游应用服务。坚持以服务游客为核心，不断提升旅游信息化在管理、服务和营销中的应用广度和深度，在应用层面上尽显智慧旅游创新发展水平。五是智慧旅游示范推广。通过对13个智慧旅游试点城市、33个智慧旅游试点景区开展试点先行工作，形成示范，带动全省智慧旅游建设的全面推广。

三　四川省智慧旅游建设的实践探索

（一）明确定位，统筹规划，建立标准，质量为重，全面加快智慧旅游建设

2012年，四川省结合《国家"十二五"旅游信息化发展规划》和《四川省

"十二五"旅游业发展规划》，编制完成《四川省"十二五"旅游信息化发展纲要（2012~2015）》。围绕《发展纲要》提出的四川省"十二五"旅游信息化建设总目标："为职能管理部门提供电子政务、为旅游企业提供信息化管理和电子商务营销、为游客提供智慧旅游服务"，明确提出了"建立一个中心、三个集群、五个平台、一个示范工程"① 的主要任务。并编制完成了《G5（108）国道（四川段）和大九寨环线智慧旅游总体规划》、启动了《318国道智慧旅游带总体规划》编制工作。同时，针对旺季游客高峰时段旅游景区安全应急问题，补充出台了地方标准：《游客高峰时段旅游景区应对标准》，还推进了《四川省智慧旅游城市建设规范》《四川省智慧旅游景区建设规范》等标准建设。此外，四川成都、绵阳、乐山、广安等制定了本市智慧旅游建设总体规划，九寨沟、峨眉山、青城山-都江堰等景区相继制定了智慧景区建设规划及实施方案。通过规划的统筹和标准的引领，推动全省加快了智慧旅游建设。

（二）上下联动，政企联合，纵横贯通，部门协同，构筑智慧旅游工作推进机制

四川省坚持按照"政府引导、部门配合、企业主体、社会参与"的原则，一方面，由四川省旅游局牵头，在全省建立起由省、市（州）、县（市、区）旅游局和景区（企业）组成的一体化智慧旅游管理工作体系；另一方面，在四川省旅游产业发展领导小组协调下，建立起由省旅游局、发改委、经信委、财政厅、交通厅、气象局、环保厅、测绘局、公安厅等部门协同的智慧旅游协调工作机制；再一方面，建立起四川省旅游局与四川电信、移动、联通三大通信运营商，相关金融机构及数字化景区的战略伙伴关系，构建了涉旅信息共享交换和联动协作机制。以多渠道、多形式、多样化的协同机制确保智慧旅游建设成效。

（三）平台先行，项目引领，重点突破、试点推广，推进智慧旅游体系功能完善

1. 强化智慧旅游管理系统建设

其一，建立了集省、市（州）旅游政务网为一体的四川旅游电子政务网站

---

① 一个中心：四川省旅游数据中心；三个集群：旅游电子政务网站集群、营销与咨询服务网站集群和电子商务网站集群；五个平台：旅游运行监管及安全应急管理联动指挥平台、旅游行业管理平台、旅游标准化管理平台、旅游营销与咨询服务平台、旅游电子商务平台；一个示范工程：G5高速（四川）"智慧旅游"示范工程。

体系，新建了全省旅游视频会议系统和四川省旅游局智能会议系统。其二，建立了旅游应急救助管理系统。2012年，在四川省发改委、经信委、财政厅、科技厅等厅局的支持下，四川省旅游局先后完成了"四川旅游运行监管及安全应急管理联动指挥平台""基于北斗兼容系统的户外应急救援平台""移动信息技术的应用"等重点平台项目；2013年11月正式启用应急指挥平台，该平台能对全省旅游市场日常运行状况实时监测预警，对突发事件开展应急指挥调度，具有景区视频监控随时调用、旅游车辆运行轨迹跟踪、游客流量事先预测和远端分流、电子行程单和车辆轨迹整合应用、移动应急通信传输等功能，实现了旅游应急管理"看得见、联得上、呼得应"的智慧建设目标。在2014年"十一"黄金周期间，该平台充分发挥作用，通过各方面信息的综合运用和大数据分析技术，共发布客流预警1次，安全预警12次，有效提升了全省旅游市场实时监测、有序分流、安全预警和联动指挥水平，对保障全省旅游市场合理调度、平稳运行起到了积极作用，受到数十家新闻媒体的报道宣传。2013年底建成了基于北斗兼容系统的户外应急救援平台主体功能，并在全省8个景区进行推广应用，为游客开展户外旅游项目提供了有力的安全保障体系服务。

2. 健全智慧旅游服务平台体系

其一，建立了"1+21（21个市/州）+N（多种语言）"的多语种四川旅游资讯网站服务体系（www.tsichuan.com）。已上线推出英文、法文、德文、西班牙文、俄文、日文、韩文、繁体中文、简体中文等版本。网站系统实现自适应语言版本功能，在12个国家和地区进行服务器镜像落地。截至2014年10月，网站有各类信息10万余条，图片6万余张，视频100余个。其二，与携程、艺龙、芒果、途牛、同程5家知名旅游网络营运商合作，建立四川旅游网络旗舰店，推动全省旅游企业电子商务平台建设，携程在成都投资建立分公司，已发展成为四川最大的旅游网络运营商。其三，加强新媒体多平台应用，开发"四川好玩"APP客户端、四川旅游微信、微博服务平台、G5（108）国道及大九寨环线多媒体互动智慧旅游地图、景区微卡、智慧旅游多媒体查询终端等；全省70%以上的市（州）和主要景区均建立了官方微博、微信平台，开发了APP客户端，为游客提供便捷的信息和咨询服务。

3. 创新智慧旅游营销模式

其一，充分运用互联网优势，注重整合组合和事件驱动，通过官方微博与官方微信联动，策划整合推广营销活动。截至2014年10月31日，四川省旅游局官方微博粉丝已达140余万人，其中新浪官方微博粉丝超过62万人，腾讯官方微博超过 84 万人。四川旅游微信平台粉丝已接近 10 万人，四川省旅游局官方微博 2013、2014 年连续两年获评"四川十大省级部门政务微博""十大影响力省级旅游局官方微博""西南政务影响力奖"等。其二，推出"爱，在四川"系列微电影，突破传统旅游宣传片形式，在网络上聚集大量人气，有效提升了四川旅游知名度。网络点播量超过 5000 万次，极大的下载流量创造了新的旅游信息消费热点。其三，注重传统媒体和新媒体的互动营销，推出国内首档户外旅游真人秀节目《两天一夜》，在传统的电视综艺节目中植入旅游元素，同时通过网络和自媒体广泛传播，网络点播量超过 3 亿次，在第三届中国旅游产业发展年会上荣获"2013 中国旅游营销创新 TOP10"。其四，线上线下互动营销。通过淘宝推出寻找"稻城亚丁最美星空"活动，1000 多份产品在活动推出后 5 分钟内被网友抢购一空。同时，开展了"行摄 365 画说四川""寻找四川 100 个最美观景·拍摄点"评选活动等，收集并发布了 4 万余张精美图片，提高了参与景区的知名度。其五，与国际知名网络渠道和企业合作营销。与谷歌、TripAdvisor、Youtube、百度、携程、淘宝等 20 余家网络平台合作，构建境内外网络营销平台及渠道体系。与全球最大的视频网站 Youtube 合作，联合制作四川旅游创意视频，建立视频专区，以互动视频、图片、文字、地图等多媒介元素整体呈现四川旅游美丽形象，点击率近 100 万次。其六，连续举办三届全球旅游网络营运商合作交流会，搭建旅游企业和境内外 OTA 交流合作平台，有力助推四川在线旅游行业的发展。

四 四川省智慧旅游发展思考

（一）服务于游客的旅游信息化才是智慧旅游

智慧旅游的本质是包括信息通信技术在内的智能技术在旅游业中的应用，以创新旅游管理、提升旅游服务、改善旅游体验、优化旅游资源利用为目标，是增强行业竞争力、提升行业管理、扩大行业规模的现代化工程。

（二）做好顶层设计和总体规划，因地制宜发展智慧旅游

顶层设计既要有前瞻性、科学性、系统性，又要因地制宜，符合实际，使战略实施每一步都具有可操作性。要保证智慧旅游建设与实施的连续性、灵活性和可扩展性，使之成为智慧城市的有机组成部分。

（三）充分发挥政府主导和市场主体作用

用"政府+市场"的模式推动智慧旅游健康快速发展，政府和企业的互动合作才会使智慧旅游建设更有生命力，更具实效。务实解决建设资金筹措和建设后的运维及应用问题，处理好政府公共服务和企业市场经营的关系。

（四）着力构建省、市、县、企业一体化的工作推进机制

政府主导，分级负责；部门联动，共建共享；企业主体，市场运作；社会参与，多方共赢。创立部门联动和信息资源共享机制，采用"不求所有，但求所用"的原则，凡是社会和部门已建已有的信息设施和资源，整合共享。

（五）确保政策支持，营造智慧旅游的良好发展环境

智慧旅游将引领旅游业第二次革命，国家政策层面大力支持，增加专项资金投入，吸引民间资本参与；各级政府高度重视，部门支持，旅游主管部门积极创新、主动作为，企业参与，全社会共推，创建智慧旅游良好的发展环境。

（六）加强人才培训，提供强有力的人才保障

智慧旅游的根本是"以人为本"，是为了让游客的旅游体验变得更加智慧，考量的是政府和企业的智慧管理、智慧服务，拥有智能化知识的智慧人才是智慧旅游建设的关键。应建立"国家－省－市－县－景区（企业）"一体化联合培训体系，为智慧旅游建设提供强有力的人才保障。

参考文献

郝康理、柳建尧：《智慧旅游导论与实践》，科学出版社，2014。

郝康理、裴红义：《互联网时代背景下的全球旅游整合营销（第二版）》，科学出版社，2013。

张凌云：《智慧旅游：个性化定制和智能化公共服务时代的来临》，《旅游学刊》2012年第5期。

张凌云：中国智慧旅游建设的现状与趋势《2013~2014年中国旅游发展分析与预测》，社会科学文献出版社，2013。

黄萍、苏谦、任耘等：《互联网时代的旅游业态创新研究报告》，四川省旅游局"十三五规划"基础研究课题，2014。

四川省旅游局：《四川省"十二五"旅游信息化发展纲要》，2012。

四川省旅游局：《G5高速四川段与大九寨环线智慧旅游总体规划》，2014。

四川省旅游局旅游信息中心：《四川省智慧旅游工作的探索与实践》，2014。

G.22
智慧景区的运营与管理
——以中国九寨沟风景名胜区为例

章小平 王强 马军*

摘　要： 景区承载力问题成为长期困扰我国著名景区的一个重要问题。大数据时代的到来，为商业、经济及其他领域中的决策制定挖掘出了越来越全面的影响事物发展的必然和偶然因素数据。九寨沟景区通过广泛应用大数据，实现了景区旅游高峰期运营与管理的变革与创新，对我国其他景区的管理具有重要借鉴意义。

关键词： 大数据　智慧景区　全流程长尾需求

景区承载力（容量）问题是长期困扰我国著名景区的重要问题。2003年我国修订的《旅游景区规划通则》和2013年颁布的《旅游法》都对景区容量问题做出了明确规定。受到供给和需求各方面因素的影响，如何解决旅游接待高峰时期（尤其是"黄金周"期间）客流集中给各方面带来的问题，成为我国著名景区面临的重要问题。在经历了2013年"十一"黄金周客流激增造成游客滞留事件之后，在进一步完善既有经验的基础上，九寨沟充分运用大数据相关技术，做出了积极的探索。

---

* 章小平，教授级高工，九寨沟风景名胜区管理局局长，上海师范大学旅游学院兼职教授，博士生导师，研究重点是世界旅游业发展趋势、中国风景区生态保护与旅游发展。王强，九寨沟风景名胜区管理局副局长，四川大学商学院，在职博士生，研究重点是世界旅游营销发展趋势、中国风景区规划建设与旅游营销。马军，高级工程师，九寨沟风景名胜区管理局旅游营销处处长，武汉大学测绘遥感信息工程国家重点实验室在职博士生，美国加州大学戴维斯分校计算机学院信息可视化实验室访问学者，研究重点是世界旅游业网络营销发展趋势、中国风景区旅游信息化与营销。

一 背景：系统战略，破解旅游高峰运营与管理的困局

作为我国著名旅游景区，九寨沟具有很强的市场吸引力。同时，近年来，九寨沟景区紧紧围绕建设生态旅游经济示范区的总体目标，坚定不移地实施可持续发展战略，深化保护型发展模式，加快智慧旅游建设，不断提高基于大数据的景区运营与管理水平，全力推动旅游转型升级，扎实推进世界级旅游目的地景区建设。2014年九寨沟景区接待游客量屡创新高，截至6月5日，九寨沟景区游客接待量达100万人次，与旅游接待最高峰2012年同比增长26.7%。截至9月6日，九寨沟景区2014年游客接待量已破300万大关，同比2012年提前了34天；累计游客接待量达到300.61万人次，同比2012年增长25.69%。截至10月23日，九寨沟景区2014年游客接待量402.2万人次，超历史最高接待年份总量。2014年旅游高峰期的运营与管理得以平稳进行，与"智慧九寨"的全面应用密不可分。

从2013年九寨沟黄金周游客滞留事件可以看到，九寨沟全域（景区内与景区外围）在旅游高峰运营与管理机制上存在困局，这也是目前全国大景区旅游高峰期压力下的共性难题。随着《旅游法》实施一年，带薪休假制度的进一步落地，实现了九寨沟暑期51天持续火爆，并提前释放了想在黄金周来九寨沟的游客压力。九寨沟以游客全流程长尾需求为核心，通过对游客全流程体验的环节进行需求分析，设计出景区运营与管理预案，根据旅游生产链实时采集数据，构建九寨沟大数据，服务于景区运营与管理。具体体现在以下三个方面。

首先，九寨沟在旅游高峰时段采用县（九寨沟县）、局（九寨沟管理局）、司（大九旅集团九寨沟旅游分公司）联动机制为游客在高峰期错峰出行提供坚实的保障。县局司联合机制秉承"统一指挥、归口管理、信息对称、整体联动、不出差错"指示精神，制定了相应级别的预案启动机制，预案启动机制分为：四级（游客接待量为2.5万~3万人次）、三级（游客接待量为3万~3.5万人次）、二级（游客接待量为3.5万~4万人次）、一级（游客接待量为4万~4.1万人次）。同时为保障县局司联动机制的有效落地，设置联合指挥中心，通过100多个景区内外不同现场的高清探头，结合北斗卫星定位，将现场数据集中到指挥中心，运营与管理人员就能同时对景区多处运营现场实时监督和管理，大大提高了监督效率。及时发现运营过程中存在的违规现象。及时纠正，降低重大生产事故发生的可能性。

其次，九寨沟始终坚持"保护型发展"原则，为保护景区的生态环境承载、搭建游客安全舒适有序的旅游环境，按照《旅游法》第四十五条规定："景区接待旅游者不得超过景区主管部门核定的最大承载量"。九寨沟景区最大承载量为每天4.1万人次，极端天气最大承载量为每天3.5万人次。如当天游客接待量达到最大承载量，景区将不再出售当日门票。同时，稳步推进网络预约制，为保障游客旅游高峰期理性错峰出行提供科学决策依据，通过微信、微博、官方的实时通告促进景区与终端市场的信息共享，推动游客的理性出游，真正实现游客与景区的信息对称。

最后，引入百度大数据的准确分析与预测能为县局司联合指挥中心次日启动相应等级运营与管理方案，提供科学决策依据，确保管理方管理措施到位，旅游运营资源配置到位，切实保障游客权益。大数据能及时分析趋势并提供科学决策依据，而如何有效地采集这些数据就是智慧景区建设的内容。因此，大数据时代智慧景区的运营与管理预案设计方向就是有效采集景区旅游高峰运营与管理倒逼的需求数据并及时响应。

二 创新：智慧管理，以游客全流程需求为核心制定应对措施

旅游产业链"吃、住、行、游、购、娱"的展开有赖于旅游目的地——景区。其管理与服务的核心都是以游客全流程需求为中心，景区每天接待数以万计游客，就会产生数百万计服务需求及相关联数据（见图1）。

图1 大数据对智慧景区的价值与意义

（一）游客全流程服务生态系统

随着我国经济快速发展，游客的出行计划的差异越来越大，因此响应游客的

需求也就变得更复杂。基于长尾理论延伸分析景区，游客购买的"旅游服务"跟"服务需求响应量"与"服务需求响应品质"因素有关。如果对游客旅行的全流程服务的关键环节进行切段，则每一段的"服务需求响应量"会随着智慧景区数据采集的"有效量"而增长，"服务需求响应品质"就会因大数据的"分析效率"而提高。因此，以九寨沟为例，基于长尾理论设计游客全流程服务生态系统如图2。

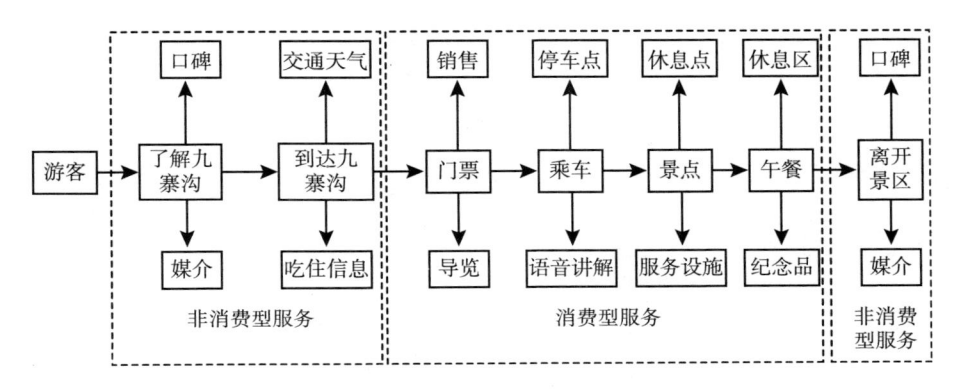

图2　基于长尾理论九寨沟游客全流程服务生态系统设计

（二）九寨沟景区运营与管理需求分析、预案设计及实践

根据以上方法，现以九寨沟景区旅游高峰游客运营与管理为主题，展开需求有以下几点。

1. 了解九寨沟

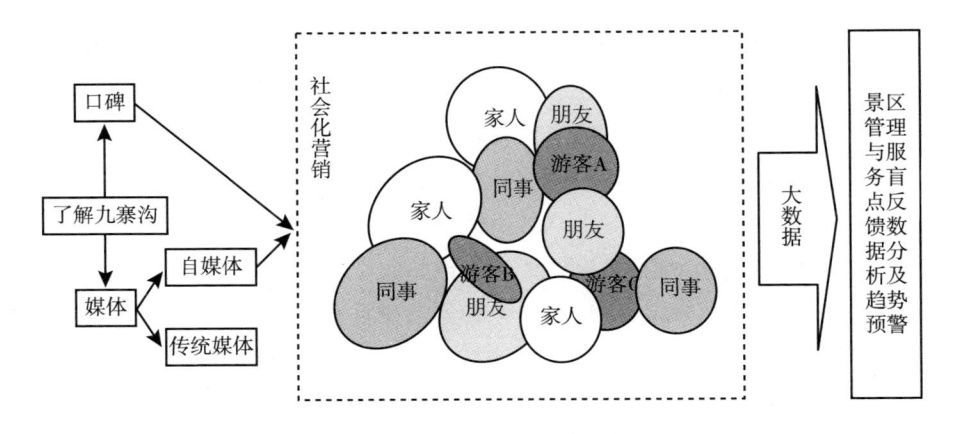

图3　"了解九寨"二次分解

在侧重网络互动社交媒体的营销的同时，通过大数据统计分析九寨沟景区管理与服务盲点的反馈数据，并根据发展趋势预警，为景区提升管理与服务提供优化完善依据。具体体现为：规划景区服务的标准化，游客满意度增高提升口碑；建立官方网站、官方微博、官方微信，实现社会化营销与互动服务支撑；加强传统媒体联系，做好景区正面宣传，监控与引导负面信息。

2. 到达九寨沟

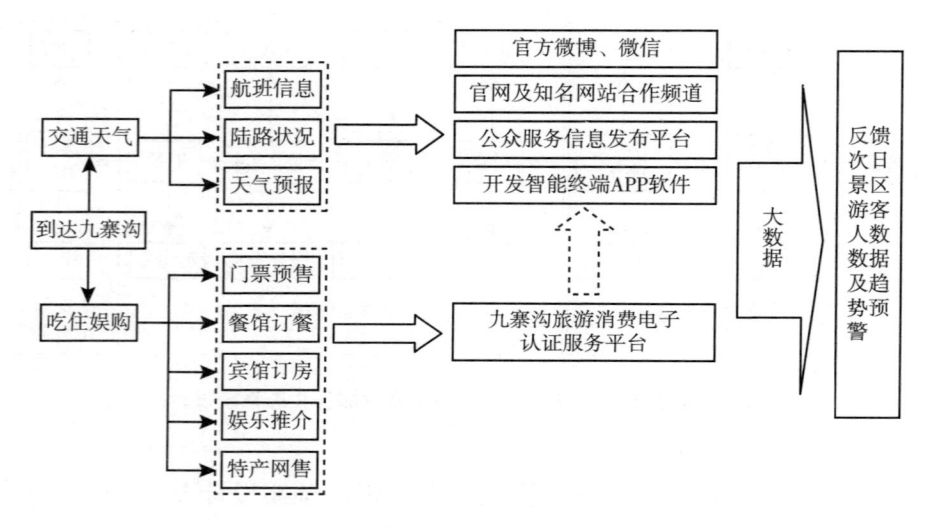

图4 "到达九寨"二次分解

运用大数据对游客到达目的地各种需求信息进行统计分析，初步给出次日进景区的游客量范围，并结合航班、陆路、天气等综合因素初步给出次日进景区的游客量增长趋势范围，为次日景区运营方案提供科学决策依据。同时通过公众服务信息发布平台引导游客实现最佳服务。具体体现为两个方面。其一，采集九环线旅游生产链信息。为实现九环线旅游信息采集，构建"九环线旅游公共信息平台"微信群，采用"扁平化管理＋生产链信息及时共享＋大数据趋势分析"的创新模式，主要是九环线沿线各县域报每天各自县域卡口出入境车辆数，以及九寨沟、黄龙等景区每天网络预约人数和实际出票人数，九黄机场出入航班数，各县域宾馆入住信息，各县旅游推介信息，邀请百度、新浪、去哪儿、携程、途牛、蚂蜂窝等在线旅行商分享渠道大数据，方便于九环线旅游旺季的各县、各景区分流管理与决策。此平台完全免费，各单位不花一分钱，只需按本单位义务按时发布分享相关九环旅游服务信息。其二，引入百度大数据趋势分析与预测。九寨沟管理局与百度公司于2014年9月19日，以九环线旅游生产链信息为基础，联合引用大数据预测并实时通报九寨沟景区游客量结果。利用百度搜索数据（60亿次/天）、LBS定位数据（3亿次/天）与九寨沟景区历时5年票务数据及天气数据开发新预测模块，在试用接口的基础上为"十一"黄金周预测进行了优化，引用时序模型、大规模机器学习预测模型；加入了节假日预测模型并提升了节假日预测结果更新频次，百度公司利用大数据预测景区人流量平均误差率14.57%。表1是预测结果与实际接待人数的对比。其三，远中近交通管制。在远端交通管制方面：当从成都至汶川入州方向车辆超过50000辆时，在汶川可经理县、马尔康方向分流；在茂县两河口，当日车流达到30000辆时，可向黑水达古冰川、卡龙沟景点分流。在中端交通管制方面：当从川主寺方向进九寨沟的游客的车辆超过9000辆时，在川主寺方向可向红原大草原方向分流；当从绵阳进入九寨沟境内的车辆超过5000辆时，在绵阳、江油可向广元、剑阁方向分流。在近端交通管制方面：所有本县的私家车、各宾馆内部的车辆在漳扎镇牙扎口至漳扎一队每天（早7:00~9:30、午16:00~19:30）一律分尾数单双号上路行驶，尾数为单数的在单号日期行驶，尾数为双号的在双号日期行驶，有字母的以字母前面的数字为准。在管制期间需过境的车辆请绕道平武、文县、若尔盖通行。不按规定行驶的车辆由交警部门给予扣分、罚款处罚（出租车、公交车除外）。

表1　2014年"十一"黄金周前后九寨沟景区大数据预测结果与实际接待人数

时间	实际人数（人次）	百度预测（人次）	误差率（%）
9月26日	17138	19437	13.41
9月27日	15671	18044	15.14
9月28日	15335	15509	1.13
9月29日	15831	14873	6.05
9月30日	11598	15903	37.12

3. 购买门票

运用大数据对门禁票务数据、视频人流分析数据进行实时分析，给出每时段的进沟人数及增长趋势、出沟人数及增长趋势，并设定"增长预警"和"增长趋势预警"机制为景区实时运营提供及时科学决策依据。具体体现在两个方面：其一，分散售票。为方便游客就近购票，缓解九寨沟沟口集中售票压力，设立24小时自助售票取票网点25个，自动售票机每日售票限5000张。具体分布如

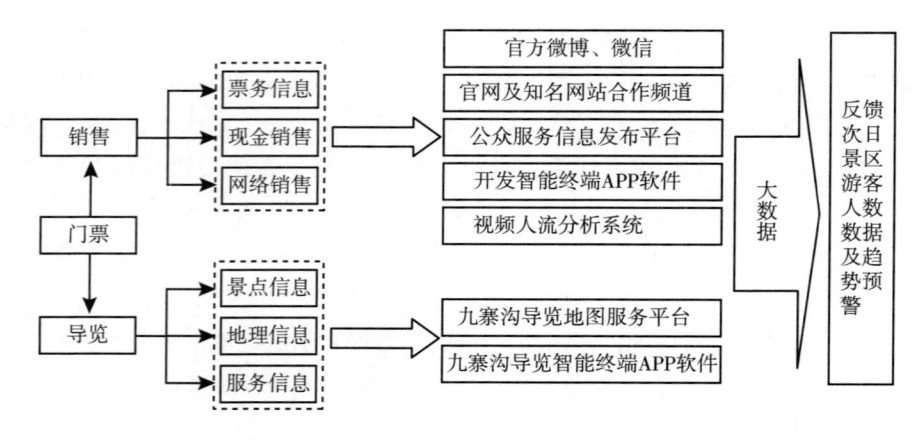

图 5 "购买门票"二次分解

下：九寨沟天堂洲际酒店大厅商务中心 1 台；九寨沟喜来登大酒店大厅 1 台；九寨沟口农行分理处网点 7 台；九寨沟口建行分理处网点 8 台；九寨沟景区游客中心 2 楼 6 台；九寨沟景区售票处 1 楼 2 台。其二，分时进沟。为保障当日景区人流与车辆数的同步匹配，景区当日各时段门票如下：7：00～8：00 时，网上售票分时门票 5000 张，现场销售分时门票 3000 张；8：00～9：00 时，网上售票分时门票 5000 张，现场销售分时门票 3000 张；9：00～10：00 时，网上售票分时门票 3000 张，现场销售分时门票 5000 张；10：00～11：00 时，网上售票分时门票 1000 张，现场销售分时门票 7000 张；11：00 点以后售票将按照当日游客实际进景区情况进行调整。极端天气最大承载量为每天 3.5 万人次，当日现场售票按以上各时段方案减少 1000 张。

4．乘观光车

观光车在为游客提供景区服务的同时，也是景区实现瞬时高峰游客管理与服务的核心分流工具。因此，必须建立对观光车辆的全方位实时数据采集，才能运用大数据及时分析景区运营的管理状况及发展趋势，构建景区车辆调度模型，并针对不同的预警范围，逐年优化完善景区运营调度方案。具体体现在如下几个方面。其一，日接待游客人数达到 2.5 万～3 万人次，预案启动四级时，车辆调度方案为：投入观光车 230～260 辆（大巴 210～230 辆、中巴 20～30 辆）。观光车运行实行大区间运行和步行区相结合的运行方式：第 1 区间，沟口－树正；第 2 区间，犀牛海－原始森林；第 3 区间，犀牛海－长海。其二，日接待游客人数达到 3 万～3.5 万人次，预案启动三级时，车辆调度方案为：投入观光车 260～290

智慧景区的运营与管理

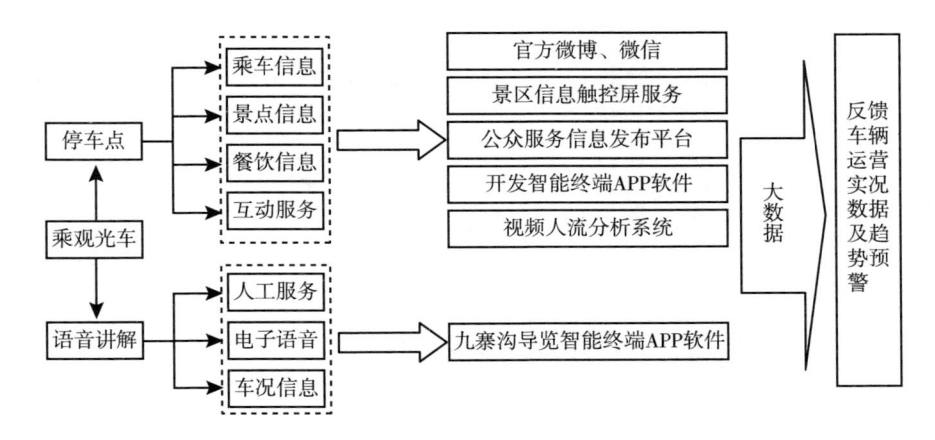

图 6 "乘观光车"二次分解

辆（大巴 230~250 辆、中巴 30~40 辆），观光车运行实行大区间运行和步行区相结合的运行方式：第 1 区间，沟口－树正；第 2 区间，犀牛海－原始森林；第 3 区间，犀牛海－长海。其三，日接待游客人数达到 3.5 万~4 万人次，预案启动二级时，车辆调度方案为：投入观光车 290~320 辆（大巴 250~270 辆、中巴 40~50 辆），观光车运行实行大区间运行和步行区相结合的运行方式：第 1 区间，沟口－树正（火花海）；第 2 区间，犀牛海－箭竹海；第 3 区间，犀牛海－长海；第 4 区间，箭竹海－原始森林。其四，日接待游客人数达到 4 万~4.1 万人次，预案启动一级时，车辆调度方案为：投入观光车 320~340 辆（大巴 270~280 辆、中巴 50~60 辆），观光车运行实行大区间运行和步行区相结合的运行方式：第 1 区间，沟口－树正（火花海）；第 2 区间，犀牛海－箭竹海；第 3 区间，犀牛海－长海；第 4 区间，箭竹海－原始森林。

5. 景点游览

景点也是景区实现瞬时高峰游客运营与管理的核心缓冲地带。因此，景点含附属区域建立封闭环境的实时人流统计数据采集，大数据第一层应用是实时预警超出控制范围的各种参数及趋势，在预警范围内实施"景点人流引导车流趋势"，超出预警范围实施"车流引导景点人流趋势"（即超出车流承载负荷就临时性关闭停车站点，疏导游客走栈道分流，老弱病残可优先放行于停车站点或提供特别服务），通过公众服务信息发布平台实时引导景点及栈道游客实现最佳秩序服务，结合自媒体反馈的服务盲点预警进行及时补救措施，并为景点及栈道管理与服务人员部署及时提供科学决策依据。第二层应用是累积 1~2 年的景

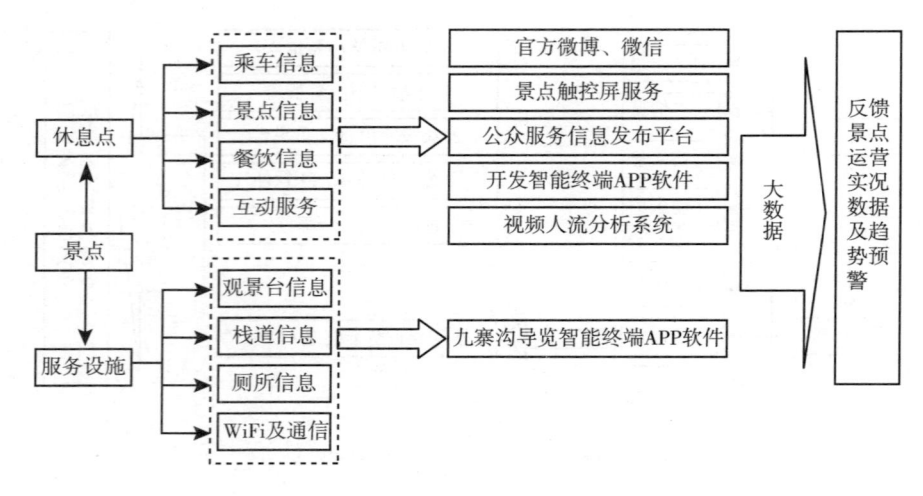

图 7　"景点游览"二次分解

点及栈道全方位人流统计数据，构建景点游客承载量模型，并针对不同的预警范围，逐年优化完善景点及栈道管理与服务方案。预案一至四级均实施景点间步行区方案：其一，树正－犀牛海步行区。该步行区是运行方案实施成功与否的关键，须安排一定的人员，劝导游客步行栈道游览，并维护好栈道秩序。该步行区的形成和取消时间，根据沟口客流大量和输送情况决定。其二，珍珠滩－镜海停车场步行区。该步行区为景区游览精华地段，镜海停车场乘车点游客非常集中，需派人员做好秩序维护工作。其三，长海－五彩池步行区。该段为全天步行区，需要安排人员指导游客游览长海景点，这不仅可以延长游客在景点的逗留时间，既能缓解营运压力，同时又可减轻长海至五彩池栈道压力。其四，下午收班前所有步行区和有栈道的景点，必须做好例行的游客搜寻工作，确保各景点不遗漏一个游客。

6. 午餐休憩

午餐区既是为游客提供中午就餐服务的场所，也是景区实现瞬时高峰游客运营与管理缓冲地带的有效补充。因此有必要建立停车场车辆统计及就餐区人流统计的数据采集，通过大数据第一层应用实时预警超出控制范围的各种参数及趋势，在预警范围内实施"车流引导就餐人流趋势"，超出预警范围实施"就餐人流延缓车流趋势"（即转变午餐区功能为大型停车站点并扩大休憩服务设施范围，超出车流承载负荷就临时性关闭停车站点，疏导游客走栈道分流或休憩区购物休息，老弱病残可优先放行于停车站点或提供特别服务），通过公众服务信息

智慧景区的运营与管理

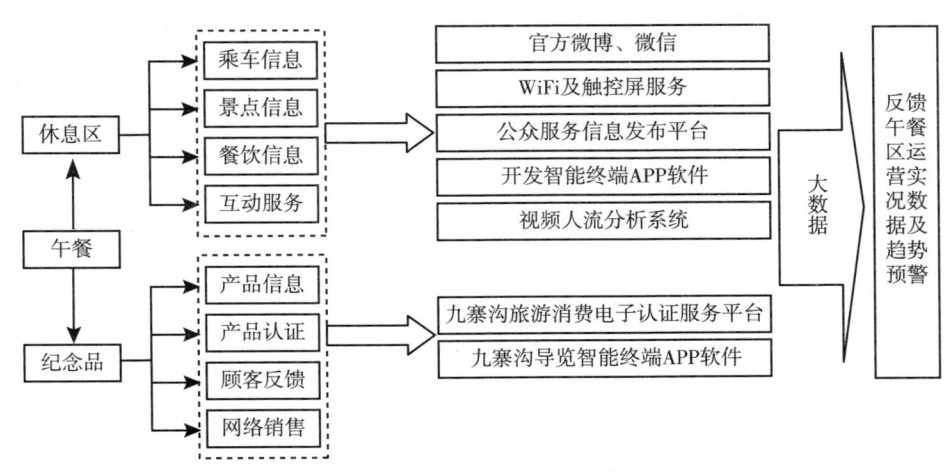

```
休息区 ──→ ┌乘车信息┐    ┌官方微博、微信┐       ┌反┐
          │景点信息│──→ │WiFi及触控屏服务│      │馈│
          │餐饮信息│    │公众服务信息发布平台│   │午│
          │互动服务│    │开发智能终端APP软件│ 大 │餐│
          └────┘    │视频人流分析系统│   数 │区│
午餐                 └──────────┘   据 │运│
          ┌产品信息┐                       │营│
纪念品──→ │产品认证│──→ ┌九寨沟旅游消费电子认证服务平台┐│实│
          │顾客反馈│    │九寨沟导览智能终端APP软件  │ │况│
          │网络销售│    └──────────────┘ │数据│
          └────┘                       │及趋势预警│
                                        └─┘
```

图 8 "午餐休憩"二次分解

发布平台实时引导午餐区游客实现最佳秩序服务，结合自媒体反馈的服务盲点预警进行及时补救措施，并为午餐区管理与服务人员部署及时提供科学决策依据。第二层应用是累积1~2年的午餐区全方位人流统计数据，构建午餐区游客承载量及分流模型，并针对不同的预警范围，逐年优化完善午餐区管理与服务方案。

7. 离开景区

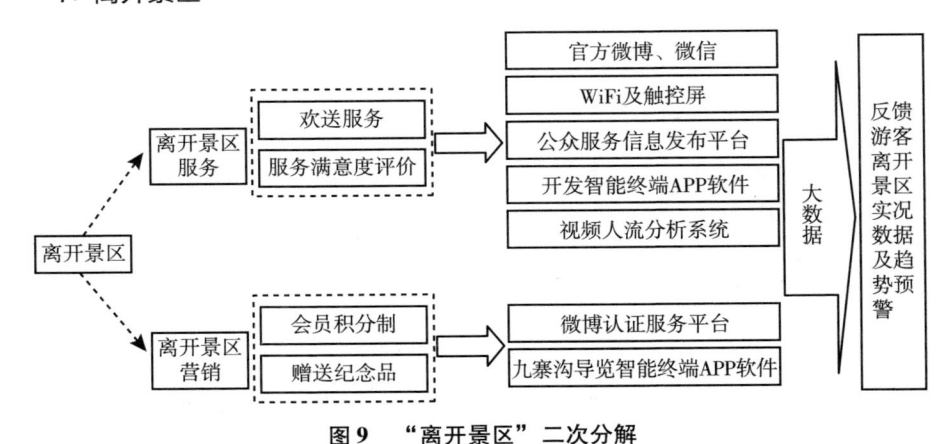

```
              ┌离开景区┐  ┌欢送服务  ┐   ┌官方微博、微信┐       ┌反馈┐
              │ 服务  │─→│服务满意度评价│→│WiFi及触控屏│       │游客│
离开景区 ──→  └────┘  └──────┘  │公众服务信息发布平台│ 大 │离开│
              ┌离开景区┐  ┌会员积分制 ┐   │开发智能终端APP软件│ 数 │景区│
              │ 营销  │─→│赠送纪念品 │─→│视频人流分析系统│ 据 │实况│
              └────┘  └──────┘  └──────────┘    │数据│
                                  ┌微博认证服务平台  ┐       │及趋│
                                  │九寨沟导览智能终端APP软件│ │势预│
                                  └──────────┘       │警 │
                                                          └─┘
```

图 9 "离开景区"二次分解

游客离开景区是大多数景区容易忽视的一块重要服务项目，也是获取景区服务盲点最佳阶段，还是开展口碑营销成本最低的重要阵地。因此有必要建立游客离开景区信息的采集，优化完善景区管理与服务盲点及营销策略。在上述工作的基础上，2014年"十一"黄金周九寨沟游客满意度相对较高。

301

表2 2014年"十一"黄金周九寨沟游客满意度

单位：%

调查内容	非常满意	满意	一般	不满意	非常不满意
景区总体评价	58	42			
栈道安全性、舒适性	64	36			
通信设施	52	48			
标识、标牌	60	40			
休息亭安全性、美观性	52	48			
安全设施	56	44			
环保厕所布局	62	38			
垃圾桶布局	54	46			
游览秩序	44	56			
旅游经营秩序	52	48			
景区内咨询点服务	58	40	2		
售票厅出售票服务	50	50			
入沟门卫验票员服务	54	46			
游客中心咨询服务	54	44			
景区游客候车满意度	54	82			
观光车驾乘人员服务态度	66	34			
景区观光车乘坐舒适度	56	42	2		
景点及厕所环境卫生	64	36			
景区村寨环境卫生	62	36	2		
景区外宾馆服务的总体评价	42	38	16		2
景区外餐饮是否满意	34	42	20	2	
景区外围环境整体价格评价	34	48	16		
是否愿意重游该景区	48	52			
是否愿意向亲戚朋友推荐该景区	60	40			

三 总结：相关经验与进一步优化的设想

（一）相关经验

九寨沟圆满完成了2014年旅游高峰各项工作任务，实现了景区"安全、秩序、质量、效益"四统一和无影响投诉、无刑事治安案件、无重大安全事故的"三无"目标，旅游秩序良好。除战略部署得当以外，如下经验值得借鉴。

一是建立信息互通机制提速运营与管理效率。在景区入沟处和前往九寨沟的沿途道路发布旅游信息，实施游客远端分流，让游客提前做好行程安排；将交警监控系统和景区点段监控系统并入联合指挥中心，完成对景区内外游客信息的及时掌控；建立九环线旅游信息平台，构建起"扁平化管理+生产链信息及时共享+大数据趋势分析"的创新模式，便于九环线旅游旺季各县各景区分流管理与决策；在景区官方网站、联合指挥和景区指挥两个微信平台上及时发布进沟人数，分时段进沟分配票数，观光车辆对应出动数量等；在每天按时发布宾馆饭店入住客人数量和进出车辆情况，研判次日客流量；咨询电话实行24小时值班制，为游客提供咨询服务。

二是业务流程标准化推动运营与管理效益。九寨沟成立标准化办公室，联合四川大学和武汉大学对各处室的业务流程进行梳理和优化，修订完善《九寨沟景区管理标准体系》，采用功能归口型结构，从纵向分为服务标准、管理标准、工作标准三大类，从横向分为保护管理、营销管理、建设维护、保障管理、运营管理、辅助管理六大板块，并将标准化建设纳入绩效考核，通过监督检查、评估奖励等制度有效提高了各部门的工作效率，强化了品牌价值和竞争力。2012年，九寨沟风景名胜区管理局被国家旅游局确定为首批"全国旅游标准化示范单位"；2013年9月，被国家质检总局、国家旅游局联合授予"2012年全国旅游服务质量标杆单位"。

三是学习型组织建设确保战略部署与具体举措落地。近年来，九寨沟通过不同类型、不同规模和不同内容的培训活动和研讨会等创建学习型组织，注重能力建设，全面提高员工素质，先后派出22人到美国密歇根大学、美国加州大学戴维斯分校、新西兰梅西大学、澳大利亚蒙纳什大学等世界著名大学和美国优山美地、黄石等世界著名国家公园交流学习。截至2014年10月，九寨沟管理局现已自主培养博士研究生2人（另外，6人正攻读博士学位），现有硕士研究生18人（其中，海归硕士研究生5人）、本科生146人。专业技术人员中研究员1人，高级工程师和经济师25人，副研究馆员1人，中级职称人员98人。

四是构建战略联盟提升景区共通性难题的有效交流与解决。2006年，九管局联合四川大学、美国华盛顿大学、美国加州大学戴维斯分校、优山美地国家公园成立九寨沟生态环境与可持续发展国际联合实验室；2009年，成功设立博士后科研工作站；2012年1月，九管局先后与北京大学数字中国研究院、中科院成都信息技术有限公司、南京大学等签订战略合作协议；2012年9月，国家科技部批准九寨沟国家国际科技合作基地成立，下设九寨沟生态保护国际联合研究中心,目前正在同俄罗斯莫斯科大学、美国密歇根大学、克罗地亚萨格勒布大学等合作开展"九寨沟水资源与生态安全保护关键技术研究"课题;2014年,九寨沟与黄山、峨眉山、黄龙等21个5A级景区共同发起并成立"中国智慧景区联盟",同亚太旅游协会(PATA)等机构签订合作备忘录。

(二)未来进一步优化的设想

第一,未来还应进一步完善游客全流程长尾需求理论,并以此继续推进量化《九寨沟应急运营与管理预案》,最终构建中国智慧景区运营与管理标准。

第二,进一步深化与百度大数据合作,最终把九环线各交通卡口车流、九环线宾馆和饭店入住、九黄机场出入航班及人次等各孤立数据直接开放数据接口,接入百度大数据,实现更加精准地即时预测,为九寨沟景区次日运营管理科学决策提供重要依据。九环线旅游大数据价值潜力还需要进一步的深度挖掘,不仅能服务于九环线吃、住、行、游、购、娱产业链实现商业化盈利,也必将成为中国智慧旅游运营与管理的典范推而广之。

第三,进一步加强网络营销。通过官方网站、微博、微信以及网络合作平台,开展各种网络活动的同时,全面引导网络预约制意识,培养旅游市场信息对称环境。

第四,着力内部建设,进一步提升游客满意度。针对旅游高峰期间游客满意度调查的反馈,开展针对性的完善提升,口碑营销是九寨沟30年来旅游增长见成效的重要举措。

第五,践行全面预约制,进一步加强与电子商务平台的深度合作,以目前团队预约制取得的成效为基础,积极探索散客的全面预约制方式方法。为理性错峰出行的游客提供了科学决策依据,真正实现游客与景区的即时信息对称。

第六,以"中国智慧景区联盟"为平台,以九寨沟2014年成功应对旅游高峰的运营与管理案例为基础,深入合作大数据时代中国景区的智慧运营与管理。

·探索讨论·

G.23
中国旅游企业海外上市：分析与展望

赵 鑫*

摘 要： 中国企业海外上市由来已久。2003年携程网在美国的上市揭开了旅游企业海外上市的大幕，随后艺龙、如家、7天等企业纷纷完成海外上市。文章分析了旅游企业海外上市的现状与动因，建议加强金融支持旅游业的力度、推进资本市场向注册制过渡，让市场在旅游企业上市选择中起决定性作用。

关键词： 旅游企业 海外上市 展望

一 中国旅游企业海外上市背景与历史沿革

2014年9月19日，阿里巴巴在纽约证券交易所挂牌上市融资250亿美元，再次把中国企业海外上市放在了聚光灯下。实际上，中国企业海外上市可追溯到20世纪80年代，粤海和越秀集团在香港上市成功拉开了中国企业海外上市的序幕。1992年，华晨汽车在纽约上市，开启中国企业在海外红筹上市之先河。1997年亚洲金融危机之前，中国海外上市的公司市值大多在2亿美元以下，规模较小。1997年红筹股泡沫破裂给中国企业海外上市敲响了警钟，此后海外上市的企业多是规模大、具有战略意义、抗风险能力强的大型国有企业，如中国石油、中国石化、中国移动、中国联通等。1999年香港推出的创业板和全球兴起的网络科技旋风激起了高科技民营企业的海外上市热潮，中华网和三大门户网站纷纷上市。2001年之后，中国资本市场处于低迷时期，许

---
* 赵鑫，旅游管理学硕士，主要从事旅游经济和休闲产业研究。

多优质企业选择海外上市作为直接融资的途径，2002年海外上市企业创纪录地达到15家。

随着中国市场经济的发展，许多中小型民营企业的眼界日益开阔，越来越多的企业开始尝试海外上市，所涉及的行业也更加多元化，上市的地点从香港扩展到美国、伦敦、东京、新加坡、德国、韩国等地。2003年12月9日，携程网在美林证券协助下于纳斯达克（NASDAQ）成功上市交易，发行420万股美国存托凭证股票，凭借"互联网"+"旅游业"无缝整合的概念，成为第一家在海外成功上市的综合性旅游服务公司，并在上市当天创纳斯达克股市3年来开盘当日涨幅最高纪录。与以往三大门户网站海外上市不同的是，携程上市不仅抓住了互联网复苏的历史机遇，而且体现了企业经营业务的专业性。携程的海外上市不仅掀起中国网络公司第二波上市热浪，更开创了旅游企业海外上市的先河。紧接着2004年在线旅游企业艺龙又赴美上市，2006年如家酒店集团成为中国酒店业海外上市第一股，2007年游易旅行网在伦敦证券交易所上市，随后7天酒店、汉庭酒店（现更名为华住酒店）、去哪儿网、途牛网纷纷实现海外上市。

二 中国海外上市旅游企业发展概况

本文选取在美国上市的7家企业为研究对象[①]，其中有4家公司是在线旅游服务提供商，其余3家为连锁酒店行业（见表1）。在美国上市的7家企业均为民营企业，且都是在风险投资或私募基金（VC/PE）的支持下实现海外上市。旅游企业上市之后都在所属行业领域得到进一步发展，在竞争激烈的酒店旅游业中占有一席之地。

（一）在线旅游企业一枝独秀

截至2014年10月23日，携程、去哪儿网、艺龙、途牛的市值分别为76.94亿美元、32.03亿美元、7.04亿美元、8.61亿美元（见图1）。从四家中国在线

[①] 海外上市严格意义上是指在大陆以外的资本市场上市融资，海外上市的旅游企业中只有锦江酒店（02006.HK）为港股，其余7家企业都在美国实现上市，7天连锁已经实现私有化，从纽约证券交易所退市。

表1 美国上市的中国旅游企业

公司名称	携程	艺龙	如家	7天连锁	华住酒店	去哪儿网	途牛
上市日期	2003.12.9	2004.10.28	2006.10.26	2009.11.20	2010.3.26	2013.11.2	2014.5.9
上市方式	直接	直接	直接	直接	直接	直接	直接
是否VC/PE支持	是	是	是	是	是	是	是
市场	纳斯达克交易所	纳斯达克交易所	纳斯达克交易所	纽约证券交易所	纳斯达克交易所	纳斯达克交易所	纳斯达克交易所
融资额（万美元）	7560	6213.4	10902	11111	11025	16666.5	7200
发行价（美元/股）	18	13.5	13.8	11	12.25	15	9
目前市值（亿美元）	76.94	7.04	13.98	—	15.91	32.03	8.61
股价（美元/股）	56.86	19.99	29.27	—	25.70	27.01	17.74
主营业务	酒店预订、机票预订、度假预订、商旅管理及旅游资讯在内的全方位旅行服务	在线旅行服务提供商，酒店预订服务、机票查询及预订	连锁酒店	连锁酒店	连锁酒店	为用户提供实时、可靠、全面的旅游产品查询和信息比较服务	依靠网站和呼叫中心为游客提供旅游资讯及预订等一站式服务
备注	旅游业海外上市第一股	—	酒店业海外上市第一股	2013年7月17日被铂涛酒店集团成功私有化收购	2012年11月21日汉庭酒店集团更名为华住酒店集团	—	—

资料来源：东方财富网，截止到2014年10月23日收盘价。

旅游企业2014年第二季度财务报告来看，携程龙头老大的地位仍然不可撼动，其营业收入超过其他三家之和：第二季度携程营业收入为2.78亿美元，同比增长38%；去哪儿网营业收入为6450万美元，同比增长127.3%；艺龙营业收入为4998万美元，同比增长24%；途牛营业收入为1.155亿美元，同比增长84.9%（见图2）。

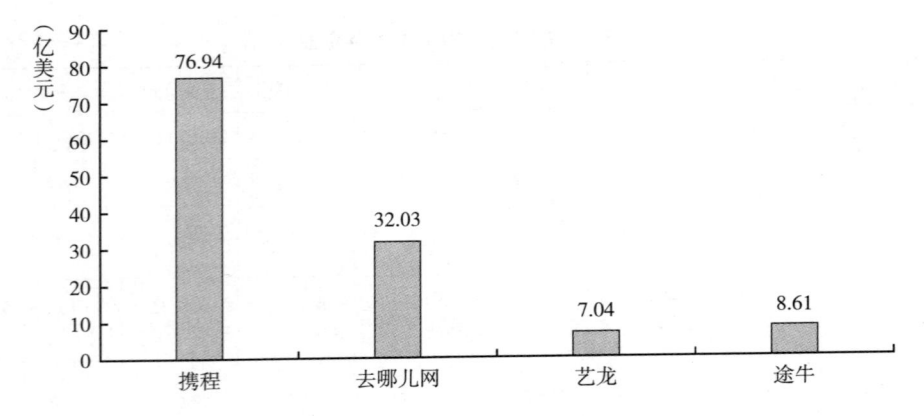

图1　2014年10月携程、去哪儿网、艺龙、途牛市值比较

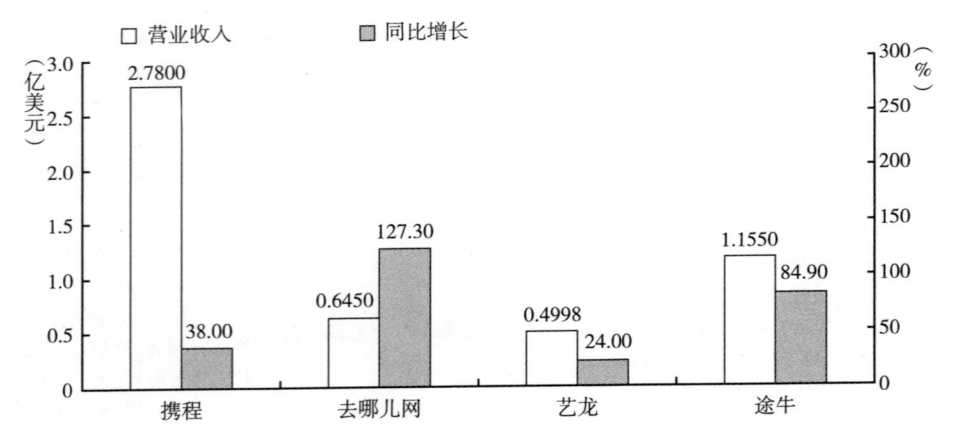

图2　2014年第二季度携程、去哪儿网、艺龙、途牛营业收入及同比增长

近年来，携程在资本市场上一直积极运作。一方面积极融资，2013年8月通过发行高级债券融资8亿美元，继2013年8月融资后，2014年8月获得境外旅游巨头的注资和增持，即获得美国最大在线旅游商Priceline 5亿美元的融资后，2014年9月和10月共计在公开市场买入携程500多万股ADS；另一方面，携程积极投资、收购旅游链上的相关企业，2013年底与风投DCM联合向"易到用车"投资6000万美元，随后斥资1亿美元领投一嗨租车，2014年分别以1500万美元和2亿美元入股途牛网和同程网，此外携程还分别持有如家、华住、7天经济型连锁酒店大量股份。目前，携程的投资领域基本覆盖了旅游业的上下游产业链。

（二）经济型连锁酒店三足鼎立

虽然经济型连锁酒店行业中还有格林豪泰、布丁、万好万家酒店等连锁型经济酒店参与竞争，锦江之星在经济型酒店中也占有重要地位，但整个行业四分天下、上市酒店三足鼎立的格局已经形成。如家、7天、华住三大巨头相继完成全国千店布局，逐步进军中高端市场并逐步开发其他细分业态市场，三家上市酒店的市场占有率已经过半。自2011年如家收购莫泰后，目前拥有酒店数量超过2100家，覆盖287个城市，从酒店客房数量、酒店数目上成为中国酒店业最大的酒店集团；7天连锁酒店则在拥有会员数量和地域覆盖范围上更胜一筹，目前拥有7000万会员，是中国经济型酒店最大的会员体系，酒店覆盖300个城市；华住酒店在住宿体验和细分市场的开发上更具有优势，旗下有商旅品牌——禧玥酒店、全季酒店、星程酒店、汉庭酒店、海友酒店、怡莱酒店以及度假品牌——漫心度假酒店（见图3）。2013年如家、7天、华住营业收入分别为63.53亿元、6.41亿元[①]、44.2亿元，同比增长分别为10.1%、17.5%、29.3%（见图4）。

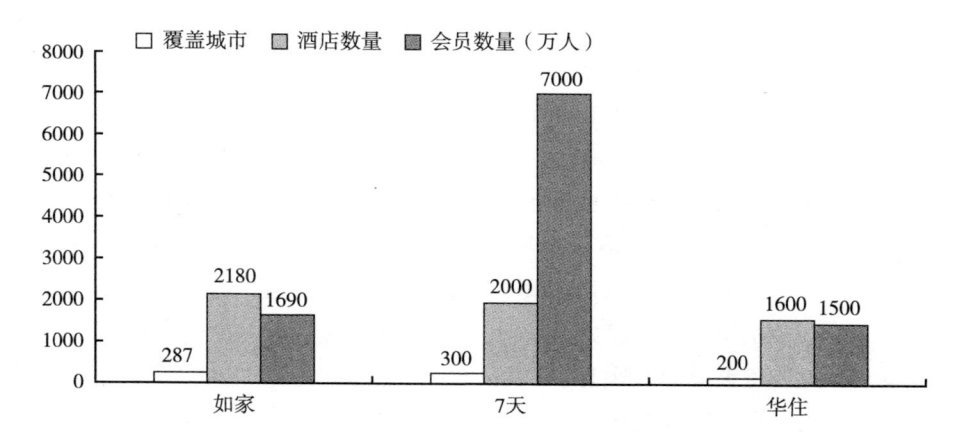

图3　如家、7天、华住酒店集团规模比较

（三）中国海外上市旅游企业特征明显

总体来看，海外上市旅游企业具有如下特征。

[①] 7天酒店集团于2013年7月17日顺利完成私有化从纽约证券交易所退市，仅有公开披露的数据，2013年第一季度的营业收入为6.41亿元。

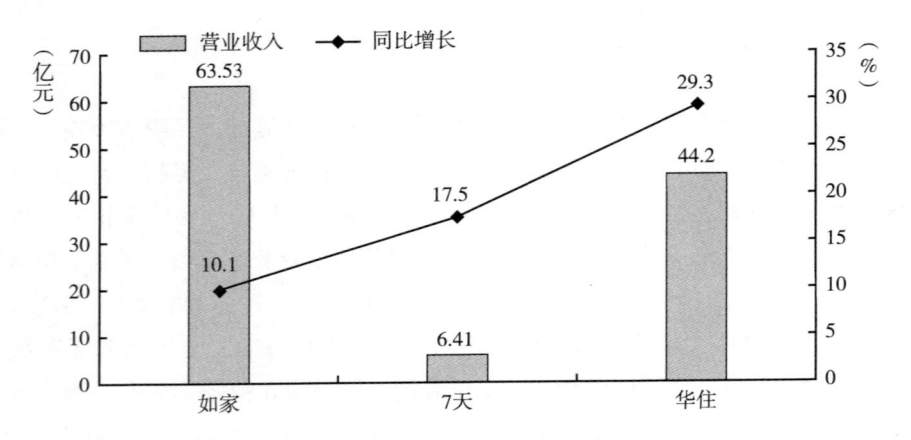

图4 2013年如家、7天、华住酒店集团营业收入及同比增长

其一，数量少、性质单一、经营范围窄。相比制造业以及其他服务业，旅游业海外上市的企业数量相对较少，而且企业均是民营企业，经营业务范围主要是在线旅游服务和连锁酒店这种竞争性和市场化程度较高的行业，经营景区资源和旅行社的企业多在国内完成上市。

其二，风险投资和私募基金（VC和PE）成为海外上市的重要推手。无一例外所有海外上市的旅游企业都有风险投资或私募基金背景。以华住酒店集团为例，2007年7月完成了首轮8500万美元的融资，鼎晖创投、IDG-Accel中国成长基金、成为基金、北极光创投和保银资本获得首轮融资权，2008年7月完成了第二轮5500万美元的融资，融资金额主要用于门店扩张和收购投资同行业和产业链上的其他企业，和华住酒店集团类似，其他企业也选择融资－扩张（技术升级）－再融资的资本运作模式。

其三，融资需求成为海外上市的内在动因，总体来看，海外上市的旅游企业都选择了直接上市，融资规模从6000万美元到1.6亿多美元不等，而且只有7天连锁在纽约证券交易所上市，其余均在纳斯达克交易所上市，由于所处的行业竞争激烈，融资上市，保证充裕的现金流成为企业发展的重要保障。

三 中国旅游企业海外上市动因分析

（一）融资需求和资金供给矛盾下的现实选择

旅游企业作为一个独立的经济体，选择海外上市，是出于自身利益最大化的理性选择，也是当前国内资本市场资金供给不足的现实反映。

1. 民营企业夹缝中生存的诉求

当旅游企业发展到一定规模之后，内部或自有资金不能满足扩张或进一步发展的需求，融资途径无非股权融资和债券融资两种，在中国资本市场首次公开募股（IPO）的门槛对于一般的民营企业一般不容易达到，在债券市场，国债和大型国有企业是企业债的发行主体，而可上市交易的公司债不仅数量少且发行主体也严格受限，对于民营企业来说银行贷款成为其融资的主要渠道，但是银行往往更倾向于贷款给国有背景企业，民营企业一般需要有固定资产、土地等抵押，对于旅游企业尤其是新兴的在线旅游企业融资难度可想而知，所以海外上市融资成为选择之一。

2. 旅游业竞争中发展的需要

旅游相关的行业是市场自由化程度较高的行业，是竞争较为激烈的行业，资金的短缺是影响旅游企业发展与扩张的瓶颈，是限制企业技术转型升级的掣肘。随着中国旅游业的蓬勃发展，旅游市场规模的稳步增加，在线旅游市场方兴未艾，酒店住宿业面临洗牌，资金的需求成为旅游企业海外上市的重要内在动因。

3. 中国资本市场持续融资能力不足

中国资本市场相比国际资本市场仍然不够成熟，一方面是行政色彩浓厚的资本市场降低融资效率，中国的证券市场诞生短短24年，就已经经历了8次IPO暂停，累计暂停时间达到4年半之久，暂停的原因大都是因为二级市场持续低迷，政策性的救市暂停IPO严重影响资本市场的基本职能——融资功能。另一方面，当企业需要再融资、制定股权激励政策时，面临的审批程序和IPO一样烦冗，可持续融资能力欠缺，不能适时满足旅游企业发展的资金需求。所以，对于急需发展资金进行技术升级的在线旅游提供商以及需要资金扩张门店占领市场的连锁酒店来说，国际资本市场的资金充裕成为吸引旅游企业海外上市的外在诱因，也成为当时企业的最优选择。

（二）旅游企业和海外投资者的双赢选择

旅游企业倾向于海外资本市场可能出于如下几方面的原因：一是通过引入海外战略投资者，提高企业的制度创新能力，如管理体制、经营理念、业务流程、会计制度等方面，全面提升公司治理风险管理能力，为以后的长远发展奠定基础。二是通过海外上市提高产品的附加值和企业在市场上的声誉，这种声誉的资本化，一方面增加了无形资产的价值，另一方面增加顾客对品牌和产品的认知度和认可度，刺激产品的需求。三是青睐海外证交所提供的交易平台和交易环境，在法制更健全、公司治理要求更完善的监管制度下，推动公司规范和健全公司内部治理结构，从而提高海外上市公司的市场竞争力和估值。

从海外投资者的角度来看，改革开放的成果，中国经济的飞速发展吸引了海外投资者的目光，有部分投资者选择直接到中国大陆来淘金、投资，也有部分投资者选择通过境外市场投资国内企业，分享中国经济发展的成果。首先，在中国加入WTO之初，海外投资者就预期到人民币升值，所以可以通过投资境外中国企业来享受人民币升值所带来的利益；其次，国外资本市场较为成熟，例如美国纳斯达克市场已经积累了相当数量对新兴经济产业较为了解的理性投资者，能够合理投资，不会造成股价短期内的巨幅波动从而影响公司的正常经营；再次，各旅游企业上市之前都有风险投资和私募基金的背景，风险投资挖掘早期项目，私募基金介入成熟项目，搭建企业架构，投资入股，在经过多轮风险投资/私募基金融资之后，企业逐步成熟，资本的本质都是逐利的，风险投资/私募基金会考虑如何退出获利，退出的三种途径——破产、出售、上市，显然上市收益最高；最后，相比国内投资者来说，海外投资者理念和认识更前沿，更好地了解行业发展前景，有利于企业的长期战略投资，从而实现投资者自身增值。

（三）国内资本市场制度的挤出效应

中国所采用的核准制衍生出的高市盈率、高募集资金的资本市场，以及一、二级市场巨大的价差所带来的爆炒空间屡屡遭遇诟病……除此之外，对于计划上市的企业来说更看重的是上市的效率、成本以及将来再融资的难易，国内的资本市场的准入制度让许多企业望而却步。

1. 海外上市相对程序简单，时间短

国内核准制手续繁杂，上市周期长。在2004年之前，企业要在国内主板上市，需要改制辅导1年，紧接着需要证监会发行审核委员会审查通过，到最后上市完成，一般需要两三年的时间，而且中间存在许多不确定因素。随后虽然发行制度进行了一些改革推进，发行制度开始推行"保荐制"以满足符合条件上市企业的需求，在"保荐制"和"通道制"并行的情况下，资本市场允许企业发行上市的数量仍然有"名额"限制，上市总量仍然受到一定控制。相比而言，国外采用注册制居多，以美国为例，企业作为发行人，向美国证监会提交注册文件，美国证监会对注册文件进行审核，在审核过程中要求企业对存在的风险进行充分的披露，注册审核通过后就可以推向市场认购。海外上市的程序简单透明，准备时间较短，往往贯彻宽进严管的政策，符合上市条件的企业一般在一年内就能实现上市，所以总体来看，当时部分旅游企业选择海外上市也在情理之中。

2. 海外上市没有盈利指标的硬性要求

国内A股市场一般对财务指标要求严格，即使相对宽松的创业板也要求企业营业收入和净利润持续增长，然而对于以消费者需求为导向的旅游业，其一般的发展模式是争取用户、占领市场，再谋求盈利，对于涉及互联网的旅游企业更是如此，前期的渠道铺设和市场占领对以后的发展起到至关重要的作用。处于发展关键期的国内旅游企业往往是资金的饥渴者，上市就是为了融资获取发展资金，所以很难达到国内资本市场发现的盈利指标硬性要求。相反，在美国上市的中国亏损企业也不是个例，如最早期上市的新浪、搜狐、网易三大门户网站，还有近年上市的新浪微博和京东商城均为亏损上市，所以对于无缘国内资本市场的企业只能另辟蹊径。

3. 海外资本市场更青睐新兴产业

过去的一段时光是中国经济飞速发展的年代，更多的是倚重重工业化的迅速发展，所以经济的发展以及资本市场的兴起不免烙下"工业化"的印记，国内资本市场更鼓励传统产业蓝筹股上市，秉承"重制造业、轻服务业，重历史业绩、轻未来潜力"的发展思路。相比而言，美国资本市场则更加青睐于新兴产业，更加注重产业的发展潜力和未来的盈利能力，新兴产业中的创业企业没有因为自身高风险而失去了资本市场的支持，反而在融资后获得蓬勃发展并反哺经济。然而，尤其对于中国旅游企业来说，在工业化发展经济背景下，很难得到资本市场的认可，再加上国内A股上市对企业盈利能力有明确要求，规定门票收益不能纳入上市公司业绩，所以旅游企业在国内上市显得尤为艰难。

4. 海外资本市场上市和再融资成本低

企业上市发行的成本包括直接支付的可见成本和间接的隐性成本，在大陆发行上市存在较多隐性成本，如上市过程的不确定性、上市周期长以及上市后的潜在成本高等问题，导致了企业在大陆上市的实际成本要显著高于名义成本，所以选择到海外上市，规避不发达资本市场的隐性成本不失为明智之举。

对于旅游企业来说，通过再融资来推进公司战略也是公司长远发展中较为看重的一方面。就实现核准制的国内资本市场而言，上市企业再融资方案需要获得证监会发审委对再融资申请审批通过后方可实施，由于国内投资者对再融资的认同度较低，在资本市场形成再融资即"再圈钱"的氛围，给监管层带来了较大的社会舆论压力，导致在批准过程中有较大的不确定性。相反，海外资本市场再融资则相对灵活，通过增发和配股方式的融资更容易实施，而且再融资额度都比较可观。

四 中国旅游企业海外上市展望

（一）海外上市再吹政策暖风

鼓励企业境外上市不仅能缓解国内资本市场资金供给的压力，有助于分流市场扩容压力，也会极大地满足许多中小企业、民营企业的融资发展需求，对于资本市场和企业是一个双赢的选择。随着美国经济复苏走出金融危机的谷底，欧元区欧债危机趋于缓和，形势逐渐明朗，国内监管部门鼓励企业实施"走出去"的发展战略，政策暖风频吹。2012年12月证监会发布了《关于股份有限公司境外发行股票和上市申报文件及审核程序的监管指引》，取消了境内企业在境外上市应符合4亿元净资产、5000万美元融资额、6000万元人民币净利润的标准要求。2013年2月国家外汇管理局发布了《关于境外上市外汇管理有关问题的通知》，企业按要求办理了境外上市相关登记手续后，即可通过银行办理账户开立、资金汇兑等手续，无须再经核准。无论是对境内企业境外上市企业财务指标的放开，还是登记手续的简化，其目的只有一个，即规范企业境外上市问题，提高企业境外上市的效率，促进上市融资活动的积极健康发展。

（二）旅游企业海外境内上市各有选择

从2013年7月7天酒店从纽约证券交易所完成退市可见一斑，旅游企业海外上市的可能面临的问题值得所有企业三思，一方面是出于7天自身业务转型的需要，希望在较为封闭的条件下完成对公司的重新改造；另一方面是因为7天的业务正在稳步上升，却遭遇中概股信任危机的阴霾，股价一度跌破发行价达到8美元多，股价被市场严重低估，最后以每股存托股票13.8美元达成私有化收购协议。7天酒店以私有化的形式完成退市不得不让我们思考：海外市场最契合自身企业的发展需求吗？

在旅游业政策利好和中国休闲、旅游出于爆发期的背景下，随着2014年国内IPO重启，国内资本市场恢复正常的融资功能，已经迎来一波旅游类企业上市的热潮。当然，以后仍然会有部分旅游企业选择海外上市，相当一部分旅游企业则会选择国内上市。在近些年国家尤其重视旅游业发展的背景下，往年对旅游板块企业 IPO 的"严格把关"有望放松，众多 IPO 申请名单中不乏旅游企业，如众信旅游、九华山旅游、长白山旅游股份有限公司、北部湾旅游股份有限公司、北京三夫户外用品股份有限公司、吉祥航空、春秋航空，其中众信旅游在 1 月 23 日挂牌上市，长白山旅游在 8 月 22 日已经挂牌上市，春秋航空在 10 月 15 日证监会发审委 2014 年第 171 次审核结果公告中显示 IPO 获通过，其他企业还在等待中……

（三）以深化改革留住优质旅游企业

1. 深化改革，加大金融业支持旅游发展的力度

为贯彻落实 2009 年国发 41 号文国务院《关于加快发展旅游业的意见》，2012 年 2 月 17 日中国人民银行发展改革委联合旅游局、银监会、证监会、保监会、外汇局下发《关于金融支持旅游业加快发展的若干意见》，明确了金融支持旅游业发展的重要意义，并提出"支持旅游资源丰富、管理体制清晰、符合国家旅游发展战略和发行上市条件的旅游企业上市融资"。2013 年出台的《旅游法》《国民休闲纲要》也直接或者间接地提出加大财政金融对旅游业发展的扶持。此外，2014 年 8 月国务院印发《关于促进旅游业改革发展的若干意见》。近年来，多个重磅旅游利好政策袭来，势必会改善旅游企业国内 IPO 环境，并有望改变国内资本市场对于旅游企业的认识，尤其是 A 股以往对于旅游板块企业上市"严格"把控的态势。

2. 努力推进资本市场由核准制向注册制过渡

十八届三中全会决定中明确提出"推进股票发行注册制改革"，为进一步贯彻决定中党的政策方针，2013 年 11 月 30 日中国证监会发布《关于进一步推进新股发行体制改革的意见》，从中央文件到证监会都认为中国证券市场的改革方向是真正市场化的注册制，说明推进股票发行注册制是一种历史趋势，是资本市场市场化程度提高的必然结果。从核准制向注册制的转变表明证监会将由审核者的角色向监管者的角色完全转变，会对发行人信息披露的准确性、全面性进行审核，并不对投资价值做出判断，形成以投资者需求为导向的健康的资本市场。届时注册制的实施将能够有效规避核准制带来的权力寻租、高价发行、效率低下等不利后果，证监会不再干预 IPO 的节奏，去行政化的行为将证监会的监管重心实现从一级市场向二级市场的转移，而资本市场本身也更加市场化，还权于投资者，投资者就可以用脚投票。

（四）让市场在旅游企业上市中起决定性作用

对于旅游企业海外上市，各方一直持有不同观点。一部分人认为海外上市可能会造成优质资产流失，尤其是对于国有性质的企业或者经营国有资源（景区）的企业或者是具有优秀资产的企业；另一部分人的观点则鲜明地指出在国内资本市场不能为旅游企业发展提供充足的资金，海外上市对于旅游企业发展来说是其最佳选择。对于已经实现海外上市的旅游企业来说，既有的事实证明海外上市不仅解决企业发展的融资问题，通过完善公司治理结构和先进的管理理念，企业的优良业绩和高成长性有力回击了种种质疑。笔者认为旅游企业海外上市是企业在特定的时代背景和一定的市场约束条件下的现实选择，是企业根据自身战略规划和资本市场情况的市场化行为。

对于在国内还是在海外上市的问题，旅游企业要根据自身的合理需求，国内、海外资本市场的特点以及不同市场对企业上市要求和限制，做出合理的判断和选择，选择合适的资本市场、合理的上市模式、合适的上市时机。

G.24 如何看待中国企业跨国旅游投资[*]

厉新建 宋彦亭 姜彩芬[**]

摘　要： 在中国出境旅游发展迅猛、旅游服务贸易逆差不断扩大的情况下，加强中国旅游领域对外投资的呼声越来越高。但是，我们需要客观剖析中国出境市场的结构，从而对中国旅游领域对外投资的客户跟随战略有科学的认识。只有客观地认识到中国旅游领域对外投资的真正动机，才能制定有效的促进对外投资措施，也需要看到中国旅游领域对外投资的典型案例真正值得其他企业借鉴的地方，才能从案例中汲取到智慧，从而促进旅游领域对外投资又好又快地发展。

关键词： 出境旅游　旅游企业　跨国经营　对外直接投资

中国是全球出境旅游市场发展最快的国家之一。2013 年，中国公民出境总人数为 9819 万人次，比上年增长 18%，中国早已成为名副其实的世界第一大出境旅游客源国。

目前，中国出境旅游发展迅猛，旅游服务贸易逆差不断扩大，政府对"走出去"战略有序推进，旅游企业自身实力不断增强，而中国旅游企业跨国经营的发展并不尽如人意却是与如此庞大的出境旅游市场极不相称的。中国旅游跨国

---

[*] 本研究受国家社会科学基金（11CJY084）、北京市属高等学校高层次人才引进与培养计划项目（CIT&TCD201304012）和北京市属高等学校人才强教项目（067135300100）资助。

[**] 厉新建，北京第二外国语学院旅游管理学院院长，北京第二外国语学院中国旅游经济研究中心主任，北京旅游学会副秘书长，教授，经济学博士，研究方向为旅游经济发展战略、旅游景区经营与管理、休闲产业经济、出境旅游与跨国经营等；宋彦亭，北京第二外国语学院旅游管理专业研究生，研究方向为旅游经济与新业态；姜彩芬，广州大学，副教授，主要研究方向为市场营销、消费经济、消费社会学。

经营企业呈现出在可能面临亏损的状态下,却毅然决然到国外进行跨国经营的局面。那么问题是,为什么中国出境旅游的迅猛发展不能催生出具有国际竞争力的旅游业跨国企业呢?是不是中国出境旅游市场总量背后,隐藏着其结构的独特性?从中国出境旅游思辨为什么中国企业要去跨国经营?中国旅游企业需要怎样的跨国经营?要跨国经营的时候应该怎样来做?这是当前产业界和学术界亟须加以研究的问题。

一 中国出境旅游市场的真实结构

中国出境游市场化发展时间较短,自1997年至今,仅有17年的时间。但出境游发展势头猛进,规模发展迅速。随着出境市场规模的不断扩张,中国出境旅游花费的规模也在不断扩大。1983年,中国出境旅游花费规模仅为0.66亿美元,而到2013年,出境旅游花费规模已经达到1287亿美元,与上年相比提升26.8%。中国早已成为名副其实的世界第一大出境旅游客源国。值得注意的问题是,中国出境旅游市场数据结构真的与其庞大的总量呈现一致吗?中国出境市场的总量和结构之间的关系如何?

从出境旅游发展规模上看,中国目前的出境旅游市场更准确地说应该称为"出境市场"。因为在整个出境市场中,并非所有的出境者都是出于旅游的目的,还有很多出于交通服务、会议商务、探亲访友、就业、学习、定居、访问以及其他目的。

比如,据公安部出入境管理局的数据,2006年中国出境人次为3452.36万人次,其中,出境观光旅游984.45万人次,出境访问597.95万人次,出境会议商务469.07万人次,其他出境目的为1400.89万人次,分别占出境内地居民总数的28.52%、17.32%、13.59%和40.57%。可见,以观光旅游为目的的中国公民所占比例还是较低。另外,韩国近几年成为中国出境最重要的旅游目的地之一,2013年中国赴韩出境市场规模达到432.69万人次,其中观光旅游为313.99万人次,商务会议12.60万人次,官方访问0.32万人次,其他105.78万人次。如果从另一个角度看,这432.69万人次中,包含了54.18万的交通员工。以日本为例,2013年中国赴日出境市场规模为131.44万人次,其中观光旅游约为70.47万人次,商务访问约为23.48万人次,其他目的约为37.49万人次。再比如,作为发展最快的出境市场的美国,2013年共有180.7万中国公民访美,同比增长了23%。若分析其中的构成,我们可以发现,旅游度假者占43%,探亲访友者占32%，留学教育者占21%，商务占19%。由此可见，中国出境市场并不能等同于出境旅游市场。当然在这里我们并不是要简单地对这些不同目的的出境人群进行划分，而是因为这种出境结构的分解有助于我们更清楚地认识到中国出境市场的真实情况，尤其是希望以中国出境旅游市场为主要目标市场而开展的旅游跨国投资要客观、科学地看待中国出境市场对跨国投资的影响。

除此之外，关于中国公民出境旅游的数据，中方出境旅游人次统计的数据和入境方入境旅游人次统计的数据有很大的反差。比如，据2011年中国旅游统计公报的数据，内地到香港旅游人次为2830万，实际上香港统计的只有1360万。这就意味着我们在关注出境市场的数据时，同时要注意统计过夜数据和非过夜数据之间的差别（见图1）。

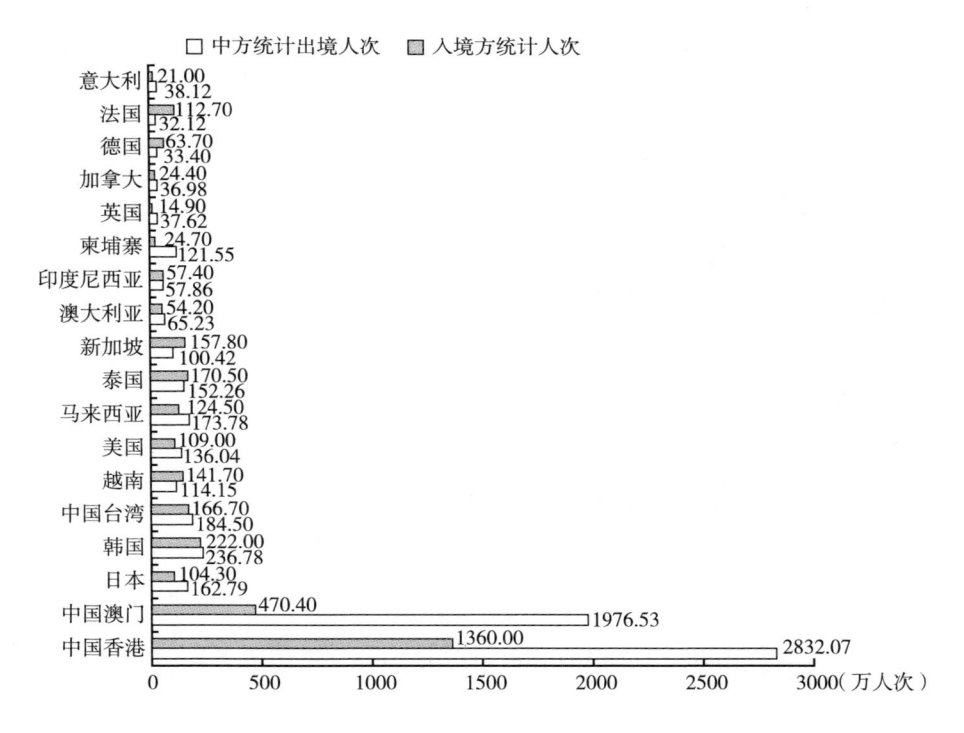

国家/地区	中方统计出境人次	入境方统计人次
意大利	21.00	38.12
法国	112.70	32.12
德国	63.70	33.40
加拿大	24.40	36.98
英国	14.90	37.62
柬埔寨	24.70	121.55
印度尼西亚	57.40	57.86
澳大利亚	54.20	65.23
新加坡	157.80	100.42
泰国	170.50	152.26
马来西亚	124.50	173.78
美国	109.00	136.04
越南	141.70	114.15
中国台湾	166.70	184.50
韩国	222.00	236.78
日本	104.30	162.79
中国澳门	470.40	1976.53
中国香港	2832.07	1360.00

图1　2011年中方统计出境人次与入境方统计人次对比

资料来源：2011年中国旅游统计公报。

从出境旅游地区结构上看，在中国出境旅游的大洲分布上，亚洲承接的比例最高，占80%~90%，欧洲占5%~10%，美洲占3%~5%，大洋洲占1.5%。而在洲内旅游市场中，又有80%的内地游客前往港澳地区以及包括新马泰、日韩等最主要的传统热门出境旅游目的地。

从出境旅游消费结构上看，入境市场增速相对趋缓，入境外汇创汇和出境花费相比，旅游服务贸易逆差也将进一步扩大。从中国官方公布的旅游服务贸易逆差来源来看，2009年中国的旅游服务贸易逆差主要来自美国、中国澳门和澳大利亚，2010年主要来自中国澳门、美国、澳大利亚和中国香港，2011年主要来自美国、中国澳门、澳大利亚、加拿大、中国香港、日本、韩国，2012年主要来自中国香港、美国和澳大利亚。因此可以看出，从2009年到2012年，中国旅游服务贸易逆差来源是美国和澳大利亚。但问题是，中国统计的在这些地方的旅游服务贸易逆差都是由旅游花费造成的吗？其实不然。这里需要关注的一个现象是，除了香港、澳门两大中国的特别行政区外，我们可以发现中国其他的主要旅游贸易逆差来源国与中国出境留学的主要目的地国有相当高的重合度。根据安永咨询转引自凤凰教育的资料，中国出国留学的主要目的地国家和地区分别是：美国占50%、英国占15%、澳大利亚占11%、加拿大占6%、日本占4%、韩国占1%。从2013年出国留学学费角度看，中国赴美留学学费约为25万元人民币，澳大利亚、英国、加拿大都为16万元，日本与新加坡是8万元，韩国是5.5万元（见图3、图4、图5）。

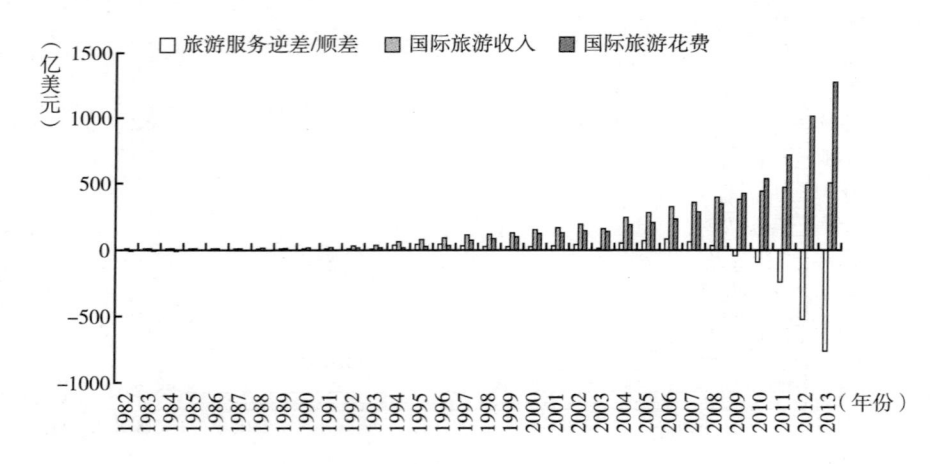

图2 中国旅游服务贸易国际收支情况

以澳大利亚为例，中国出境旅游消费的统计中包含中国留学生在国外的教育和生活消费。其中教育消费是中国人到澳大利亚旅游的最大比重的花费，餐饮、住宿消费是1174澳元，教育消费是1590澳元。澳大利亚的统计资料显示，2011~2012年度，教育市场占中国访澳市场56%左右的比重，中国公民在澳大利亚花

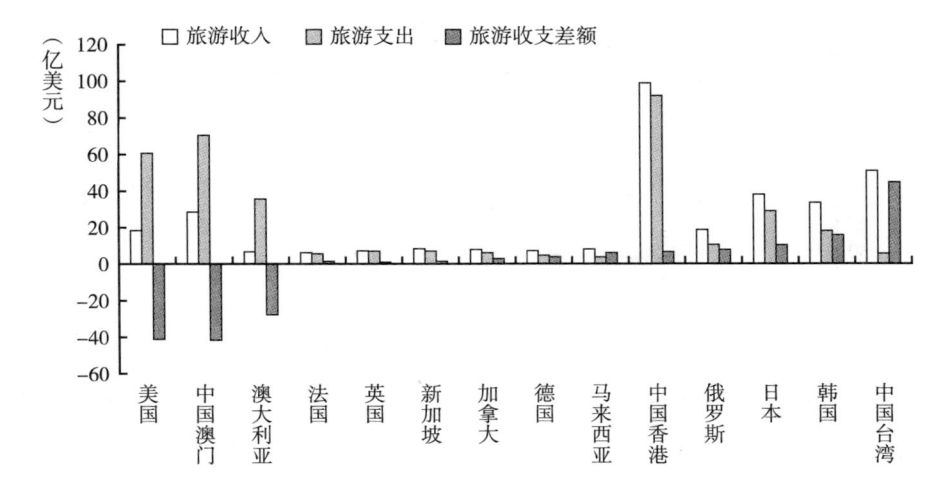

图3 2009年中国旅游服务贸易收支

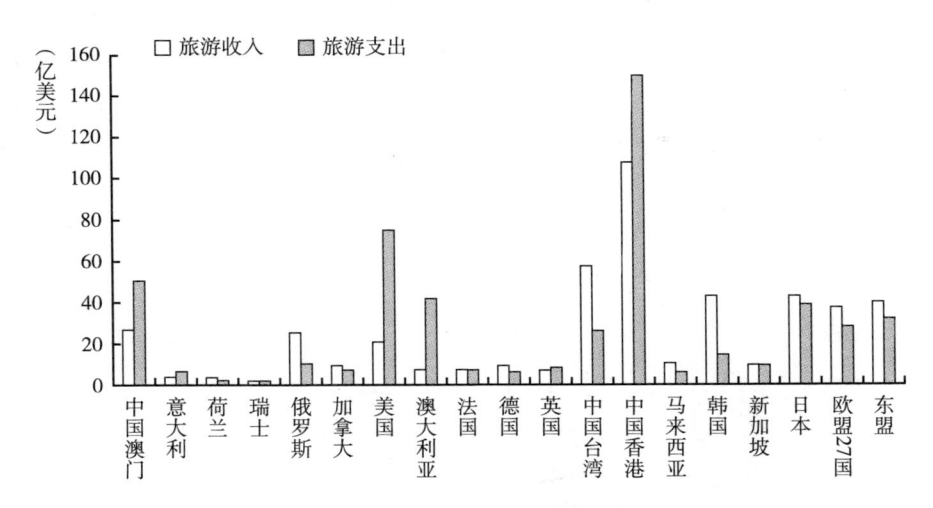

图4 2010年中国旅游服务贸易收支

费的50%左右是教育花费，大约为18亿澳元。中国赴澳留学市场是其消费增长最快的市场，从2000~2001年度到2011~2012年度，教育花费的年均增长达到22%，远高于其他市场16%的年均增长，澳大利亚也是将中国赴澳留学市场作为开发中国出境市场最有价值的细分市场来对待的。

再以美国为例。2013年，美国共向中国签发了146.76万份签证，其中472份B1签证（短期商务签证）、114.63万份B1/B2签证（短期商务和旅行签证）、941份B2签证（短期旅行签证），21.76万份F1签证（留学签证）、

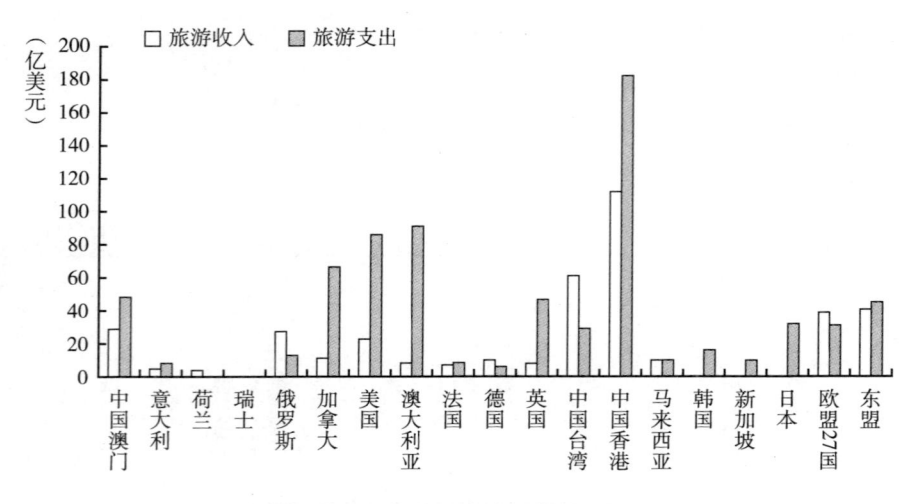

图5 2011年中国旅游服务贸易收支

0.35万份F2签证（留学生配偶及子女签证），3.43万份J1签证（访问学者签证）、1.22万份J2签证（访问学者配偶及子女签证）。扣除多次往返签证外，2013年，中国赴美的180.7万人次中，有很大一部分应该是跟留学/访学有密切关系的中方出境人员。

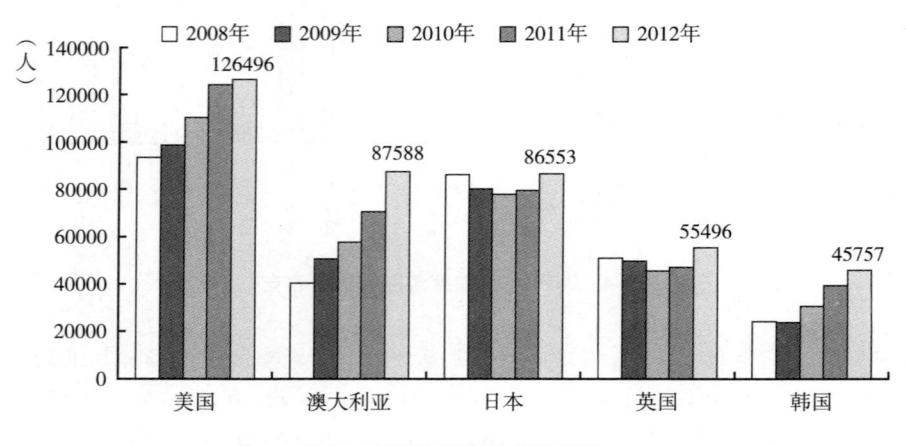

图6 中国出国留学人数情况

资料来源：UNESCO。

因此，从出境旅游思辨中国旅游企业跨国经营，如果从中国出境旅游的地区格局来推断，中国旅游业跨国经营应该主要分布在亚洲，尤其是港澳地区以及包括新马泰、日韩等最主要的传统热门出境旅游目的地,这样跨国经营地区格局与出境旅游地区格局相吻合的模式才是一种合理的扩张方式。可是实际情况并非如此,两者甚至出现了背离,我国旅游企业跨国经营的投资扩张区位主要是在欧美地区,而港澳、东南亚等地分布较少。显然,中国旅游业跨国经营并没有表现出倚重出境旅游市场规模扩张,以接待本国出境旅游者为跨国经营切入点的特征。如果从中国出境旅游数据结构来推断,分析旅游业跨国经营并不能仅仅关注出境进行旅游消费的旅游者,而且也应该包括境外中国留学生、访问学者等更广泛层面的市场群体。相信这样的视野才更全面、更有意义。

二 中国旅游企业跨国经营的动机

(一)获取利润而非客户跟随

一般认为,中国旅游企业跨国经营的主要动机是获取更高的利润、寻求新市场、赢得有利的竞争环境等。但是目前从中国从事跨国经营的旅游企业的实力和中国消费者的品牌认同度、顾客忠诚度来看,获取利润和客户追随战略的假设,并不是中国旅游企业跨国经营的真实动机。

从国内外竞争环境和企业实力角度,目前中国的旅游企业尚处于资本和技术都相对匮乏的发展初期,市场竞争力、国际经营经验和政策优势都相对薄弱。中国旅游企业在与国内竞争环境完全相异的国家或地区进行投资和从事跨国经营时,将不得不面对来自发达国家实力强大的旅游跨国公司的竞争优势压制,及在国外的发展空间受到强力挤压的局面。中国旅游业跨国公司面临与发达国家跨国企业较大的竞争能力差距,面临着更多异国负担、异国风险的问题,因此在现阶段中国旅游企业跨国经营以获取更多的利润为目的还为时尚早。

从中国消费者的品牌认同度和顾客忠诚度角度,目前如此庞大的旅游消费人口和消费力的出境外流,对于正处于经济发展关键时期的中国来说,理应有相应的消费"回流机制"。"利润回流"机制是效仿当年日本的"黑字还流"而生的,即积极通过本国旅游业的跨国经营,借助在国外进行跨国经营的企业,将本国国民出境的花费在通过母公司利润汇总的方式,"潜流"回国内,从而来降低出境旅游对国家财富带来的冲击。但是实行"回流机制",我们不得不面对中国消费者对中国自身品牌的认同度和忠诚度尚未建立起来的问题。因为目前中国旅游企业在市场中为了争取客户资源,往往采取的是价格战手段,互相压低价格,从而吸引和赢取客户。这种相对单一地依赖于低价战略进行的企业发展，往往很难在市场上建立起广泛而深远的影响力，这一点与国外很多企业在发展战略制定过程中积极实施品牌战略是有很大的差距的。

同时我们还要客观地认识到，随着互联网技术的发展，以及服务于旅游市场的各种应用和平台的出现，人们在不同价格的供应商之间转换是非常容易的。甚至我们需要立足长远，更进一步地看到，即便是对高度重视品牌建设的企业而言，品牌忠诚在互联网时代也是很容易发生变化和迁移的，以前那种因为品牌知识和体验缺乏而导致对原有品牌的依赖和对新生品牌的担忧，将随着互联网时代人们分享消费体验和品牌价值可视化的发展而消除。顾客的品牌转换成本已经发生变化，品牌转换有可能会更加频繁。

所以，在进行旅游方面的跨国投资的时候，显然不能再局限于价格优势上。中国很多旅游服务企业的价格优势是无法转移的，因为它们的价格优势很多时候是建立在中国的劳动力廉价基础上，而跨国之后这种劳动力廉价可持续性以及企业在与劳动力供给方进行价格谈判时的优势地位都容易受到不同国家的具体环境的深刻影响。从这一点上看，单纯的客户跟随战略或许并不是解释中国企业在当前进行旅游领域跨国经营的最佳答案。

（二）全球学习而非本地学习

随着全球化的发展以及市场的开放，发达国家不断向发展中国家输出资本和管理等优势要素，缩短了发展中国家接触发达国家旅游企业经营理念的机会，但发展中国家旅游企业要想获得发达国家同行的各种优势和经验，还是必须进行全球学习。市场本质的知识不是本地学习可以替代的。

中国旅游企业跨国经营之所以不在本国学习而到他国学习是因为中国的市场和国外的市场性质不同。中国是一个碎片化的市场，碎片化市场需要具备慧眼、胆识、判断力和快速反应能力。国外旅游发达国家是一个系统性的市场，系统性市场要强调的是战略、标准、规则、制度、智慧、产业业态和可持续发展的问题，本身是比较成熟、比较稳定的。在中国的碎片化市场中，旅游企业的发展和成长会依靠市场推动，只要遇到好机遇，企业就能够顺势发展，而非完全依靠企业自身日积月累的战略和技术能力。所以，在中国，我们分析一个企业究竟是企业能力推动型还是市场机遇推动型非常重要。有些旅游企业之所以能够达到一定的发展高度，或许不是因为这个企业本身有多厉害，而是可能由于一些偶然的或者无法持续的因素在推动。这一点我们也可以从政府消费的萎缩对旅游的影响中看到一些端倪。由于中国市场并不是十分完善，中国在其自身原有旅游发展的过程中，政府消费体量非常大，因此国内许多像湘鄂情这样的企业，将主要的市场聚焦在了政府市场。但是随着当前市场的不断规范，政府消费的萎缩，企业收益的急剧下滑，这种泡沫式增长显然无法像自生性增长那样持续，先前的战术性措施也无法像战略性措施一样在变化了的、更加系统规范的市场中发挥作用。

从全球市场的发展演变趋势来看，碎片化市场终究会演化成为系统性市场，而且从中国社会经济各方面的改革来看，这个转变会来得非常快，尽管我们很难在短时间内建成完全的系统性市场。因此，目前中国旅游企业跨国经营在某种意义上其实是在打出提前量，是提前进入到国外的系统性市场中，从中学习企业在系统性市场中经营发展所应该具备的知识，并积极将这种知识随时转移到国内碎片化特征不断消退、系统性特征不断凸显的国内市场中，以适应中国未来由碎片化市场向系统化市场转型中所需要解决的战略规划的问题、经营智慧的问题、产业生态的问题、持续发展的问题。中国企业的跨国旅游投资，不应该只是从一元的角度去看，不应该只看到经营地理空间上的变化，而应该进行多元的观察，从地理空间、市场知识、战略观念等多角度来看待。

（三）全球性利润而非局域性利润

目前中国的旅游企业跨国经营多面临亏损的状态，但是在亏损或明知要亏损的情况下企业依然坚持进行跨国经营。对于这个现象的解释就涉及分析利润的静态视角和动态视角的问题。从静态视角分析利润，重视的是一时一地的盈亏，重视的是战术效果和局域性利润；而从动态视角分析利润，重视的是整体的盈亏和全球性的利润。企业之所以会冒着可能亏损的风险进行跨国经营，其实是在局域性利润和全球性利润中进行博弈选择。既然跨国经营是全球化中的一种方式，考虑利润问题时也应有全球化的视野。企业意识到此时此地的亏损可能会在其他时间和地方带来利益，如果整合起来带来的利润是正效应的，那么短时间的利润亏损也是值得的。

三　从三个典型案例看中国旅游企业跨国经营

近些年来，中国在旅游领域的跨国经营进程中，至少有三个案例值得我们关注，那就是 2009 年锦江集团联合美国德尔集团（2014 年被 Brookfield Asset Management 收购）收购美国州际酒店集团（现名为"州逸酒店和度假村"）、

2010年开始复星集团发力收购著名的度假村品牌——地中海俱乐部、2011年开始海航集团对西班牙NH酒店集团的持续收购。

（一）如何看待"境外购并、境内发展"的问题？

我们先来看一下这三个集团跨国购并后的发展思路。锦江的国际购并完成后，除了派出人员到美国培训外，还从战略发展方向上着力于建立州际中国，拓展中国市场的第三方管理业务，其中上海绿地集团明确将旗下酒店优先交由州际中国公司管理。海航收购NH酒店集团后表示，将延续NH原有的发展思路并加以提升，保持公司经营自主性的同时给予充分的股东支持，大力拓展海航在欧洲乃至全球的酒店业务。至2014年海航已持有NH酒店集团29%的股份，并于2014年9月与其成立合资公司"海航NH酒店管理有限公司"，海航酒店集团持有51%股份，合资公司主要在中国发展中、高级别酒店业务，目标客户锁定中、高端商务消费者。复星在收购地中海俱乐部过程中，贯彻的是其一贯的"全球资源＋中国动力"的模式，指出复星不搞中国企业收购外国公司、不挑战跨文化管理难题、不抢海外市场，只关注分享这些企业在中国的发展。

从这三个中国企业对外旅游投资典型案例看，都不约而同地强调了利用这些购并加快国内发展的战略。这不禁让人想起中国汽车工业"以市场换技术"的战略。尽管褒贬不一，但多数认为始于20世纪80年代初期的"以市场换技术"战略在很大程度上是失败的，中国汽车工业的市场让出去了，但并没有换来中国汽车工业自主发展的自有知识产权，技术还是牢牢地掌握在外方手中。那么我们就有一种自然而然的担心，目前中国旅游领域跨国投资的这种"以市场换品牌"的模式会不会重蹈覆辙、再现汽车工业"以市场换技术"战略的尴尬后果？"品牌买办"显然不应该是中国旅游领域跨国购并的最终目的，我们需要的不仅仅是"为我所用"，而且要能够在"为我所用"的过程中积累学习到真正能够"为我所有"的核心运营与管理技术。

当然，我们也清楚地意识到，当前旅游领域的这种"以市场换品牌"的模式在利润来源的地域上与汽车工业的"以市场换技术"并不完全相同。汽车工业的"以市场换技术"的利润来源地局限在中国国内市场，而旅游领域跨国投资的"以市场换品牌"的利润来源地除了中国国内市场外，还包括这些国际品牌的全球网络（当然也可能承载这些全球网络节点的利润亏损）。尤其是中国出境市场迅速膨胀的情况下，也有利于在短时间内将中国出境消费能力内化到这些具有"中国身影"的品牌上，从而快速提升中国企业内化"流失的"出境消费需求的能力，形成一种"利润回流机制"。

不过我们仍须清醒地意识到，通过品牌的买卖来获利与通过拥有品牌来持续衍生发展是两个不同的概念，获得品牌的所有权与获得品牌内嵌的能力也是两个不同的概念。品牌身份有效转换、品牌运维能力转移要远比签署一份协议、获得一份管理操作手册难得多。很多时候消费者的品牌认同是与品牌的身份紧密联系在一起的，品牌换了"东家"很可能会改变消费者对品牌的原有认同。或者正是因为这一点，复星集团在并购地中海俱乐部的时候很郑重地提出一条原则，就是不让人家觉得企业由"白"变"黄"了。在现阶段这是一种非常巧妙的品牌身份处理手法。在当前人才流动如此频繁的环境中，专业的酒店管理公司仍然能够在激烈的市场竞争中获得自身的发展，本身就很好地说明了品牌运维能力其实是一整套与酒店管理公司自身密切相关的组织化知识，这种组织化的知识并不能简单地分解为某个操作规程、管理手册，也不会随着高层管理者的离开而被带走，相应地，其他竞争对手或者单体酒店也很难通过简单地复制所谓的手册或挖个管理公司的高管就能重新复制一个管理品牌。锦江集团在并购了美国州际集团后实施了锦江国际酒店百名中高级管理人员赴美培训计划，分期分批派出管理人员赴美培训12~18个月，除了3~4周在康奈尔大学学习外，其余时间主要在州际总部及其管理的酒店，与州际的管理高层共事，在实战中学习。这应该说是极具战略眼光的举措。

只有科学合理地处理好品牌身份有效转换、品牌运维能力转移的问题，并购后的国内市场开拓才能取得成功。而且也只有这样，通过在国内的适当消化，才能将并购后的品牌发展能力输送到各个预期投资的东道国去。

（二）对典型案例我们还需要关注什么？

关于中国锦江集团与美国德尔集团（Thayer Lodging Group Inc.）收购州际集团的案例，我们可以从新闻报道中进行过程的还原，并重点关注以下几点。

第一，锦江的合作方德尔集团的背景及特长。美国德尔集团是成立于1991年的专注于酒店投资的私募投资公司，曾先后发行 Thayer Hotel Investors Ⅱ，L. P.（1995年）、Thayer Hotel Investors Ⅲ，L. P.（2000年）、Thayer Hotel Investors Ⅳ，L. P.（2004年）、Thayer Hotel Investors Ⅴ，L. P.（2008年），用于酒店领域的收购。显然对于中国旅游领域的跨国投资而言，购并是最快的成长方式，而德尔在酒店收购方面的专长显然是至关重要的。

第二，投资不是由锦江集团直接发起的，而是通过锦江集团在香港上市的上

海锦江国际酒店（集团）股份有限公司（简称"锦江酒店"）先期在美国设立公司，再由该公司与德尔集团在美国成立各占50%股份的合营公司Hotel Acquisition Company, LLC（简称HAC），然后通过HAC逐步合并收购美国州际集团（Interstate Hotels & Resorts）。在跨国投资与经营过程中，往往对东道国法律、税收、政策环境等诸多方面并不熟悉，而且存在着跨国投资主体的国别身份问题，使得跨国投资面临很大的投资风险和不确定性。锦江先期在境外设立公司，并通过境外公司发起购并等投资行为，很好地规避了上述风险，提高了购并的成功率。其实复星集团对地中海俱乐部的收购也有类似安排。2014年9月12日，对Club Med每股要约出价提升至22欧元的正是由复星国际、法国私募基金Ardian集团、Club Med管理层和中国众信旅游公司联合组成的投资体。如果要约得到完全接受，Gaillon将获得Club Med 80%股份（复星拥有Gaillon 85.1%的股权），Fidelidade获得剩余20%股份（复星拥有Fidelidade 80%的股权）。Gaillon（Holding Gaillon II及其全资附属公司Gaillon Invest II）亦是复星在境外设立用于投资控股的附属公司。

第三，在本次跨国收购中，华兴资本与美林分别担任德尔在中国和美国的财务顾问，对最后成功收购起到了很重要的作用。这显然是一个值得高度重视的做法，那就是在跨国购并过程中，旅游行业需要减少冲动型决策、闭门式决策，而是要更多地向其他行业学习，将财务顾问、法律顾问等对购并至关重要的业务外包给专业机构，通过专业机构的专业建议来降低购并中存在的风险，推动中国企业在旅游领域投资更好更快地发展。这一点在海航集团收购NH酒店集团和复星集团收购地中海俱乐部的过程中都体现得很充分。海航集团在向NH酒店集团发出收购意向书后就派出了包括投行顾问、财务税务顾问、法律顾问在内的项目团队进行跟进运作。复星集团在收购地中海俱乐部过程中，也专门聘请A Capital Asia作为财务顾问，而且财务顾问事实上还是该起收购案的"协同投资人"，尽管所占股份很少。

第四，据华兴资本介绍，该项收购的缘起是德尔集团希望在中国找一个合作伙伴，联合收购州际集团，以便在收购完成后将一些经营经验复制到中国。事实上，在正式发起收购前，德尔集团已经对州际集团进行了两年时间的跟踪。这可能从一个侧面反映出中国企业在进行旅游领域的跨国投资时，在如何进一步主动获取境外标的企业的能力方面还有待进一步加强，如何进一步提高境外标的企业主动寻求国内相关企业或品牌进行合作的主动性则更是下一步需要突破的难题。

关于复星集团收购地中海俱乐部的案例，我们还需要关注两点。

第一，复星集团有清晰的跨国投资模式，其提出的"全球资源＋中国动力"是其最核心的跨国投资理念。在我们积极进军国际市场，大力推进跨国经营时，国际上任何一个旅游企业都垂涎中国规模庞大且仍在持续快速增长中的中国旅游市场。相信不论是地中海与复星的合作，还是州际同意被锦江的HAC收购，抑或NH酒店集团同意海航集团的收购案，这其中都有"中国动力"的因素在起作用。如何利用"中国旅游消费动力"去整合"全球旅游企业资源"，而不是"利用国外品牌整合国内市场"，这恐怕是当前中国旅游领域跨国投资的重要课题。

第二，复星集团本身在资本运作方面有着非常丰富的经验，复星集团"收购－退市（私有化）－做高估值－再上市－资本市场获利"的资本运作手法在业内并不陌生。这显然给传统旅游企业跨国投资时聚焦于标的企业或标的品牌的常规运营带来了新的思路和方向。此番复星多轮次参与收购地中海俱乐部亦有私有化的计划。

G.25 大运河、丝绸之路申遗成功与提升中国旅游国际竞争力分析

窦群*

摘　要： 2014年，我国大运河和丝绸之路列入世界遗产，涉及我国11个省区市一次性新增80处世界遗产地，这对我国遗产事业和旅游发展都具有里程碑意义。申遗成功与国家倡导推进丝绸之路经济带和长江经济带战略，使丝绸之路和大运河的遗产保护与旅游发展面临新的机遇与挑战，需要加强区域联合和资源整合，通过做出战略性的选择和系统规划加以推进。我国遗产事业和旅游发展紧密关联，需要总结经验，采取统筹措施，努力承担起作为一个遗产大国和旅游大国的国际责任。

关键词： 大运河　丝绸之路　世界遗产　旅游国际竞争力

2014年6月，联合国教科文组织第38届世界遗产委员会会议审议通过我国大运河项目和我国、哈萨克斯坦、吉尔吉斯斯坦跨国联合申报的丝绸之路项目被列入《世界遗产名录》。至此，我国世界遗产总数达到47项，继续稳居世界第二位。世界遗产，作为我国具有国际影响力的核心旅游资源和标志性旅游品牌符号，在得到严格保护的前提下，继续发挥着在丰富国家旅游形象、提升旅游发展竞争力等方面不可取代的作用。

---

* 窦群，研究员，博士，北京联合大学旅游学院旅游发展研究院智慧旅游规划研究中心主任，中国社会科学院旅游研究中心特约研究员。研究方向是城市与区域发展、旅游规划、旅游管理、旅游资源（遗产）保护与旅游发展。

一 大运河、丝绸之路入选世界遗产

大运河、丝绸之路入选世界遗产是我国发展世界遗产事业和提升旅游发展竞争力的一次全面丰收。客观上看，我国拥有的世界遗产数量已经不少，加上有充足的预备名单队伍列阵，每年有1~2项世界遗产入选已经成为惯例。但是，2014年入选的大运河、丝绸之路，作为在世界范围内具有广泛影响力和号召力的超大型线性文化遗产，在我国申遗史和旅游发展潜力提升上创造了多项第一。

（一）我国世界遗产队伍的空前扩军

大运河系列遗产，入选遗产共计58处，分布在我国2个直辖市、6个省、25个地级市，主要位于我国东部沿海经济最发达的环渤海和长三角两个区域；丝绸之路系列遗产的中国段共22处遗产，分布在我国中部地区的河南和西北地区的陕西、甘肃、新疆三省区。两项成功申报的世界遗产，横跨我国东中西三大区域，有11个省区市（相当于我国省域1/3数量）的80处世界遗产同时入选，从范围到数量，这在我国世界遗产队伍发展上是前所未有的。这从一个侧面说明了我国作为一个世界遗产大国的深厚底蕴和广泛代表性。

（二）世界上第一个跨国联合申报成功的项目

丝绸之路是世界上第一个以跨国联合申报的形式成功列入《世界遗产名录》的项目。丝绸之路作为跨国系列文化遗产，属文化线路类型，经过的路线长度大约8700公里，共包括33处遗迹，其申遗过程历时久、难度大，申报项目内容复杂、要求高、涉及面广，是前所未有的开创性工作。中国和中亚各国为保护丝绸之路遗产和申报世界文化遗产开展了大量工作，付出了艰苦的努力。丝绸之路跨国联合申遗，在项目选择、价值研究、协调管理机制建立等方面积累了成功的经验，对于丝绸之路后续跨国申遗项目以及我国丝绸之路系列的继续申遗都具有重要的借鉴和指导作用，进一步扩展了世界文化遗产申报的领域和空间，丰富和深化了世界遗产的理论和实践。跨国联合申报成功形成的思路和工作机制，无疑也为跨国旅游产品的开发打下了基础。

（三）我国具有国际影响力的旅游线路的一次全面扩军

丝绸之路申遗成功，是继万里长城、长江三峡之后，我国具有国际影响力的

旅游线路的一次全面扩军，是国家旅游品牌和旅游竞争力的一次全面提升。丝绸之路世界遗产项目在中国段有22处遗产点，涵盖已是国家5A级景区的甘肃麦积山石窟、西安大雁塔以及之前已入选世界遗产的嘉峪关长城（国家5A级景区）和敦煌莫高窟等著名遗产景区，还有众多具备发展成为高品质旅游景区潜力的遗产资源。

在大运河世界遗产58处遗产点中，山东枣庄台儿庄、江苏扬州瘦西湖、苏州虎丘3处已经入选国家5A级景区，北京通惠河、山东临清古城、微山湖、江苏洪泽湖、扬州个园和浙江湖州南浔古镇等景点景区具有很大的发展潜力，运河线上的著名旅游城市更是将久负盛名的苏州园林、杭州西湖等原有世界遗产瑰宝串联成线。

可以看到，丝绸之路、大运河，是继我国万里长城、长江三峡之后，已经形成并将逐步扩大影响力的世界遗产旅游线路，必将对我国旅游发展产生深远的影响。

二 丝绸之路遗产旅游发展的新机遇、新挑战

（一）丝绸之路旅游具有扎实的发展基础

贯穿亚欧大陆的丝绸之路，架起了东西方友好往来的桥梁。千百年来，这条贸易之路、合作之路、文明之路、友谊之路，促进了不同民族和文化的交汇融合，推动了不同国家和地区的互通有无，为亚欧大陆的繁荣发展，做出了特殊而重要的贡献，书写了世界文明史上浓墨重彩的壮丽篇章。

实际上，以敦煌世界遗产地为核心的丝绸之路，是我国最早向世界推广的经典旅游产品之一，早已蜚声国际旅游市场，旅游业也始终是促进丝绸之路沿线经济文化建设的重要平台。早在改革开放之初，我国铁路系统旅行社就成功开行丝绸之路沿线的"东方快车"，是承载丝绸之路文化的经典品牌和产品，至今经久不衰。我国已经接待了大批的如德国罗特汽车等大规模自驾车旅行团，其青睐的我国境内自驾线路，始终没有离开过丝绸之路。以上说明，丝绸之路旅游已经具有良好基础，是我国在国际市场上不可多得的具有世界感召力的旅游产品，值得倍加珍惜。

（二）丝绸之路旅游面临新的发展机遇

2014年，丝绸之路申遗成功，引起国际国内对于这一品牌的广泛关注，使

古老的丝绸之路又一次迎来世界的注目而焕发出新的生机。我国国内相关地区通过丝绸之路申遗，大力改善周边环境，为当地居民和外来游客营造赏心悦目的文化生活和游览空间，从而极大地促进遗产地旅游业的升级发展，增进社会可持续协调发展，使文化遗产保护更好地惠及于民、反哺社会。另外，习近平主席从战略高度，提出建设丝绸之路经济带，得到国际社会的广泛响应。通过推动共建丝绸之路经济带的战略实施，有利于密切我国同中亚国家及欧洲有关国家的关系，进而推动欧亚合作的深化，有利于拓展中国西部大开发战略实施的空间。这两大因素促使丝绸之路这一中国经典旅游产品被赋予新内涵、产生新关注、面临新机遇。

（三）丝绸之路旅游面临的竞争态势与新挑战

借申遗成功之势，我国国内相关地区也积极行动起来，体现在各种高规格的论坛和联合行动的此起彼伏，突出体现在遗产地所在城市的积极响应。

1. 甘肃省：兰州市与敦煌－嘉峪关－张掖－武威的丝绸之路黄金组合的一马当先

丝绸之路在甘肃省内长达1600公里。兰州，作为我国西北地区具有重要战略地位的特大型中心城市，是丝绸之路经济带重要的节点城市、独具魅力的文化旅游城市，在区域经济发展和向西开放战略中具有举足轻重的地位。2014年5月，由外交部和甘肃省政府共同主办的"亚洲合作对话——丝绸之路务实合作论坛"在兰州市举行，论坛期间，33个国家的政府官员围绕文化旅游领域合作进行了交流。2014年6月，第四届丝绸之路国际旅游节在张掖开幕，敦煌、嘉峪关、张掖、武威组成的丝绸之路精华之旅闪亮登场。可以看出，甘肃省在抓住丝绸之路机遇、促进旅游发展方面已经先声夺人、当仁不让。

2. 新疆：以亚欧博览会作为平台引领丝绸之路发展

第四届中国－亚欧博览会于2014年9月在乌鲁木齐举办，其间，在乌鲁木齐市召开了"第九届丝绸之路市长论坛暨2014年丝绸之路经济带城市合作发展论坛"，旅游合作是主要议题。可见，新疆在主打丝绸之路旅游品牌方面也是紧锣密鼓。

3. 陕西：创新举办丝绸之路国际旅游博览会

首届中国西安丝绸之路国际旅游博览会于2014年9月在西安举办，以后每年举办一届，计划用几年时间将其培育成为知名旅游博览会。西安作为具有国际影响力的传统旅游城市，由于具有兵马俑、华清池、大唐芙蓉园等3个5A级景

区，并有西岳华山的呼应及有作为主要枢纽机场且功能完备的西安机场，在丝绸之路旅游品牌拓展上，有着得天独厚的综合优势。

综上，国内相关省份和城市希望借助丝绸之路品牌的历史文化价值和巨大影响力，凸显自身在丝绸之路发展过程中的独特地位，强调自身对于弘扬丝绸之路文化的重要作用。由此，围绕丝绸之路的各种考古和历史文化发掘的新发现、新提法层出不穷，包装丝绸之路品牌、开发丝绸之路旅游文化产品的创意眼花缭乱，进一步加剧了对于丝绸之路品牌制高点及其开发利用价值争夺的激烈程度。这种局面，从积极的角度看是好事，反映了各地对于弘扬祖国历史文化、重视国际品牌价值的愿望和行动。但是，有些事情往往是既怕不重视，更怕一窝蜂似的、盲目地过度重视，丝绸之路品牌可能在一定程度上出现了这种问题。

（四）共享丝绸之路国际品牌的发展机遇

丝绸之路是一个具有整体性、综合性概念的国际品牌，国内一些地区为了片面强调自身在丝绸之路品牌中的起点、中心等地位争论不休，这使划分和命名已经比较混乱的丝绸之路品牌更加纷繁复杂。这种情况无益于丝绸之路品牌以整体的形象走进国际视野，无益于巩固扩大丝绸之路品牌的文化内涵和影响力，最终也无益于国内各地区对于丝绸之路品牌的弘扬及其对当地经济社会发展的带动。

所以现阶段，丝绸之路品牌的当务之急不是再纠缠于去争论划分更多分支、更多类型，而是强调各个地区在不同丝绸之路品牌的成长过程中的突出地位，这是学术研究层面的工作。从旅游发展来看，丝绸之路品牌需要从分散到整合，从凌乱到清晰，只有在整合、清晰的基础上，打响丝绸之路这一整体品牌和形象，丝绸之路才有进一步梳理和提升的机会和空间。否则，即使面对申遗成功的机遇，也仍然摆脱不了消耗精力于"窝里横"和"羞在深处人未知"的尴尬局面。

（五）丝绸之路旅游发展的国际、国内空间和潜力

乘丝绸之路申遗成功和中央推进丝绸之路经济带建设的东风，旅游业发展大有作为，可以从国内和国际两个层面着手加以推进。

在国内层面，一是加大丝绸之路品牌的广泛宣传，使之更加响亮地走向世界，不仅仅要当作文化品牌进行软性市场营销，更要引导国内有实力的企业依法申请注册国际酒店、航空公司、旅游电子商务、旅游企业集团等围绕丝绸之路文化的企业品牌，使其更加广泛深入渗透到旅游产业体系中；二是积极推动旅游部门与交通、文化等部门的紧密合作，在现有经典的西安－敦煌－乌鲁木齐旅游线

路基础上，依托交通体系和亟待完善的旅游公共服务设施支持，逐渐拓展旅游产品的空间和类型；三是在国际国内旅游市场的更多重要营销和演出场合，邀请演出反映丝绸之路文化的舞剧《丝路花雨》等经典作品，积极争取力量，争取创作演出更多弘扬丝绸之路文化的、有影响的、具有国际对话能力的影视文化作品，以此促进丝绸之路文化的更广泛、立体化传播；四是积极配合我国与中亚地区国际合作的整体推进，努力争取发展边境旅游、跨国旅游的更好环境和条件，使丝绸之路旅游真正成为一条品牌国际化、产品国际化的旅游产品。

在国际层面，借助跨国申遗形成的合作机制，逐步争取和积蓄力量，促进丝绸之路产品和品牌推广的国际化进程。丝绸之路沿线各国情况千差万别，丝绸之路经济带大战略实施需要借助联合国开发计划署以及一些国际金融组织的力量，促进沿线国家加强政府间的合作，实施联合开发战略，加快旅游互联互通，分段建立不同的工作平台。需要灵活地通过双边和多边等合作机制推动旅游合作，当务之急是在出入境政策和交通上不断寻求新突破，以便使区域旅游合作从规划逐步走向现实。

三　运河旅游如何走向世界

运河申请遗产成功，将有助于推动运河旅游走向世界，在国际上打响中国大运河（Great Canal）旅游品牌。

（一）大运河具备成为我国新的黄金旅游线的良好条件

京杭大运河与万里长城齐名，并称为中华民族的两大人工奇迹。在国际上，京杭大运河一直以中国大运河之美名传播于世界各国。京杭大运河列入世界遗产，这无疑对传承和弘扬运河文化、推进沿途经济社会的全面发展发挥不可估量的作用。通过世界遗产的品牌带动作用，通过统筹规划、完善沿途配套基础设施和旅游产品，运河旅游可望逐步克服在空间上断断续续、多不通航的困难，重现运河在当代的魅力。经过各方努力，京杭大运河完全有可能像万里长城和丝绸之路一样，逐步成为从概念到产品都比较成熟、可以在国际国内旅游市场上形成广泛影响力的我国又一条黄金旅游线。

（二）处理好运河遗产保护与旅游发展关系的几个关键问题

一是保护运河文化遗迹和沿途景观，既是保护世界遗产的基础性工程，更是旅游发展的核心竞争力。"活态"文化遗产是大运河遗产的显著特征。历经沧桑，大运河山东济宁以南的部分至今仍在通航，在交通运输中发挥着无法替代的重要作用，而其他一些河道已经转变成为景观河、灌溉河、排涝河，在当代社会的方方面面也发挥着重要作用。此外，大运河的"活"还体现在她始终是一条不断发展变化的运河。历史上，因为黄河改道等自然原因，大运河就曾多次变迁。近代以来，随着传统功能部分退化，运河使用功能发生变化，管理维护设施不断更新，运河沿线城市面貌也持续改善，而这些变化共同为大运河作为活态文化遗产的价值提升做出了贡献。妥善处理好遗产保护与"活态"遗产持续利用是大运河遗产保护的一项重要内容。

大运河申报世界文化遗产成功为巨型活态文化遗产保护进行了有益尝试。大运河保护需要将运河遗产保护与运河功能延续相结合，与城镇发展建设相结合，与历史文化展示相结合，与生态环境保护相结合，推动遗产地的经济社会发展，引导并推动沿岸城市文化旅游品位提升，使沿岸民众和游客的生活环境和品质有所改善。

历经千年，运河沿途仍然留下了丰富的历史文化遗存，形成了漕运、商业、政治、城市、古镇、宗教、水利、民俗、饮食、文艺、名人、建筑等显著的地域性文化，积淀了深厚悠久的文化底蕴，形成了一条横亘南北的自然与文化风景带，这既是运河申报世界遗产成功的核心依托，也是运河旅游赖以发展的生命线。当前，随着城市化进程加快，对大运河实施抢救性保护利用，实现可持续发展已经到了紧要关头，需要特别加强保护抢救的力度，确保遗产地的核心资源及其赖以生存的空间不被破坏，防止申遗过程中实施的各种保护措施放松甚至放弃。从技术层面上分析，京杭大运河旅游发展存在一些亟待解决的问题。特别是资源保护欠账较多，部分河段破坏严重，景观风景不佳，产品观赏性不足。许多城市运河长年被当作排污河，河道污染严重，河流景观遭到极大破坏，降低了景观的美感度和旅游吸引力。许多城市在建设中对城市运河河道进行了现代工程处理，大量滨水历史建筑被拆除，运河两岸古迹风貌损坏严重，古运河正在失去往日的风采，以上错误的做法必须依法得到及时纠正和制止。

二是加强区域联合、资源整合和品牌共享，培育和弘扬运河的整体旅游品牌。现状的运河涉及六省二市，各地对于运河旅游的开发，在规模、重点选择上都存在较大差异，已有产品的规划与开发多局限于各自地区，导致产品类型的雷同，难以将大运河的文化内涵及旅游价值充分体现，特别是运河资源类型、功能多样，加剧了整合运河旅游发展合力的难度。为此，需要打破条块分割，建立国家和区域各个层面的协调机制，构建旅游与水利（南水北调指挥部）、交通、城建、环保、文物等相关部门共同参与的运河旅游协调机制，按照国家已经制定的各类规划，加强协调，各负其责，逐步推动运河旅游向着完整线路与整体品牌的目标迈进。

三是构筑立体交通支撑体系，灵活配置旅行与游览，形成吸引国内外游客的丰富的运河旅游系列产品。丝绸之路的开发是依托西安、兰州、乌鲁木齐等区域性中心城市，借助铁路，通过推出"东方快车"品牌产品的方式，包装和经营丝绸之路沿线旅游产品，取得较大成功。大运河的传统功能是水上货运，如今，这种功能已经日趋式微，通航河道比较局限。为此，运河旅游可以借鉴丝绸之路旅游开发经验，借助北京、杭州国际机场等客源集散中心，依托京沪、沪杭高铁等快速通道，形成快旅漫游的格局，在可以通航的局部地段，开发可以体验水上泛舟、游览沿河风貌等旅游项目，形成可供游客选择的灵活多样的运河旅游产品体系。

四是依托城市旅游品牌拓展运河旅游产品，形成运河旅游与沿途城市旅游的互动。运河沿线城市多是我国著名的旅游城市，而运河旅游在沿途城市中往往不是第一梯队的核心旅游产品，在这种情况下，短期内还难以形成游客专门以运河旅游为目标的主体市场，需要以城市旅游带动运河旅游的方式，逐步培育运河旅游在城市旅游中的重要地位，通过运河旅游丰富和提升城市的旅游形象，形成城市旅游和运河旅游相互促进的良性格局，并在这个过程中，逐步整合运河旅游的整体品牌。

五是深入挖掘运河旅游文化内涵，加强营销，逐步放大运河旅游品牌的影响力。分析运河旅游发展的现状，客观上看，运河旅游在很大程度上是个历史文化的概念，实体的历史文化遗存已经非常珍贵和有限，为了实现旅游发展所要求的"好听好看"的要求，需要深入挖掘运河文化内涵，采取适当的展现手法，使游客能够有更多机会体验、追寻运河旅游的博大精深。以大运河品牌无形资产为基础，借助世界遗产的资源保护、挖掘和整理过程，整合旅游及其相关的各类规划，在沿途省市的共同努力下，以现代交通和城市为依托，传承运河文化的灵魂，经过逐步积累，运河旅游完全有可能成为我国又一条在国际旅游市场打响的黄金旅游线。

（三）期待 The Great Wall 和 Great Canal 两个中国国际旅游品牌的并驾齐驱

大运河申遗成功对我国旅游发展是一件具有深远意义和重大影响的幸事。我国已经在国际上形成了具有广泛影响的中国长城（The Great Wall）旅游品牌，主要是依托我国北方东西走向、借助山脊线形成的雄伟的万里长城景观，具有很强的视觉冲击力和徒步旅游价值。贯穿我国南北的运河旅游带，处于我国东部经济最发达、历史文化与现代文明交相辉映的地区，借助申遗成功，通过加强科学营销，逐步积累大运河旅游品牌的影响力，在国际上逐步打响"中国大运河"（Great Canal）这张名片，可望为我国构建东方文明古国与当代发展中大国相融合的国家旅游形象、客观全面展现我国旅游发展魅力和综合实力发挥应有的作用并产生深远的积极影响。

四 世界遗产地助推中国旅游逐步提升发展竞争力

大运河、丝绸之路在2014年申遗成功，使我国更多遗产地具备了向世界推介和展示自己的国际通行标签和语言。实际上，回顾我国申遗和旅游业发展的国际化进程，二者可谓异曲同工、相得益彰。

20世纪80年代，我国旅游业发展初期核心旅游资源主要是世界遗产类资源，供给对象主要是入境游客，1987年，我国入选首批世界遗产6项，包括北京故宫、周口店北京人遗址、长城（代表遗产地是北京八达岭）和西安兵马俑、敦煌莫高窟、泰山等，基本是我国当时的主要入境旅游目的地，旅游业的发展也使我国作为一个东方文明古国的形象向世人揭开了神秘的面纱。

进入20世纪90年代，我国国内旅游迅速发展，旅游需求旺盛，假日旅游全面升温，世界遗产旅游资源面对国际、国内游客的共同青睐，严重供不应求，面临较大压力。十年间，我国共成功申报17项世界遗产，更多核心旅游资源加入到世界遗产的行列，并由此带动形成了一批新兴的国际、国内旅游目的地。特别是在这一阶段，我国申报世界自然遗产实现了零的突破。1992年，九寨沟、张家界入选世界自然遗产，我国中西部昔日偏僻的山川向世人伸出了拥抱的臂膀，并以其瑰丽的风光和综合价值而令人叹为观止；丽江、平遥和皖南民居等传统的穷乡僻壤，因为加入世界文化遗产而成为旅游热点。由此，我国作为东方文明古国和江山多娇的中国旅游形象得以进一步丰满，我国作为世界遗产大国的地位初步确立。旅游业发展全面带动了世界遗产地的对外开放进程和经济社会的全面发展，一批著名旅游目的地在这个阶段形成，有力缓解了国内旅游迅猛发展对于传统旅游目的地的压力和冲击。

进入21世纪以来，四川大熊猫栖息地进入世界遗产。与此同时，我国在申遗中加大了一些扩展项目和联合申报项目的推进力度，比如在中国南方喀斯特（云南石林、重庆武隆、贵州荔波）和中国丹霞（福建泰宁、湖南崀山、广东丹霞山、江西龙虎山、浙江江郎山、贵州赤水）两项申报中实现了8个省市的9处世界遗产地入选，起到了事半功倍的效果，我国成为自然遗产和文化遗产都比较丰富、名副其实的世界遗产大国。遗产地的增多有力拉动了旅游业的全面发展，这期间也是我国国内旅游"井喷式"膨胀发展的时期，传统世界遗产地环境容量有增无减（2013年10月3日，故宫单日游客超过18万，泰山超过9万），而更多新兴世界遗产地作为旅游目的地的发展，进一步缓解了传统世界遗产地的环境容量压力，有利于旅游业的均衡化发展。

可以发现，我国遗产地逐步申报的过程伴随中国旅游业逐步国际化和规模发展的进程，遗产地由初期北京、西安等少数著名旅游城市，向我国更多省份和城市逐步扩散，特别是向发展潜力更加广阔的中西部发展。联合申报的方式，使我国遗产地一次性可以获得更多丰收，这为培育一批又一批新兴的旅游目的地提供了源源不断的后备军，中国旅游业得以借助世界遗产地的逐步增多走向国际化、均衡化的全面、协调和可持续发展新阶段。旅游业的发展应当感谢中国的申遗事业，中国的申遗事业需要旅游这个平台不断得到鼓励和弘扬。可以预见，伴随着我国新一轮改革开放的进程，申遗事业和旅游业发展还将继续携手并进、比翼双飞。我们完全有理由坚信和期待，中国作为一个遗产大国和旅游大国，必将能够为促进世界遗产资源合理保护和利用、促进遗产文化弘扬承担起一个负责任大国应尽的责任和义务。

参考文献

《关于促进旅游业改革发展的若干意见》（国发〔2014〕31号）。
《关于加快发展旅游业的意见》，（国发〔2009〕41号）。
《大运河旅游规划》，国家旅游局，2013。
《丝绸之路旅游规划》，国家旅游局，2011。
窦群：《旅游资源与市场一体化管理的观察与思考》，《中国旅游报》2010年7月19日。
窦群：《区域旅游产业定位的理论困惑及其影响》，《旅游学刊》2001年第1期。

G.26 试论我国饭店产品质量信号的演化与创新

秦宇 王璐瑶*

摘 要: 由于饭店等服务业的产品具有无形性,顾客很难在消费之前了解其质量。因此,消费者需要通过一些能够指示饭店产品质量的信号来帮助其实现购买决策。在这种情况下,标准、品牌和口碑三种质量指示信号应运而生。标准、品牌与口碑点评是三种可以相互替代的质量信号机制,但是口碑点评比品牌和星级标准拥有更多的优势。因此,口碑点评将可能成为主导性的质量信号,标准和品牌作为补充机制,将承担参照系的作用。针对未来饭店产品质量信号的创新方向,企业品牌需要更加灵活,星级标准需要更加精确、动态,口碑点评服务提供商则需要通过对数据的甄别和深度加工来提高口碑信息的价值。

关键词: 饭店 质量信号 演化趋势 创新

产品或服务的生产者如何向潜在的消费者发送关于本企业产品或服务的质量信息是一个重要的理论与实践问题。Nelson(1974)首次提出了"质量指示信号"的概念,并指出广告是指示产品质量的一个信号。除广告以外,价格(Milgrom, Roberts, 1986)和品牌(Wernerfelt, 1988; Erdem, 1998; Rosengren, Bondesson, 2014)也被看作是指示产品质量的重要信号。在酒店业中,产品具有无形性,消费者难以在消费前确定产品质量,他们往往对质量信号有更高的需

---

* 秦宇,管理学博士,北京第二外国语学院酒店管理学院教授,硕士生导师;王璐瑶,北京第二外国语学院酒店管理学院研究生。

求，以降低自己在购买前的搜寻成本。广告和品牌均是市场发展到一定阶段的产物，不一定在所有市场中都存在并拥有完善的质量揭示功能。因此，在某些酒店市场中，酒店评级标准和口碑也成为重要的质量信号（Israeli，2002；Abrate，Capriello，Fraquelli，2011）。

目前，在我国的酒店市场中，主要存在着标准、品牌和口碑三种信号向消费者发出关于酒店产品和服务质量的信息。学术界中，对口碑的研究较早，一开始的口碑主要是指通过消费者口口相传形成的关于产品和服务质量的声誉判断（Arndt，1967）。21世纪以来，口碑与信息技术和互联网结合，传播范围更大、传播速度更快，对产品和服务声誉的影响也更大（Dellarocas，2003）。饭店业中对品牌有目的的宣传和推广的历史不长，一般认为，主要为外地客人提供服务的商业饭店（Trement）所做的广告是酒店品牌宣传的开端（Aaker，1991）。酒店评级标准最为年轻，现在国际上影响较大的官方与非官方的酒店评级标准，主要是20世纪50年代大众旅游活动开展以来的产物。由于技术环境、需求因素和竞争条件的变化，我国酒店市场中这三种信号呈现出引人注目的演化趋势。这些演化趋势不仅关乎三种信号机制本身的未来发展，也对酒店企业未来的市场营销、顾客关系管理、运营控制及绩效评价等一系列工作有重大影响。

一 三种质量信号及演化趋势

国际上的标准化运动起源于20世纪初的欧洲，各个国家基本遵循一星到五星（或用"花""钻"等类似的标志）的等级划分与评定原则，并以此来形成对饭店业的规范，揭示产业中不同级别饭店产品及服务的质量水平。目前欧洲国家主要通过标准化联盟的方式进行星级评定，例如奥地利、捷克、德国、匈牙利、荷兰、瑞士等国组成了酒店星级联盟（Hotel Stars Union）并对这些国家的饭店进行统一标准的星级评定与监督；美国、泰国等国家则主要以行业标准来划分饭店星级，并通过中介机构认定和监督的方式规范其经营与管理，从而提高其质量水准；韩国与我国的饭店星级评定标准类似，主要通过政府制定、发布、实施的方式进行。改革开放至今，我国饭店业中行业影响力最大的成就之一就是星级标准的制定、实施和推广。1992年以来，星级饭店标准规范引导着我国饭店业中的投资、经营和管理活动，并成为其他行业中制定标准的标杆（王大悟、司马志，2008）。由于标准是评定质量的依据，能够以一致性的条件对饭店进行等级上的划分，具有客观、可信的特点，因此在很长一段时间内，星级标准一直是我国饭店业中主导性的质量信号,五星级饭店成为最高质量的代名词。

由于品牌具有稳定性、持续性和标准化等特点,顾客能够从品牌当中获取关于产品和服务水平的信息,进而判断其质量(Keller, Lehmann, 2006; Moorthy, 2012),因此品牌管理受到企业的高度关注(Erdem, 1998)。在酒店业中,通过品牌来指示不同类别和档次的产品一直是饭店企业的普遍做法,国外各大饭店集团均已形成了明确定位的品牌体系(Ataman, Mela, Heerde, 2008)。一些饭店公司还通过同一品牌中的多元化分级满足不同顾客对于产品和服务质量的要求,实现了品牌与标准对于饭店质量信号指示的有效结合。例如,美国的戴斯酒店在"Days Inn"品牌中构建三星、四星、五星等多个等级分类标准,从而为顾客提供更加可靠的质量指示信号。在我国,随着锦江之星、如家、汉庭等连锁酒店企业的快速发展,酒店业的品牌化率不断提升,品牌逐渐开始成为一种重要的质量信号。

21 世纪第二个十年,互联网的大发展造就了网络点评这一新类型的口碑,使其在越来越大的范围内指示着酒店的质量(Mauri, Minazzi, 2013)。顾客可以通过查看他人的点评来了解饭店的产品及服务,以此作为指示信号来进行质量判定,并做出消费决策。随着 TripAdvisor 等平台推出了口碑宣传功能,越来越多的饭店开始引入网络口碑作为品牌的补充说明(Lee, Law, 2011),以体现其产品与服务的质量水平,例如,宜必思(Ibis)在其官网主页上加入了 TripAdvisor 的口碑点评,方便顾客以此作为判断其质量的一个信号。

根据笔者对行业的观察,由于信息技术的进步、企业经营管理水平的提高和同侪消费者意见重要性的提升,这三种质量信号出现了波浪式演化趋势(见图1):标准的质量揭示功能在衰退,品牌的功能在增长;在品牌的揭示功能尚未完全发挥的时候,网络口碑迎头赶上,增长尤为快速。

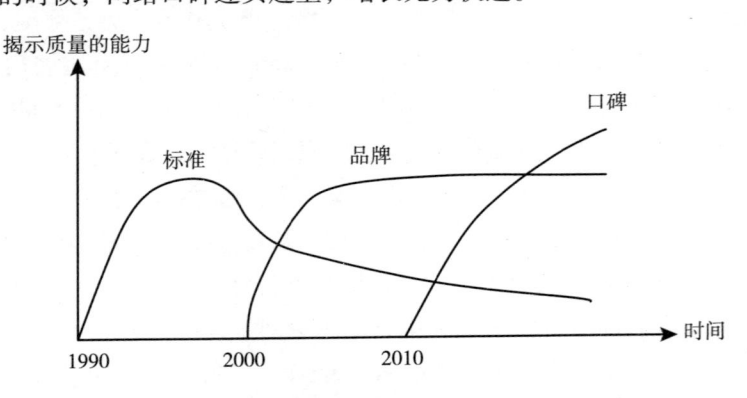

图1 三种质量信号的演化趋势

对于三种质量信号的此消彼长,本文举例加以说明。若我们外出旅游来到一个陌生的城市,发现拟投宿位置附近有两家价位相似的饭店供我们选择,其中一家是单体的三星级饭店,另一家是连锁的锦江之星酒店。大部分人选择锦江之星的可能性更大。主要原因在于,同一星级的酒店质量有事实上的高低之分。甲乙都是三星级酒店,但甲的质量水平可能是90分,乙的质量可能是60分。同一级别的质量信号所体现出的本应相同的质量有很大的波动性,由此带来了较大的不确定性,消费者为了规避不确定性带来的风险,会选择不确定性更小的酒店。在"锦江之星"品牌体系下,由于各个酒店从装修改造时就采取了统一的硬件标准,开业后的服务流程和标准也是统一的。因此,酒店质量稳定性要好得多,高低波动不会太大,一般介于75~85分。换言之,品牌的质量揭示结果比星级标准的质量揭示结果更准确,由此降低了消费者选择的不确定性。

继续前面的例子,若我们在出发之前就着手搜索酒店,在预订网站上看到目的地的拟投宿地点附近有两家酒店,第一家是锦江之星,第二家是与锦江之星同价位的无星级单体酒店。锦江之星的顾客综合点评得分是3.5,顾客点评数是200个。第二家酒店顾客综合点评得分是4.1,点评数是300个。这种情况下,我们很可能会选择第二家酒店(假设不考虑会员卡积分等因素)。原因在于,由于开业年份、地区发展水平、标准执行和硬件维护等方面的差异,同一品牌下的酒店质量也有高低波动。而对同一个目的地同一位置附近的两家或多家同价位酒店之间来自消费者口碑的直接比较,能够更为客观、准确地揭示出两家或多家酒店的质量差异。

中国城镇之间、地区之间发展的不均衡性,扩大了品牌和标准这两种质量信号波动的范围,企业的品牌管理者和标准的等级评定者们对此也颇感棘手。波动范围增大带来了很大的不确定性,良好的口碑信号较好地解决了与之有关的很多不确定性问题,因此具备了成为主导型质量信号的基础。

二 质量信号揭示机制及作用方式

为何会出现三种质量信号此消彼长的波浪式演化呢?这与三种信号的揭示机制和作用方式的差异有关。

(一)揭示机制的差异

与品牌和标准相比,网络口碑在针对性、信息丰富性和时效性方面有了本质

的提高。

首先，网络口碑能够对每个酒店设施做个别评价并揭示其质量。与之不同，品牌和标准只能告诉消费者某个酒店属于某一类别的质量范畴之内，但是无法将其与属于同一范畴内的其他酒店做比较（Sappington, Wernerfelt, 1985；戴斌，2001）。也就是说，在两家饭店都挂上了三星级或都挂上了锦江之星的牌子后，消费者很难再通过品牌和星级标准判断其质量。

其次，网络口碑点评蕴含的信息量大（Schemmann, 2011）。点评者不仅会列出自己入住酒店的目的、给出总体的评分，还会对设施、卫生、位置、服务等各个方面做出文字描述评价。信息丰富性及其可分性使得点评信息能够更好地满足某一类特定消费者群体的搜寻偏好。例如，极度重视卫生、洁净的消费者会专门查看卫生方面的信息；亲子游的消费者会筛选查看同类顾客的评价。

最后，某酒店一旦被评定某个星级或采用某个品牌后，除非特殊情况，在较长的一段时间内星级和品牌不会发生变化，因此难以带给消费者新的质量信息。相反，口碑点评每天源源不断地由同侪消费者生产出来，反映着酒店最新的环境、软硬件等质量变化。例如，酒店周围在修路、某些楼层在装修、房间新换了设施等信息都能够通过口碑点评体现出来。

简言之，与品牌和标准相比，从揭示机制看，口碑信息具有以下优势：不仅能够比较不同标准、不同品牌酒店的质量差异，还能够比较同一标准体系、同一品牌范畴内不同酒店的质量差异；不仅能够比较酒店在某个时点的质量差异，更能够比较酒店在任意时段内的质量差异；不仅能够比较酒店的总体质量差异，还能够比较酒店在产品及服务各维度的差异，并揭示不同类型旅游者对这些差异的认知。这些优势使得口碑点评在帮助消费者确认酒店质量时具有更大的价值。因此，总体上看，与另外两种信号揭示机制相比，口碑点评信息更准确、更动态、更全面，也因此更大程度地降低了消费者在确定质量信息时面临的不确定性，这是客观方面的优势。

（二）作用方式的差异

品牌、标准和口碑的作用方式也有较大的区别。标准和品牌这两种质量信号都是经由自上而下的路径形成的。不管是为酒店赋予一个品牌还是评定某个级别的标准，都是由某个上层机构（例如品牌酒店公司或省级、国家级的星级评定委员会）经过某个程序决定的。尽管这些机构都力图保证自己的独立性和公正性，但事实上，只要被评定者和评定主导者存在利益上关联的可能性，就有可能产生某种噪音，影响质量信号自身的质量，出现信号失真。

相反，网络口碑的质量信号是通过一种草根式、分享式的自下而上的路径形成的，建立在与被评定者（酒店）、评价主导者（携程或去哪儿）都没有利益关联的同侪消费者评价的基础上，质量信号本身受干扰的可能性较小。很多研究都表明，主观上看，消费者会更倾向于相信来自同侪消费者的评价（Sparks, Browning, 2011）。其中一些"专家"消费者的意见，会在相当大程度上引导消费者的选择。

以下我们对三种信号的模式和机制等特征做个简单的比较（见表1）。

表1 三种质量信号的特征比较

质量信号	模式	机制	评定者	信息量	可划分性	时效性
标准	自上而下	半市场化	政府/协会	较小	较低	较弱
品牌	自上而下	市场化	企业	较小	较高	较弱
口碑	自下而上	市场化	消费者	较大	较高	较强

国内最大的酒店网络口碑分析公司慧评网的数据表明，2010~2013年，国内酒店点评的数量分别是96万条、140万条、266万条和662万条，呈现出井喷式的增长。除了数量的增长外，有调查表明，点评信息已经成为除位置外，消费者选择酒店的第二大因素。这些都充分说明，口碑点评在揭示酒店质量、影响消费者决策方面发挥的作用越来越大。

三　质量信号演化的深层次原因分析

越过信号机制和作用方式本身的差异，我们认为更深层次的消费需求特征、社会消费文化和技术进步构成了质量信号演化的原动力。

从消费需求特征来看，近十几年来，我国居民的收入水平不断上升，工作节奏和生活节奏整体上也越来越快，消费者的时间价值越来越高。消费者越来越希望以一种确定的方式消费服务产品，因为不确定性意味着未来是有变化的，而这种变化有可能造成时间、精力等方面的损失。因此，在为选择产品而搜寻质量信息的时候，消费者会选择花费时间最少、不确定性最低、准确度最高的质量信息。

从社会消费文化来看，新时代的消费者追求个性张扬和独立自主，不盲从。

社会信任的基础和机制受其影响在发生重大的变化。消费者们越来越不希望由某个权威来告诉自己关于产品质量、服务体验的信息，而是希望自己探索得到这些信息，尤其是探索来自与自己相似或相同的消费者的信息。借助网络的力量，同侪消费者提供的质量评判信息正以前所未有的规模、深度和易获取性涌现出来，极大地影响着其他消费者的决策。

从技术上看，酒店的经营者和销售者都希望借助技术的力量，将酒店产品和服务的信息以一种实时、低成本、可信赖的方式发送出去。消费者也希望以低成本发出或获得服务质量的相关信息。现在的顾客可以几乎无成本的同时比较数十家甚至数百家酒店的质量，并将自己的不满意或满意的态度在几分钟内传遍网络。借助互联网的力量，预订网站和点评网站能够汇聚、整理、分析数百万甚至数千万的口碑点评信息，给消费者的选择带来了极大便利。

四　三种质量信号的创新方向

标准、品牌与口碑是三种可以相互替代的质量信号机制。我们在上面的分析中已指出，作为一种质量信号，口碑点评比品牌和星级标准拥有更多的优势。那么，标准和品牌会完全被口碑取代吗？当然不会，作为两种重要的信号机制，它们还会在相当长的一段时间内发挥作用。在某些市场、某些阶段中仍然会起到引领性的作用。但是，任何一种制度或做法都有生命周期，都有走向衰落的一天。长远来看，对于三种质量信号的创新和发展，我们有以下的认识。

第一，口碑将很有可能会成为主导性的质量信号，在消费者选择酒店产品方面发挥最大、最重要的作用；品牌和标准作为补充机制，承担参照系的作用。目前一些消费者的预订模式可能会成为今后的主流模式：在选定目的地范围和价位范围后，利用预订网站的"评价排序"功能，从高到低列出所有饭店，再根据品牌和星级做出选择。

第二，企业品牌需要更加灵活。若某一品牌已经发展较多数量的饭店，则存在对这些饭店做进一步等级划分的必要；另外，酒店公司应与口碑点评服务供应商合作，主动将口碑点评的信息植入自己的预订系统，方便顾客判断质量。例如，在酒店预订官网上列出每一家酒店在携程和去哪儿的点评得分。

第三，星级标准需要更加精确、更加动态。例如，直接标出酒店在通过本星级评定时，按照百分制计算的得分（这一点从技术上讲并不复杂）。从质量信号揭示的实时性角度来看，现有的星级标准较为固态，难以为消费者提供最新的质量信息。应该增加年度复检的频率并将复检得分结果进行公示。

第四，口碑点评服务提供商需要通过对数据的甄别和深度加工提高口碑信息的价值。作为一种相对较新的质量信号，口碑点评在甄别方面还存在一些问题。例如，如何提高理解顾客点评的准确度？如何将虚假点评筛选出来？如何更为细致地分解点评？如何提高不同点评之间的可比性？口碑点评信息可供挖掘的价值空间也还有待拓展。例如，未来的分析应体现出被点评对象的纵向和横向变化。也就是说，某一酒店的口碑分析应体现出最近一年、一个月或一周的得分变化；之后，将这种变化与同一地区类似的酒店进行横向比较。未来的分析还应该体现出点评者的差异，将人口统计特征变动或消费特征变动与点评内容做交叉分析并得出关于消费者的消费趋势。作为一种质量信号，对点评的分析还应该考虑到包括企业、顾客和其他需求方的需求特征，并有针对性地进行分析。此外，Stampoulidou 和 Pantelidis（2012）指出图片及影像将成为饭店业网络口碑的新形式，并将逐渐占据主导地位。基于这一现象，口碑点评服务提供商应当在进一步提升信息处理能力的同时，寻求与"秒拍"等新型短时拍摄工具供应商的合作，丰富网络口碑的表现形式并增强其对于质量指示的作用，使顾客能够更加高效、准确地获取关于饭店产品及服务质量的相关信息。

五　结语

标准、品牌和口碑三种质量指示信号为消费者对无形性产品的选择提供了依据，由于更深层次消费需求特征的出现、社会消费文化的改变以及科学技术的进步，饭店市场的质量指示信号逐步演化，使得网络口碑在越来越大的范围内指示着饭店的质量，并且在今后将可能成为主导性的质量信号，而品牌和标准将作为补充机制，辅助消费者进行消费决策。

在信息技术的促进下，网络口碑使得消费者群体一方面可以对酒店企业评头论足，另一方面可以对酒店企业横挑竖选。消费者决定企业命运的集体意志从未像今天这样强大。而这种集体意志，都经由网络口碑体现出来。

网络口碑的应用和研究，才刚刚拉开帷幕，其对于企业运营管理各方面的作用已经显现出来并得到了酒店企业的认可。然而，对网络口碑进行搜集、整理、分析和综合的价值是一座还未完全得到开发的宝贵矿藏，值得实践者和理论研究者们投身其中。

参考文献

Arndt J. (1967). Role of product-related conversations in the diffusion of a new product. *Journal of Marketing Research*, 4 (3): 291-295.

Aaker D. A. (1991). *Managing brand equity*. New York: The Free Press.

Abrate, G., Capriello, A., &Fraquelli, G. (2011). When quality signals talk: Evidence from the Turin hotel industry. *Tourism Management*, 32 (4), 912-921.

Ataman M. B., Mela C. F., Heerde H. J. (2008). Building brands. *Marketing Science*, 27 (6): 1036-1054.

戴斌:《标准、信号与质量预期》,《旅游学刊》2001年第16期。

Dellarocas, C. (2003). The digitization of word of mouth: Promise and challenges of online feedback mechanisms. *Management science*, 49 (10), 1407-1424.

Erdem T. (1998). Brand equity as a signaling phenomenon. *Journal of Consumer Psychology*, 7 (2): 131-157.

Israeli, A. A. (2002). Star rating and corporate affiliation: their influence on room price and performance of hotels in Israel. *International Journal of Hospitality Management*, 21 (4), 405-424.

Keller K. L., Lehmann D. R. (2006). Research findings and future priorities. *Marketing Science*, 25 (6): 740-759.

Lee H., Law R. (2011). Helpful reviewers in TripAdvisor, an online travel community. *Journal of Travel & Tourism Marketing*, 28 (7): 675-688.

Moorthy Sridhar (2012). Can brand extension signal product quality? *Marketing Science*, 31 (5): 756-770.

Mauri A. G., Minazzi R. (2013). Web reviews influence on expectations and purchasing intensions of hotel potential customers. *International Journal of Hospitality Management*, (34): 99-107.

Milgrom P., Roberts J. (1986). Price and advertising as signals of product quality. *Journal of Political Economy*, 94 (4): 796-821.

Nelson P. (1974). Advertising as information. *Journal of Political Economy*, 82 (4): 729-754.

Rosengren S., Bondesson N. (2014). Consumer advertising as a signal of employer attractiveness. *International Journal of Advertising*, 33 (2): 253-269.

Schemmann B. (2011). *A classification of presentation forms of travel and tourism-related online consumer reviews*. ENTER 2011 Conference on Information and Communication Technologies in Tourism SHORT PAPER.

Sparks B. A., Browning V. (2011). The impact of online reviews on hotel booking intentions and perception of trust. *Tourism Management*, 32 (6): 1310 – 1323.

Stampoulidou K., Pantelidis I. S. (2012). *Hospitality word of mouth 3.0—The importance of word of video (WOV)*. 2nd Advances in Hospitality and Tourism Marketing & Management Conference.

Sappington D. E., Wernerfelt B. (1985). *To brand or not to brand? A theoretical and empirical question*. Journal of Business, 58 (31): 279 – 293.

Wernerfelt B. (1988). *Umbrella branding as a signal of new product quality: an example of signaling by posting a bond*. Journal of Economics, 19 (3): 458 – 466.

王大悟、司马志:《中国旅游饭店星级标准前瞻研究》,《旅游科学》2008 年第 22 期。

·港澳台旅游·

G.27
2013～2015年香港旅游业发展分析与展望

戈双剑*

摘 要： 2013～2014年7月，香港旅游业总体保持平稳发展态势，实现访港游客与旅游消费双增长，短途市场表现平稳、长途市场表现不佳，新兴市场发展较快，内地继续成为香港最大客源地。影响香港旅游业发展的利好与制约因素并存，包括"个人游"在内的多项中央惠港旅游政策持续发挥推动作用、香港有限的接待能力成为旅游发展桎梏、旅游冲突影响中国内地与香港旅游交流、民生问题政治化倾向导致香港旅游消费环境恶化。预计2014年及2015年香港旅游业的发展基调仍为平稳发展。

关键词： 香港旅游业 发展形势 接待能力 个人游 预测

一 2013～2014年7月香港旅游业发展状况

（一）旅游服务输出成为影响香港经济表现的主要因素①

旅游是香港重要的经济活动，入境旅游更是香港主要的收入来源之一。

---

* 戈双剑，文学博士，在国家旅游局港澳台旅游事务司港澳旅游事务处任职，当前研究方向为旅游文化与传媒、旅游发展政策。

① 根据香港政府统计处规定，服务输出包括运输服务、旅游服务、转手贸易及与贸易相关服务、其他服务（金融、保险、商业及专业服务），而旅游服务输出涵盖游客在购物、餐饮、住宿、娱乐等方面的消费。

2013年香港整体经济表现有所改善，本地生产总值温和增长2.9%，比2012的1.5%有显著的进步，但在全球发达经济体复苏缓慢，新兴市场增长随之放缓的拖累下，表现仍然欠佳。2013年整体经济增长主要由内部需求及服务输出所带动。2013年第四季度，总值达2826.7亿港元，与2012年同期相比增长4.7%。服务输出的稳健增长，成为经济增长的重要动力。访港旅游业兴旺，带动旅游服务输出表现出众，2013年第四季度，旅游服务输出总值达820亿港元，增长11.3%。

2014年上半年，香港经济增长进一步放缓。2014年第二季度本地生产总值按年仅轻微增长1.8%，是自2012年第三季度以来增长最慢的。经济表现疲弱，主要是受旅客消费下跌以及内部需求增长放缓所拖累。服务输出在第二季度明显转差，实现总值仅为2429亿港元，按年下跌2.3%，出现自2009年第二季度以来的首次下跌。旅游服务输出倒退是服务输出的主要影响因素。2014年第二季度旅游服务输出为663亿港元，与上年同期相比大幅下降11.5%。而2013年访港旅客大量购买与黄金相关的货品所造成的比较大的基数，也扩大其按年跌幅。事实上，季内访港旅客人数仍以近乎双位数的速度增加，其所引申的旅客人均消费跌幅颇为显著。

（二）访港游客与旅游消费同期双增长

2013年，访港游客与旅游消费仍然延续同期双位数增长的良好态势。2012年整体访港游客数飙升至4860万人次，"与入境旅游相关的总消费"达2894亿港元，同比增长11.8%。2013年整体访港游客5430万人次，同比增长11.7%，"与入境旅游相关的总消费"达3320亿港元，同比增长14.8%。

2014年1~6月，访港游客与旅游消费仍保持同期双增长，但消费增幅收窄。整体访港游客2853万人次，同比增长12.5%，"与入境旅游相关的总消费"达1689亿港元，同比增长8.7%。

（三）香港入境旅游市场结构平稳

香港入境旅游市场由内地市场、长途市场、短途市场、新兴市场等四个主要部分组成。短途市场表现平稳、新兴市场发展较快，长途市场受欧美经济复苏乏力影响表现不佳，内地则继续成为香港最大的客源市场。

2013年，香港入境游客5430万人次，同比增长11.7%。其中，过夜游客2566万人次，占访港游客总人数的47%，同比增长8%。内地市场方面，内地

继续是香港最大的客源市场，访港游客人数4075万人次，同比增长16.7%，占访港游客总人数的75%。其中，"个人游"2746万人次，同比增长18.7%，占内地居民访港旅游总人数的67.4%；短途市场方面，中国澳门和泰国增幅较大，分别达8.5%和6.6%，日本游客下降明显，降幅达15.7%；长途市场受欧美经济疲弱影响，整体游客微降；新兴市场中，俄罗斯访港游客超过22万人次，增幅高达20%，成为继英国、法国及德国后欧洲第四大客源市场。由于赴港机票价格上升以及邻近旅游目的地推出价格竞争策略等原因，印度市场规模减小。

2014年1~7月，香港入境游客3390万人次，同比增长12.3%。长途市场入境总数264万人次，轻微下降0.3%，占全部入境人数的7.8%。其中，美洲入境总数与去年同期持平，欧洲、非洲及中东地区轻微下降0.9%，俄罗斯同比下降7.1%，澳洲、新西兰及南太平洋地区增长1%。短途市场入境总数517万人次，同比增长4.5%，占全部入境人数的15.3%。其中，韩国、印度尼西亚、新加坡和印度均实现双位数增长，分别增长19.5%、10.4%、17.4%和15.4%；菲律宾和越南大幅下挫，分别下降13.2%和24.9%；中国台湾轻微下降0.8%。内地市场入境总数2608万人次，同比增长15.5%，占全部入境人数的76.9%。

二 香港旅游业发展的利好与制约因素

2013~2014年8月，香港旅游业仍处于平稳发展状态，利好与制约因素并存。利好因素方面，中央一系列惠港旅游政策措施持续发挥推动作用，"个人游"政策的平稳实施对巩固和提升香港旅游经济发挥重大作用。制约因素方面，香港有限的旅游接待能力限制了旅游发展，内地游客与香港市民的旅游冲突影响两地旅游交流，"占领中环"等政治因素导致香港旅游消费环境进一步恶化。

（一）中央惠港旅游政策措施持续发挥推动作用

多年以来，中央系列惠港旅游政策措施对深化内地与香港旅游交流合作、刺激香港旅游经济强劲增长发挥了良好的政策驱动作用。

1. 旅游服务贸易自由化为香港旅游业提供更广阔的发展空间

随着CEPA政策措施的逐步推进实施，服务贸易自由化进程逐年加快，2014年底广东省将率先基本实现对香港服务贸易自由化，2015年底前有望基本实现内地对香港服务贸易自由化。① 旅游服务贸易自由化作为其中一个重要的内容，将有助于积极推进两地旅游业融合发展，为香港旅游业提供更广阔的发展纵深。

截至目前，在CEPA"旅游和旅游相关的服务"部门所含的"旅行社和旅游经营者服务""饭店和餐饮服务""导游服务"和"其他"四个项目中，服务贸易开放程度逐步走向同国民待遇，如已允许港澳永久性居民中的中国公民参加内地导游人员资格考试，为拓宽港澳居民在内地就业渠道创造了条件；加大旅游联合宣传推广力度，努力推动"一程多站"旅游线路开发；共同提升旅游服务品质，为三地游客提供更加满意的旅游消费环境等。至2015年，"饭店和餐饮服务""导游服务"和"其他"将对香港服务提供者实行国民待遇。

在逐步降低港澳资在内地设立旅行社准入条件和放宽经营业务范围后，"旅行社和旅游经营者服务"进一步明确香港合资旅行社经营内地居民前往香港及澳门以外目的地（不含台湾）的团队出境游业务实行国民待遇，目前正处于试点经营阶段。而香港服务提供者独资设立旅行社试点经营内地居民前往香港及澳门以外目的地（不含台湾）的团队出境游业务在2015年底也将进一步开放。

2. 多项旅游发展规划逐步实施推动香港与内地区域旅游合作

近年来，区域旅游合作的力度和范围逐步加强，成为香港旅游业发展的重要载体。2008年12月，《珠江三角洲地区改革发展规划纲要（2008～2020年）》指出，支持珠江三角洲地区与港澳地区在现代服务业领域的深度合作，重点发展包括旅游业在内的十大行业，并全面提升服务业发展水平。2010年4月，为落实《珠江三角洲地区改革发展规划纲要（2008～2020年）》《内地与香港关于建立更紧密经贸关系的安排》（CEPA）及其补充协议，促进粤港更紧密合作，广东省人民政府和香港特别行政区政府签订的《粤港合作框架协议》提出，"形成区域旅游品牌，将粤港地区建设成为国际著名旅游目的地"。

2011年6月，《中国旅游业"十二五"发展规划纲要》明确提出，"努力将粤港澳地区发展成为具有较高知名度和竞争力的国际旅游目的地和游客集散地，打造国际旅游枢纽，构建粤港澳大旅游，形成我国旅游发展国际化、现代化的示范区"。同年，国家旅游局拨付专项资金委托广东省旅游局牵头编制《粤港澳区

---

① 2003年6月，中央政府与香港、澳门特区政府签订《内地与香港/澳门关于建立更紧密经贸关系的安排》，简称CEPA。截至2013年9月，补充协议十已公布。商务部提出，拟于2014年广东与香港基本实现服务贸易自由化，2015年内地与香港基本实现服务贸易自由化。

域旅游合作愿景纲要》，已于2013年12月通过评审。该《纲要》从加快粤港澳无障碍旅游区建设、完善便利签证措施、推动从业人员资格互相认证、旅游人才智力交流、整合面向国际市场营销、加快旅游公共服务体系建设、加强旅游服务质量监督等方面提出了区域旅游合作长远发展战略。

此外，2013年7月，《泛珠三角区域旅游合作框架协议》提出，打造泛珠三角区域一程多站精品线路，增强区域旅游整体竞争力。上述多项旅游规划的逐步实施，有力地推动了内地与香港的区域旅游合作，为香港旅游业进一步发展提供了广阔的市场。

3. "个人游"政策平稳实施巩固并提升香港旅游经济

自2003年7月28日"个人游"政策（香港称为自由行）实施以来，至今已有十余年。其间，内地居民赴港"个人游"游客从2003年的67万人次增长至2013年的2764万人次，10年间增长了40倍，年均增幅45%，累计共有约1.3亿人次内地游客通过"个人游"方式赴港旅游，占内地赴港游客总人数的52%。香港立法会简报指出，"个人游"在2012年为香港经济带来261亿港元的增值（相等于本地生产总值的1.3%），并提供了114280个职位。而据香港旅发局统计，截至2013年底，"个人游"为香港累计带去超过5780亿港元的直接旅游收入。这十年，"个人游"支持香港走过2003年"非典"疫情萧条时期，抵御2008年金融海啸引发的经济危机，带旺香港旅游、酒店、零售、餐饮、交通运输、航空、奢侈品等相关行业，推动香港消费市场持续景气，增加香港低端劳动力就业机会，维护香港社会长期繁荣稳定。

自2003年至今，内地居民赴港"个人游"一直处于高速增长状态。2012年内地赴港"个人游"2314万人次，同比增长26.2%；2013年内地赴港"个人游"2746万人次，同比增长18.7%，创历史新高；2014年1~7月，内地赴港"个人游"1737万人次，同比增长14.6%（见表1、图1）。内地赴港"个人游"试点城市至今一直保持在2007年的数量，即22个省（区、市）的49个城市。尽管自2008年起向国务院提出申请开办"个人游"的内地城市越来越多，但中央政府在充分考虑香港接待能力等相关因素的基础上，保持了"个人游"政策的稳定，并合理控制总量和规模，明确了既不对"个人游"有关政策进行大的调整，也暂不新开"个人游"（包括"一签多行"）试点城市。稳定的"个人游"政策为香港进一步提升接待能力、增加旅游景区和酒店、调整现行旅游政策争取了时间和空间。

表1 2003~2014年7月内地赴香港"个人游"统计

单位：万人次，%

年份	人次	同比增长率	占内地居民赴港旅游总人数比例
2003	67	—	8
2004	426	536	34.8
2005	555	30.3	44.3
2006	667	20.2	49
2007	859	28.8	55.5
2008	961	11.9	57
2009	1059	10.2	59
2010	1424	34.5	62.8
2011	1834	28.8	65.3
2012	2314	26.2	66.3
2013	2746	18.7	67.4
2014（1~7月）	1737	14.6	—
合　计	14649	—	—

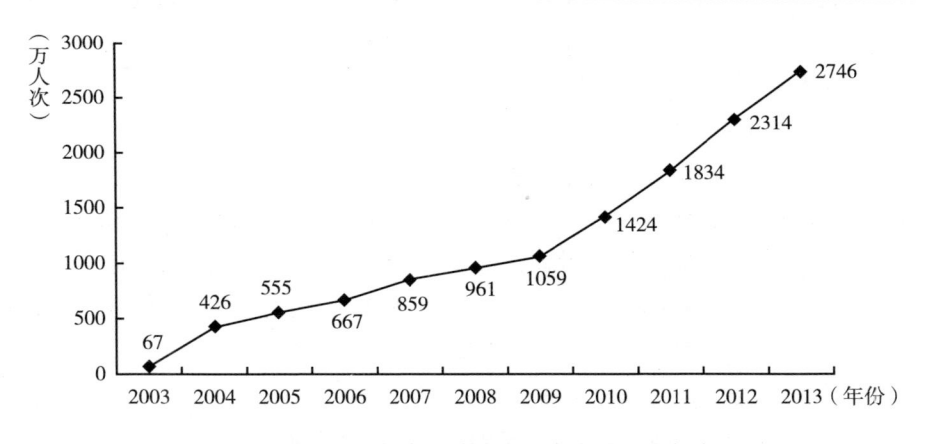

图1 2003~2013年内地赴香港"个人游"人数变化

（二）香港有限的旅游接待能力成为旅游业发展的桎梏

1. 香港公共空间和资源有限

香港统计处最新数字显示，香港土地面积1108平方公里，人口数约722万，但住宅用地仅占全部土地面积的6.9%，约为76平方公里；"机构或休憩"用地（包括政府、机构和社区设施及休憩用地）仅占全部土地面积的4.5%，约50平方公里，其中休憩用地为 25 平方公里。社区设施及休憩用地等公共空间占地狭小，易形成拥堵。而游客区恰与人口密度最大区域重合，更加剧了公共空间的紧张。据 2011 年香港人口普查数据，九龙油尖旺地区的人口密度达 44045 人/平方公里；香港岛东区达 31686 人/平方公里，中西区达 20057 人/平方公里；新界葵青达 21901 人/平方公里，而这些区域恰是游客集中的区域。近年来，大量游客涌入，给本来就有限的公共空间带来相当大的压力，住宿、交通、餐饮等资源紧张，当地居民生活受到影响。

2. 影响旅游接待能力的多项要素将达峰值

2014 年 1 月香港特区政府向社会公布的《香港承受及接待游客能力评估报告》显示，若以 2017 年访港游客超过 7000 万人次预测目标作为主要参照，届时，旅游设施容量可满足需求，口岸处理能力、公共交通网络载客能力将达峰值，而酒店将会出现供不应求的局面。

口岸处理能力方面，截至目前，香港共有 14 个出入境口岸。2013 年 1~6 月，"实际每日平均出入境客流量"均低于设计标准。为进一步提升口岸处理能力，特区政府推出经常访港内地游客 e－道服务和访港游客免盖章出入境服务。将在 2016 年初为持有电子旅行证件访港游客推行免登记自助离境服务，并于 2018 年新建四个口岸。

过境交通方面，过境巴士高峰期日均载客量约 7.6 万人次，载客率约为 73%。本地公共交通方面，访港游客（包括"个人游"）所使用的众多公共交通工具中，铁路占的份额为 55%。虽然个别铁路线在繁忙时段载客率较高，但仍可大致满足需求。旅游巴供应方面，截至 2013 年 6 月底，持有游览服务批注的非专营公共巴士约 3000 辆，占市场上所有非专营公共巴士的 40%。在现有制度下，营办商可因应市场需求自由申请增加或调整车辆或服务批注的数目。

酒店供应方面，截至 2013 年 6 月底，全港共有酒店 217 家，约 6.9 万个房间。甲级高价酒店、乙级高价酒店及中价酒店分别占香港酒店房间总供应量的 26%、39% 及 28%。2013 年上半年平均房租为 1423 港元，比 2012 年同期下跌 1.6%。过去十年，香港酒店平均入住率一直保持在 80% 以上，并逐步攀升至 90%。截至 2013 年 6 月底，特区政府共批准 99 个酒店项目，其中约 1.6 万个房间将于 2017 年前完工，届时酒店房间总数将达到 8.4 万间，但仍会出现供不应求的情况。

香港有限的空间和公共资源，以及口岸、交通、酒店等旅游接待要素的容量限制，业已成为香港入境旅游扩展、升级的重要桎梏，未来香港旅游发展势必要解决上述问题。

（三）内地游客与香港市民的旅游冲突影响两地旅游交流

香港有限的接待能力和内地赴港游客的持续高速增长形成的矛盾尚未解决；内地赴港"个人游""推高租金和物价、引起公共空间和资源紧张、走私和非法劳务扰乱当地市场秩序"等负面影响并未消除；"个人游"带来的利益没有惠及香港全体居民，但由此带来的全面压力和代价，却由绝大部分不受益的香港居民来承受，从而造成心理失衡；经济结构的深层次矛盾，如产业单一化、经济虚拟化、市场垄断化，引发的民生问题成为顽疾；少部分内地游客的某些不文明现象常常会让香港居民感到不适，从而引起一些本能反应；部分媒体恶意炒作两地矛盾。上述诸多问题叠加对内地与香港旅游交流造成严重的影响，导致旅游过程中摩擦不断，特别是近三年来，内地游客港铁进食风波、D&G拒绝市民拍照、"双非"事件、"奶粉荒"、"水货客"、"驱蝗行动"等一系列旅游文化症候，将内地游客与香港市民的冲突推至风口浪尖，影响内地旅客来港意愿，成为香港经济发展的重要制约因素。

旅游冲突带来的恶果从2014年4月15日内地小孩在港便溺事件的后发效应即可见一斑。据香港政府统计处数据，2014年3月零售业总销货价值约为396亿港元，较上年同月下跌1.3%。香港零售管理协会主席麦瑞对数字下跌表示震惊，并将今年零售预期下调为增长7%。随着"便溺事件"的不断发酵，"五一"黄金周香港业绩不佳。根据香港入境处5月4日公布数据，"五一"3天假期共有38.8万人次内地旅客入境香港，较上年39.4万人次下降，为多年来首次下降。5月9日，继佐丹奴（0709）及先施表行（0444）先后发盈警，莎莎（0178）日前亦交出四年来最差黄金周数据，港澳零售销售按年倒退1%，同店销售更倒退5%。另一化妆品股卓悦（0653）公布黄金周销售数据，同店销售按年倒退4%。

（四）民生问题的政治化倾向导致香港旅游消费环境恶化

近年来，香港的贫富悬殊愈来愈严重，大部分人无法分享经济发展成果。2011年，香港的基尼系数达到0.537，创40年新高，香港最高和最低家庭收入中位数分别为95000港元和2070港元，相差近45倍；医疗教育福利不足，教育资源分配不均，创业空间狭小，社会压力巨大。香港经济制度导致民生问题矛盾突出。上述问题的叠加效应导致民生问题的政治化倾向越来越重，示威游行和非理性排外致使香港旅游消费环境恶化，影响赴港游客旅游意愿，香港经济增长动

力受到制约。

据香港旅游发展统计数据，2009~2013年，赴港过夜游客总消费的增幅呈逐年收窄趋势。特别是2013年，长途市场和短途市场的赴港过夜游客总消费首次出现下跌，跌幅分别为2.5%和0.3%；内地市场赴港过夜游客总消费增长18%，增幅呈逐年收窄趋势。在内地市场的独立支撑下，全年过夜游客总消费增长12.2%，增幅较往年收窄。赴港过夜游客人均消费方面，2009~2013年的增幅呈逐年收窄趋势，2013年增幅3.9%，为历年最低。长途市场赴港过夜游客人均消费仅轻微增长0.1%，短途市场则首次出现下跌，跌幅为0.3%，内地市场增幅基本与上年持平，为4.3%，远低于2009~2011年的增长水平。

2014年，香港旅游消费环境仍不理想。1~6月，赴港过夜游客总消费增幅为7%，与上年同期15.7%的增幅相比，下降8.7个百分点。赴港过夜游客人均消费方面，整体出现下降，人均消费7979港元，与上年同期的8240港元相比，下降261港元，降幅达3.2%。其中，长途市场下降2.1%，短途市场下降3.7%，内地市场首次下降，由上年同期的9126港元降至8773港元，降幅为3.9%。总体而言，2014年上半年，赴港游客过夜总消费表现欠佳，增幅收窄，过夜游客人均消费下行趋势明显。

2014年9月28日起，香港发生的"占领中环"非法集会对香港旅游业的发展造成恶劣的即期影响，主要商业区交通堵塞，部分学校停课，部分银行、商店和饭店暂停营业，零售业暴跌，股市下挫，入境旅行团大幅减少。美国、澳大利亚、新加坡及意大利先后发出旅游警示，呼吁在港的国民避开示威地区。香港旅游业内人士形容这是香港经济的大灾难，不止旅游业界受影响，零售、酒店、运输、娱乐等的经济链无一幸免。有经济学者预计，"占中"的最大影响会令本港第四季经济损失100亿港元。而"占中"事件对香港经济的后续影响现尚无法估计。

三 2014年第四季度及2015年香港旅游市场展望

（一）香港经济增长动力减弱给香港旅游发展蒙上阴影

2014年，香港经济外围环境不佳，经济增长动力进一步减弱。第二季度本地生产总值按年增长1.8%，低于上一季度2.6%的增幅。外围方面，美国经济在第二季度虽显著反弹，但其按年增长依然温和。欧元区受长期的结构性问题所困扰，经济复苏缓慢，日本经济在4月调高销售税后又逐步转弱，内地经济维持平稳增长。总体来看，发达经济体市场增长缓慢，限制了亚洲出口回升力度。美国未来货币政策以及世界多处地缘政局紧张等不明朗因素，仍然挥之不去。内部方面，私人消费动力有所减弱，投资开支出现下跌，劳工市场大致保持稳定，失业率由第一季度的3.1%微升至第二季度的3.2%，本地股票市场在第二季度收复失地，通胀在第二季度进一步缓和。香港经济外围环境不明朗，内部需求疲弱，特别是服务输出在第二季度突然转差，给旅游市场的发展蒙上阴影。

（二）香港政府施政措施的实施有助于提振旅游市场

2014年，香港政府致力于发展经济，改善民生，推动政制发展，加强管治，主张稳中求变，适度有为，重视长远规划，摒弃短期思维。政府提出要善用、巩固及提升香港现有的优势，加强与国内外的全方位合作，将各个产业做多做大做强。

旅游业方面，香港政府提出既要扩大香港的接待能力，重点吸引高消费旅客，让有限资源发挥最大经济效益，也要适时、有力地确保市民的生活不受影响。经委会下辖会展及旅游业工作小组提出了开发"飞跃启德"旅游娱乐资源，借港珠澳大桥落成通车时机，在大屿山增加酒店及休闲旅游设施等多项扩容措施。香港政府高度重视提升旅游业声誉，现正草拟成立旅游业监管局的新条例草案，将于下个立法年度提交立法会，以进一步加强旅游行业监管，为香港旅游业营造良好的发展环境。

（三）内地客源市场仍将为香港旅游业发展提供有力支撑

近年来，内地访港游客占全部访港人数的比例一直高居榜首，2013年所占比例达到74.5%，2014年1~7月，所占比例达到76.9%，内地市场已成为香港旅游市场的重要支柱。尽管2014年1~6月，内地访港游客过夜人均消费有所下降，但内地访港游客与旅游消费同期双增长的发展基调并未改变，这为香港旅游业发展提供了强有力的支撑。此外，内地经济发展平稳，人民币币值较为稳定，内地居民出游意愿仍较为强烈等传统因素也将促进香港入境旅游的进一步发展。

综合上述因素，在香港及内地经济保持现有稳定水平，没有重大自然灾害及疫情等不可抗力的情况下，我们预测，2014年，全球访港游客预计将达5864万人次，同比增长约8%。其中，内地访港游客总数将突破4483万人次，但增幅趋缓，由2013年的16.7%降至10%。2015年全球访港游客预计将突破6157万人次，同比增长约5%。其中，内地访港游客总数将突破4752万人次，增幅约为6%。

参考文献

《中华人民共和国旅游法》。
《中国旅游业"十二五"发展规划纲要》。
《内地与香港关于建立更紧密经贸关系的安排》及补充协议（1~10）。
香港特区政府：《2014年施政报告》。
香港特区政府：《2014~2015年财政年度财政预算案》。
《香港承受及接待游客能力评估报告》。
《香港立法会"个人游"简报》。
《香港统计月刊》（2013~2014年8月）。
《2013年经济概况及2014年展望》。
《2014年半年经济报告》。

2014~2015年澳门旅游业发展分析与展望

唐继宗 李为人*

摘 要： 经济发展的目的是为了增进民生福祉，发展旅游业的目的也不例外。如何增加旅游业为社会经济带来的效益，减少其产生的成本，并防止及化解居民与旅客所产生的矛盾，是不能回避的重要课题之一。澳门近年在经济发展上急需破题的是要调整经济结构，其主要解决的是经济学上的"分配"议题。同时，近期较多人士关注当地博彩收入增幅放缓甚或下降的形势，只要不影响到就业及社会治安其实不用过度担心。或许博彩业的调整正是释放近年供不应求的生产要素、供其他产业多元发展的契机。

关键词： 澳门旅游业 博彩经济 多元分配

经历了连续4季的双位数增长后，澳门特区博彩服务出口实质变动率于2014年第二季录得负数。虽然这对当地经济增长带来了压力，却没因此导致失业率攀升。博彩服务出口呈现变化反而有利于为近年当地过热的经济降温，并为产业适度多元发展、调整经济结构提供了较大的回转空间。另外，近年澳门积极与广东省紧密合作，推动两地市场一体化进程，有效地开发区域性的综合旅游产品，为实现客源市场多元化目标提供了有利的条件。以下的研究焦点是澳门的旅游服务出口市场。

---

* 唐继宗，中国社会科学院旅游研究中心国际交流部部长，香港中文大学亚太研究中心成员，研究方向为区域经济、产业经济及法律经济等；李为人，中国社会科学院旅游研究中心教育培训部部长，中国社会科学院研究生院税务硕士教育中心副主任，管理学博士，研究方向为旅游发展趋势、博彩与旅游、新媒体与旅游等。

一 宏观环境

(一) 全球宏观经济环境

国际货币基金组织（IMF）2014年10月发表的《世界经济展望》将本年的世界经济增长预测下调至3.3%，比本年4月的预测低0.4个百分点，这主要是由于2014年上半年全球经济活动弱于预期。2015年的全球增长预测下调至3.8%。

该报告又指出，自春季以来，全球经济下行风险已经增加。短期风险包括，地缘政治紧张局势可能加剧，近期金融市场风险利差和波动性的缩小趋势可能逆转。中期风险包括，先进经济体可能出现经济停滞、潜在增长低迷的情况，新兴市场的潜在增长率可能下降。

全球经济增长步伐不稳，将制约市场对跨境旅游服务的需求。

(二) 澳门宏观经济发展

2014年第一季度，澳门本地生产总值实质增长12.4%；第二季度的增幅下调至8.1%，主要是由于近年担当着经济增长火车头的服务出口实质增长在同期大幅回落至1.3%。

2014年9月的综合消费物价指数为5.8%。7~9月，总体失业率则维持在1.7%的低位。

二 澳门旅游市场发展与展望

2014年上半年，澳门非本地居民在本地市场的消费支出为2217.93亿澳门元①，其中的博彩项目就占了86.7%。今年当地博彩服务出口呈现较大幅度的变动，经历了连续四季度的双位数实质增长后，于第二季度出现了0.5%的罕有跌幅。第一至三季度入境旅客累计23529009人次，同比上升7.4%。

(一) 澳门入境旅游市场需求分析

1. 主要客源地

2014年首三季，较上年同期相比，澳门旅游服务出口更集中在中国内地客

---

① 澳门元兑港元为固定汇率，1港元兑1.03澳门元。

源市场，其占同期入境旅客总人次比重由上年同期的63.7%进一步上升至67.2%（见表1）。

中国内地、中国香港、中国台湾、韩国与日本按人次分别仍为澳门入境旅游的前五大市场。

表1 澳门入境旅游五大客源市场

单位：人次，%

原居地	1~9月				变动率
	2014年		2013年		
	游客数量	结构	游客数量	结构	
总　　数	23529009	100.0	21910823	100.0	7.4
中国内地	15812886	67.2	13950759	63.7	13.3
中国香港	4864004	20.7	5128981	23.4	-5.2
中国台湾	726921	3.1	739659	3.4	-1.7
韩　　国	420464	1.8	350720	1.6	19.9
日　　本	228031	1.0	211994	1.0	7.6
其　　他	1476703	6	1528710	7	-0.03

资料来源：整理自澳门统计暨普查局资料。

2. 访澳旅客活动特征

（1）访澳主要目的

2014年第一季度，访澳旅客当中的61%主要是为了"度假"，19%是"过境"，表示访澳主要目的是"博彩"的仅有7%。第二季度，以"度假""过境"和"博彩"为访澳主要目的的比重分别是59%、21%和8%（见图1）。

（2）个人游/参团

2014年1~9月，随团访澳旅客有882.5万人次，占同期入境旅客总人次的37.5%。而1~8月累计14217400人次的中国大陆访澳旅客当中的45.3%是以个人游方式入境。

（3）入境渠道

前三季度访澳旅客总人次当中较多是经陆路入境（55%），经海路入境的比重为38.5%，从空路入境的比重则仅占6.5%。

（4）留澳时间

1~9月累计入境旅客总量当中的12551453人次，即53.3%不在澳门过夜。9月，访澳旅客平均逗留时间与去年同期一样为1天。

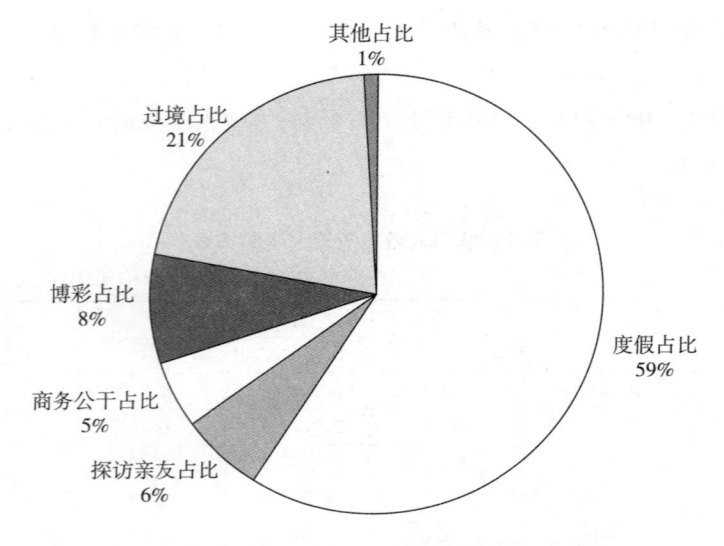

图1　2014年第二季度受访访澳旅客主要目的

资料来源：整理自澳门统计暨普查局资料。

（5）旅客消费支出及结构

2014年第一季度，受访旅客人均消费[①]为2074澳门元，同比微升1.4%，当中51%的消费是用于购物。第二季度，旅客在澳人均消费是2141澳门元，同比上升8.5%，购物消费占49%（见图2）。

（6）入境旅客满意度调查

2013年受访旅客对澳门观光点的评价较低，其中仅有45%认为足够。旅客对当地的酒店服务及设施的评价较高，比重达91%的表示满意。

（7）旅游物价指数

2014年第一、二及三季度，澳门旅游物价指数的年变动率分别是6.68%、6.68%和6.19%，当中住宿类的增幅都超过了13%。

（二）澳门入境旅游市场供应分析

1. 博彩业

2014年1~10月累计澳门幸运博彩毛收入为3039.67亿澳门元，同比上升2.3%。值得注意的是当地按月幸运博彩毛收入变动率自2014年6月起出现了连

---

① 不计算博彩支出。

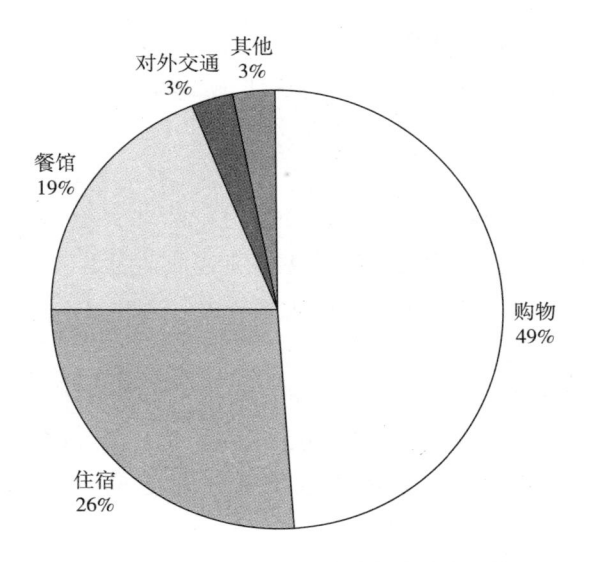

图 2　2014 年第二季度访澳旅客消费结构

资料来源：整理自澳门统计暨普查局资料。

续多月的负值。

澳门经济财政司司长谭伯源于 2014 年 8 月 1 日表示，2014 年全年博彩收益的升幅预计将呈持续收窄的趋势，升幅会是单位数，他认为这是由于澳门的博彩业已进入稳定的发展期。谭伯源指出，根据博彩协调监察局的统计数字，7 月的博彩毛收入约为 284 亿澳门元，虽比上年同期下跌 3.6%，但若以 1～7 月的累计毛收入与上年相比，仍有 10% 的升幅。澳门的博彩业开放了 10 年，初期发展得比较快，经过一段时间，目前已经进入稳定的发展期。所以在现阶段，再期望博彩业继续以高速发展已不合理，平稳发展将会是一个常态。

2. 酒店/住宿业

2014 年 9 月，澳门的酒店营业场所有 98 家，共提供 2.79 万个房间。1～9 月，以四星级酒店的入住率较高（87.6%），公寓（宾馆）的入住率较低（62.5%）。同期，五星级、三星级及二星级酒店的入住率分别为 87.3%、85.4% 和 75%。

3. 零售业

2014 年第二季，零售业销售额为 163.7 亿澳门元，较首季修订后的 183.7 亿澳门元下降 11%，按年则上升 3%；上半年零售业销售额为 347.4 亿澳门元，按年增加 9%。

剔除价格因素的零售业销货量按年上升4%，电单车及零配件销货量大幅上升61%，中式食品手信上升36%，海味上升29%。按季比较，销货量减少11%，上半年销货量按年增加11%。

4. 餐饮业

2013年澳门有1843家饮食店，同比增长13.3%。其中96.2%是属于雇用少于50个在职员工的较小型规模。同期，餐饮业总收益为84.7亿澳门元，同比上升23.1%。经营费用当中以场所租金的增幅较大，达38.4%。

5. 旅行社

2013年澳门的旅行社共有211家，同比增长7.1%。其中93.4%的雇用在职员工数少于50人。同期总收益为63.3亿澳门元，同比上升6%。其中来自订票、旅行团、订房和车辆租赁类别的收益比重分别是33%、24.7%、20.7%和14.5%。

6. 会展及奖励旅游

2014年第二季度，会议及展览活动共227项，按年减少1项，由于展览项目大幅增加，入场总数达52.2万人次，按年上升139%。使用总面积为14.5万平方米。上半年举办的会展活动共503项，入场总数达82.7万人次。

会议与会者为2.2万人次，大型会议及公司会议的与会者占总数75%。18项展览共吸引50.0万人次入场观众，平均每项展览使用面积为3720平方米。上半年共举办了31项展览，入场观众为76.4万人次。

7. 交通运输

截至2014年9月，行驶机动车增加至236334辆，电单车及轻型私家车分别占52%及41%。前三季度新登记机动车按年上升8%，电单车增幅达22%。

三　澳门特区政府关于旅游市场发展及相关范畴建设的政策措施

澳门特别行政区政府2014年财政年度施政报告指出，要积极建设世界旅游休闲中心，坚定推进经济适度多元，务实调控博彩业的发展速度，促进博彩业有序发展。

在建设世界旅游休闲中心的发展定位引领下，启动本澳旅游业中长期发展计划的研究。继续巩固现有客源，开拓新的市场，推广综合旅游。丰富文化旅游内涵，增强行业综合实力。借助区域旅游合作优势，推广"一程多站"旅游，努力把本澳发展为世界著名旅游休闲目的地。持续加强对博彩业的监管,确保博彩业健康发展。特区政府坚定执行庄荷不输入外地雇员的措施,并将在加大对博企本地雇员培训的同时,积极推动博企经营者加强配合,使更多本地雇员能够晋身博企的管理队伍,促进本地雇员的向上流动。推动业界注入更多非博彩元素,加强引导业界往休闲产业方向发展,增强产业的竞争力。继续加大力度培育会展、文化创意、中医药产业、信息科技、物流等行业的成长。特区政府又推出全新的"国际性会议及专业展览支持计划",以吸引国际会议及专业展览来澳举办,进一步提升本澳会展活动的素质和拓宽发展空间。新成立的"文化产业基金",从概念到生产的实践过程给予本地业界系统性支持,为文创工作者提供发挥创意才华的机会。继续支持进行第四期"扶助中小微型饮食特色老店计划",并放宽申请条件,协助更多传统饮食业改善营商环境和保留特色饮食文化。

特区政府将继续配合国家的规划和《珠江三角洲地区改革发展规划纲要》的深化落实,发挥特区独特优势,加强与内地及其他地区的交流与合作,努力开拓澳门发展空间,促进特区经济社会的可持续发展和民生的不断改善。

特区政府将进一步推动业界用好用足《内地与澳门关于建立更紧密经贸关系的安排》及相关补充协议的优惠政策,鼓励业界和从业人员及时把握粤澳实现服务贸易自由化的契机。

深化落实《粤澳合作框架协议》,与广东展开全方位的紧密合作。特区政府将首先全力推进横琴、南沙等重点区域的合作,有序展开与中山、深圳及其他城市的合作。"横琴发展澳门项目评审委员会"将鼓励、审批各种规模的企业积极进园投资,粤澳合作中医药科技产业园也将展开招商引资工作。经特区政府推动,横琴"长隆国际海洋度假区"将设立专区供澳门中小企业参与经营。在与南沙合作方面,积极参建"南沙CEPA先行先试综合示范区",推进游艇自由行、旅游职业教育培训、邮轮母港建设的合作,加快鲜活食品供澳的进程。

实施《粤澳合作框架协议》2014年重点工作,有关两地与旅游及其相关范畴的合作项目内容如下。

深化粤澳游艇旅游合作,加快推进广州南沙、中山与澳门游艇旅游合作项目,完善游艇旅游合作管理运行机制,积极争取国家有关部门对粤澳游艇旅游便利通关等政策支持。

优化粤澳"一程多站"精品旅游线路,加强对"一程多站"新线路的联合宣传推广,共同开拓海内外客源市场。

加强两地旅游市场监管和打击违规行为方面的交流合作,健全两地旅游安全

预警和突发事件应急处理机制，持续执行并优化黄金周粤澳旅游预警机制。

加强旅游培训合作，推动两地旅游院校通过合作办学、合作培训等方式，联合开展旅游职业技能培训。

落实"粤澳会展业合作备忘录"工作，开展粤澳会展业的人才培训，举办合适的会展培训课程，鼓励双方会展人员共同参与培训。

加快横琴口岸实施分线管理设施建设，推进口岸综合服务区建设。推动落实延长横琴口岸开放时间安排。

发挥"澳门轻轨延伸横琴线建设协调小组"机制作用，加快协调并推进澳门轻轨跨界延伸珠海横琴，在横琴口岸与广珠城轨延长线实现无缝换乘对接的前期工作。

共同推进港珠澳大桥建设各项工作。依托港珠澳大桥三地联合工作委员会，加强项目建设衔接，继续推进大桥主体工程、珠海口岸和珠海连接线工程建设，开展大桥跨界通行政策研究工作。

加快推进粤澳新通道口岸规划建设，推进粤澳双方在项目配套口岸上试行新的通关政策，实现通关流程的改革创新。

加快推进西部沿海高速公路月环至南屏支线延长线项目建设，确保在2016年建成通车。继续推进珠海金鼎至横琴高速公路项目建设。

推动开展珠海湾仔与澳门妈阁河底人行隧道工程及口岸设施的前期研究工作。

扩大珠澳跨境工业区专用口岸功能，争取实行横琴新区通关政策，进一步推动珠澳跨境工业园区转型升级。

稳步实施内地与澳门驾驶证免试换领工作，争取实现内地驾驶证的小型汽车（C1）、小型自动挡汽车（C2）类和澳门的轻型汽车（B）类驾驶执照的免试换领。做好澳门机动车进出横琴管理规定制定和组织实施工作。

四 澳门旅游业发展热点问题探讨

经济发展的目的是为了增进民生福祉，发展旅游业的目的也不例外。如何增加旅游业为社会经济带来的效益，减少其产生的成本，并防止及化解居民与旅客所产生的矛盾，是不能回避的重要课题之一。澳门近年在经济发展上急需破题的是要调整经济结构，其需要解决的是经济学上的"分配"议题。

（一）平衡居民与旅客利益

至 2014 年 9 月，澳门的旅游车数量增加到 1000 辆，较上年底上升了 10.5%，增加了道路的流量压力。同期，出租车数量是 1181 辆，较去年底仅增加 0.17%，市民与旅客皆要面对着打车难的问题。随着以自由行方式访澳旅客总量的增加，游客对市内公共交通服务的需求只会有增无减。

澳门特区政府行政长官崔世安在竞选第四任特区行政长官期间收到逾 12 万份社会意见及建议，特区政府政策研究室公布分析结果，合共有 11.1 万多份建言意见，涉及 18 个施政范畴，其中交通事务范畴最多，关注量为 8.7 万。

此外，2014 年前三季度，按原居地统计经澳门关闸边检站陆路入境旅客达 10536539 人次，同比增长接近一成。

"承载力"几乎成了近年探讨澳门旅游业发展的关键词，相信如能做好需求预测与规划，增加相关基建项目投资，提高公共服务供应与效率，将可提升澳门接待旅客的能力，减少旅客因与居民过度竞逐通关、交通、休闲空间等公共服务所产生的矛盾。

（二）调整经济结构让各界分享更多经济增长成果

2014 年 1～9 月累计，旅游服务出口市场的中国内地客源比重由上年同期的 63.7% 升至 67.2%。2014 年上半年，博彩服务出口占同期 GDP 的比重已达 83.5%。

"经济多元化""产业适度多元发展""客源多元化"以及"旅游产品多元化"等与调整经济结构相关的描述经常出现在研究当地经济或旅游业发展的讨论当中。

澳门现阶段急需调整经济结构的主要目的是解决"分配"问题，是要让各界更多地分享经济增长的成果，而非仅某一行业或经营某一市场的人士才能从中获取大部分利益，从而避免财富分配两极化等不利于当地社会经济持续发展的情形出现。

联合国定义"经济多元"（Economic Diversification）是指产出多元，或出口市场多元，或来自境外的收入来源多元[①]。

---

① United Nation "Economic diversification is generally taken as the process in which a growing range of economic outputs is produced. It can also refer to the diversification of markets for exports or the diversification of income sources away from domestic economic activities（i.e. income from overseas investment）."

微型经济体经济结构较为单一是符合经济发展规律的。因此，澳门的经济结构多元化路径宜与其主要产业关联，即旅游业及其相关产业的多元发展，而旅游产品多元与客源地多元有其因果的关系，客源地多元化是符合上述联合国经济多元定义的。因此，从旅游需求的方向探讨，如能针对目标市场，增加旅游产品的种类及提高质量，提升跨境多式联运（Multimodal Transport）服务效率以及配合有效的营销策略，将可通过旅游产品多元化与服务出口市场多元化，实现经济多元化的经济发展目标。

五　总结

发展旅游业的目的是提升当地民生福祉而非盲目追求 GDP 增长或入境旅客人数上升。

随着国际旅游目的地竞争加剧，加上旅客出游行为与需求持续变化，政府在发展旅游业方面的角色应是有效提供如交通运输基建、市场运作法律法规与执法，以及维持投资环境的吸引力等公共品。至于旅游产品的规划与开发，在市场机制下就应交由行业商会及企业负责。

同时，近期较多人士关注当地博彩收入增幅放缓甚或下降的形势，只要不影响到就业及社会治安其实不用过度担心。或许博彩业的调整正是释放近年供不应求的生产要素、供其他产业多元发展的契机。

G.29 2013～2015年台湾旅游业发展分析与展望

黄福才 郭安禧*

摘　要： 在近一年半间，台湾各级管理部门对内继续执行《观光拔尖领航方案》，优化岛内旅游品质；对外加强旅游营销，强化美丽之岛的品牌。相关管理部门抓紧资金投入、政策支持和市场营销等重点工作，加之两岸旅游合作互动的深化，旅游业又有新发展。观光产业各要素正常发展，旅游发展环境进一步完善，进岛、出岛和岛内旅游三大市场进一步拓展。2013年进岛旅游人次跨过800万大关，大陆及港澳旅客总计超过半数。旅游业带来明显的经济效益，台湾继续保持2011年以来的旅游收支顺差。两岸双向市场的增长率发生明显变化，大陆与台湾往来旅客差距率与收支顺逆差发生转折性变化。本文评述2013～2014年上半年台湾旅游业的发展，并就今后一年多的发展进行预测。

关键词： 台湾　旅游业　发展形势　展望

在2013～2014年上半年的时间内，台湾各级管理部门对内继续执行《观光拔尖领航方案》，优化岛内旅游品质；对外加强旅游营销，积极营销台湾的美食、美景和美德，强化美丽之岛的品牌。落实《重要观光景点建设中程计划（2012～2015）》相关任务，抓紧资金投入、政策支持和市场营销等重点工作，加之两岸旅游合作互动的深化，旅游业又有新发展。观光产业各要素正常发展，

---

* 黄福才，厦门大学管理学院旅游管理教授、博士生导师，中国旅游研究院台湾旅游研究基地首席专家，研究重点是旅游理论、旅游规划、台湾旅游市场等；郭安禧，管理学博士，上海商学院旅游与食品学院讲师，研究重点是旅游市场营销。

旅游发展环境进一步完善，进岛、出岛和岛内旅游三大市场进一步拓展。2013年进岛旅游人次又有百万的增长，首次跨过800万大关，大陆及港澳旅客总计超过半数。2014年上半年台湾进岛旅客达408万，增长率为26.7%。旅游业带来明显的经济效益，台湾继续保持2011年以来的旅游收支顺差。两岸双向市场的增长率发生明显变化，大陆赴台的旅客迅猛增长，台湾赴大陆旅客增长趋缓。大陆与台湾往来旅客差距率与收支顺逆差发生转折性变化。在两岸游客往来创造出的观光外汇收入方面，台湾2013年逆差额缩减为7.26亿美元，2014年上半年已转为顺差，历年来首次由逆差转为顺差。本文评述2013~2014年上半年台湾旅游业的发展，并就今后一年多的发展进行预测。

一 2013~2014年台湾旅游市场发展分析

（一）进岛旅游市场发展分析

台湾通过实施观光"多元布局·放眼全球"策略和运用灵活观光营销手法，2013年进岛旅游取得进一步发展，市场规模再创新高。2013年进岛旅客人次为801.63万，与2012年相比增长9.64%。客源地主要包括大陆地区、日本、中国港澳地区、美国、马来西亚、新加坡、韩国、欧洲、澳大利亚和新西兰等地，来自这些国家和地区的旅客占全年旅客接待人次的91.11%。从主要客源市场的旅游人次看，除日本较2012年下降0.75个百分点外，中国港澳地区、韩国、大陆地区、美国、新加坡、马来西亚、欧洲、澳大利亚和新西兰等均进一步增长。其中韩国、中国港澳地区、马来西亚、新加坡、中国大陆地区等5个客源市场的增长率超出10%；美国、欧洲、澳大利亚和新西兰等3个客源市场增幅较小，增长率在0.64%~2.88%（见表1）。从旅游外汇收入看，2013年旅游外汇收入为123.22亿美元，较2012年增长4.70%。

据台湾当局"内政部"统计，2014年上半年赴台旅客人次482万，增长率达26.7%，来自大陆及港澳地区最多，占54.4%；日本次之，占16.2%。值得注意的是，韩国市场成长迅速，首度超越美国，占5.5%，成为到台第三大主要市场。与2013年同期比较，以大陆民众增幅33.3%为最大，外国游客增加19.3%。赴台目的以观光为最多，占72.3%，业务占8.1%，探亲占4.1%。

据台湾"观光局"2013年"来台旅客消费及动向调查"等相关资料，2013年进岛旅游市场有以下5个方面特征。

2013～2015年台湾旅游业发展分析与展望

表1 2013年台湾主要客源市场进岛旅客人次及其增长率

主要客源市场		进岛旅客人次		增长率(%)
序号	名　称	2012年(人次)	2013年(人次)	
1	中国大陆	2586428	2874702	11.15
2	日　本	1432315	1421550	-0.75
3	中国港澳	1016356	1183341	16.43
4	美　国	411416	414046	0.64
5	马来西亚	341032	394326	15.63
6	新加坡	327253	364733	11.45
7	韩　国	259089	351301	35.59
8	欧　洲	218045	223062	2.30
9	澳大利亚和新西兰	74331	76471	2.88

资料来源：2012年和2013年台湾观光市场概况概要。

1. 日本观光目的旅客人次小幅下降，其他市场观光目的旅客人次呈正增长

观光是旅客进岛旅游的主要目的之一，2013年观光目的旅客人次为547.91万，占全年旅客人次的68.35%。在9个主要客源市场中，日本观光目的旅客人次101.91万，较2012年减少1.73%，其他8个主要市场均呈正增长，其中增幅最大的是港澳市场，观光目的旅客人次为100.99万，增长64.79%；居第二位的是韩国市场，观光目的旅客人次为24.14万，增长52.61%；增幅最小的是美国市场，观光目的旅客人次为11.10万，增长3.91%（见图1）。

2. 旅客的人均消费和停留夜数再度减少，业务目的旅客人均消费出现反弹

2013年进岛旅客平均每人每次消费1537美元，较上年减少4.53%；平均每人每日消费224.07美元，较上年减少4.37%；平均停留夜数6.86夜，较上年减少0.01夜。这是继2012年进岛旅客人均消费较上年减少后的再度减少。但值得注意的是，在观光目的旅客平均每人每日消费较2012年减少8.22%的同时，业务目的旅客平均每人每日消费出现反弹。2013年业务目的旅客平均每人每日消费252.02美元，较2012年增长了15.88%。

3. 风光景色是吸引旅客进岛旅游的主要因素

在吸引旅客进岛旅游的主要因素中，除日本市场是受"菜肴"吸引外，其他市场主要受"风光景色"吸引。具体而言，夜市（每百人次有77人次，下同）、台北101（57人次）、"故宫博物院"（48人次）、中正纪念堂（36人次）、日月潭（33人次）是旅客主要游览景点。逛夜市（77人次）、参观古迹（48人次）、游湖

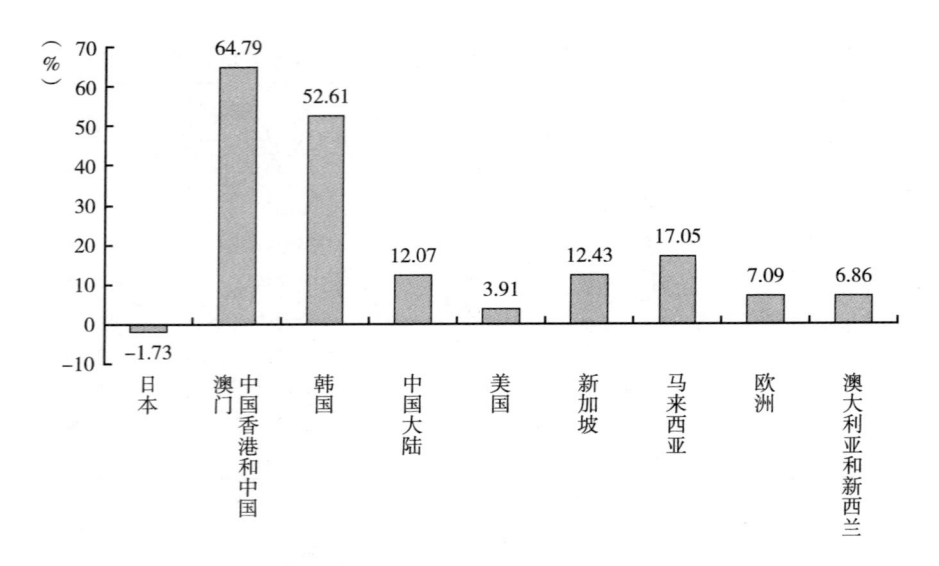

% 70
    60 64.79
    50   52.61
    40
    30
    20   17.05
    10   12.07   12.43   7.09 6.86
     0   3.91
   −10
   −1.73
   日本 中国香港和中国澳门 韩国 中国大陆 美国 新加坡 马来西亚 欧洲 澳大利亚和新西兰

图1　2013年台湾主要客源市场观光目的旅客增长率

（29人次）排名旅客在台主要活动的前三位。观光管理部门的调查还显示，72.37%的受访旅客有再度访台意愿，其原因主要是为了观赏台湾的风光景色。

4. 购物是旅客在台期间的重要活动

调查显示，旅客在台期间参加活动以购物最多，每百人次中有88人次参加过购物。2013年进岛旅客平均每人每日消费224.07美元，其中购物费用所占比例最高，达到35.74%。中国大陆、日本、港澳地区旅客的购物费用在主要客源市场中位居前3位，平均每人每日消费分别为142.58美元、62.76美元和56.49美元。大陆团体旅客平均每人每日购物费用为160.59美元，高出进岛团体旅客平均每人每日购物费用19.19美元，高出日本团队旅客平均每人每日购物费用59.04美元。

5. 进岛游客在台旅游满意度高

2013年在旅客来台整体经验满意度上，以大陆旅客97.30%最高，美国95.21%次之，港澳旅客94.98%。

（二）岛内旅游市场发展分析

与2012年相比，2013年岛内旅游进一步发展。旅游总人次达到14262万，较上年增长0.38%。人均旅游6.85次，平均停留1.47天，皆与上年持平。旅游总费用为2721亿元新台币，较上年增长0.82%。每人每日旅游消费平均

1298 元新台币，每人每次旅游消费平均 1908 元新台币，消费额与上年持平。据台湾观光管理部门的调查材料分析，2013~2014 年岛内旅游市场有以下 4 方面主要特征。

1. 民众岛内出游率降至 2007 年水平

2013 年，民众岛内出游率为 90.8%，较 2008~2012 年的出游率减少至少 1 个百分点，与 2007 年的出游率（90.7%）持平。制约民众岛内出游的因素主要包括 4 个方面，即时间有限、兴趣淡薄、健康不佳和费用偏高。

2. 民众的出游范围以居住地区内为主

民众大多利用周六或周日出游，时间通常为 1 天。受出游时间等因素制约，从事旅游活动以在居住地区内为主。调查显示，北部、中部、南部、东部、离岛地区民众选择在当地出游的比例分别为 66.3%、57.7%、63.8%、51.2% 和 45.2%。

3. 过夜旅客以住宿旅馆、亲友家、民宿居多

由于旅客主要在居住地区内从事旅游活动，因此有 71.6% 的旅客会选择当日返回住地不选择外宿。在过夜的旅客当中，12% 选择住宿旅馆，9% 选择住宿亲友家，6% 选择住宿民宿。与 2012 年相比，旅客的住宿比例没有显著差异。

4. 从事的游憩活动以自然赏景、美食活动为主

观光、休憩是民众岛内出游的两个主要目的。调查显示，2013 年民众在旅游目的地从事的游憩活动以自然赏景比例最高，为 58.0%；美食活动居其次，为 47.7%，二者较 2012 年分别增长了 1.3 个百分点和 4.1 个百分点。

（三）出岛旅游市场发展分析

2013 年民众出岛旅游再获发展。据台湾"观光局"统计，全年出岛旅游人次 1105.29 万，较 2012 年增长 7.94%。出岛旅游消费总支出 5387 亿元新台币，较 2012 年增长 7.93%。平均每人每次消费 48741 元新台币，与 2012 年相比基本持平。其中，赴大陆旅游 313.91 万人次，负增 2.13%。

2014 年上半年民众出岛旅游继续发展，人次达 580.08 万，较 2013 年同期增长 9.82%。前往亚洲地区的比例最大，占 93.875%。其中，前往大陆最多，达 158.02 万人次，增长 9.81%；前往日本的增长比例最大，达 146.76 万人次，增长 32.30%；大陆与港澳地区为台湾民众出游主要选择地，出游人次达 281.61 万，占总数的 48.55%。

具体而言，2013 年台湾出岛旅游市场有以下 3 方面特征。

1. 民众出岛旅游目的以观光为主

据台湾"观光局"调查统计，民众出岛旅游的目的主要有3种：观光、商务、探亲访友。其中又以观光目的出游的旅游人次居多，占65.4%。选择哪个目的地出游取决于亲友邀约、自己的好奇心等。

2. 出游目的地主选周边国家和地区

受时间、经费、交通便利度等因素影响，台湾民众出岛旅游主要选择附近地区作为目的地。2013年94.02%的旅次是前往亚洲地区，其中前往大陆地区的居多，占28.41%；其次是日本，占21.23%；前往香港地区的占18.45%。与2012年相比，前往大陆地区的比例减少2.13%，前往日本的比例增长50.36%，前往香港的比例增长0.87%。从统计看出，台湾民众出游虽然享有全球140多个国家免签待遇，但民众出岛旅游仍然主选大陆地区和近邻日本、韩国作为目的地。据台湾"观光局"完成的"2013年民众旅游状况调查"分析，2013年出境的1105万人次中，大陆依然是民众最爱的旅游地，排名第一，其次是日本和香港。若合计中国大陆、中国香港和中国澳门，则占51.5%，远高于日、韩合计的25.92%。

3. 出岛旅游客源主要来自台湾北部

从出岛旅游的客源地看，客源主要来自台湾的北部、中部和南部，3个地区占出岛旅游人次的96.5%。其中又以来自北部的客源最多，占出岛旅游人次的56.9%。与岛内的其他地区相比，北部是台湾出岛旅游最主要的客源地。

4. 经过多年发展进岛与出岛旅客比率发生变化

据台湾"观光局"统计分析，台湾进岛与出岛旅客的差距比率由2004年的0.62降低至2008年的0.55，到2013年时差距已缩减至0.27，可见台湾在减少进岛旅客与出岛旅客的逆差现象方面获得改善。

二 2013~2014年台湾旅游产业发展分析

（一）旅行社业发展状况

旅行社业规模进一步扩大。截至2014年9月30日，台湾共有旅行社2619家，与2013年底相比增加107家。其中，综合旅行社124家，甲种旅行社2287家，乙种旅行社208家，分别较上年底增加10家、84家和13家。导游和领队规模也进一步壮大。领取执照的导游和领队人数分别为33382人和51577人，较上年底分别增加1557人和2019人。

由于台湾民众岛内旅游主要在居住地区内进行,食、住、行等需要能自行解决,因此委托旅行社办理业务者的比例不大,2013年在4.0%左右。出岛旅游相对烦琐,民众委托旅行社办理业务者的比例大,2013年约为85%。无论是岛内旅游还是出岛旅游,民众委托旅行社办理业务主因是它值得信赖和价格公道。

(二)旅馆业及民宿发展状况

从发展速度看,观光旅馆发展缓慢,一般旅馆和民宿发展较快(见表2)。截至2014年8月底,台湾观光旅馆112家,客房26198间。其中,国际观光旅馆72家,客房20585间,较2013年底增加旅馆1家、客房124间;一般观光旅馆40家,客房5613间,规模与2013年底相同。一般旅馆3287家,客房138276间,员工49289人,较2013年底增加旅馆34家、客房4006间、员工2742人。民宿5419家,客房22603间,较2013年底增加民宿627家,客房2615间。

表2 台湾旅馆业及民宿发展情况

旅馆业及民宿		家数			客房数		
		2013	截至2014年8月	增量	2013	截至2014年8月	增量
观光旅馆	国际观光旅馆	71	72	1	20461	20585	124
	一般观光旅馆	40	40	0	5613	5613	0
一般旅馆		3253	3287	34	134270	138276	4006
民宿		4792	5419	627	19988	22603	2615

资料来源:台湾旅馆业及民宿家数、客房数统计,http://admin.taiwan.net.tw/travel/statistic_h.aspx?no=220。

为规范饭店设施的档次和服务质量标准,让消费者认知"只要有星,就是好旅馆",台湾"观光局"自2009年实施旅馆评鉴,并持续通过多种渠道,加强星级旅馆品牌营销。2014年8月26日,台湾"观光局"颁发第13次星级旅馆标章,共有38家旅馆通过评鉴取得星级标章。至此,台湾取得星级的旅馆达到521家,包括观光旅馆74家、一般旅馆447家,客房数达52312间。

从空间分布看,国际观光旅馆以台北市和高雄市最集中,两市占台湾总量的48.6%;一般观光旅馆台北市最多,集中了15家,占全台总量的37.5%;一般旅馆在各个县市均有分布,但主要集中于经济较发达的台北市、高雄市、台中市、新北市和台南市,5市占台湾总量的一半;民宿主要集中于县域,花莲县、宜兰县、台东县和南投县,4县集中了台湾民宿总量的64.34%。目前民宿存在

的问题主要有两个：一是有的民宿价格太贵，甚至贵于国际级的饭店；二是未合法民宿对入住旅客存在安全隐患。截至2014年9月，未合法民宿共计432家，占民宿总量的8.7%。

（三）旅游景区与游乐业发展状况

到2014年9月底，台湾具有合法标章的各类旅游景区景点共计1475家。为推进《观光拔尖领航方案》及其中《区域观光旗舰计划》的落实，采取渐进整合提升的策略，注重整合零星地方景点为岛内民众休闲景点，再将这类有潜力的景点提升为接待境外游客景点，同时设计多样化的特色线路，吸引各方面游客，提升游憩体验品质，延长停留时间。在此过程中，有重点地进行投资，注意改善游憩环境，塑造具有地方特色的风景区设施及景观；补助地方县市进行重要景点的提升，鼓励吸引民间资本投资。据台湾"观光局"《重要观光景点建设中程计划（2012~2015年）》的规划，2013年各种类型观光景点建设与经营管理投入47.65亿元（新台币，下同），2014年投入44.11亿元，2015年将有41.92亿元，有逐年减少的趋势。通过投资与建设，改善整建旅游公共设施，提升景区整体品质，创造商机并增加民众就业机会，从而提高接待能力，活跃地方观光业并繁荣地方经济。

三 台湾旅游业相关重要政策及效应分析

（一）继续执行《观光拔尖领航方案》等政策，提升台湾观光质量及形象

各级旅游管理部门继续执行《观光拔尖领航方案（2009~2014年）》，推动"拔尖"（发挥优势）、"筑底"（培养竞争力）、"提升"（附加价值）3大行动方案，提升台湾观光质量及形象；执行《重要观光景点建设中程计划（2012~2015年）》，明确风景区的发展方向和建设重点，分等级进行开发建设，提高重要景点的旅游质量以满足不同游客的旅游需求；执行"优化观光提升质量"计划，推广关怀旅游，建设无障碍和银发族旅游线路、扩大i旅游服务网络、落实《旅游伦理守则》等，营造优质、安心、友善的台湾观光品牌。

（二）争取新的目标市场，扩大进岛旅游市场规模

为了促进进岛旅游发展，2014年台观光管理部门采取措施重点吸引3个新

的目标市场：国际邮轮旅游市场、大陆企业奖励旅游市场和东南亚新富阶层市场。一是加强中国台湾与中国香港、冲绳、济州以及上海、厦门等地的区域合作，吸引国际邮轮常驻亚洲，将邮轮港口建设成国际邮轮码头重镇。强调邻近港口之间不是竞争关系，而是同一条国际邮轮航线上的合作关系。2013年赴台国际邮轮373艘次，输送旅客55万人次。另与香港共同推动亚太邮轮市场，2013年98艘不定期邮轮停靠台湾，输送旅客146893人次。二是开拓大陆企业赴台奖励旅游。通过举办奖励旅游展等形式，让大陆企业了解台湾并作为奖励旅游目的地。随着大陆民众赴台旅游形式多元化，大陆企业奖励旅游将助推进岛旅游进一步发展。三是争取东南亚5国新富阶层进岛观光旅游。对新加坡、马来西亚、泰国、菲律宾、印度尼西亚的新富阶层强化台湾形象，邀请当地媒体和从业人员赴台考察，通过深度报道和产品包装相结合进行促销，吸引新富阶层赴台欣赏风土民情、美食特产等自然和人文景观。

（三）持续推广"台湾观光年历"，吸引岛内外旅客参与

为了让岛内外目标市场认识台湾的特色活动，促进岛内旅游及进岛旅游发展，台湾"观光局"整合各个县市的特色活动，形成包括42项国际性活动、52项地方性活动以及周边美食、住宿、交通、景点、伴手礼等信息的"台湾观光年历"。2013~2014年观光部门持续推广《台湾观光年历》，并将具有国际特色的活动向岛内外目标市场营销推广。推广形式除了实体展览、参展团的形象推广外，还针对使用Android和IOS的年轻族群开发了同名应用程式。

（四）积极发展两岸海空航线，推动大陆民众赴台旅游发展

为了扩大大陆民众赴台旅游规模，在航空交通上，台湾当局积极发展两岸航线，鼓励发展两岸直航。岛内高铁通车曾导致台湾航空业大部分停顿，两岸直航则重新救起了台湾的航空业，台湾现有2/3的飞机都在飞两岸航线，两岸间航班由2013年的670班增加到2014年7月的828班，再增至9月底的840班。大陆客运航点增为55个，其中武夷山、梅州、宜昌和洛阳仍维持为两岸包机航点。2013年，大陆春秋和吉祥两家廉价航空公司开通两岸直航，为大陆民众赴台旅游提供了新的选择。

海上交通方面，邮轮和客滚班轮共同为台湾运送大陆旅客。为吸引大陆游客包船赴台，台湾"观光局"推出补助方案，过去100人一艘船，发10万元（新台币，下同）补助金，现在提高到30万元。2013年开通了天津、厦门等城市至

台湾的邮轮航线。2013年大陆开往台湾的邮轮共计23个航次,运送旅客4万余人次,再创历史新高。开通了厦门至高雄、平潭至台北的海上客滚班轮航线。目前,两岸正常运营的客滚班轮航线增至5条,加上"小三通"航线,闽台共有8条客滚班轮航线,每周有339个航班,平均每天48个航班。

(五)台湾旅游观光业发展带来明显的经济效益

据台观光管理部门统计分析,台湾自2011年起已为观光收支顺差地区。根据台湾"观光局"的"来台旅客消费及动向调查"所估算之"观光外汇收入",以及台湾"中央银行"所提供"旅行外汇支出"统计资料,2013年旅游外汇收入为3668亿元,观光外汇支出为3663亿元。预计2014年入台境外旅客总数将达到900万人次,观光外汇收入可望首度突破4000亿元。台湾旅游观光快速发展,带动旅宿产业投资。根据台湾"观光局"最新统计显示,从2008年7月至2016年,总计8年旅宿业的投资将达3006亿元。其中2008年7月至2014年3月,新建旅馆634家;2014年4月至2016年,预计新建旅馆319家,平均每3天就新开1家旅馆。除了新建旅馆外,近5年多来,更新设备的旅馆共有1170家。

(六)大陆赴台个人游加快发展,两岸旅游交流进入新阶段

2014年7月18日,大陆赴台个人游第四批试点城市正式启动,试点城市包括哈尔滨、太原、南昌、贵阳、大连、无锡、温州、中山、烟台、漳州10个城市。这标志着大陆赴台个人游城市已达36个,覆盖范围包括四大直辖市和20个省区,广泛分布于大陆的东中西部地区。据台湾"观光局"统计,自2011年6月开放以来,截至2014年6月,赴台个人游人次累计已逾124万。仅2014年上半年就超过50万,同比增长141%,全年预计将突破百万人次。大陆赴台个人游市场已达到新的规模,两岸旅游交流进入新阶段。

(七)两岸双向市场的增长率发生明显变化

根据台湾旅游业者的说法,两岸旅游是"大逆流",即大陆赴台的旅客迅猛增长,台湾赴大陆旅客增长率趋缓。据大陆国台办的统计数据,2013年台湾同胞到大陆人次516.13万,出现少有的负增长3.31%;大陆民众赴台291.51万,增长10.86%。据国家旅游局的统计,2013年台湾游客过夜旅游人次为457.32

万,负增长3.73%。据台湾"观光局"统计,2014年前3个月大陆到台旅客人次93.1万,较去年同期增长17.7%。但依据国家旅游局统计,2014年1~4月,台湾到大陆旅客为142.28万人次,较2013年同期负增长2.28%。台湾"旅行社全联会"指出,两岸从2008年开放双向旅游以来,大陆来台旅客年年增长,且增长迅速;台湾旅客前往大陆在2012年之前也是年年增长,2013年首次出现衰退,2013年4~7月的禽流感可能是主要原因之一;其次是日币贬值,也拉走了不少台湾赴大陆的旅客。

(八)大陆与台湾往来旅客差距率与收入顺逆差发生转折性变化

大陆赴台旅游仍是台湾旅游业发展的亮点。大陆民众赴台游持续增长,带来显著的经济效益。据台观光管理部门统计,台湾观光外汇收入近半由大陆游客创造,2013年大陆游客为台湾创造观光收入55.31亿美元,约占台湾全年观光外汇收入的44.9%。2013年大陆游客在台每日人均消费高于入台境外旅客整体平均数,大陆游客在台购物每日人均花费居各地旅客之首。2013年银联卡在台湾交易总量首次突破千亿元,达1298亿元新台币(约271亿元人民币),同比增长42%。

据台湾"观光局"统计显示,自2008年7月以来,赴台的大陆游客与到大陆的台湾旅客差距率已由2008年的0.95下降至2013年的0.44。两岸游客往来创造出的观光外汇收入,台湾由2008年的逆差额41.51亿美元,缩减至2013年的7.26亿美元。据2014年1~6月台湾方面统计,台湾方面创汇约36.3亿美元,相对台湾旅客到大陆带去的创汇30.67亿美元,历年来首次由逆差转为顺差。由此可见,开放大陆居民赴台游政策对平衡两岸旅游市场均衡发展及促进台湾经济均有重要贡献。同时应看到,两岸旅客结构上有所不同,到大陆的旅客约5成为台商,年间重复进出,而大陆赴台游客约有7.5成以上为观光目的。2013年以观光为目的的赴台大陆游客为226.36万人次,占大陆游客赴台总数的78.74%。

(九)两岸旅游界合作双赢,共同解决市场发展衍生的问题

开放大陆居民赴台旅游6年来,在两岸的共同努力下旅游交流合作不断取得新的进展。近年来出台了一系列新的政策和便利化措施,大陆方面新增了47家赴台游组团社,开放厦门市暂住居民赴金门旅游天数由1日延长至2日,允许符合条件的大陆居民异地递交大陆居民往来台湾通行证及签注申请,先行开放

"个人游"的城市取消查验赴台旅游组团社发票。为适应大陆居民赴台旅游需求，台湾方面在旅游旺季增加配额数量，出台了"台湾优质行程"奖励措施。2014年7月2日，两岸旅游机制化合作又有新进展，"海旅会"高雄办事分处正式挂牌，成为继台北之后"海旅会"在台湾设立的第二个办事机构，有利于促进大陆与台湾南部旅游交流合作。与此同时，两岸双向旅游市场规模和效益继续扩大，截至2014年6月底，大陆赴台旅游人次达880万，其中团队旅游人次为756万，个人游人次为124万。按照台湾方面测算，2013年大陆游客为台湾带来55.3亿美元的旅游外汇收入，约占台湾全年旅游外汇收入的45%。根据大陆方面统计，2013年台湾同胞赴大陆旅游消费近63亿美元。台湾旅游接待业也感觉到大陆游客增加带来的效益，据全球在线饭店服务供应商Hotels.com 2014年7月15日发布的"中国游客境外旅游调查报告"指出，高达88.7%受访的台湾饭店感受到入住的大陆地区旅客人数有所增加。高达39.7%的台湾受访饭店表示，大陆游客消费金额已占饭店营收两成以上。41.5%的台湾业者预期未来3年大陆游客人次数将会增加11%~25%。特别是在促进两岸和平发展方面，两地旅客来往骤增，给台湾许多原本快要撑不下去的航空公司带来福音，现在不仅飞大陆的一线城市，也飞二线城市。供应飞机餐饮的华膳空厨，过去一天供应量是3万份，现在增加至4.7万份，业者准备要扩厂。台中航站负责人近期表示，两岸通航救了台中机场。在台湾高铁开通之后，中部机场的客运急速下滑，台中航空站处于艰困时期。开放两岸通航是台中航空站的转折点，开放两岸通航前年客运量只有78万人次，2008年就暴增为110万，2013年增长到180万，2014年预计会突破200万。现台中与大陆地区16个城市开设定期航线，每周有36个班次往返，2013年共有84万人次的民众搭乘两岸航班往返大陆与台中。

近6年来，两岸业界和两岸民众普遍认为，两岸旅游交流总体上保持了健康、有序、较快的发展态势。但不可否认在大陆民众赴台旅游发展过程中出现了一些问题，这是市场发展衍生的问题，不是市场主流。最近一年多出现了一些值得重视的问题，如赴台旅游零负团费乱象，进而低费大陆游客团因购物点多及接待质量问题引起纠纷；台湾旅行社惊现导游带大陆游客团要付"人头费"；还有个人游团客化，出现假的个人游等。台湾"观光局"为引导大陆旅客来台旅游市场优质化发展，自2013年5月1日开始实施"旅行业接待大陆地区人民来台观光旅游团优质行程"。两岸管理部门十分重视并携手共同解决发展中出现的阶段性问题。为加强打击赴台旅游零负团费乱象，规范赴台旅游市场，两岸从法规、管理等层面着手,采取多项措施,妥善处理这些问题,以保障和提升大陆民众赴台旅游质量。

四 2014~2015年台湾旅游业发展前景展望

(一)对内优化旅游品质,对外强化品牌形象,进岛旅游将进一步发展

近年以来,台湾观光管理部门对内持续推动《观光拔尖领航计划》《重要观光景点建设中程计划》,落实"经济动能提升方案"之"优化观光提升质量",优化岛内旅游品质。与此同时,对外以"旅行台湾 就在现在"为营销主轴,以"陆客团优质化、吸引高端客源、发展邮轮市场、开发东南亚新富市场、增加重游率"为营销目标,对全球目标市场营销台湾的美食、美景和美德,强化台湾美丽之岛品牌形象。随着台湾旅游市场竞争力增强,2014~2015年台湾进岛旅游将获得进一步发展,预测2014年台湾进岛旅游人次有望突破900万,达到910万。

台湾进岛旅游的主要客源市场分布于亚太地区的国家和地区以及经济发达的美国、欧洲等地。从2013年主要客源市场赴台旅游人次的增长率看,美国、欧洲、澳大利亚和新西兰等由于距离台湾远、出游成本高,赴台旅游人次的增长率低。因受名额限制赴台的大陆游客只能有一定的增长。港澳地区、韩国等的赴台旅游的增长率较高,今后如没有行之有效的措施出台,难保持较大幅度增长。日本距离台湾近,但由于日元持续贬值,其民众出境旅游的积极性下降,赴台旅游人次出现负增长。根据种种信息分析,2015年台湾进岛旅游人次将较难突破1000万大关,预计在980万左右。

(二)民众岛内出游率将维持在较高水平并有一定的增长

2013年台湾岛内出游率为90.8%,虽然低于2008~2012年中的任何一年,但从绝对数值看,90.8%的出游率仍属于较高水平。2013年调查发现,只有17.8%的民众对岛内旅游没有兴趣,82.2%的民众有从事岛内旅游的意愿,这表明民众有比较旺盛的岛内旅游需求。随着"重要观光景点建设中程计划"落实,岛内旅游的供给能力将进一步增强,特别是2015年元旦台湾首次实行连续休息4天,将增加一定的休闲需求。在供给和需求的共同作用下,民众岛内出游率将继续保持在较高水平,将有一定的增长。

(三)台湾民众出岛游格局不会有大的变化,出游规模将有所扩大

受"亲友邀约""好奇,体验异国风情""离开岛内,疏解压力"等因素驱动,台湾民众出岛旅游需求旺盛。台湾民众出岛旅游目的地虽遍布世界各地,但出境旅游主要流向周边地区。从近年台湾民众出岛旅游目的地等情况分析,出岛旅游目的地仍以中国大陆、日本、中国香港为主,三者占台出岛游总数的70%左右。从出游人次的绝对值来看,中国大陆、日本、中国香港地区分列前三;增长率预测方面,2014年将是赴日本最高(在25%~27%),赴韩国、法国、澳大利亚等国将有较大幅度增长(20%以上),赴美国也将有10%左右的增长,赴大陆地区的增长在10%以内,赴香港地区的增长有限,预测在1%左右,而赴东南亚国家旅游出现较明显的负增长。2014年台湾民众出岛旅游规模将进一步扩大,预测增长率在8%左右。

(四)将加强大陆民众赴台游的引导与管理

为了更好地规范管理大陆游客赴台游,台湾观光管理部门采取多项措施:一是出台"旅行业接待大陆地区人民来台观光旅游团优质行程审查作业要点"修正规定,提升大陆赴台旅游质量。新规于2014年10月1日正式生效,严格规范大陆旅客赴台团体观光的购物和交通规定,优质团前往珠宝玉石或精品百货购物点缩减为1站,且赴台行程不得中途停港澳等地。二是加强对台接待社和赴台名额的管理。为避免恶性削价竞争、管理威慑违规接待的旅行社,台湾观光管理部门将不再增加接待大陆游客团的旅行社的总额(目前台湾合格接待社460家),暂停受理新接待社资格申请,并采取淘汰严重违规旅行社只出不进的做法;大陆游客团客每日配额短期内不再增加,自2015年起,不分淡旺季,团客上限都是5000人,只是视市场情况持续开放个人游,每日以4000人为上限。三是近期台湾"观光局"力推提升大陆游客团质量,探讨推动大陆游客"高端团""奖励旅游"不受每日配额限制政策的出台。四是对大陆游客优质团实行"入境前收费""先收费后服务"的新规定,即一次性缴清团费、检附汇款证明,台湾方面再发给入境证件。台湾观光管理部门认为新规既可解决拖欠团费问题,又可提升旅游质量。五是强化遏止零负团费现象的措施。"观光局"强调即将从限缩购物点着手(如将一般团及优质团再减少1站高单价购物点),让旅游团无法以购物佣金弥补团费,而必须调涨团费;持续进行大陆观光团旅游重点地区执行品质及安全稽查,对于擅加购物行程或强迫旅客进入或留置购物商店等行为者,停止其办理

大陆观光团业务 1 个月至 1 年，遏止旅行业者投机行为；另将研议查获破坏两岸旅游商序之大陆组团社，函请各接待业者停止接团，并请台湾"移民署"将其列为不可送团之名单。六是加强对大陆游客的宣导与引导。为了让大陆观光团旅客了解来台旅游应注意事项，台湾"观光局"已编印"大陆旅客台湾旅游须知"折页发放给大陆观光团旅客，并制作影片供在游览车上播放。针对大陆赴台个人游旅客，亦编印有"大陆旅客台湾自由行手册"，分送赴台个人游开放城市加强宣导。七是加强诚信旅游，保障旅游服务品质。台湾旅游业者进一步认识，大陆有庞大的客源市场，要使两岸民众旅游能健康地发展，应从长远发展的角度出发，进一步落实、加强两岸诚信旅游，为两岸的游客和海内外游客营造一个良好的旅游市场环境。首先，通过树立诚信旅游理念、建立诚信旅游体系，引导企业诚信经营，引导游客理性消费。其次，加强对领队、台湾导游等的培训，提升他们的素质。再次，在两岸旅游沟通中发挥主要作用的旅游协会应在行业中建立指导性、经常性的沟通；两岸旅行社同仁共同设计品质台湾、安心台湾游等产品，防范未来两岸旅游业的恶性竞争。通过建立机制，加快信息沟通，共同构筑两岸诚信旅游体系。

（五）加快观光人才队伍建设，健全完善导游管理制度

近几年台湾旅游观光业迅速发展，带来大量人才需求。如台湾观光旅馆业者认为，目前台湾旅馆业最大的问题是"人力缺口"。按要求一般观光旅馆的房间数和人力比是 1∶1.1，但目前平均只有约 0.98。也就是说目前仍有约 1 成的人力缺口，而且 5 年后"缺口会更大"，这就需要加快旅游人才队伍建设。为健全完善导游员管理制度，在加强管理的同时，为保障导游员的合法权益并减少劳资争议，台湾观光管理部门拟从修订原有规定入手，从法规层面解决此问题。如台湾"观光局"拟增订旅行业管理规则第 23 条，明定旅行业与导游人员约定执行接待旅客业务，应签订契约，并给付报酬，不得以小费、购物佣金或其他名义抵替。探讨并筹组导游工会，预估 2014 年底左右完成；探讨如何确保导游带团契约法制化，研议导游新制度；同时，因应大陆赴台个人游增大的需求，目前也在研议修正发展观光条例中有关导游制度的规范，拟对大陆个人游游客，可让导游带小规模团体观光导览。

（六）加大推广主题游与深度游，双向旅游产品组合将增加

台湾"观光局"根据众多到台旅客偏好环岛游行程的实际情况，在行程、

住宿、餐食、交通、购物设定门槛，特别鼓励组合区域性、主题式的深度旅游，将生态观光、自行车体验、宗教景点、观光小镇、台湾观光年历国际活动、离岛风情等纳入行程；台湾"体育署"也积极推介运动观光业务，2014年首次把水域运动项目列为重点推广项目。除了往年的单车及高尔夫运动元素之外，2014年最吸引人的是水域运动旅游，包括能体验立桨冲浪、浮潜、探访七彩石沙滩的"我要成为海贼王"主题路线等。力图通过这些主题游有效地引导旅客分流，降低热门景点与周边道路承受的人流与车流压力，提升景点旅游与服务品质，让旅客能更充分体验台湾多元丰富的旅游风貌。值得注意的是，在两岸"小三通"的便利、空中直航、海上交通发展后，两岸间的时空距离大为缩小，运价下降，关系密切，同时两岸来往出行手续也将进一步简化，这必将促进双方民众来往进行度假休闲，也为两岸双向组合旅游产品提供条件。两岸旅游合作关系加强，将使旅游产品组合发生变化，参与市场产品组合的经营者，将从单方转向双方或多方，不仅有两岸旅游业者，还将有港澳的旅游业者。两岸四地旅游业界将组合更多适应旅游者需求的旅游线路、旅游产品，共同开发旅游市场。两岸将进一步形成"周末休闲旅游圈"，包括部分台湾民众的休闲空间将由台湾岛内转至大陆沿海城乡。有明显地缘优势的福建厦门、平潭、泉州与东山等，将会从中获得更多的机会，福建的休闲旅游地与台湾各城乡间可成为民众周末双向休闲的旅游地。

（七）打造邮轮钻石廊带，着力发展邮轮旅游

近几年两岸均看到邮轮市场的巨大发展潜力，加快邮轮旅游合作。过去台湾港务单位实际赚钱主要靠货运，客运是服务，现在已经把"港区再造"列为重要计划，不仅改善游客服务中心，还希望通过聚集人潮，变成休闲购物中心。近年台湾相关方面提出打造邮轮钻石廊带的计划，将全力推动邮轮环岛，连续停靠高雄、台中及基隆等港口，一次串联2~3个港口，未来国外邮轮旅客可搭乘邮轮环岛，同时体验台湾北、中、南不同的旅游形态。预计2014年可带来超过6万入境旅客，对台湾的观光产业与市场带来贡献。

（八）赴台个人游的比例将迅速增加并影响两岸旅游业生态

赴台个人游比例的迅速增加是两岸民众对旅游活动环境日益熟悉的必然趋势，这也促使两岸旅游业界联合创造散客游需要的产品和服务。台湾出入境管理部门调高大陆游客赴台个人游配额，预计随着大陆赴台个人游开放城市的增多、旅行社赴台个人游产品的丰富，加之台湾民众与大陆游客没有语言、文化上的隔

阔，今后赴台个人游将超过跟团游，成为大陆游客赴台旅游的主要方式。这样，在游客组织方面，除传统旅行社这一渠道之外，互联网更具简单、直接和高效的优势；在旅游线路的选择上，行程也从原来的单一环岛延伸到区域深度游，如台北深度游、西线深度游和南部深度游等。因此，赴台个人游或将改变两岸旅游业生态。

参考文献

中华人民共和国国家旅游局：《旅游统计、法规文件、资讯新闻等》，http：//www. cnta. com/。

中国新闻网台湾频道：《近两年有关对台旅游的新闻与评论》，http：//channel. chinanews. com/cns/cl/tw – lydl. shtml。

人民网台湾频道：《近两年有关对台旅游的新闻与评论》，http：//tw. people. com. cn/#02。

中国台湾网：《近两年有关对台旅游的新闻与评论》，http：//travel. taiwan. cn/。

华夏经纬网：《近两年有关对台旅游的新闻与评论》，http：//www. huaxia. com/。

台海网：《近两年有关对台旅游的新闻与评论》，http：//www. taihainet. com/。

中国评论新闻网：《近两年有关对台旅游的新闻与评论》，http：//www. crntt. com/。

台湾"观光局"：《2013年观光年报》，http：//admin. taiwan. net. tw/statistics/year. aspx? no = 134。

台湾"观光局"：《2012、2013年观光市场概况概要》. http：//admin. taiwan. net. tw/statistics/release. aspx? no = 136。

台湾"观光局"：《2013年来台旅客消费及动向调查》，http：//admin. taiwan. net. tw/statistics/market. aspx? no = 133。

台湾"观光局"：《观光旅馆业、旅馆业及民宿的相关统计》，http：//admin. taiwan. net. tw/public/public. aspx? no = 145。

台湾"观光局"：《2012 ~ 2014年"观光局"施政重点》，http：//admin. taiwan. net. tw/public/public. aspx? no = 122。

台湾"观光局"：《观光拔尖领航方案》，http：//admin. taiwan. net. tw/public/public. aspx? no = 115。

台湾"观光局"：《重要观光景点建设中程计划（2012 ~ 2015）》，http：//admin. taiwan. net. tw/public/public. aspx? no = 116。

Abstract

China's Tourism Development: Analysis and Forecast (2014 – 2015), known as Green Book of China's Tourism, is complied annually by the Tourism Research Center, Chinese Academy of Social Science (CASSTRC). This is the thirteenth volume, consisting of two general reports and more than 20 special reports.

China's tourism development has undergone profound changes in 2014. Specifically, in the policy perspective, new programmatic document has been enacted, administrative examination and approval have been significantly simplified and the comprehensive reform has been fully promoted. In the market perspective, the high demands have been more robust, dynamic and diversified, different kinds of consumptions boom. In the industry perspective, tourism has become a hot spot for investment and new leading enterprises are emerging. The new competition and cooperation within and across the sectors, as well as the platform strategy have become the competitive trend. The practice and innovation of smart tourism, the discussion on national park system, the increasing tourism trade deficit and the tourism development of new world heritage which covers different regions are all highlights of 2014. Looking forward, under the idea of "scientific tourism", Chinese tourism should be supported by legalization as well as socialization, handling the relationships between common wealth and economic industry, between government and market, between quality improvement and quantity extension properly. China's tourism will step into a new stage which is featured by "achieving prosperity by rational development and expending quantity through quality improvement".

In the special reports, the research of CASSTRC on China's tourist consumer price index, Chinese citizens' concerns of tourism, the smart tourism, and China's self-driving travels are all based on the first-hand survey data. The reports written by senior researchers cover many important issues, such as comprehensive reform of tourism, tourism investment, tourism association reform, tourism related real estate, online tourism, etc. Typically, the reports of domestic tourism, inbound tourism, outbound tourism and tourism of HK, Macau, Taiwan, reveal the latest developments in these fields.

Contents

Preface   *Song Rui* / 001

G I   General Reports

G.1 The Development of China's Tourism in 2014 – 2015: New Environment, New Normal and New Stage

Tourism Research Center, CASS / 001

Abstract: After the adjustment year of 2013, facing the international background of a sluggish recovery of the global economy, the domestic environment of deepening the reforms as well as "new normal" of national economy, China's tourism development has undergone profound changes in 2014. Specifically, in the policy perspective, new programmatic document has been enacted, administrative examination and approval have been significantly simplified and the comprehensive reform has been fully promoted. In the market perspective, the high demands have been more robust, dynamic and diversified, different kinds of consumptions boom. In the industry perspective, tourism has become a hot spot for investment and new leading enterprises are emerging. The new competition and cooperation within and across the sectors, as well as the platform strategy have become the competitive trend. In the social perspective, tourism becomes a hot topic of consensus and the expectations of tourists set up new targets for the industry. Meanwhile, the practice and innovation of smart tourism, the discussion on national park system, the increasing tourism trade deficit and the tourism development of new world heritage which covers different regions are all highlights of 2014. Looking forward, under the idea of "scientific tourism", Chinese tourism should be supported by legalization as well as socialization, handling the relationships between common wealth and economic industry, between government and market, between quality improvement and quantity extension properly. China's tourism will step into a new stage which is featured by "achieving prosperity by rational development and expending quantity through quality improvement". Tourism will play more important role in the national economy, social development, people's well-being, foreign exchange and cooperation, as well as the national image.

Keywords: China's Tourism; New Normal; New Stage

G. 2　The Top 10 Hotspot Issues in China's Tourism in 2014

Tourism Research Center, CASS / 023

Abstract: The top 10 hotspot issues in China's Tourism in 2014 are as follows: (1) No. 31 Document of the State Council was enacted, which established the direction of tourism reform. (2) The smart tourism is growing rapidly, and it will go a long way towards sustainable development. (3) The capital market is extremely active while the risk of the tourism industry accumulates. (4) Driven by various strength, online tourism develops very fast. (5) The "golden week" became a hot point once again since public holiday concerned the livelihood of the people. (6) The tickets prices of scenic spots caused public dispute, and such a comprehensive and complicated issue should be analyzed more rationally. (7) Regional cooperation is widely anticipated since two new world heritages of UNESCO are all cross – regional. (8) The "Beautiful China" is popular on Facebook, which represents the innovation of overseas tourism promotion. (9) Chinese hotel enterprises start to pursue overseas development, and the international expansion is a long journey. (10) The accidents related to tourism occur frequently, and the risk management should be enhanced.

Keywords: Year 2014; China's Tourism; Top 10 Hotspot Issues; in – depth Analysis

Ⅱ　Annual Feature

G. 3　Neighbors Tourism: Concept, Experience and Strategic Choice

Zhang Guangrui / 043

Abstract: Neighbors Tourism is a major part of international tourism, and there are numerous good examples and experiences in this field to follow and spread in the world. China is a large country with a good many neighbors around, and the neighbors tourism is an inevitable choice for its international tourism development. In the face of the changing situation at home and abroad, the strategy for promoting neighbors tourism is the demand of the times. China now has the ability and obligation to take active steps and work together with neighboring countries to create a good model of neighbors tourism development in Asia, fulfilling the UNWTO's initiative known as "Tourism Enriches".

Keywords: Neighbors Tourism; International Tourism; China's Tourism

G Ⅲ Annual Themes

G. 4 The World and China: Positioning and Comparison of Tourism Industry *Jin Zhun* / 058

Abstract: Currently, the world tourism division system is undergoing profound changes, and the intercontinental tourism division is being formed. China and other BRICS countries are leading the development and upgrading of the tourism industry, which is driving the changes of global tourism. World tourism has entered a new phase of globalization dividend. Sector innovation, communication and interaction have become the new driving force of world tourism development. In this process, being a global power in tourism economy, China is playing an increasingly central role in the global tourism value chain. It has a positive force to both the Asia − pacific and global tourism pattern, and also it is where the value of China's tourism industry development and reform lies in.

Keywords: World Tourism Division System; China's Tourism Industry; Positioning and Comparison

G. 5 The Strategic Transition: the Globalization of China's Tourism and the Sinicism of World's Tourism *Wei Xiao'an* / 073

Abstract: Currently, China has transferred from a country with various sightseeing resources to a powerful tourism country. China has stepped into a new stage. And now, the point is that we should strive to achieve the globalization of

China's tourism and the Sinicism of world's tourism. To promote the globalization of China's tourism, it is a must to set up the modern view of China tourism, to have the global conscientiousness, to take global actions, to improve the global experiences of China's tourism, to increase the integration of China's tourism and the world's tourism, and to hoist the service of China's tourism. To achieve sinicism of tourism in the world, we need a breakthrough in the concept. It is time to shoulder the responsibility, exert worldwide impact and share experiences. As for the construction, corresponding to the world's development, it is necessary to form a better market order on the basis of the Tourism Law, which contributes to the tourism enterprises integrating into the world, and to virtually realize regional internationalization.

Keywords: China's Tourism; Globalization; Global Tourism

G. 6　China's Image as a Tourism Destination: Formation, Improvement and Practices　　*Hu Ruijuan, Monica Z. Zhi and Kuang Lin* / 091

Abstract: Destination image has long been proved to be an important factor that influences selection of destinations among travelers. The aim of this paper is to analyze the formation and development process of the destination image of China and discuss accordingly its implications for further marketing efforts. Based on findings from a recent project conducted by China National Tourist Office in London on how UK people perceive China as a tourism destination, the significance of promotion activities focusing on improving China's destination image is examined and discussed.

Keywords: China's Image as a Tourism Destination; Formation; Promotion; UK Market

G Ⅳ　Special Reports

G. 7　Report on China's Tourism Price Index in 2014
　　　　　　　　　　　　　　Tourism Research Center, CASS / 102

Abstract: Since 2011, Tourism Research Center of Chinese Academy of Social Sciences has started to study and compile tourism price index (TPI), which is the first overall index on tourism consumption published by academic institute. TPI contains prices of four primary services in tourism and give some help to tourists. TPI in 2014 presents stable with a slight rise. In the mean time, the overall fluctuation of four types of cities is almost the same as that of TPI, and municipality cities turn out to be relatively steady. Traffic factors become the main factors influencing the movements of TPI, closely followed by accommodation. As for the proportion structure of four primary services, the accommodation costs of four types of cities presents decline characteristics, while entrance fee presents rise characteristics. Overall, the trend of TPI in 2014 maintains relatively steady.

Keywords: China's Tourism Price Index; City Tourism Prices; City Standard Tourism Expense

G. 8　Report on Public's Concerns on Tourism in 2014

Tourism Research Center, CASS / 114

Abstract: Since 2010, Tourism Research Center of Chinese Academy of Social Sciences has cooperated with lotour. com to carry out a continuous investigation on hot spots in tourism. Report on public's concerns on tourism in 2014 analyzes citizens' attention paid to domestic cities, scenic spots and outbound destinations. The report conducts interpretation and analysis on six interests such as The Malaysian Flight MH370 Disappeared, The Effect of Haze on Tourism, Tourist Safety, The Holiday of Labors Day, Summer Tourist Season, Tourism Estate. The report also makes a deep analysis on Smart Tourism and Self – driving Travels and keeps track of the competition between High Speed Rails and Planes.

Keywords: 2014; Citizen' Tourism; Concern

G. 9　2014 Year of Smart Tourism: Structural Changes of Tourism and Tendencies of Smart Scenic Areas

Tourism Research Center, CASS / 133

Abstract: China's tourism industry is undergoing profound changes, the scenic areas are facing a structural change. The arrival of "uncontrolled tourism" brings China's tourism industry and scenic areas with severe challenges and problems. It forces the scenic areas to improve their smart service capabilities constantly and promote reform and innovation. The future of smart scenic areas lies in service innovation, lies in providing unlimited service with infinite wisdom.

Keywords: Smart Scenic Area; Reform; Innovation; Service

G.10 Report on China's Self-driving Travels in 2014

Tourism Research Center, CASS / 141

Abstract: With the sustained and rapid growth of China's self-driving travels, higher standards for self-driving travels conditions and service are required. The growing number of self-driving travels groups has already caused new contradictions and problems, making requests for regulatory agencies and industry operators. Changes in travel mode is happening in several elements of the tourism industry, from tourists to the regulatory agency, from travel services agency to the public security systems, and everyone involved reacts positively. Currently, the characters of self-driving travels include the continued growing scale, increasing awareness of the experience and the abundance of self-driving travels forms. Looking into the future, integrated development, regional expansion as well as products update will be the trend.

Keywords: Self-driving Travels; Character; Trend

G.11 China's Domestic Tourism (2013-2014): Present Situation and Future Perspectives

Liu Deqian / 154

Abstract: During the period of 2013-2014, China's domestic tourism continued to "step forward with big strides". In addition to a similar growth with the previous years, the development also showed characteristics similar with or different from the past. After analyzing the overall development during 2013-2014, combining with the promulgation of "Tourism Law", this report focuses on the tourists' consumption experience and discusses some hot issues which have aroused wide attention by the public and social media. Finally, the report makes some predictions on tourism development in 2014 and the subsequent years.

Keywords: China's Domestic Tourism; Development Trend; Tourism Consumption; Hot Issues; Forecast

G. 12 China's Inbound Tourism (2013 −2014): Present Situation and
Future Perspectives *Zhou Kun* / 176

Abstract: Owing to the uncertainty and unbalance during the process of world economic recovery, the appreciation of RMB, the intensifying competition in international tourism market, as well as several emergencies at home and abroad, the downtrend in China's inbound tourism in year 2012 has extended through year 2013 and the first half of 2014. The stability of inbound market is looming since July 2014, a narrowed decline in China's inbound tourism market can be anticipated, and the decrease in total inbound visitor arrivals is expected to be 1 percent over the previous year.

Keywords: Inbound Tourism, Analysis, Prediction

G. 13 China's Outbound Tourism (2013 −2014): Present Situation
and Future Perspectives *Yang Jinsong, Jiang Yiyi* / 188

Abstract: In 2013, China's outbound tourism still maintained a rapid growth. Tourists member is expected to reach 100 million in 2014. China has been increasingly showing its strength and potential of becoming the focus of world tourism market, and the deep interaction between inbound tourism and outbound tourism began to appear. In response to the current situation, the positioning of outbound tourism in three tourism markets should be examined, ADS should be upgraded, and outbound tourism should be reviewed comprehensively. With the beginning of the "100 million tourists" era, outbound tourists will spread increasingly to the second and third tier cities, the growth rate of remote markets will speed up, e − commerce business development in mobile internet era will reshape outbound tourism, and the development of industries derived from outbound tourism will become the focus.

Keywords: Outbound Tourism; ADS; Prospect

G. 14　Reflections on Issues Related to Tourism
　　　　Comprehensive Reform　　　　　　　　*Zeng Bowei* / 198

　　Abstract: Tourism comprehensive reform is an important way to promote tourism development. The main object of tourism comprehensive reform is the government, and overall planning and coordination are the main way to promote the reform. The integrations in function, region, planning, construction, resource, management, policy and marketing are the main fields of tourism comprehensive reform.
　　Keywords: Tourism; Comprehensive Reform; Planning and Coordination

G. 15　Innovation and Development of China's Tourism
　　　　Investment in the New Period　　　　　*Liu Feng* / 209

　　Abstract: The sustainable and healthy development of tourism investment has a profound influence on tourism industry. It is necessary to clarify the environment, characteristics and problems of tourism investment and propose appropriate solutions accordingly. It is highly suggested to eliminate the institutional barriers of tourism investment, to promote capital investment as well as intelligence investment, to coordinate planning and operation, to realize a win－win pattern between governments and enterprises, to carry out one－stop service and the whole industry chain operation mode, and to lead the innovation and development of China tourism investment by wisdom.
　　Keywords: Tourism Investment; Model; Innovation

G. 16　The Analysis and Prospect of Tourism Industry
　　　　Association Innovation　　　　*Dai Bin, Hu Fusheng* / 224

　　Abstract: The innovation of tourism industry association in our country is at a critical time, on one hand, it needs to respond to the requirement of the central government on association innovation, on the other hand, it needs to improve the capability to adapt to the market to look for new living space. The lack of innovation facilitators who surpass interests, the inadequacy of service innovation and the lag in professional talents construction seriously affected the innovation process of tourism industry association. On the market － oriented basis, we need to make clear the route map and time schedule of tourism industry association innovation and accomplish a series of work such as planning innovation time sequence, formulating operable schemes, innovating service functions and introducing competition mechanism etc., so as to reconstruct the survival and development systems of tourism industry association.

Keywords: Tourism Industry Association; Innovation; Development

G. 17　A Preliminary Research on the Construction of China's Border Tourism Free Trade Area　　*Zhang Jinshan* / 231

Abstract: Currently, reform deepening and wider opening is the main theme of the new government's policy. The Communique of the Third Plenary of 18th CPC Central Committee proposed to accelerate the implementation of Free Trade Area strategy. The pilot construction of Shanghai Free Trade Zone and the implementation of "One Belt and One Road" strategy indicate that China's opening － up has entered a new era represented by free trade areas construction. To give full play to border cities' advantages in tourism development, reduce barriers to cross － border tourism services and trade, implement special policies such as mutual exemption of tourist visa, free currency swap, free passage of motor vehicles, free flow of goods, would be of great significance to expand the opening to the outside world and narrow the gap between the eastern and western regions.

Keywords: Border Tourism Free Trade Area; Preliminary Research

G. 18　New Trends of China's Tourism Real Estate Development: Typical Cases Study　　*Wu Jinmei, Li Yang* / 241

Abstract: China's economic development has entered a new normal stage, during which the real estate industry is undergoing a deep adjustment, reform and upgrade are

397

advancing in the tourism industry, and the cultural undertakings are flouring. In this context, more and more capital stream into tourism real estate area. The tourism real estate presents distinctive features in investors, operating models, project portfolios and cultural connotations. Through typical cases studies, the new features and trends of tourism real estate projects can be dissected.

Keywords: Tourism Real Estate; Typical Cases; Trend

G. 19　The Development, Situation and Trend of China's
　　　　Theme Park　　　　　　　　　　　　　　　*Zhang Lingyun* / 253

Abstract: The development of theme parks in China has experienced several investment booms since the early 1980s. With the entrance of international giants, the group of domestic theme park forms a situation of tripartite confrontation. Looking to the future, the world theme park development center will gradually move to China and other East Asian areas. And 2015 is the year that global theme park giants enter China's theme park industry. The domestic enterprise groups accelerate the process of upgrading and the arrangement of the national chain, and Disneyfication with large – scale, clustering, integration, internationalization will be the aim.

Keywords: Theme Park; Development; Trend

G. 20　The Development of China's Online Tourism
　　　　　　　　　　　　　Yang Yanfeng, Li Shujuan and Wang Yingying / 268

Abstract: With the rapid development of online tourism, technology and capital become the double engines of China's online tourism development and drive the permeable and disruptive reform of online tourism. The connotation of tourism service industry has been extending, business of online tourism and online tourism enterprises have become the mainstream part of tourism economic activities. Under this background, this paper examines the development situation, business progress and driving factors of online tourism.

Keywords: Online Tourism; Tourism Service Industry; Investment and Financing; Mobile Internet Technology

G. 21　The Innovation and Practice of Smart Tourism Construction in Internet Era: with Sichuan as an Example

Hao Kangli, Huang Ping / 279

Abstract: The rapid development of the internet, especially the mobile internet, has a profound transformative impact on tourism industry. Facing the great changes of the consumers' demand structure, content and form, Sichuan sticks to the innovation strategy and tourists service provision, concentrates on the key projects, data integration and application promotion, constantly strengthens the infrastructure and information resource construction, greatly promotes the intelligent management and intelligence service, actively innovates network marketing and public information service, builds up the framework of smart tourism construction, and eventually, achieves remarkable results in practice.

Keywords: Internet; Smart Tourism; Innovation-driven; Sichuan

G. 22　The Operation and Management of Smart Scenic Areas: with Jiuzhaigou as an Example

Zhang Xiaoping, Wang Qiang and Ma Jun / 292

Abstract: Carrying capacity management has been a crucial issue for the sustainable development of famous scenic areas in China. The big data can provide a basis for timely and rational decision-making. With the support of big data, Jiuzhaigou scenic area realized the reform and innovation in the operation and management of tourist flows during peak times, which provides an important reference for the management of other scenic areas in China.

Keywords: Big Data; Smart Scenic Area; Long-tail Request

G. 23　The Analysis and Prospect of Chinese Tourism Enterprises' Overseas Listing

Zhao Xin / 305

Abstract: Ctrip listed in the United States in 2003, and then, Elong, Home Inns, 7 Days and other tourism enterprises finished their overseas listing. The article reviews the current development situation of the tourism enterprises listed overseas in an early time and probes their driving factors for overseas listing. Finally, from the choice of tourism enterprises' overseas listing at present stage, the article analyzes the necessity of strengthening financial support to tourism and transferring capital market to registration system, emphasizes the decisive role the market plays in tourism enterprises' overseas listing.

Keywords: Chinese Enterprises; Overseas Listing; Prospect

G. 24　How to Understand the OFDI of China's Tourism Enterprises
　　　　　　　　　　　　　　　Li Xinjian, Song Yanting and Jiang Caifen / 317

Abstract: With the rapid development of China's outbound tourism and the continuous expansion of the deficit in China's tourism trade, the voice to strengthen the OFDI in tourism industry ("T – OFDI" for short) is louder and louder. But we should analyze the structure of China's outbound tourism objectively so as to get a clear understanding of the customer following strategy of T – OFDI in China. Only when we find the real motivations of T – OFDI, can we formulate effective measures to ensure the development of T – OFDI. We also need to learn wisdom from those typical cases so as to promote the sound and rapid development of T – OFDI in China.

Keywords: Outbound Tourism; Tourism Enterprise; Transnational Operation; OFDI

G. 25　The Analysis on Grand Canal and Silk Road's Inscription
　　　　　on World Heritage List and its Enhancement on International
　　　　　Competitiveness of China's Tourism　　　　*Dou Qun* / 330

Abstract: In 2014, the Grand Canal and the Silk Road are successfully inscribed in World Heritage list, involving 80 World Heritage sites spreading in China's 11 provinces and autonomous regions, which is of great significance to the heritage cause and tourism development in China. With the successful inscription in World Heritage List and national advocacy to promote the Silk Road Economic Belt and the Yangtze

River Economic Belt strategy, the heritage protection and tourism development of the Silk Road and the Grand Canal face new opportunities and challenges. It is necessary to strengthen regional cooperation and resources integration and to make strategic selection and systematic plan. The heritage cause and tourism development are closely interrelated and China needs to sum up experiences and to take comprehensive measures to undertake the international responsibilities as a big country both in heritage cause and in tourism development.

Keywords: the Grand Canal; the Silk Road; World Heritage; International Competitiveness of Tourism

G. 26 The Evolution and Innovation of Chinese Hotel Product Quality Signal
Qin Yu, Wang Luyao / 340

Abstract: The products of hospitality industry are intangible, so it is difficult for customers to know its quality before consumption. As a result, consumers need some quality signals to make purchase decisions. In this case, standard, brand and WOM (word - of - mouth) emerge. These three signals can substitute one another, but WOM has more advantages than the other two. Therefore, WOM will probably play a dominant role, standard and brand will be its complementary mechanism. For their innovative orientation of quality signals in hospitality industry, the enterprise brand should be more flexible, the star −ratings standard should be more precise and dynamic. What's more, service providers need to enhance the value of WOM through data identification and processing.

Keywords: Hotel, Quality Signals, Evolution, Innovation

G. 27 Hong Kong's Tourism Development (2013 −2015): Present Situation and Future Perspectives
Ge Shuangjian / 350

Abstract: In 2013 and the first seven months of 2014, Hong Kong's tourism industry generally kept a stable development situation. Tourists to Hong Kong and their consumption both grew, short – distance market maintained steady, long – distance market did not perform well, the newly – arisen market achieved a rapid development, and the mainland continued to be Hong Kong's largest source of tourists. Positive and restrictive factors affecting the development of Hong Kong's tourism industry coexisted. A number of central government policies benefiting Hong Kong's tourism development including *Individual Visit Policy* continued to play an important role. The limited reception capacity has become a shackle to Hong Kong's tourism development. Travel conflicts influenced the tourism exchange between the mainland and Hong Kong, and the politicized tendency of people's livelihood issues led to the deterioration of Hong Kong's tourist consumption environment. It is expected that Hong Kong's tourism will maintain a steady development in 2014 and 2015.

Keywords: Hong Kong's Tourism Industry; Development Situation; Reception Capacity; "Individual Visit"; Forecast

G.28 Macao Tourism Development (2014 −2015): Analysis and Prospectives *Tang Jizong, Li Weiren* / 361

Abstract: The purpose of economic development is to promote the well – being of the people's livelihood, and there is no exception for the purpose of tourism development. How to increase the socio – economic benefits tourism brings about, reduce the cost of production, and prevent or resolve conflicts between the residents and visitors, is an important issues that can not be avoided. What is urgent for Macao's economic development in recent years is to adjust the economic structure, so as to solve the "distribution" problems in economics. Meanwhile, the worry about the slowdown or downturn of income from gaming industry is actually not worthwhile, as long as the situation does not affect the employment and social security. Perhaps the adjustment of the gaming industry means an opportunity for the diversified development of other industries.

Keywords: Macao's tourism industry; gaming industry; economic multivariate distribution

G. 29　Taiwan's Tourism Development (2013 -2015): Present Situation and Future Perspectives　　*Huang Fucai, Guo Anxi* / 371

Abstract: In almost one and a half years, Taiwan's management departments at all levels continue to implement the Project Vanguard for Excellence in Tourism, optimize the quality of the island's tourism internally. Furthermore, they strengthen both tourism marketing and the brand of the beautiful island. Relevant authorities pay close attention to funding, policy support and marketing, coupled with the deepening of cross - strait cooperation in tourism interaction; there is new development in the tourism industry. Each element of the tourism industry normally has developed, the environment of tourism development has been further improved, and three major markets including into the island, out of the island and the island tourism have been further expanded. In 2013, the number of tourists into the island exceeds eight million, tourists from the mainland, Hong Kong and Macao totaled more than half. Significant economic benefits has been brought by tourism, tourism in Taiwan continues to maintain balance of payments surplus since 2011. Growth on both sides of a two - way market changed significantly, the gap rate of travelers between the mainland and Taiwan exchanges and the shift in the balance of payments deficit changes. This paper reviews the development of Taiwan's tourism industry from 2013 to the first half of 2014, and forecasts for the coming year of development.

Keywords: Taiwan; Tourism Industry; Development Situation; Forecast

中国社会科学院旅游研究中心
博采众长　精益求精

中国社会科学院旅游研究中心创建于 1999 年，是中国社会科学院专门从事旅游研究的学术机构，为中国旅游协会理事单位，世界旅游教育与研究协会（ATLAS）成员。

中心定位为中国旅游与休闲研究领域的国家级学术型智库。多年来，中心秉承"博采众长，精益求精"的宗旨，基于中国国情和国际视野，聚集各方力量，从事旅游和休闲相关研究，开展国内外学术交流，提供各类战略决策咨询，培养高层次专业人才。

中心拥有来自学术机构、大专院校、管理部门的 60 余位特约研究员，其专业领域涉及产业经济、公共管理、工商管理、区域规划、旅游经济、休闲研究、经济地理等。同时，中心还聘请了一批国际知名学者作为顾问。

旅游根置于并推动着人类社会的发展。旅游研究的魅力在于其多视角、多学科、多主体、跨文化的特征。旅游研究中心愿与政府机构、行业组织、学术机构及社会各界广泛交流、合作，共同推动中国旅游业的健康发展。

地址：北京市朝阳区曙光西里 28 号中冶大厦 724 室（邮编 100028）
电话：010 - 59868293　　　电邮：casstrc@ vip. sina. com
网址：http：//www. trcchina. org　　http：//www. casstrc. org
微信公众号：casstrc

中国社会科学院旅游研究中心招收研究助理暨设立青年学者奖学金公告

为鼓励优秀青年学生参与旅游研究和学术实践活动，自 2015 年起本中心招收研究助理并设立青年学者奖学金。

一　研究助理

1. 热爱研究工作的旅游管理、经济学、管理学等专业在校博士生和硕士生（在京者最佳）即可申请。申请时须征得所在学校同意。

2. 研究助理实习期为一年。在此期间，全程参与中国社会科学院旅游研究中心的相关研究工作。实习期满后，中心学术委员会对其学术水平、研究能力和实习表现做出评价。

二　青年学者奖学金

1. 本奖学金的申请仅限于获准在本中心实习期满的研究助理。
2. 实习期满获得"优异"评价者，即可获得奖学金和证书。

三　申请程序

有意申请者请前将学校同意书、个人简历及相关证明等通过电子邮件发至本中心（casstrc@vip.sina.com）。中心学术委员会集中审议后择优录用。

中国社会科学院旅游研究中心

《2015～2016年中国旅游发展分析与预测》（《旅游绿皮书》）征稿启事

自2001年至今，中国社会科学院旅游研究中心每年组织编撰《旅游绿皮书》。该书是社会科学文献出版社皮书系列中的优秀著作和重点图书，已连续出版十三本，并两度荣获优秀皮书奖。

为了更广泛地集合中国旅游研究精英力量，更全面深入地研究中国旅游业的年度特征，特向国内外征集《2015～2016年中国旅游发展分析与预测》（《旅游绿皮书》）稿件，相关要求如下：

一 选题

1. 全球化背景下的中国旅游发展模式
——中国旅游发展特征与模式
——中国旅游发展模式对全球旅游板块的作用
——中国与欧美、拉美、东南亚等典型国家旅游发展模式比较

2. 中国旅游发展事业与产业并重之路
——中国旅游业产业定位变迁与未来趋势
——中国旅游业事业、产业并重的必要性、可行性与实现路径
——世界主要旅游国家旅游业的定位及其经验

3. 中国旅游业综合改革
——深化改革背景下中国旅游业综合改革的目标与路径
——旅游综合改革的理论分析
——各地旅游综合改革的最新进展

4. 中国旅游业新业态
——某些旅游新业态年度的年度发展

二 要求

1. 突出皮书特征
——综合性：必须是对某一问题的综合分析，而不是对个别现象的简单描述；

《2015~2016年中国旅游发展分析与预测》(《旅游绿皮书》)征稿启事

——权威性：数据来源要可靠，论据论证要清楚，观点判断要有说服力；

——原创性：必须是从未发表过的文章（包括报纸期刊、网络、博客等所有公共媒体）。

2. 符合写作规范

——论文、研究报告或调查报告形式，避免使用文学笔法；

——每篇8000~10000字；

——符合皮书写作规范。

三　程序

请于2015年5月底前将写作大纲、个人简历和相关研究成果发至中心邮箱（casstrc@vip.sina.com）。中心将组织选题会集中讨论，并在6月底前向入选作者发送征稿函。稿件刊发后，将有微薄稿酬。

期待着您的大作！

中国社会科学院旅游研究中心

法 律 声 明

"皮书系列"（含蓝皮书、绿皮书、黄皮书）由社会科学文献出版社最早使用并对外推广，现已成为中国图书市场上流行的品牌，是社会科学文献出版社的品牌图书。社会科学文献出版社拥有该系列图书的专有出版权和网络传播权，其LOGO（ ）与"经济蓝皮书"、"社会蓝皮书"等皮书名称已在中华人民共和国工商行政管理总局商标局登记注册，社会科学文献出版社合法拥有其商标专用权。

未经社会科学文献出版社的授权和许可，任何复制、模仿或以其他方式侵害"皮书系列"和LOGO（ ）、"经济蓝皮书"、"社会蓝皮书"等皮书名称商标专用权的行为均属于侵权行为，社会科学文献出版社将采取法律手段追究其法律责任，维护合法权益。

欢迎社会各界人士对侵犯社会科学文献出版社上述权利的违法行为进行举报。电话：010-59367121，电子邮箱：fawubu@ssap.cn。

社会科学文献出版社